LET'S CRAFT CODE!

WIE DU DEINE MINECRAFT-WELT MIT PLUGINS ERWEITERST

MAX SCHLOSSER

Rheinwerk
Computing

Liebe Leserin, lieber Leser,

willkommen in der bunten Welt von Minecraft! Wenn du diese Zeilen liest, hast du wahrscheinlich die Grenzen deines Heimatbioms schon mehr als einmal überschritten, kennst die wichtigsten Funktionsweisen des Spiels und hast die meisten Mobs und Bosse schon einmal besiegt.

In diesem Buch bekommst du mehr! Du lernst Tools und Methoden kennen, mit denen du deine ganz eigene Minecraft-Welt gestalten kannst: eigene Ausrüstungsgegenstände oder Spells, Befehle, die du über den Chat ausführen kannst, oder neue Gestaltungsmöglichkeiten für deinen Server. Mit Minecraft-Plugins stehen dir alle Türen für individuelle Gaming-Elemente offen – und Autor Max Schlosser, der selbst schon lange Teil der Community ist, zeigt dir Step by Step, wie es geht.

Dabei startest du am besten vorne im Buch. Denn auch, wenn du schon etwas Erfahrung mit der Programmiersprache Java hast und dir nur die Rosinen aus den fortgeschritteneren Kapiteln herauspicken möchtest, solltest du dir die Installation der richtigen Tools und einige Programmierbasics noch einmal genauer anschauen. Dann kannst du aber auch gerne frei Schnauze loslegen. So oder so wünsche ich dir viel Erfolg auf deinem Weg zum ersten Plugin!

Zum Schluss noch ein Wort in eigener Sache: Wir möchten nicht nur gute Bücher machen, sondern immer bessere. Deshalb freuen wir uns, wenn du Feedback für uns hast! Wie hat es dir gefallen? Können wir noch etwas verbessern? Zögere nicht, mir eine E-Mail zu schreiben. Sowohl der Autor als auch wir im Verlag helfen gern weiter, wenn wir können.

Jetzt aber los! Ich wünsche dir viel Spaß in der Welt der Minecraft-Plugins.

Deine Lisa Helmus
Lektorat Rheinwerk Computing

lisa.helmus@rheinwerk-verlag.de
www.rheinwerk-verlag.de
Rheinwerk Verlag · Rheinwerkallee 4 · 53227 Bonn

Auf einen Blick

Wir hoffen, dass Sie Freude an diesem Buch haben und sich Ihre Erwartungen erfüllen. Falls Sie Anregungen, Wünsche und Kommentare haben, lassen Sie es uns wissen: **service@rheinwerk-verlag.de**.

Informationen zu unserem Verlag und Kontaktmöglichkeiten finden Sie auf unserer Verlagswebsite **www.rheinwerk-verlag.de**. Dort können Sie sich auch umfassend über unser aktuelles Programm informieren und unsere Bücher und E-Books bestellen.

Autor Max Schlosser
Lektorat Almut Poll, Lisa Helmus
Fachgutachten Nora Fülling
Copy-Editing Petra Biedermann, Reken
Typografie & Layout Vera Brauner
Satz III-Satz, Kiel
Herstellung Denis Schaal
Covergestaltung Mai Loan Nguyen Duy
Druck mediaprint solutions, Paderborn

PEFC
PEFC/04-31-0810

Dieses Buch wurde mit mineralölfreien Farben auf PEFC-zertifiziertem Papier aus nachhaltiger Waldwirtschaft gedruckt. Der Umwelt zuliebe verzichten wir zusätzlich auf die Einschweißfolie. Hergestellt in Deutschland.

Bibliografische Information der Deutschen Nationalbibliothek:
Die Deutsche Nationalbibliothek verzeichnet diese Publikation in der Deutschen Nationalbibliografie; detaillierte bibliografische Daten sind im Internet über *http://dnb.dnb.de* abrufbar.

ISBN 978-3-367-10944-9

1. Auflage 2026

Rheinwerk Verlag GmbH • Rheinwerkallee 4 • 53227 Bonn
service@rheinwerk-verlag.de

Inhalt

Für alle, die wissen, wie viel Geduld und Liebe es braucht, um eine Idee in die Wirklichkeit umzusetzen.

Für uns.

Vorwort

Ich gebe offen und ehrlich zu, dass ich viel Zeit in Minecraft verbracht habe. Manche (besonders meine Eltern) würden sagen, dass es *zu* viel Zeit war. Aber ich bereue keine einzige Sekunde: Das erste Mal allein den Enderdrachen besiegen, die Ranglisten von Minispiel-Servern erklimmen oder mit Freunden einfach im Überlebensmodus eine große Burg oder eine verrückte Zombie-Farm bauen. All das sind Erinnerungen, die nicht nur meine Kindheit geprägt, sondern auch meine Kreativität und Leidenschaft zum Zocken geformt haben.

Doch nicht nur das: Heute kann ich sagen, dass Minecraft mein gesamtes Leben verändert hat. Genauer gesagt hat mich die Programmierung von Minecraft-Plugins auf meine aktuelle berufliche Laufbahn gebracht, denn über dieses Thema habe ich die Liebe zum Coden erst entdeckt. Ich habe herausgefunden, wie viel Kreativität man braucht, um Ideen in die Wirklichkeit umzusetzen. Ich habe die Freude gespürt, wenn nach stundenlangem Tüfteln endlich der Fehler behoben war, der das Plugin bis dahin unbenutzbar gemacht hat. Ich konnte zum ersten Mal sehen, dass andere meine Plugins voller Begeisterung für ihre eigenen Server benutzt haben. All diese Dinge liebe ich noch heute am Coden, sodass ich noch immer dieselbe Leidenschaft für das Thema verspüre.

Dieses Buch ist vor allem eine Hommage an genau diese Liebe: Ich möchte dir mithilfe von Minecraft-Plugins zeigen, wie einfach und gleichzeitig spaßig der Einstieg in das Programmieren sein kann. Ich möchte, dass auch du deinen Ideen freien Lauf lassen kannst, um die Welt mit deinen Plugins zu bereichern. Und wer weiß: Vielleicht kannst du genauso wie ich erkennen, dass das Coden wundervolle Möglichkeiten bietet (und dir gleichzeitig einen guten Grund gibt, mehr Minecraft zu zocken).

Dieses Buch wäre nicht ohne die Unterstützung vieler toller Menschen möglich gewesen. Allen voran danke ich meiner Familie: Danke, Mama und Papa! Ich habe doch gesagt, irgendwann zahlen sich meine Minecraft-Spielstunden aus! Ein großer Dank gilt meinen Freunden und Kollegen, die mir (bewusst und unbewusst) während der Arbeit am Buch den Rücken freigehalten haben. Auch danke ich dem ganzen Team des Rheinwerk Verlag, das mir das Schreiben überhaupt möglich gemacht und mich bei der Entstehung tatkräftig unterstützt hat. Dabei besonders vielen Dank an Almut und Lisa für das leitende Lektorat und das Projektmanagement. Ein weiterer großer Dank gilt meiner Reviewerin Nora für das umfassende Feedback, das fachlich nochmal alles aus dem Buch herausgeholt hat. Menschen wie du sind der Grund, warum Einsteigerinnen und Einsteiger Motivation finden, immer besser programmieren zu lernen. Auch danke ich meinen Communitys auf YouTube und auf dem DevCord-Server, die mir Inspiration für viele Ideen im Buch gegeben und mich begleitet haben, seit ich so richtig in die Welt der Programmierung eingestiegen bin. Danke euch allen – auf die nächsten größenwahnsinnigen Ideen!

Zuletzt danke ich auch dir, dass du dich mit diesem Buch in die Welt der Programmierung begibst. Egal, ob das deine ersten Schritte sind, oder du schon einmal programmiert hast, ich freue mich, dass ich dich bei der Entwicklung deiner eigenen Minecraft-Plugins begleiten darf. Viel Spaß auf deiner Reise! Ich hoffe, du findest genauso viel Freude an der Umsetzung deiner kreativen Ideen wie ich und sagst mir Bescheid, wenn ich deine ersten Plugins testen darf.

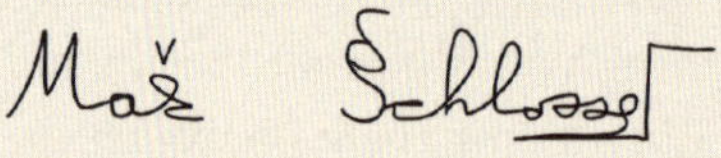

Max »Schloool« Schlosser

Mittweida und Bautzen, 2025

Kapitel 1

Einleitung: Willkommen in der Welt der Minecraft-Plugin-Programmierung

»Lass uns an einen Ort gehen, an dem alles aus Blöcken besteht. An einen Ort, an dem deine Vorstellungskraft die einzige Grenze ist.«

Mit diesen Worten begann der erste offizielle Trailer, der 2011 für das Videospiel Minecraft veröffentlicht wurde. Da du dieses Buch in den Händen hältst, hast du sicher schon viele tolle Abenteuer in der Minecraft-Welt erlebt. Vielleicht hast du im Einzelspieler den Enderdrachen erlegt, mit Freunden ganze Städte erbaut, den Nether bereist oder auf einem großen Minecraft-Server verschiedene Spielmodi ausgetestet. Der Trailer hat auf jeden Fall nicht gelogen: Unsere Vorstellungskraft ist in dieser großartigen Welt die einzige Grenze.

Doch stell dir vor, dass du deine Kreativität nicht nur beim Bauen mit Blöcken, dem Craften von Items oder dem Kämpfen gegen Menschen aus aller Welt ausleben kannst. Mit diesem Buch wirst du ein neues, grenzenlos kreatives Hobby entdecken: das Programmieren! Mit Quellcode kannst du, ähnlich wie in deiner Minecraft-Welt, noch nie dagewesene, kreative Dinge erschaffen. Egal, ob fliegende Schweine, automatisch generierte Luftschlösser oder Minispiele, in denen deine Freunde gegeneinander antreten: Wenn du die Kunst der Programmierung beherrschst, kannst du jede Vorstellung, die du im Kopf hast, auch in Minecraft umsetzen. Außerdem ist Coden auch außerhalb von Minecraft ein sehr praktisches Hilfsmittel. Du kannst schicke Anwendungen, praktische Websites oder lustige Spiele-Apps entwickeln, und wie du es aus Minecraft kennst, sind auch in diesen Gebieten die kreativsten und verrücktesten Ideen meist die erfolgreichsten.

Dennoch will ich ehrlich zu dir sein: Der Einstieg in die Programmierung kann anstrengend und verwirrend sein, immerhin gibt es unzählige Wege, auf denen du anfangen könntest. Neben Büchern wie diesem gibt es im Internet tausende Videos und Artikel, um erste Schritte in dieser spannenden Welt zu gehen. Mit der Entwicklung von Minecraft-Plugins hast du dich allerdings für einen Weg entschieden, der nicht nur spielerisch einfach ist, sondern das Programmieren direkt mit der Minecraft-Welt verbindet. Ich nehme dich an die Hand, während du deinen ersten Code schreibst, um Minecraft so richtig auf den Kopf zu stellen. Egal, ob du einen gefährlichen Riesen-Zombie in die Welt setzen willst, ein neues Crafting-Rezept für ein magisches Zauberschwert einfügst oder mithilfe eines eigenen Wirtschaftssystems einen Gemüseladen in deiner Stadt anbieten möchtest: Mit der Macht der Programmierung wirst du von praktischen Erweiterungen über spaßige Spiele bis hin zu wahnwitzigen Ideen alles umsetzen, was dein Herz begehrt. Doch nicht nur das: Während du nach und nach fortgeschrittenere Ideen in deinen Plugins umsetzt, lernst du wichtige Grundlagen in der Programmierung mit der bekannten Sprache *Java*. So kannst du nach dem Lesen nicht nur Erweiterungen für Minecraft entwickeln, sondern mit deinem Wissen auch viele andere Dinge programmieren.

1.1 Was sind Minecraft-Plugins, und warum macht es Spaß, sie zu entwickeln?

Um Minecraft zu erweitern, lernst du, sogenannte *Plugins* zu programmieren. Ein *Plugin* ist nichts anderes als ein Erweiterungspaket für einen Minecraft-Server, das neue Funktionen oder sogar ganze Spiele zu einem *Mehrspieler-Server* hinzufügen kann.

Was ist eigentlich ein Server?

Wenn du noch nie zuvor den Mehrspieler-Modus in Minecraft gespielt hast: Hier kannst du gemeinsam mit anderen in derselben Minecraft-Welt spielen und alle Abenteuer, die du sonst aus dem Einzelspieler kennst, gemeinsam mit deinen Freunden erleben. Möglich macht es ein *Server*, der nicht nur die Welt bereitstellt, sondern beispielsweise auch dafür sorgt, dass sich alle auf dem Server gegenseitig sehen und Nachrichten schicken können. Die verschiedenen Accounts können sich über eine bestimmte Adresse des Servers einfach über das Internet verbinden, und schon kann der Spaß losgehen.

Die Besonderheit bei Plugins ist, dass sie lediglich die Funktionen nutzen können, die Minecraft selbst bereitstellt. Das unterscheidet sie von sogenannten *Modifikationen* (kurz *Mods*), die das Spiel komplett verändern können. Mods fügen dabei zum Beispiel völlig neue Blöcke, Items, Monster oder Biome zum Spiel hinzu. Plugins hingegen können nur die Bestandteile nutzen, die Minecraft »von Haus aus« bereitstellt. Doch genau in der Einfachheit liegt die Faszination der Plugin-Entwicklung: Auf keinem anderen

Weg kannst du so schnell mit den Dingen, die Minecraft dir an die Hand gibt, völlig neue Ideen in die Welt bringen. Ein zuvor normaler Schneeball kann nun plötzlich explodieren, das Laufen über Grasblöcke bunte Partikel spritzen lassen oder das Schlagen eines Creepers das Wetter auf dem ganzen Server ändern. All das nutzt lediglich die sowieso schon im Spiel enthaltenen Effekte, kombiniert sie aber auf einem völlig neuen Weg.

Dass keine Änderungen der eigentlichen Spieldateien erfolgen, bringt automatisch einen weiteren wichtigen Vorteil mit sich: Da dein Plugin das Spiel selbst nicht verändert, kann jeder die Erweiterung im Mehrspielermodus nutzen, ohne komplizierte Installationen vornehmen zu müssen. Das heißt in anderen Worten, dass du Plugins auf deinen Server bringen kannst und jeder dem Server mit einer normalen Minecraft-Installation beitreten und so dein Plugin nutzen kann. Gleichzeitig kannst du das Plugin mit anderen Server-Admins teilen, die ebenfalls Gefallen an deiner Entwicklung finden könnten.

1.2 Die wichtigsten Fragen vor dem Lesen

Vor dem Lesen hast du vielleicht viele Fragen im Kopf. In diesem Abschnitt möchte ich dir in aller Kürze die wichtigsten Fragen beantworten, die du dir vielleicht stellst.

1.2.1 Was brauche ich, um dieses Buch gut verstehen zu können?

Mit diesem Buch möchte ich komplette Neueinsteiger ansprechen, du brauchst also keine Vorkenntnisse. Auch wenn du noch nie eine Zeile Quellcode geschrieben hast und zum ersten Mal etwas programmieren möchtest, kannst du mitmachen. Du wirst dich durch die Plugin-Entwicklung in wichtige Programmiergrundlagen einarbeiten und währenddessen mit viel Spaß und Kreativität deine Minecraft-Welt bereichern. Es ist völlig egal, ob du gerade noch in die Schule gehst, kurz vor der Ausbildung oder dem Studium stehst oder vielleicht schon mitten im Beruf (oder sogar Rentner) bist: Es ist nie zu früh oder zu spät, um das Programmieren zu lernen. Und mit der Entwicklung von Minecraft-Plugins hast du einen Weg gefunden, der kaum spaßiger sein könnte.

Wenn du schon grundlegende Erfahrung in der Programmierung hast, beispielsweise mit einer anderen Programmiersprache, wird dir das helfen, viele der vorgestellten Themen schneller zu verstehen. Die Dinge, die du über die Plugin-Entwicklung lernst, sind in diesem Fall allerdings trotzdem neu für dich und deshalb eine gute spielerische Wiederholung für verschiedenste Programmier-Basics. Wenn du schon einmal Plugins entwickelt hast, werden dir einige Themen schon gut bekannt vorkommen.

Außerdem ist es vorteilhaft, wenn du grundlegend verstehst, worum es im Videospiel Minecraft geht. Es ist außerdem eine gute Grundlage, wenn du schon einmal auf einem Mehrspieler-Server gespielt hast und verschiedene Plugins in Aktion sehen konntest. All das hilft dir, die in diesem Buch entwickelten Ideen besser zu verstehen. Vielleicht hast du dadurch schon eigene Ideen für Plugins, die du schon immer einmal selbst programmieren wolltest, gesammelt. Wenn dem so ist: Sehr gut, nach oder sogar während des Lesens wirst du sie endlich umsetzen können. Wenn der Mehrspielermodus noch vollkommen neu für dich ist: Kein Problem, im Verlaufe des Buches wirst du nach und nach besser verstehen, wie genau Plugins mit der Minecraft-Welt zusammenspielen und was du mithilfe von Plugins erreichen kannst. Du wirst dabei schnell erkennen, dass deiner Kreativität kaum Grenzen gesetzt sind: Wie wäre es mit einer Kuh, die jeden Block, über den sie läuft, in Magmagestein verwandelt? Oder doch lieber ein freundlicher Zombie, der dir Blumen schenkt, statt dich anzugreifen? Mit der Macht der Programmierung ist alles möglich.

1.2.2 Was brauche ich, um meine Plugins zu entwickeln und zu testen?

Für das Testen deiner Plugins benötigst du die *Minecraft Java Edition* auf einem Computer. Diese Version ist die Voraussetzung, damit du im Mehrspielermodus einen einfachen Server aufsetzen kannst, auf dem du deine selbst programmierten Plugins allein oder mit anderen testen kannst.

Was ist mit anderen Minecraft-Editionen?

Die wohl bekannteste Minecraft-Variante neben der Java Edition ist die *Minecraft Bedrock Edition*. Diese Version basiert auf einer völlig anderen Technologie und ist daher nicht für die Entwicklung eigener Plugins, wie wir sie in diesem Buch programmieren, geeignet. Auch die *Minecraft Education Edition* ist nicht für dieses Buch geeignet.

Alle anderen Programme, die du für die Entwicklung von Plugins benötigst, sind vollkommen kostenlos. Wir installieren sie im nächsten Kapitel und richten alles ein, damit es sofort mit der eigentlichen Programmierung losgehen kann. Wir setzen dafür auch einen eigenen kleinen Server auf, der direkt auf deinem PC läuft. All das ist nicht kompliziert und in wenigen Minuten erledigt.

1.2.3 Wie sollte ich das Buch am besten lesen?

Ich empfehle dir, das Buch von vorn nach hinten durchzulesen, denn es ist so aufgebaut, dass du über die Kapitel verschiedene wichtige Grundlagen lernst, die dir immer wieder neue Türen für die Umsetzung deiner Ideen öffnen. Die Kapitel bauen außerdem aufeinander auf, sodass spätere Kapitel häufig Kenntnisse aus den früheren Kapiteln voraussetzen. Solltest du im Laufe des Lesens bestimmte Dinge vergessen haben, kannst du natürlich jederzeit zurückblättern, um Grundlagen noch einmal zu wiederholen.

Wenn du bereits Erfahrung mit der Plugin-Entwicklung hast, kannst du bestimmte Kapitel oder einzelne Abschnitte überspringen, wenn sie dir schon sehr bekannt vorkommen. Du kannst sogar bestimmte Kapitel durcheinander lesen, allerdings wirst du immer wieder auf Grundlagen der Programmierung mit Java stoßen, die du vielleicht ebenfalls schon kennst. Dieses Buch kombiniert die Welt der reinen Programmierung mit der Plugin-Entwicklung, sodass viele Themen miteinander verschmelzen.

Während des Lesens wirst du außerdem auf spannende Übungen stoßen (mehr dazu in Abschnitt 1.3). Ich empfehle dir, diese Übungen zunächst möglichst selbstständig zu lösen. Das heißt, dass du nicht sofort zu den Lösungen blättern solltest, sondern erst dann, wenn du allein wirklich nicht mehr weiterkommst. Wenn du selbstständig über bestimmte Probleme nachdenkst, wirst du am meisten lernen. Genau aus diesem Grund solltest du dir die Zeit nehmen, die Übungen in Ruhe zu bearbeiten. Wenn du dir allerdings zu lange den Kopf über eine Aufgabe zerbrichst, ist das allerdings frustrierend. Hab also keine Scheu, auch mal die Musterlösungen aufzuschlagen.

1.2.4 Was kann ich nach dem Lesen?

Meine oberste Regel beim Schreiben dieses Buches ist: Ich möchte dir die Dinge so erklären, wie ich sie mir selbst erklärt hätte, als ich mit dem Programmieren begann. Ich kenne die verschiedenen Fallstricke, über die man als Anfänger beim Coden stolpern kann, und gerade deshalb möchte ich dir dabei helfen, gar nicht erst auf solche Stricke zu stoßen. Stattdessen gehen wir die Grundlagen Schritt für Schritt im Detail an.

Im Optimalfall hast du nach dem Lesen die Grundlagen der Programmierung von Minecraft-Plugins mit der Programmiersprache Java gelernt, sodass du deine eigenen Ideen in die Realität umsetzen kannst. Darüber hinaus kennst du verschiedene Basics in der Programmierung, die auch für andere Programmiersprachen gelten. Mit diesen Grundlagen kannst du dir nicht nur selbstständig weiteres Wissen für die Plugin-Entwicklung aneignen, sondern sogar ganz neue Sprachen lernen (ich rede natürlich von Programmiersprachen!).

Wie ich es schon in Abschnitt 1.2.3 angesprochen habe, sind besonders die Übungen ein guter Ansatz, um aktiv zu werden und die Inhalte aus den einzelnen Kapiteln noch einmal zu festigen. Wenn beim Programmieren eine Grundregel gilt, dann ist es meiner

Meinung nach auf jeden Fall: Übung macht den Meister. Je mehr du allein übst, desto besser wirst du später deine eigenen Ideen in die Realität umsetzen können. Du kannst dabei gern kreativ sein und die Übungen abändern: Du sollst dich auf keinen Fall so fühlen, als würde dir das Buch Grenzen aufzeigen.

Dennoch sollte dir jederzeit klar sein, dass es »da draußen« immer mehr gibt als das, was ich auf etwas über 400 Seiten Papier zeigen kann. Sicher hast du viele weitere Ideen, die über das im Buch Gezeigte hinausgehen. Hier ist es besonders wichtig, dass du mit viel Neugier und Kreativität an neue Probleme herangehst: Such im Internet nach Quellen, um deine eigenen Ansätze zu programmieren. Gib nicht auf, wenn du lange an einem Problem sitzt, all das gehört zum Programmieren dazu. Und glaub mir: Es gibt kaum ein schöneres Gefühl, wenn nach der langen Suche einer Lösung das Plugin genau das macht, was du dir vorgestellt hast.

1.3 Struktur des Buches

Gedanklich kannst du das Buch in zwei Bereiche aufteilen: Im ersten Teil geht es hauptsächlich um die wichtigsten Programmiergrundlagen, die du benötigst, um viele Bereiche der Plugin-Entwicklung verstehen zu können. Diese Basics werden in allen folgenden Kapiteln immer wieder aufgegriffen. Der zweite Teil fokussiert sich primär auf fortgeschrittene Kenntnisse zur Plugin-Entwicklung, mit denen du noch kompliziertere (oder verrücktere) Ideen umsetzen kannst.

Mach dir allerdings keine Sorgen, dass der erste Teil in irgendeiner Form langweilig und theoretisch wird: Wir stürzen uns ab dem nächsten Kapitel sofort in die Plugin-Entwicklung und werden alle Grundlagen anhand von praktischen Minecraft-Beispielen kennenlernen. So hast du nicht nur jederzeit sofort einen praktischen Bezug zu den Themen, sondern lernst parallel schon in den Grundlagen-Kapiteln die ersten Grundzüge der Plugin-Entwicklung kennen.

Die meisten Kapitel bieten dir außerdem Übungen mit Musterlösungen an, die hauptsächlich zu einer Wiederholung oder Festigung der gezeigten Themen dienen. Eine Besonderheit bilden zwei Komplexbeispiel-Kapitel (Kapitel 13 und Kapitel 17), in denen du größere, zusammenhängende Funktionen oder ganze Spiele in die Realität umsetzt. Mit so viel Praxis kann eigentlich nichts mehr schiefgehen!

1.3.1 Downloads zum Buch

Für das Buch gibt es verschiedene Dateien, die du im Laufe des Lesens benötigt. Für viele Dateien findest du im Buch einen direkten Link zu einer Website, auf der der Download angeboten wird. Dennoch sind alle Dateien zusätzlich auf der Webseite zum Buch zu finden: *https://www.rheinwerk-verlag.de/6140*.

In den Downloads findest du außerdem den Quellcode zu allen Beispielen und Übungen, die im Buch vorkommen. So kannst du den Code jederzeit parallel an deinem PC öffnen, beispielsweise um Lösungsvorschläge in dein eigenes Projekt zu kopieren. Die Quellcodedateien zum Buch sind außerdem in einem Projekt auf der Plattform GitHub bereitgestellt (siehe Abbildung 1.1). Dort kannst du die Dateien nicht nur einzeln herunterladen, sondern wie in einem virtuellen Ordner durch die einzelnen Verzeichnisse und programmierten Quellcodedateien springen. Das Projekt ist unter dem folgenden Link erreichbar: *https://github.com/Schloool/buch-minecraft-plugins*.

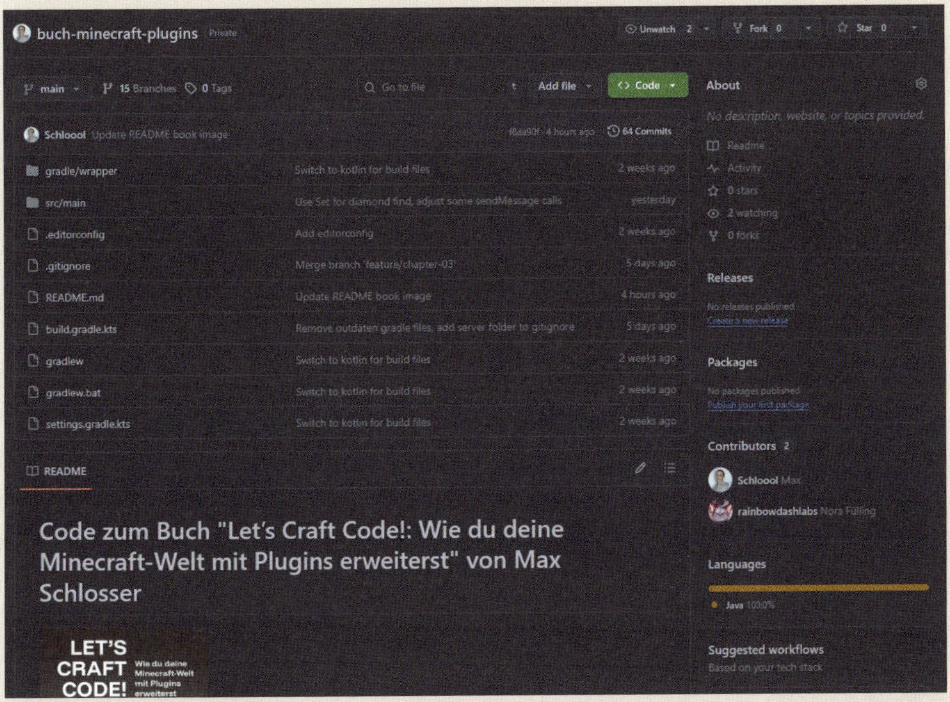

Abbildung 1.1 Auf GitHub findest du alle Buchdateien zum Durchklicken oder Herunterladen.

1.3.2 Discord-Server

Am meisten Spaß macht Lernen, wenn man es mit anderen gemeinsam tut. Vielleicht hast du unter deinen Freunden oder in der Familie niemanden, der Lust hat, mit dir zusammen das Programmieren zu lernen. Dafür stelle ich dir einen Server auf der Plattform *Discord* vor. Discord ist eine Plattform, auf der du dich mit anderen Nutzerinnen und Nutzern über Text- und Sprachkanäle über alle möglichen Themen austauschen kannst.

Genau solch einen Discord-Server gibt es auch passend zum Buch: Den *DevCord*-Server (siehe Abbildung 1.2). Hier kannst du dich über alle möglichen Themen rund um die Programmierung austauschen, besonders auch, wenn es um die Entwicklung von Plugins für Minecraft geht. Für das Buch gibt es hier einen eigenen Bereich, in dem du Fragen zu einzelnen Inhalten stellen oder deine neuesten Ideen vorstellen kannst. Zum Zeitpunkt der Veröffentlichung dieses Buches sind mehr als 3.000 Menschen Mitglied auf dem DevCord-Server, sodass du immer schnell Antworten auf deine Fragen bekommst und dich schnell mit anderen verknüpfen kannst. Dem Server kannst du über den folgenden Link beitreten: *http://discord.gg/devcordde*.

Mindestalter für die Nutzung von Discord

Laut der Benutzungsrichtlinien von Discord musst du, wenn du in Deutschland lebst, mindestens 16 Jahre alt sein, um Discord nutzen zu dürfen. Falls du in Österreich lebst, musst du mindestens 14 Jahre alt sein, in der Schweiz mindestens 13 Jahre. Wenn du aktuell noch jünger bist, kannst du zum Beispiel deine Eltern fragen, ob sie einen Account einrichten und für dich bestimmte Fragen auf dem DevCord-Server stellen.

Bitte beachte, dass sich die Altersgrenzen nach der Erscheinung des Buches ändern können. Alle Informationen findest du hier: *https://support.discord.com/hc/de/articles/360040724612*.

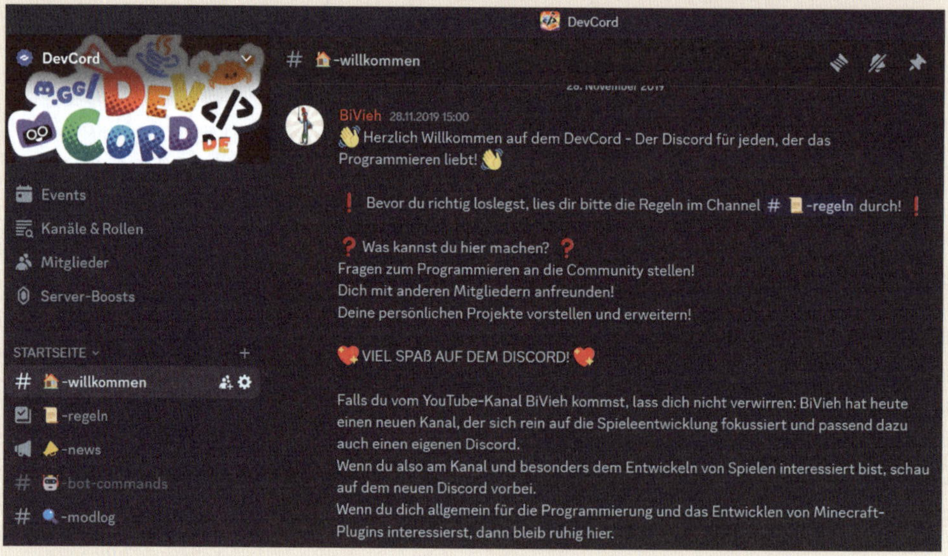

Abbildung 1.2 Über Discord kannst du dich über Textkanäle schnell und einfach mit anderen austauschen.

1.3.3 Errata

Fehler können immer passieren, und obwohl dieses Buch von vielen fachkundigen Menschen vorab gelesen wurde, hat sich vielleicht hier und da ein Fehler eingeschlichen. Alle gemeldeten Fehler werden auf der Website zum Buch (*https://www.rheinwerk-verlag.de/6140*) in einem Korrekturverzeichnis, auch *Errata* genannt, gesammelt.

Solltest du einen Fehler entdecken, der noch nicht auf der Liste aufgeführt ist, dann kannst du dich jederzeit über meine sozialen Medien (siehe Abschnitt 1.3.4) oder per Mail an *kontakt@max-schlosser.de* wenden. Vielen Dank, dass du auf diesem Weg hilfst, das Buch noch besser zu machen.

1.3.4 Verfolge mich

Du willst mehr von mir und Inhalten, die über das Buch hinausgehen, sehen? Du hast Anregungen für das Gelesene, einen Fehler gefunden oder möchtest mir einfach zeigen, was du entwickelt hast? Dann findest du mich im großen, weiten Internet auf den folgenden Plattformen:

- YouTube: *http://youtube.com/Schloool*
- Instagram: *https://www.instagram.com/Schloool*
- Twitter (X): *https://x.com/Schloool*

1.4 Übersicht über die Kapitel

Sehen wir uns in aller Kürze an, was die einzelnen Kapitel des Buches enthalten:

- In **Kapitel 2** starten wir mit den ersten wichtigen Schritten auf deinem Weg in die Plugin-Entwicklung. Wir installieren wichtige Programme, setzen einen Server zum Testen unserer Plugins auf und schreiben den ersten Code, mit dem dein Plugin den Server beeinflussen kann.
- **Kapitel 3** behandelt wichtige Programmier-Basics mit der Sprache Java, die wir für das Buch verwenden. Dabei lernst du alle wichtigen Grundlagen direkt an praktischen Beispielen kennen, die dein Plugin erweitern, sodass du Befehle schreibst, um beispielsweise Spieler zu heilen, mit Trankeffekten zu verzaubern oder mit einer zufälligen Kraft durch deine Welt zu katapultieren.
- **Kapitel 4** zeigt dir, wie du mehr Flexibilität in deinen Code bringst. Dafür lernst du, wie du bestimmte Dinge nur ausführst, wenn Bedingungen zutreffen. Außerdem nutzt du zum ersten Mal Datensammlungen und durchläufst bestimmte Abschnitte deines Codes mehrmals hintereinander, um komplexere Beispiele umzusetzen.

- In **Kapitel 5** geht es um bestimmte Ereignisse, auf die du mit deinem Plugin reagieren kannst. Diese nutzt du beispielsweise, um eine (fast) unendliche Goldmine zu bauen oder zu zählen, wie viele Monster du erlegt hast.
- **Kapitel 6** behandelt verschiedene generelle Basics, mit denen du dein Plugin cooler gestalten kannst. Dazu gehören beispielsweise das Abspielen von Geräuschen, das automatische Platzieren von Block-Mustern oder auch das Verändern deiner Welt und ihres Wetters.
- In **Kapitel 7** geht es um flexible Datensammlungen und wie du sie möglichst effizient verarbeitest. Durch die Kenntnisse aus diesem Kapitel kannst du neue Ideen umsetzen, zum Beispiel Unterteams von verschiedenen Spielern auf dem Server.
- **Kapitel 8** zeigt dir neue Wege, wie du Befehle auf deinem Server ausgestalten kannst. Neben dem Anlegen von automatischen Vervollständigungen oder Berechtigungen zur Einschränkung deiner Befehle lernst du Möglichkeiten kennen, deine Chatnachrichten vielfältiger zu gestalten.
- **Kapitel 9** befasst sich mit der Erstellung von Items und virtuellen Inventaren. Hier kann deine Kreativität richtig sprießen: Besondere Feuerschwerter, ein Glasblock als Helm oder ein Zauberstab, der Feuerbälle verschießt, sind nur der Anfang. Mithilfe von Inventaren setzt du dann Menüs um, in denen du Items anklicken kannst, um bestimmte Aktionen auszulösen.
- In **Kapitel 10** lernst du sogenannte Configs kennen, mit denen du auf einfachem Weg Daten für deinen Server speicherst. So kannst du nicht nur Statistiken deiner Spieler absichern, sondern eine Möglichkeit bereitstellen, mit der Nutzer deines Plugins Einstellungen konfigurieren können, die dann von deinem Projekt eingelesen werden.
- **Kapitel 11** bietet dir die Möglichkeit, durch die Zeit zu reisen. Also zumindest im übertragenden Sinne: Denn es geht darum, Verzögerungen in dein Plugin einzubauen. Diese kannst du beispielsweise nutzen, damit ein Befehl nur nach einer kurzen Sperrzeit nutzbar ist oder um einen Countdown auf deinem Server anzuzeigen.
- In **Kapitel 12** lernst du Entities als vielseitige Möglichkeit kennen, lebendige und dynamische Dinge auf deinem Server nach deinen Vorstellungen zu manipulieren. Ein rasender Zombie mit starker Rüstung, ein Ritt auf einer Feuerwerksrakete und schwebende Text-Hologramme sind nur ein paar Beispiele für Dinge, die du in diesem Kapitel programmieren wirst.
- **Kapitel 13** ist das erste Komplexbeispiel-Kapitel. Gemeinsam entwickeln wir größere, zusammenhängende Beispiele, die du auch für deinen Server verwenden kannst. Baue dein eigenes Wirtschaftssystem mit angrenzendem Shop, oder beweise dich in einer Arena gegen immer schwerer werdende Monsterhorden, und wende auf der Reise gleichzeitig deine geballten Java-Skills an.

- In **Kapitel 14** lernst du, wie du eigene Crafting-Rezepte auf deinem Server zur Verfügung stellst, um Dinge zu bauen, die normalerweise nicht vom Spiel vorgesehen sind. Eine tolle Ergänzung, wenn du das volle Potenzial deines Plugins ausschöpfen möchtest.
- **Kapitel 15** stellt dir Scoreboards vor, die Informationen als Text anzeigen. Du lernst, wie du Scoreboards nutzt, um Text in der Spielerliste, an der Seite des Bildschirms oder direkt beim Spielernamen anzuzeigen.
- **Kapitel 16** behandelt die wichtigsten Grundlagen zum Thema der objektorientierten Programmierung. Dieses Grundprinzip begleitet dich zwar unterbewusst durch das gesamte Buch, doch in diesem kurzen Kompaktkurs beleuchten wir einige wichtige Bestandteile des Konzepts an Beispielen.
- In **Kapitel 17** folgt das zweite Komplexbeispiel-Kapitel. Die hier gezeigten Aufgaben sind deutlich umfangreicher, weswegen im Buch nur Ansätze zur Lösung abgedruckt sind. Die vollen Umsetzungen findest du hingegen digital als Download oder auf GitHub (siehe Abschnitt 1.3.1).
- **Kapitel 18** bildet den Abschluss des Buchs: Wir reflektieren noch einmal, was du beim Lesen lernen konntest. Außerdem gebe ich dir ein paar Ansätze auf den Weg, wie du deine Karriere für die Plugin-Entwicklung von hier an fortsetzen kannst.

Nun möchte ich aber keine weiteren Worte verlieren: Stürzen wir uns in die Welt der Plugin-Programmierung! Ich kann dir versprechen: Es wird eine spannende und vor allem lustige Reise, bei der du viel über die Programmierung lernen wirst.

Kapitel 2
Aller Anfang ist leicht: Die ersten Schritte zur Plugin-Entwicklung

Dreimal auf Holz geklopft

Nun kann es also losgehen: Du weißt, was dich in diesem Buch erwartet, und bist sicher schon gespannt, deine ersten Plugins zu programmieren. Dieses Kapitel legt dafür die wichtigsten Grundlagen, was leider auch ein wenig Theorie mit sich bringt. Ich kann dir dafür versprechen: So theoretisch wie in diesem Kapitel wird es danach nicht mehr.

Gleichzeitig warten auch coole praktische Dinge auf dich: Schon in diesem Kapitel wirst du dein erstes Plugin erstellen, das von deinem Server erkannt wird. Davor müssen wir allerdings noch ein paar Dinge erledigen. Zunächst müssen wir einiges auf deinem Computer einrichten: Wir benötigen eine Umgebung für die Programmiersprache, mit der wir im Buch arbeiten, und installieren ein Programm, das uns beim Programmieren unterstützt. Außerdem erstellen wir das erste Plugin und setzen einen Test-Server auf, der direkt auf deinem Rechner läuft und dem du dann im Mehrspielermodus beitreten kannst. Zu dem neu angelegten Plugin erkläre ich dir im Detail, welche Bedeutung verschiedene Dinge im Code haben und welche wichtigen Dateien wir für ein Plugin erstellen müssen. So verstehst du von Anfang an, wie du dich im Code zurechtfindest, und kannst im Laufe des Buches viel einfacher deine eigenen Ideen entwickeln oder neue Plugins erstellen.

2.1 Was ist Java, und warum nutzen wir diese Programmiersprache?

Wenn du noch nie zuvor programmiert hast, kennst du sicher viele Mythen und Legenden rund um Programmiersprachen und Quellcode: Kryptisch aussehender Text, den nur absolute Genies schreiben und verstehen können und der von der einen auf die andere Sekunde über den Bildschirm flackert.

Glücklicherweise ist es viel leichter als das, und wie du schon in diesem Kapitel sehen wirst, kannst auch du Quellcode leichter verstehen und sogar selbst schreiben, als du es dir im Moment noch zutraust. All das ermöglicht uns eine *Programmiersprache*. In den letzten Jahrzehnten und sogar noch im letzten Jahrhundert sind zahlreiche Programmiersprachen entstanden, die alle ein gemeinsames Ziel eint: Uns das Leben beim Entwickeln von Programmen oder auch Minecraft-Plugins leichter zu machen. Dafür schreiben wir den schon oft erwähnten *Quellcode* (kurz *Code* genannt): Das ist Text, der fest vorgeschriebenen Regeln folgt und den wir mit ein wenig Hintergrundwissen und Erfahrung gut lesen und schreiben können. Dabei werden viele Sonderzeichen verwendet, die du in normalen Texten nur selten findest. Im Quellcode haben diese Zeichen aber meist eine besondere Bedeutung, sodass schon das Hinzufügen oder Entfernen nur eines Zeichens ungeahnte Folgen haben kann.

Ein Beispiel für die schnelle Wirkung von Änderungen im Quellcode

Um ein Beispiel für solche Folgen zu nennen: Stell dir vor, dass du mit deinem Plugin die Geschwindigkeit eines Monsters verändern willst. Fügst du aus Versehen (oder auch absichtlich) ein Minuszeichen (-) vor die Zahl der Geschwindigkeit, bekäme die Zahl plötzlich eine völlig andere Bedeutung. Statt einer hohen Zahl wäre der Wert nun auf einmal kleiner als 0, was kein gültiger Geschwindigkeitswert mehr wäre. Solche Fehler schleichen sich schnell ein, hier musst du also aufmerksam sein.

Wenn du Code geschrieben hast, folgt ein wichtiger Prozess: Nun muss der Text, den wir als Menschen verstehen könnten, für den Computer lesbar gemacht werden. Die technischen Details sind an dieser Stelle gar nicht so wichtig, doch stell es dir so vor, dass dein PC am Ende nur mit den Zahlen 0 und 1 arbeitet. Denken wir am besten gar nicht daran, Abfolgen aus 0 und 1 von Hand zu schreiben, sondern verwenden wir den magischen Vorgang des *Kompilierens*. Im Englischen wird dieser Prozess auch *Compiling* genannt, das passende Programm dazu nennt man einen *Compiler*. Wenn der Compiler seine Arbeit getan hat, haben wir ein fertiges Programm, das von unserem PC gelesen werden kann, zusammengebaut.

Nicht jede Sprache hat einen Compiler

Es gibt Programmiersprachen, die andere Technologien als einen Compiler verwenden. Besonders bekannt sind hier sogenannte *Interpreter-Sprachen*, die einen passenden *Interpreter* verwenden. Dieser wandelt den Quellcode nicht in maschinenlesbaren Code um, sondern stellt eine eigene Software bereit, die den Programmcode »live« verstehen kann, während das Programm läuft.

In diesem Buch arbeiten wir mit der Programmiersprache *Java*. Vielleicht hast du schon einmal von Java gehört, denn es ist auch heute, mehr als 30 Jahre nach der Erfindung der Sprache, eine der bekanntesten und meistgenutzten Programmiersprachen der Welt. Viele bekannte Programme wurden in Java entwickelt, so zum Beispiel unser Lieblingsspiel Minecraft (das sagt ja auch der Name *Java* Edition).

Java ist eine besondere Programmiersprache, da sie aus mehreren Teilen besteht, die du beim Entwickeln von Programmen grundlegend verstehen musst.

- *Java Development Kit (JDK)*: Das JDK ist das Herzstück, um eigene Java-Programme zu entwickeln. Mithilfe des JDK startest du nämlich das Kompilieren des Quellcodes in eine maschinenlesbare Form. Java-Programme werden dabei in eine besondere Maschinenform übersetzt, den sogenannten *Bytecode*. Der Bytecode ist speziell für Java entwickelt worden.
- *Java Runtime Environment (JRE)*: Das JRE ist laut der deutschen Übersetzung die »Laufzeitumgebung« für Java-Programme. Es enthält verschiedene Java-Dateien, mit denen in Java entwickelte Programme verstanden und ausgeführt werden können. Doch damit das gut funktioniert, ist ein weiterer wichtiger Bestandteil der Java-Familie notwendig.
- *Java Virtual Machine (JVM)*: Die JVM ist die eigentliche Umgebung, die ein Java-Programm ausführt. Sie versteht den Bytecode, den das JDK erzeugt hat, und wandelt die Bytecode-Befehle so um, dass genau das passiert, was wir programmiert haben. Die JVM auf dem Server würde also dafür sorgen, dass dein entwickeltes Plugin genau so funktioniert, wie du es ursprünglich im Code erdacht hast.

Wie du es dir vielleicht schon denken kannst, benötigen wir für die Entwicklung von Plugins alle drei genannten Bestandteile: Mithilfe des JDK schreiben wir zunächst Plugin-Quellcode, den wir im Anschluss in Bytecode umwandeln. Das JRE hilft uns im Anschluss direkt auf den Server, den Bytecode zu verstehen und so das Plugin testen zu können, indem der Bytecode innerhalb der JVM ausgewertet wird. Glücklicherweise müssen wir nicht alle drei Programme einzeln installieren. Setzen wir für die Ausführung von Java-Programmen das JRE auf, so enthält dieses automatisch die JVM, um Bytecode verstehen zu können. Wenn wir also nur Java-Programme ausführen wollen, dann würde es ausreichen, lediglich das JRE zu installieren. Wir wollen allerdings entwickeln, doch auch hier hilft uns Java: Das JDK enthält nicht nur die notwendigen Entwicklungswerkzeuge wie den Bytecode-Compiler, sondern zugleich das JRE (und dieses enthält wiederum das JDK). Vereinfacht gesagt: Wenn wir das JDK installieren, dann installieren wir das JRE und die JVM automatisch mit. Abbildung 2.1 zeigt grafisch, wie die drei vorgestellten Werkzeuge zusammenhängen.

Warum der Bytecode und die JVM so praktisch für uns sind

Java-Bytecode ist eine wirkliche Besonderheit, da er für unterschiedliche Betriebssysteme gleich ist. Während andere Programme also mehrmals für verschiedenste Plattformen kompiliert werden müssen, werden Java-Programme nur einmalig in Bytecode umgewandelt.

Der wahre Trick liegt hier in der JVM: Sie weiß auf dem jeweiligen Betriebssystem, wie der Bytecode gelesen werden muss, damit das Programm funktioniert. Während der Bytecode also immer gleich bleibt, hat jede Plattform eine eigene JVM, die »weiß«, wie der Bytecode auf dem jeweiligen Betriebssystem gelesen werden muss. Das macht Java zu einer *plattformunabhängigen* Sprache. Das heißt, dass der gleiche Quellcode für verschiedene Plattformen verwendet werden kann. Das siehst du auch gut an Minecraft: Die ursprüngliche Version wurde in Java entwickelt und konnte deshalb direkt an allen PCs gespielt werden, egal, ob Windows, Mac oder Linux als Betriebssystem verwendet wurde.

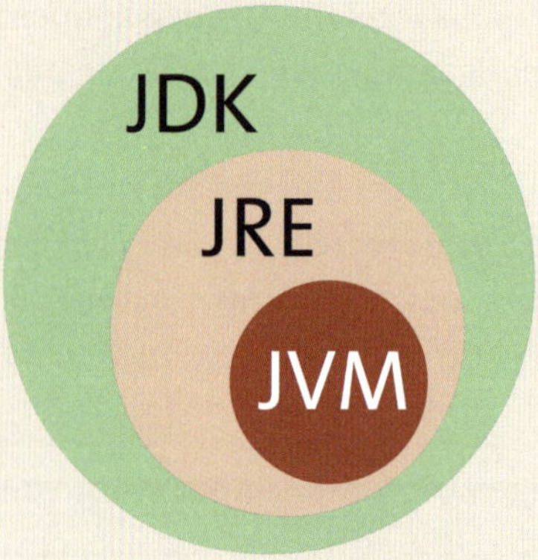

Abbildung 2.1 JDK, JRE und JVM hängen eng zusammen und sind bei der Installation »ineinander verschachtelt«.

Nun, da du weißt, wie JDK, JRE und JVM zusammenhängen, können wir erst einmal das JDK installieren, mit dem wir später Plugins kompilieren und auf unserem Server ausführen können.

2.1.1 Das JDK installieren

Ohne weiter in die technischen Details der Sprache Java zu gehen, starten wir nun mit der ersten Installation: Wir installieren das soeben erklärte JDK auf unserem PC, damit wir im Anschluss Plugins mit Java programmieren und ausführen können.

Wenn du Java schon für Minecraft installiert hast

Wie es der Name verrät, ist für die Minecraft *Java* Edition sowieso eine Java-Installation notwendig. Dennoch schadet es nicht, wenn du die Installation so nachmachst, wie ich es im Buch zeige. So stellst du sicher, dass alle Entwicklungswerkzeuge, die wir für die Plugin-Entwicklung benötigen, tatsächlich auf deinem PC vorhanden sind.

Wie jede (gute) Software ist auch Java bereits durch verschiedene Versionen gegangen, in denen neue Funktionen zur Sprache hinzugefügt oder vorhandene Features verändert wurden. Für dieses Buch verwenden wir die Java-Version 21, die zum Zeitpunkt der Veröffentlichung die neueste Version mit einer Langzeitunterstützung ist. Für die Installation von Java 21 verwenden wir die Plattform *Adoptium*, die das JDK ganz von Zauberhand für dich auf dem PC einrichtet. Die Downloads für die Installationsprogramme findest du unter *https://adoptium.net/de/temurin/releases/?version=21* (siehe Abbildung 2.2).

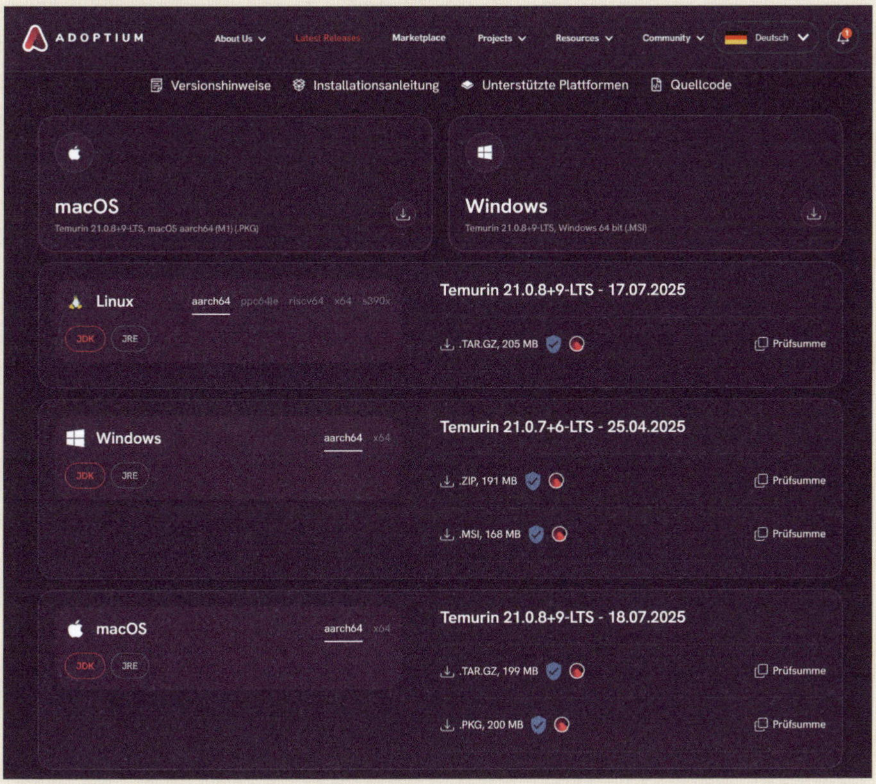

Abbildung 2.2 Bei Adoptium findest du Java-Installationsprogramme für die Betriebssysteme Windows, macOS und Linux.

Neuere Java-Version und Aktualisierung der Adoptium-Website

Wenn du dieses Buch liest, sind vielleicht schon neuere Java-Versionen erhältlich. Wichtig ist, dass du mindestens die Version 21 installierst, da sie die Mindestvoraussetzung ist für die Plugin-Basis, mit der wir im Laufe des Buches arbeiten. Das Verwenden einer höheren Version ist ebenfalls kein Problem und könnte für neuere Minecraft-Versionen sogar notwendig sein.

Außerdem könnte die Adoptium-Website mittlerweile anders aussehen als in Abbildung 2.2. Halte Ausschau nach den Installations-Buttons für dein Betriebssystem.

Auf der linken Seite musst du unter deinem Betriebssystem die Bezeichnung JDK wählen, immerhin wollen wir das gesamte Java-Entwicklungspaket herunterladen und nicht nur die JRE-Laufzeitumgebung. Die Wahl der Systemarchitektur links daneben hängt von dem Prozessor deines Systems ab. Unter Windows ist das normalerweise x64 für herkömmliche Prozessoren von Intel oder AMD. Verwende außerdem am besten den .MSI-Download, der ein Installationsprogramm bereitstellt, das du nur noch ausführen musst. Unter Mac-Rechnern musst du x64 wählen, wenn der Rechner Intel-basiert ist. Solltest du einen Apple-Silicon mit einem M-Chip verwenden, fällt die Wahl stattdessen auf AARCH64. Verwende außerdem den Installationstyp .PKG, der alle notwendigen Einrichtungsschritte für das JDK vornimmt.

Unter Linux ist die Installation ein wenig komplizierter als unter Windows und Mac. Die Wahl fällt normalerweise auf x64, wenn du einen Intel- oder AMD-Prozessor nutzt. Solltest du einen anderen Hersteller verwenden, musst du dich vor der Wahl des Programms über die Systemarchitektur informieren. Das heruntergeladene .TAR.GZ-Verzeichnis kannst du an einem Ort deiner Wahl entpacken. Den Unterordner */bin/* des entpackten Ordners musst du abschließend manuell zu den Umgebungsvariablen des Betriebssystems hinzufügen.

Im Folgenden zeige ich die Installation des JDK beispielhaft mit dem Windows-Installationsprogramm. Unter macOS sieht die Installation allerdings ähnlich aus, sodass du die Schritte parallel verfolgen kannst. Führe dafür zunächst das Installationsprogramm aus. Nach einer kurzen Begrüßung musst du zunächst die Lizenzbedingungen aufmerksam lesen und mit einem Haken bestätigen. Anschließend kannst du auswählen, für welche Accounts deines Rechners die Installation vorgenommen werden soll. Diese drei Schritte siehst du in Abbildung 2.3.

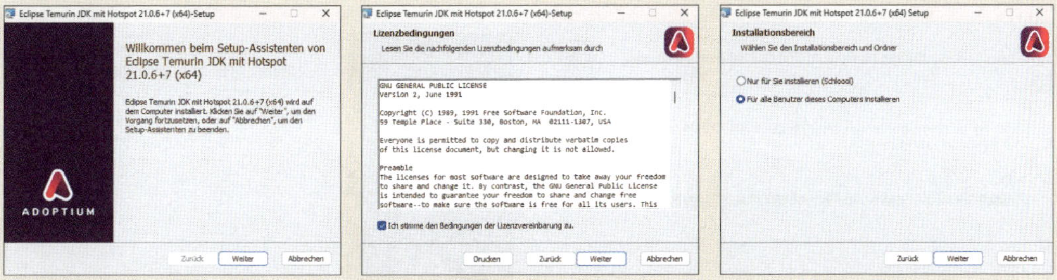

Abbildung 2.3 Die ersten Installationsschritte unter Windows: Zunächst musst du die Lizenzbedingungen akzeptieren und festlegen, für welche Benutzer des Computers die Installation vorgenommen werden soll.

Besonders wichtig ist, dass im System verschiedene Daten gespeichert werden, mit denen genau abgerufen werden kann, wo deine Java-Installation liegt. Dafür ist der nächste Bildschirm da: Hier solltest du neben den drei ersten Einträgen unter JDK MIT HOTSPOT das Icon auf den grauen Kasten ändern, so wie in Abbildung 2.4 gezeigt. Wenn du auf das Symbol klickst, entspricht das der Auswahloption WIRD AUF DER LOKALEN FESTPLATTE INSTALLIERT. Indem du diese Optionen aktivierst, kann dein System Java später bei bestimmten Prozessen sofort finden. Außerdem werden Dateien mit der Endung *.jar* automatisch mit einer Ausführung durch Java verknüpft.

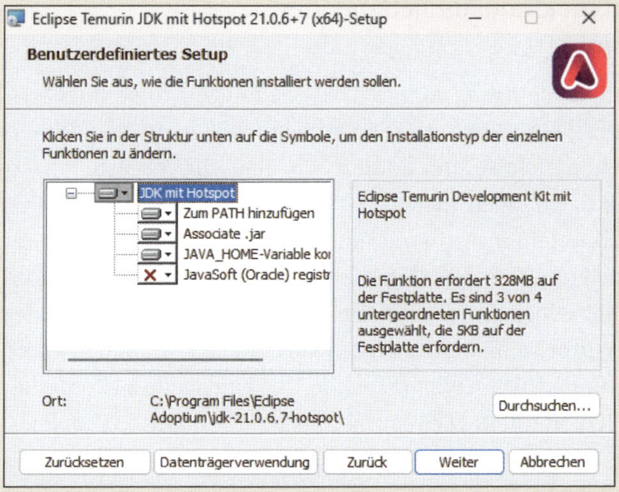

Abbildung 2.4 In der Auswahl sollten die Optionen Zum PATH hinzufügen, Associate .jar und JAVA_HOME-Variable konfigurieren für die Installation aktiviert werden.

Nach dieser Konfiguration ist es geschafft: Die Installation startet, und schon nach wenigen Minuten ist das JDK fertig auf deinem PC installiert (siehe Abbildung 2.5).

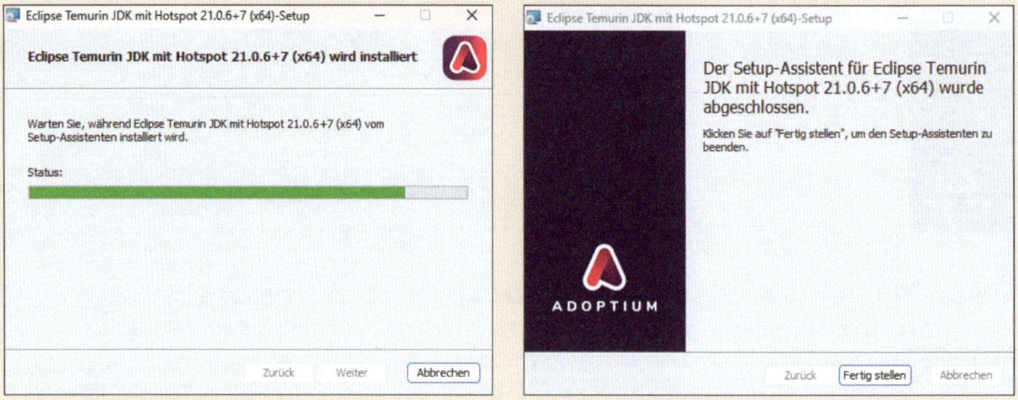

Abbildung 2.5 Nachdem die Installation durchlaufen wurde, ist die Einrichtung des JDK abgeschlossen.

Schon haben wir das JDK und damit auch JRE und JVM auf dem PC installiert. Doch bevor wir mit den eigentlichen Themen rund um die Plugin-Entwicklung beginnen, werden wir ein weiteres wichtiges Programm installieren, das uns das Leben während der Entwicklung deutlich vereinfacht.

2.1.2 IntelliJ: Wie eine Entwicklungsumgebung uns das Leben leichter macht

Du hast bereits gelesen, dass Quellcode streng vorgeschriebenen Regeln folgt und anfällig für kleine Schusselfehler sein kein. Nichts wäre ärgerlicher, als wenn dein Plugin durch kleine Unaufmerksamkeiten nicht so funktioniert, wie du es dir vorgestellt hast! Deshalb sollten wir uns darüber Gedanken machen, wie wir Quellcode möglichst so schreiben können, dass wir schnell sehen, wenn uns ein Fehler unterläuft. Gleichzeitig wollen wir Code nicht nur schnell und sicher analysieren, sondern auch schreiben können. Ein normaler Texteditor wäre hier ungeeignet: Immerhin können wir hier jedes Zeichen tippen, ohne dass der Editor weiß, ob es sich um korrekten Java-Code handelt. Fehler würden uns dann erst auffallen, wenn wir versuchen, den Quellcode zu kompilieren, und der Compiler unseres JDK meckert. Die Lösung für all die genannten Probleme liegt in der Verwendung einer *Integrated Development Environment* (kurz *IDE*), zu Deutsch einer *Entwicklungsumgebung*.

Eine IDE ist ein Programm, das dafür entwickelt wurde, uns beim Programmieren zu unterstützen. Auf dem Markt gibt es die verschiedensten IDEs, die meist für bestimmte Sprachen oder Anwendungsbereiche entwickelt wurden. Während sich die genaue Funktionsweise und auch der Umfang einzelner Entwicklungsumgebungen unterscheidet, haben sie alle ähnliche Werkzeuge, die uns bei der Programmierung unterstützen sollen. Die wichtigsten Vorteile sind:

- Die IDE hebt deinen Quellcode in bestimmten Farben und mit anderen visuellen Elementen hervor. So kannst du den Code auch nachträglich besser lesen und verstehen. Außerdem werden Fehler sofort angezeigt, wenn sie auftreten. Dadurch siehst du direkt, wenn du dich mal vertippt hast und der Quellcode nicht mehr richtig vom Compiler gelesen werden kann. Doch nicht nur das: Du kannst die IDE zum Live-Test mit deinem Server verbinden und dich in die Funktionen deines Plugins »hacken«. Auf diese Weise kannst du schnell Fehlerquellen finden, wenn irgendetwas im Quellcode nicht stimmt.
- Die Entwicklungsumgebung enthält zahlreiche Werkzeuge zum schnellen Schreiben von bestimmten Codeabschnitten, die immer wieder auftreten. Nervige Arbeiten kannst du also dem Programm überlassen, während du dich auf den spannenden Programmierteil konzentrierst. Sogar während des Tippens denkt die IDE für dich mit und versucht dir vorzuschlagen, welcher Quellcode zu einer bestimmten Situation passen könnte. Auch diese Eigenschaft hilft dir, Quellcode sicherer und schneller zu schreiben.
- In deiner IDE ist ein Dateiexplorer eingebaut, mit dem du verschiedene Dateien verwalten kannst, die du für das Projekt benötigst. Du wirst am Beispiel deines ersten Plugins sehen, dass noch viele Dateien über den Java-Quellcode hinaus eine wichtige Rolle spielen. Im Programm behältst du aber die volle Übersicht und kannst schnell zwischen Dateien wechseln oder neue Dateien anlegen.
- Außerdem ist ein Java-Compiler direkt verbaut, sodass du den geschriebenen Quellcode schnell in Java-Bytecode und damit zu einem fertigen Plugin weiterverarbeiten kannst. Dieses kannst du dann auf deinen Server laden, um alles zu testen.

Neben diesen wichtigen Vorteilen gibt es viele weitere praktische Funktionen, die von der Entwicklungsumgebung angeboten werden. Damit du in den Genuss all dieser Funktionen kommst, wollen wir uns neben dem JDK eine IDE installieren, die uns beim Programmieren »über die Schultern schaut« und beispielsweise hilft, wenn wir neuen Quellcode schreiben oder Fehler in vorhandenem Code finden müssen. Dafür verwenden wir das Programm *IntelliJ IDEA* (kurz *IntelliJ*) der Firma JetBrains. IntelliJ ist eine der bekanntesten und beliebtesten Entwicklungsumgebungen für Java und ist in der Grundversion, die den Namen *IntelliJ Community Edition* trägt, vollkommen kostenlos. Daneben gibt es die kostenpflichtige Version *IntelliJ Ultimate*, die Zusatzfunktionen bietet, die wir im Rahmen des Buchs allerdings nicht benötigen.

Vereinheitlichung der Community und Ultimate Edition

JetBrains hat angekündigt, dass ab der Version 2025.3 die Community Edition und die Ultimate Edition zu einer Distribution vereinigt werden. Das bedeutet, dass du in der Zukunft nur noch ein Installationsprogramm auf der Seite findest, das für eine einheitliche Installation von IntelliJ genutzt wird.

Lade dir zunächst das Installationsprogramm von der offiziellen Website der IDE herunter: *https://www.jetbrains.com/idea/download*. Die Download-Ansicht ist in Abbildung 2.6 dargestellt. Achte dabei darauf, dass du die kostenfreie Community Edition, für die du ein Stück nach unten scrollen musst, auswählst.

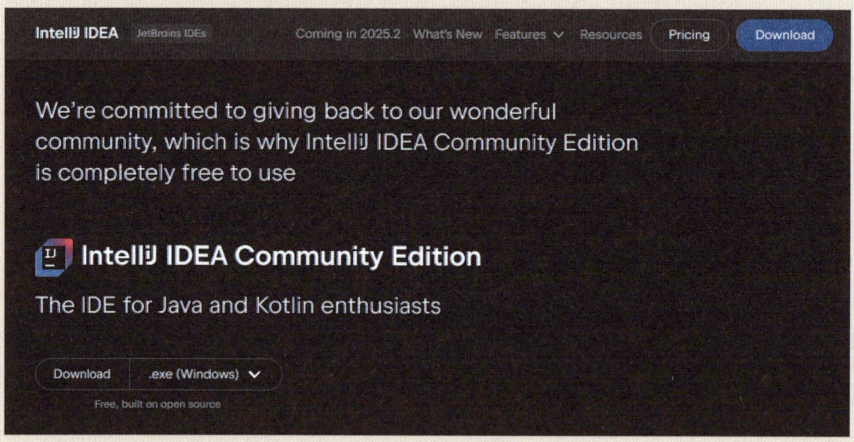

Abbildung 2.6 Auf der IntelliJ-Website gibt es Installationsprogramme der Community Edition für verschiedene Betriebssysteme, so auch für Windows.

Das heruntergeladene Installationsprogramm kannst du sofort starten, damit IntelliJ auf deinem Rechner installiert wird. Die Schritte dafür sind einfach: Nach einer Begrüßung wählst du den Installationsordner aus. Anschließend kannst du verschiedene optionale Häkchen setzen (beispielsweise, um eine Verknüpfung zum Programm auf dem Desktop zu erstellen), du musst hier nichts anklicken. Im nächsten Menü kannst du den Startmenüordner manuell setzen, auch diesen Schritt kannst du überspringen, damit die Installation startet. Nach einer kurzen Weile ist IntelliJ fertig aufgesetzt, wir lassen die IDE aber noch ein wenig verschnaufen, bis sie zum Einsatz kommt. Die einzelnen Installationsschritte sind zusammengefasst in Abbildung 2.7 zu sehen.

Abbildung 2.7 Während der Installation kannst du dich einfach durch die einzelnen Schritte klicken.

2.1.3 Basics zu Plugin-Frameworks und Einführung in Paper

Nun, da wir alle wichtigen Programme haben, fehlt nur noch der Star in unserer Show: Ein Server, der unsere frischgebackenen Plugins erhält, damit wir sie auf Herz und Nieren testen können. Mit der Wahl der Server-Software legen wir uns gleichzeitig fest, welche Art von Plugins (oder Mods) unterstützt wird. Ich möchte dir einen kurzen Abriss geben, wie sich verschiedene bekannte Anbieter für genau diese Software über die letzten Jahre entwickelt haben.

Der erste bekannte Vertreter, den seit 2010 viele Server verwendeten, hieß *Bukkit*. Da Minecraft selbst keine Unterstützung für Plugins anbot, wurde dieser Server-Ersatz von vielen engagierten Spielerinnen und Spielern gebastelt, damit Plugins auf dem Server lauffähig sind. Bukkit wurde 2014 aus rechtlichen Gründen eingestellt, das Tor für eine riesige Plugin-Community und weitere Server-Software war damit dennoch geöffnet. Die nächste große Entwicklung trägt den Namen *Spigot*, sie wurde 2012 ins Leben gerufen, baute direkt auf Bukkit auf und verbesserte viele Punkte in der Leistungsfähigkeit. Noch heute ist Spigot eine der beliebtesten Server-Umgebungen, die von vielen Servern weltweit genutzt wird.

Neben zahlreichen weiteren Entwicklungen, die in der Zwischenzeit entstanden, sticht eine besonders hervor: Sie trägt den Namen *PaperMC* (kurz *Paper*) und baute anfangs wiederum auf Spigot auf. Paper enthält viele weitere Optimierungen, die dafür sorgen, dass der Server noch flüssiger läuft und auch unter großen Lasten leistungsfähig bleibt. Da Paper ursprünglich von Spigot abstammt, funktionieren auch derzeit Spigot-Plugins noch zu einem Großteil auf Paper-Servern, weshalb wir Paper für unseren Test-Server verwenden wollen. In Zukunft können sich jedoch einige Dinge bei der Kompatibilität der verschiedenen Plugin-Arten ändern.

Doch nicht nur für Betreiber von Servern ist Paper wahnsinnig interessant, es gibt auch viele Optimierungen für uns Plugin-Entwickler und -Entwicklerinnen! Der wohl wichtigste Nutzen sind verbesserte Aufrufe im Quellcode, die im Detail erlauben, verschiedene Aspekte des Spiels anzusteuern. Wie genau sich das beim Programmieren gestaltet, wirst du schon bald sehen. Außerdem profitierst du beim Entwickeln von den verschiedenen Optimierungen, die Paper-Server bereitstellen: Selbst das Erschaffen riesiger Block-Schlösser durch Code oder das Teleportieren eines Spielers durch die ganze Welt wird so zum Kinderspiel, das der Server gut verarbeiten kann. Zuletzt gibt es viele Stellen, die uns bei Fehlern behilflich sein können: Neben detaillierten Fehler-Logs, die unser Server aufzeichnet, hat Paper eine gewaltige Dokumentation, die jedes kleinste Detail der Programmierschnittstelle erklärt. Nicht zu unterschätzen ist außerdem die große Entwicklungsgemeinschaft, die Paper verwendet: Du wirst im Handumdrehen viele andere Entwicklerinnen und Entwickler finden, die dir bei Problemen helfen können oder die sich mit dir über deine neuesten Ideen für Plugins austauschen.

In der Vergangenheit wurden Server meist über eine Java-Datei und ein kleines Script, das den Server automatisch startet, in Betrieb genommen. Wir machen es uns mit einer praktischen Erweiterung für das Plugin-Projekt aber deutlich einfacher und lassen den Server direkt über das Projekt in IntelliJ starten. So ist es nicht nur deutlich leichter, den Server in Betrieb zu nehmen, sondern wir können bei Änderungen das Plugin sofort auf dem Server aktualisieren und den Server anschließend neu starten. Das Aufsetzen dieses Servers nehmen wir somit bei der Einrichtung des Projektes vor, mit der wir nun beginnen wollen.

2.2 Das Plugin-Projekt erstellen

Nun, da wir alle notwendigen Programme haben und wissen, welchen Server wir später installieren, kann es endlich mit dem eigentlichen Inhalt des Buches losgehen: Wir programmieren unser erstes Plugin! Jedes Plugin, das du entwickelst, kommt mit einigen Dateien daher. Damit wir die Übersicht behalten, wird in IntelliJ eine solche Sammlung verschiedener Entwicklungsdateien als ein *Projekt* abgelegt. Unter der Motorhaube ist ein solches Projekt eigentlich nur ein Ordner, allerdings können wir in der IDE einen guten Überblick über die Projektdateien behalten und zusätzlich schnell zwischen verschiedenen Projekten hin und her wechseln.

Wir wollen ein solches Projekt für das Plugin, das wir im Laufe des Buches entwickeln, erstellen. Es ist also an der Zeit, dass du die Entwicklungsumgebung IntelliJ zum ersten Mal startest. Dabei gelangst du zunächst in ein Willkommens-Fenster (siehe Abbildung 2.8), über das du ein neues Projekt erstellen oder ein vorhandenes Projekt öffnen kannst.

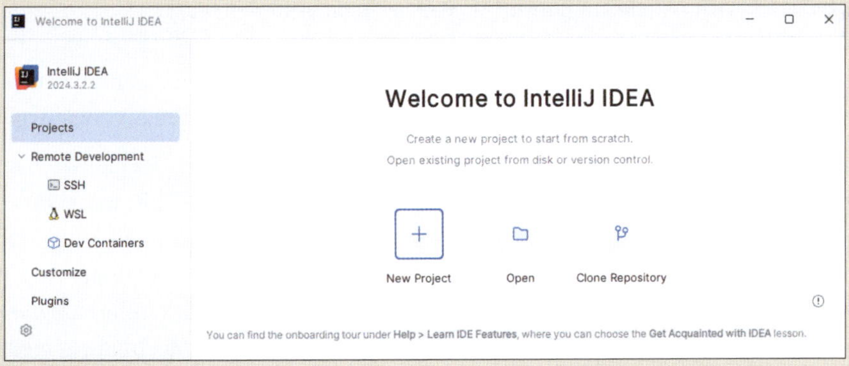

Abbildung 2.8 Beim ersten Start heißt IntelliJ dich herzlich willkommen.

Klicke im Hauptmenü auf den Knopf New Project. Es öffnet sich ein neues Fenster, in dem du auswählen kannst, mit welcher Vorlage das neue Projekt generiert werden sollte. Die Ansicht sollte zunächst so ähnlich aussehen wie in Abbildung 2.9, wenn du im linken Teil JAVA wählst.

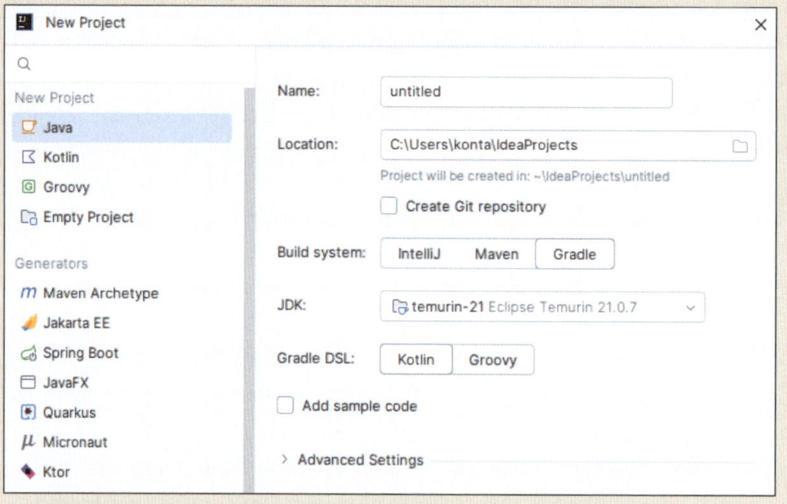

Abbildung 2.9 In dem Erstellungsfenster für ein neues Java-Projekt kannst du verschiedene Einstellungen für das neue Projekt vornehmen.

Das Projekt ohne eine erweiterte Vorlage erstellen

Es gibt eigene Plugins für IntelliJ (ja, nicht nur Minecraft hat Plugins!), mit denen Projektvorlagen für Paper-Plugins verfügbar sind. Das Problem bei vieler dieser Vorlagen ist allerdings, dass bestimmte Details nicht mehr aktuell sind. Wir bauen das Projekt deshalb »von Grund auf« auf. Das beugt nicht nur Fehlern vor, sondern du lernst gleichzeitig, aus welchen wichtigen Bestandteilen ein Paper-Plugin bestehen muss.

Für das neue Projekt wollen wir zunächst einige Daten konfigurieren. Sehen wir uns dafür die wichtigsten Einstellungen an, die wir für das Paper-Plugin einrichten wollen:

- NAME: Der Name, unter dem das neue Projekt gespeichert wird. Das ist gleichzeitig der Name des Ordners, in dem alle Projektdateien liegen. Hier wähle ich »bookplugin«, immerhin wird es ein Plugin für dieses Buch.
- LOCATION: Der Ordner, in dem das Projekt gespeichert wird. Über das Ordner-Symbol an der rechten Seite kannst du ihn direkt auswählen. Beachte, dass innerhalb dieses Ordners ein eigener Ordner für das Projekt erstellt wird. Ich habe einen eigenen Ordner für all meine Minecraft-Plugins erstellt, den ich auswähle.
- BUILD SYSTEM: Das Build System ist ein nützlicher Teil des Projektes, mit dem wir verschiedene Prozesse beim Programmieren automatisieren. Die Hintergründe zum System behandele ich in Abschnitt 2.2.3. Wähle für den Moment die Option GRADLE.

- JDK: Deine JDK-Installation. Wenn die heruntergeladene Temurin-Version 21 von Adoptium nicht automatisch in der Liste auftaucht, kannst du sie über die Option Add JDK from Disk... über ihren Installationsordner hinzufügen.
- Gradle DSL: Die Basis, auf der dein gewähltes Build System läuft. Wähle hier Kotlin.
- Add Sample Code: Wenn er gesetzt ist, entferne für diese Option den Haken, damit kein Beispielcode für dich generiert wird.

Unter Advanced Settings interessieren uns lediglich die Einträge GroupId und ArtifactId. Die GroupId ist eine Art übergeordnete Zuordnung des Projektes. Standardmäßig wird dafür eine Art »umgekehrte Website« vergeben: Ich habe beispielsweise die Website *schlosser.dev*, weshalb ich »dev.schlosser« eintrage. Wenn du keine Website verwendest, kannst du einfach die Endung für dein Land (beispielsweise *.de* für Deutschland) und deinen Minecraft-Namen oder deinen Nachnamen verwenden. So könntest du als »Max Mustermann« zum Beispiel »de.mustermann« für die GroupId eintragen. Die ArtifactId ist der Name für das konkrete Projekt, sodass ich hier den gleichen Namen wie das Projekt verwende, nämlich »book-plugin«.

Eine Übersicht über alle Änderungen, die ich bei der Projekterstellung vorgenommen habe, siehst du in Abbildung 2.10.

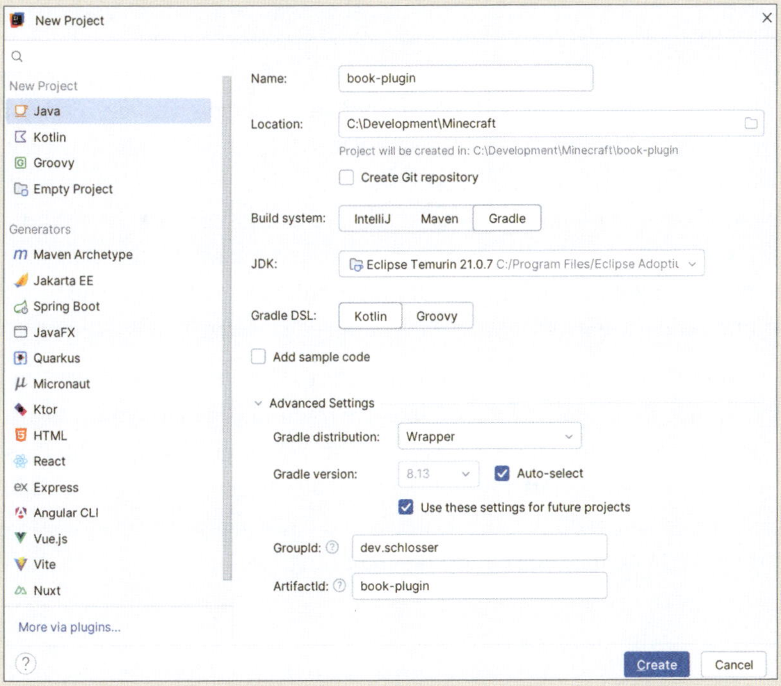

Abbildung 2.10 Für das neue Plugin zum Buch ändern wir einige Details.

Damit haben wir es geschafft: Das Plugin-Projekt ist aufgesetzt! Allerdings haben wir uns für ein leeres Projekt entschieden, das im Moment zu jedem erdenklichen Java-Programm werden könnte. Wir müssen uns im nächsten Schritt also darum kümmern, dass das Projekt als Paper-Plugin erkannt wird. Außerdem richten wir, wie bereits angesprochen, direkt im Projekt einen Test-Server ein, der auf deinem PC läuft und mit dem du das Plugin jederzeit testen kannst.

2.2.1 Die Hauptklasse für das Plugin erstellen

Wir beginnen, indem wir wichtigen Quellcode schreiben, mit dem das Java-Projekt als Plugin erkannt werden kann. Wie du sicher weißt, ist Ordnung das halbe Leben, und so ist auch unser IntelliJ-Projekt in ziemlich viele Ordner aufgeteilt. Für Code interessiert uns primär der Ordner *src*. Darin findest du einen Unterordner mit dem Namen *main*, in dem wiederum der Ordner *java* untergebracht ist. Die einzelnen Ordner kannst du in IntelliJ über den kleinen Pfeil an der linken Seite aus- oder einklappen (siehe Abbildung 2.11).

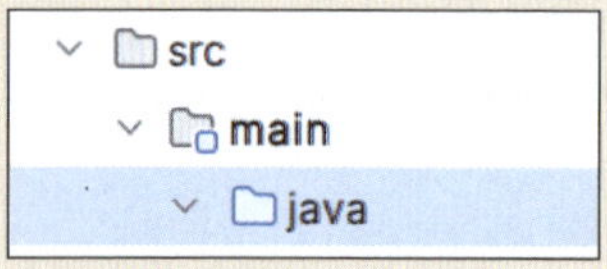

Abbildung 2.11 Alle Quellcodedateien werden im Unterordner »java« organisiert.

Doch hier hört die Ordnung noch nicht auf: Wir können innerhalb des Ordners Code in sogenannten *Packages* organisieren. So ein Package kannst du dir wie einen weiteren Ordner vorstellen, der verschiedene Quellcodedateien enthalten kann. Später werden wir mehrerer solcher Packages in unserem Projekt anlegen, sodass die Java-Dateien aus verschiedenen Packages miteinander interagieren. Wir wollen zunächst ein Package für den ersten Code, den wir schreiben, anlegen. Klicke dafür mit der rechten Maustaste auf den Ordner *java* und wähle, wie in Abbildung 2.12 gezeigt, die Option New • Package.

Jedes Package benötigt einen Namen, der so wie die GroupId beim Erstellen des Projekts standardmäßig mit dem umgekehrten Websitenamen angegeben wird. Darum starte ich den Package-Namen mit `dev.schlosser`. Damit besser erkennbar wird, dass das Package zum Plugin-Projekt gehört, füge ich getrennt durch einen Punkt schließlich noch den Projektnamen an, nämlich `bookplugin`. Den vollen Namen, `dev.schlosser.bookplugin`, trage ich in dem Dialog ein (siehe Abbildung 2.13).

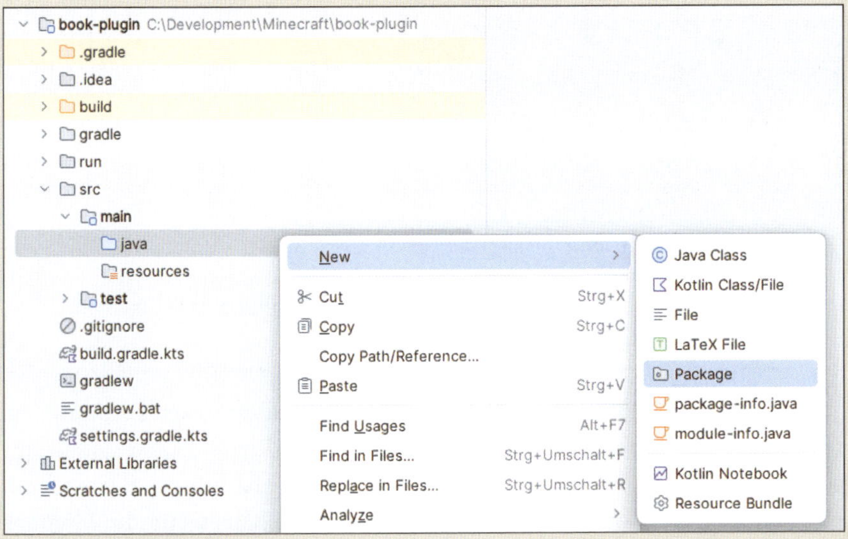

Abbildung 2.12 Mit der gezeigten Option legst du dein erstes Package an, in dem du deinen Code organisieren kannst.

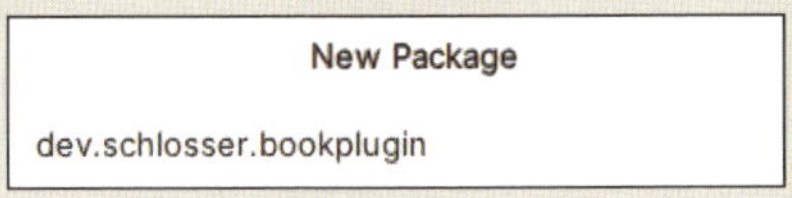

Abbildung 2.13 Für den Package-Namen wird eine durch Punkte getrennte Schreibweise verwendet.

Die Erstellung bestätigst du mit dem Drücken der Taste [↵]. Sofort danach ist das neue Package im Ordner *java* deines Projektes sichtbar.

Der Package-Name in seinen Einzelteilen

Die Punkte haben nicht irgendeine Bedeutung: Wenn du den *java*-Ordner auf deinem PC öffnest, kannst du sehen, dass jeder Punkt zu einem eigenen Unterordner wird. Es gibt also nicht einen Ordner mit dem Namen *dev.schlosser.bookplugin*, sondern den Oberordner *dev*, darin einen weiteren Ordner *schlosser* und darin wiederum den letzten Ordner *bookplugin*. Die Ansicht dieses Ordners unter Windows siehst du in Abbildung 2.14, wobei oben der letzte Teil des Dateipfads angegeben ist.

Abbildung 2.14 Jeder Punkt im Package-Namen sorgt im Hintergrund dafür, dass ein neuer Unterordner angelegt wird.

Als Nächstes benötigen wir eine zentrale *Klasse*, die das Herzstück unseres Plugins darstellt. Eine Klasse ist vereinfacht gesagt ein Behälter für Quellcode. Dieser Code kann dann zusammengefasst aus dieser Klasse verwendet werden. Im Laufe des Buches wirst du weitere Details dazu erfahren, welche Bedeutung Klassen haben. Für den Moment reicht es, darüber hinaus zu wissen, dass Klassen einen Namen tragen.

Deine erste Klasse soll eine besondere Bedeutung für das Projekt haben, denn sie soll als *Hauptklasse* für das Plugin dienen. Das heißt, dass die Klasse der Ausgangspunkt für verschiedene wichtige Funktionen deines Plugins sein wird. Die Hauptklasse des Plugins legen wir im gerade erstellten Package an. Mache dafür einen Rechtsklick auf den Package-Namen und wähle die Option New • Java Class (siehe Abbildung 2.15).

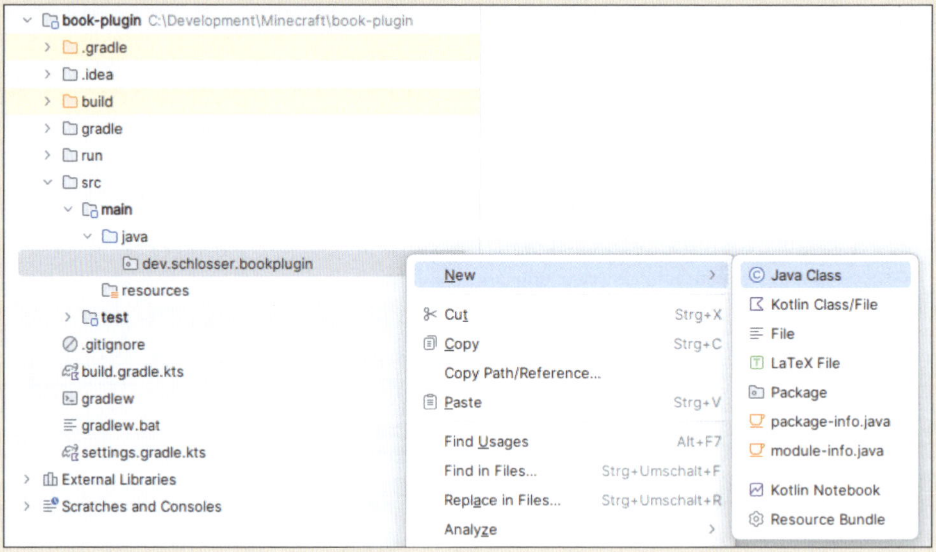

Abbildung 2.15 Innerhalb des Packages wird eine neue Klasse erstellt.

Nach dem Wählen der Option Java Class erscheint wie beim Package in Abbildung 2.13 ein Dialog, in dem der Name für die Klasse vergeben wird. Wichtig ist, dass der Klassenname keine Leerzeichen enthalten darf. Ich möchte dennoch den Namen des Projektes, also »Book Plugin«, darstellen. Dafür schreibe ich die beiden Wörter einfach zusammen, sodass ich `BookPlugin` wähle. Nach dem Bestätigen des Klassennamens mit ↵ wird die neue Klasse innerhalb des Packages angezeigt. Wie du in Abbildung 2.16 siehst, füllt sich gleichzeitig das erste Mal das große Fenster in der Mitte deiner IDE mit Leben: Der Code für deine erste Klasse wird angezeigt!

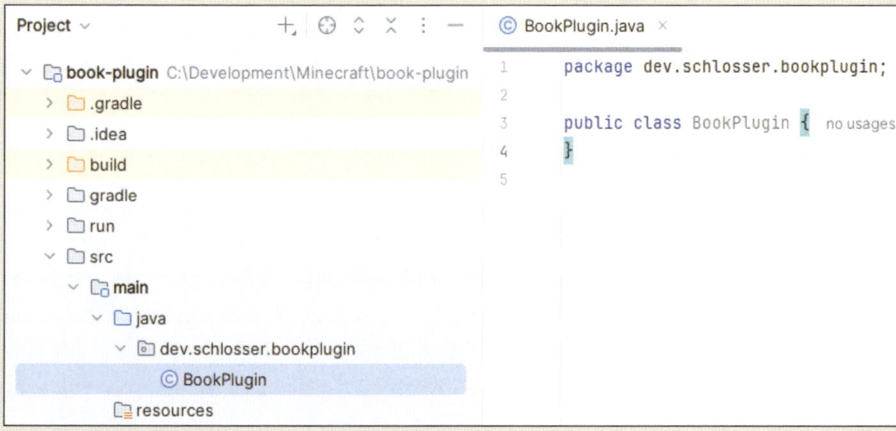

Abbildung 2.16 Der erste Code! Die neu generierte Klasse wird automatisch von IntelliJ mit Leben befüllt.

An dieser Stelle verstehst du wahrscheinlich zum Großteil Bahnhof, immerhin hast du diesen Code nicht selbst geschrieben. Deshalb wollen wir uns den automatisch generierten Inhalt der Klasse zunächst näher anschauen.

In English, please

Zunächst ein wichtiger Hinweis, der sich durch das gesamte restliche Buch ziehen wird: Englisch hat sich nicht nur außerhalb der Programmierwelt als Weltsprache etabliert: Wenn es um Quellcode und auch um zugehörige Programme wie IntelliJ geht, sind viele Befehle und Menüpunkte »von Haus aus« in englischer Sprache verfasst. Daran solltest du dich auch beim Schreiben von eigenem Quellcode gewöhnen, da das den großen Vorteil hat, dass andere Menschen aus aller Welt deinen Code sofort lesen und besser verstehen können. Zwar könntest du bestimmte Quellcodeabschnitte auch auf Deutsch verfassen, allerdings würden die deutschen Wörter dann wirr zwischen all den englischen Bezeichnungen, die Java und Paper mit sich bringt, stehen. Das wäre ein ziemliches Chaos!

Aus diesem Grund werde ich alle Beispiele, die sich um Quellcode drehen, ebenfalls in Englisch verfassen. Viele Begriffe werden dir bekannt vorkommen, wenn du die Sprache beispielsweise in der Schule schon einmal gelernt hast oder dich mit Minecraft auseinandergesetzt hast. Du brauchst dir keine Sorgen zu machen, dass es an diesem Punkt scheitert. Neue wichtige englische Befehle und Bezeichnungen werde ich, wenn ich sie zum ersten Mal verwende, erläutern. Wenn dir Wörter, die ich nicht erkläre, unbekannt vorkommen, dann kannst du jederzeit in ein Wörterbuch schauen.

Starten wir mit der ersten Zeile, die ganz oben in der Datei steht:

```
package dev.schlosser.bookplugin;
```

Diese Zeile sieht bei dir wahrscheinlich anders aus, denn hier taucht der Name des Packages auf, das du vor deiner Klasse erstellt hast. Dafür wird die Zeile durch das Wort `package` eingeleitet. Abgeschlossen wird die Zeile durch ein Sonderzeichen, das du davor wahrscheinlich noch nicht so häufig verwendet hast, das *Semikolon* (;). Während diese lustige Kombination aus Punkt und Komma beim Schreiben von Texten seltener zum Einsatz kommt, kommt ihr beim Programmieren mit Java eine besondere Bedeutung zu. Vereinfacht kannst du dir zunächst merken, dass jede Zeile, die einen Befehl darstellt, mit einem solchen Semikolon abgeschlossen wird. Das passt in unserem Fall sehr gut: Wir befehlen mit unserem Code also, dass die Datei dem Package *dev.schlosser.bookplugin* zugeordnet wird.

Spannender wird es mit dem Teil der Klasse, der ab der dritten Zeile beginnt:

```
public class BookPlugin
```

Die Bedeutung der Wörter musst du noch nicht im Detail verstehen, allerdings ist das grobe Verständnis wichtig:

- **`class BookPlugin`**: Dieser Teil der Zeile ist dafür zuständig, dass die Datei als Klasse (also als Behälter für Code) verstanden wird. Während das Wort `class` den Code als Klasse ausweist, ist `BookPlugin` der *Name* der zugehörigen Klasse. Wie du siehst, hat IntelliJ diesen Klassennamen automatisch nach der Eingabe im Dialogfenster eingetragen, sodass Datei und Klasse den gleichen Namen haben.
- **`public`**: Dieses Wort, das mit »öffentlich« übersetzt werden kann, beschreibt, wo im Quellcode auf diese Klasse zugegriffen werden kann. Im Falle von `public` dürfen alle anderen Klassen auf die `BookPlugin`-Klasse zugreifen.

Die Einleitung dieser Klasse kommt mit einer weiteren Besonderheit: Die Zeile wird nicht mit einem Semikolon abgeschlossen, sondern mit einer offenen geschweiften

Klammer ({). Geschweifte Klammern haben, so wie das Semikolon, eine besondere Bedeutung: Sie grenzen bestimmte *Bereiche* im Quellcode ab. Darum gehört zu jeder offenen geschweiften Klammer immer eine geschlossene (}). So ist es auch im Falle unserer Klasse: Die betreffende Klammer befindet sich in der letzten Zeile.

Damit die Klasse als Hauptklasse für ein Paper-Plugin erkannt wird, müssen wir noch eigenen Code schreiben. Bevor es in Abschnitt 2.2.4 so weit ist, müssen wir allerdings einige weitere Vorbereitungen treffen.

2.2.2 Die »paper-plugin.yml«-Datei anlegen

Der nächste wichtige Schritt ist das Anlegen einer *paper-plugin.yml*-Datei. Diese Datei enthält verschiedene Details zu deinem Plugin, die dein Server zum Laden des Plugins oder für die Ausgabe von Informationen benötigt.

> **»plugin.yml« als ältere Version der »paper-plugin.yml«**
>
> Unter Spigot wurde für diese Datei der Name *plugin.yml* verwendet. Auch dieser Dateiname wird unter Paper unterstützt, auch der Aufbau beider Dateien ist größtenteils gleich. Dennoch signalisieren wir durch das Verwenden von *paper-plugin.yml*, dass wir tatsächlich ein Plugin für Paper entwickeln, und können in der Datei Daten hinterlegen, die bei Spigot nicht unterstützt werden.

Lege zunächst die *paper-plugin.yml*-Datei im Ordner *resources*, der sich neben deinem Codeordner *java* unter *main* befindet, an. Mache dafür einen Rechtsklick auf *resources* und wähle diesmal die Option NEW • FILE (siehe Abbildung 2.17). Tippe als Dateinamen dann »paper-plugin.yml« ein (exakt so geschrieben!) und bestätige die Erstellung über die Taste [↵].

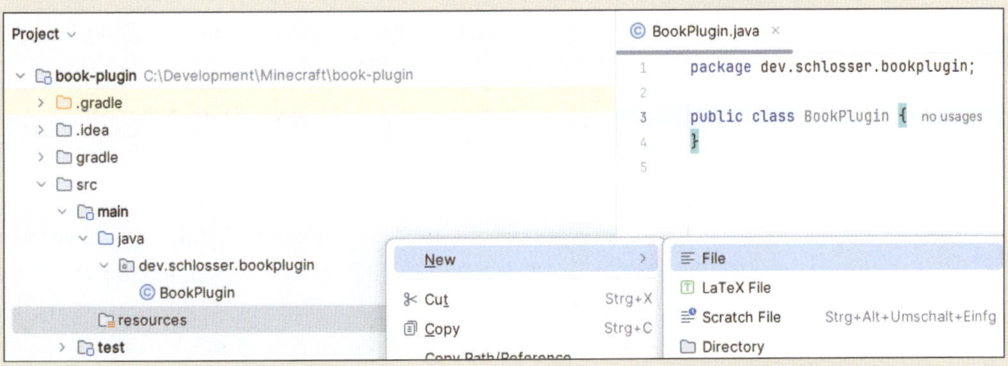

Abbildung 2.17 Die »paper-plugin.yml«-Datei muss im Ordner »resources« erstellt werden.

Nachdem du die Datei erstellt hast, öffnet sie sich in einem neuen Tab im Codefenster. Natürlich ist die Datei im Moment noch leer. Wir müssen also einige Einstellungen festlegen. Insgesamt sind gerade einmal drei solcher Einstellungen notwendig, damit die *paper-plugin.yml*-Datei für ein Paper-Plugin gültig ist:

- **`name`**: Der Name, unter dem der Server das Plugin erkennt. Es ist wichtig, dass dieser Name keine Leer- und Sonderzeichen enthält.
- **`version`**: Die Versionsnummer, unter der der Server das Plugin ausliest. Du kannst die Version später anpassen, wenn du Updates für dein Plugin veröffentlichst. Vielleicht hast du schon einmal die Schreibweise von Versionen gesehen: Dabei bedeuten Zahlen, die weiter links stehen, größere Versionssprünge. So könnte auf Version 1.0 beispielsweise Version 1.1 folgen, dann 1.2 und so weiter. Bei größeren Sprüngen könnte dann Version 2.0 eingeleitet werden. Genau nach diesem Schema vergibt auch Minecraft seine Versionsnamen.
- **`main`**: Hiermit wird der Pfad zur Hauptklasse des Plugins angegeben. Hier wollen wir die gerade erstellte `BookPlugin`-Klasse hinterlegen. Der Pfad setzt sich aus der Bezeichnung des Packages (bei mir `dev.schlosser.bookplugin`) und, nach einer weiteren Trennung durch einen Punkt, dem Namen der Klasse (bei mir `BookPlugin`) zusammen. Daran, dass die Klasse in der *paper-plugin.yml*-Datei hinterlegt ist, wird deutlich, wie wichtig die Hauptklasse in den nächsten Schritten wird.

Eine Eigenschaft wird angelegt, indem du den Namen schreibst und nach einem Doppelpunkt den jeweiligen Wert einsetzt. Auf diese Weise sieht meine *paper-plugin.yml*-Datei zunächst so aus:

```
name: BookPlugin
version: 1.0.0
main: dev.schlosser.bookplugin.BookPlugin
```

Achte darauf, dass du unter `main` deinen Package-Namen einträgst und du den Klassennamen anpasst, falls du nicht ebenfalls `BookPlugin` verwendet hast.

Neben diesen unverzichtbaren Eigenschaften gibt es zahlreiche weitere Eigenschaften, die in der Datei hinterlegt werden können (aber nicht müssen). Die wichtigsten dieser Eigenschaften sind:

- **`api-version`**: Die Paper-Server-Version, auf die das Plugin ausgerichtet ist. Diese Einstellung ist besonders wichtig, damit veraltete Funktionen älterer Versionen möglichst fehlerfrei funktionieren. Für diese Eigenschaft kannst du die passende Minecraft-Versionsnummer angeben, wobei die niedrigste mögliche Version `1.13`. ist. Die Angabe ist ab der Version 1.20.5 mit nur zwei Abstufungen (also `1.21` statt `1.21.7`) möglich, bei einer älteren Version muss die volle Version angegeben werden.

- `description`: Ein kurzer Beschreibungstext für das Plugin.
- `author`: Hier kannst du dich verewigen, denn unter dieser Eigenschaft kannst du den Namen des Plugin-Erstellers aufführen.
- `authors`: Solltest du nicht allein am Plugin gearbeitet haben, können auch mehr Namen hinterlegt werden. Die Namen müssen in eckige Klammern geschrieben und durch Kommas voneinander abgetrennt werden, beispielsweise so:

  `authors: [Name1, Name2, Name3]`
- `website`: Ein Website-Link für das Plugin. Du kannst beispielsweise eine Seite verlinken, unter der du den Quellcode hochgeladen hast, oder, wenn du das Plugin groß aufziehst, eine von dir bereitgestellte Internetseite, auf der du alle Funktionen des Plugins genau erläuterst.
- `prefix`: Der Name, der vor Nachrichten deines Plugins in die Konsole gestellt wird. Standardmäßig wird hier der Plugin-Titel von der Eigenschaft `name` verwendet, doch wenn du einen anderen vorangestellten Namen wünschst, kannst du ihn hier setzen.
- `depend`: Über diese Eigenschaft kannst du eine Liste von Plugins angeben, die vor deinem Plugin geladen werden soll. Das ist besonders praktisch, wenn dein Plugin auf anderen Plugins aufbaut und diese Plugins somit vor deinem geladen werden müssen. Die einzelnen benötigten Plugins werden über ihren Namen (also den Namen, den diese Plugins in ihrer *paper-plugin.yml*-Datei festlegen) angegeben. Die Liste wird wie bei `authors` über kommagetrennte Werte in eckigen Klammern angelegt, beispielsweise so:

  `depend: [plugin1, plugin2, plugin3]`
- `loadbefore`: Die umgekehrte Eigenschaft zu `depend`, die angibt, dass dein Plugin *vor* anderen Plugins geladen werden soll. Das kann praktisch sein, wenn dein Plugin diese anderen Plugins manipulieren soll.

Für eine detaillierte Liste aller verfügbaren Dinge, die du über die *paper-plugin.yml*-Datei einstellen kannst, wirf einen Blick in die Paper-Dokumentation: *https://docs.papermc.io/paper/dev/plugin-yml.*

Neben den zuvor gesetzten Einstellungen füge ich `api-version`, `author` und `description` zur *paper-plugin.yml* hinzu (siehe Listing 2.1). Unter `author` solltest du dabei natürlich deinen eigenen Namen einfügen.

```
name: BookPlugin
version: 1.0.0
main: dev.schlosser.bookplugin.BookPlugin
api-version: 1.21
author: Schlosser
description: Mein Buch-Plugin
```

Listing 2.1 Die fertige »paper-plugin.yml«-Datei mit erweiterten Einstellungen

Mit der Fertigstellung der *paper-plugin.yml*-Datei ist der nächste Schritt zum ersten Plugin erledigt!

> **Falls du Probleme mit der Erstellung der »paper-plugin.yml«-Datei hast**
>
> Du kannst dir die hier gezeigte Version der *paper-plugin.yml*-Datei von der Website zum Buch (*https://www.rheinwerk-verlag.de/6140*) herunterladen. Verschiebe die Datei dann einfach in den Ordner *resources* und passe die Eigenschaft `main` an, sodass dein Package- und Klassenname hinterlegt ist.

2.2.3 Paper und den Server mithilfe des Build Tools einrichten

Im nächsten Schritt lernst du einen sehr wichtigen und praktischen Unterstützer kennen, der ebenfalls in der Projektvorlage enthalten war. Dabei handelt es sich um ein sogenanntes *Build Tool* (deutsch »Bauwerkzeug«). Der Name ist hier Programm, denn das Build Tool unterstützt dich bei allen Prozessen rund um das Bauen einer fertigen Java-Datei aus deinem Quellcode, also dem Kompilieren. Doch nicht nur das: Mit dem Build Tool können wir Programmierbibliotheken für die Entwicklung direkt im Projekt herunterladen und davon ausgehend Prozesse aus dem Projekt starten. Wie du gleich sehen wirst, ermöglicht uns diese Eigenschaft, alle Funktionen der Paper-Entwicklung in unserem Projekt zu verwenden und gleichzeitig einen Minecraft-Server zum Testen unseres Plugins direkt aus IntelliJ zu starten.

In unserem Projekt haben wir uns in Abschnitt 2.2 für das Build Tool *Gradle* entschieden. Gradle ist heute eines der bekanntesten Build Tools für Java und wird besonders für seine sehr gut anpassbare Struktur verwendet. Ein anderes bekanntes Build Tool heißt *Maven*, dieses Werkzeug folgt bei der Einrichtung allerdings teils strikteren Strukturen. In diesem Buch werden wir ausschließlich Gradle verwenden, um unsere Plugins zu bauen. Auch wenn wir kaum selbst Dinge in Gradle anpassen müssen, möchte ich dir einen kurzen Überblick über die wichtigsten Dinge der neuen Gradle-Einrichtung geben. Direkt im Anschluss nutzen wir Gradle, um unseren aktuellen Quellcode zu einem funktionierenden Plugin zusammenzubauen.

Mit dem Erstellen des Projektes wurden verschiedene Gradle-Dateien angelegt. Die meisten dieser Dateien interessieren uns zunächst nicht, da wir den Blick auf die für uns wichtigste Datei werfen: *build.gradle.kts*. Du kannst diese Datei mit einem Klick auf BUILD.GRADLE.KTS aus der Projektübersicht an der linken Seite deiner IDE öffnen. Zunächst: Bekomm keinen Schreck! In der Datei steht eine Menge an neuem Text, der dich vielleicht zunächst an Code erinnert. Es handelt sich dabei allerdings nicht um Java-

Code, sondern um eine andere Sprache, die von Gradle verwendet wird. Diese Sprache musst du nicht kennen und verstehen, um Gradle einzurichten, da wir viele Dinge direkt aus dieser Datei herauslesen können. Vielleicht kommen dir ein paar Sonderzeichen sogar von deiner Hauptklasse bekannt vor. Die generierte Datei sieht zunächst so aus:

```
plugins {
    id("java")
}

group = "dev.schlosser"
version = "1.0-SNAPSHOT"

repositories {
    mavenCentral()
}

dependencies {
    testImplementation(platform("org.junit:junit-bom:5.10.0"))
    testImplementation("org.junit.jupiter:junit-jupiter")
}

tasks.test {
    useJUnitPlatform()
}
```

Listing 2.2 Die von IntelliJ generierte Version der »build.gradle.kts«-Datei

Werfen wir zunächst einen Blick auf ein paar der wichtigsten Abschnitte, die für das Plugin-Projekt relevant sind:

- **`plugins`**: Wie beim Bereich unserer Hauptklasse kommt hier ein Block geschweifter Klammern zum Einsatz, der verschiedene Dinge zusammenfasst, die zur »Obergruppe« `plugins` gehören. Mit der darin enthaltenen Zeile `id("java")` weiß Gradle, dass es sich um ein Java-Projekt handelt. Damit kann es beim Kompilieren zuordnen, dass ein Java-Projekt zu einer fertigen Datei gebaut werden soll.
- **`group = "dev.schlosser"`**: Dies ist der Paketname des Projektes, den wir beim Erstellen in IntelliJ eingegeben haben. Er orientiert sich, wie das Java-Package, an der Schreibweise der »umgekehrten Domain«. Mit dem Gruppennamen kann dein Plugin später besser identifiziert werden, wenn du aktiv mit Build Tools arbeitest.

- **version = "1.0-SNAPSHOT"**: Der Bezeichner `1.0-SNAPSHOT` spiegelt den Versionsnamen deines Plugins wider. Der Anhang `-SNAPSHOT` bedeutet lediglich, dass es sich um eine Entwicklungsversion für das Plugin handelt.
- Der Bereich **repositories**: Hinter `repositories` wird ebenfalls ein Block geschweifter Klammern angebracht, der verschiedene Quellen aufführt, von denen Gradle Bibliotheken laden kann. Dabei ist standardmäßig der Unterpunkt `mavenCentral()` enthalten. Das ist das größte öffentliche Verzeichnis für das Veröffentlichen von Bibliotheken, das von Maven bereitgestellt wird, aber auch von Gradle genutzt werden kann.
- **dependencies:** In diesem Block wird konkret angegeben, welche Bibliotheken aus den `repositories` für das Projekt verwendet werden. In unserem Fall wurden zwei Bibliotheken eingebunden, die wir allerdings nicht für die Entwicklung unseres Plugins benutzen werden.

Den Bereich `tasks.test` lassen wir zunächst außen vor. Diese Standard-Gradle-Datei ist für uns nicht ausreichend: Wir wollen immerhin, dass die Paper-Bibliotheken direkt im Projekt verfügbar sind und einen Test-Server zur Verfügung stellen. Dafür benötigt es eine Anpassung der *build.gradle.kts*, die du zunächst aus Listing 2.3 direkt in dein Projekt übernehmen kannst. Neu hinzugefügte Zeilen habe ich fett formatiert.

```
plugins {
    id("java")
    id("xyz.jpenilla.run-paper") version "2.3.1"
}

group = "dev.schlosser"
version = "1.0-SNAPSHOT"

repositories {
    mavenCentral()
    maven("https://repo.papermc.io/repository/maven-public/")
}

dependencies {
    compileOnly("io.papermc.paper:paper-api:1.21.7-R0.1-SNAPSHOT")
}

java {
    toolchain {
        languageVersion.set(JavaLanguageVersion.of(21))
```

```
    }
}

tasks {
    compileJava {
        options.encoding = "UTF-8"
    }

    processResources {
        from(sourceSets.main.get().resources.srcDirs) {
            filesMatching("paper-plugin.yml") {
                expand("version" to project.version)
            }
            duplicatesStrategy = DuplicatesStrategy.INCLUDE
        }
    }

    runServer {
        minecraftVersion("1.21.7")
    }
}
```

Listing 2.3 Die erweiterte »build.gradle.kts« mit Download der Paper-Bibliotheken und zur Bereitstellung eines Test-Servers

Die »build.gradle.kts«-Vorlage

Du musst diesen Code nicht abtippen: Die angepasste *build.gradle.kts*-Datei aus Listing 2.3 steht über die Website zum Buch (*https://www.rheinwerk-verlag.de/6140*) direkt zum Download zur Verfügung. Denk allerdings auch hier daran, die Eigenschaft `group` für dein Projekt anzupassen.

In diesem Moment siehst du wahrscheinlich Fehler in der Datei, was du beispielsweise daran erkennst, dass der Name des Tabs in IntelliJ rot unterstrichen ist. Das liegt daran, dass wir die verschiedenen Bibliotheken, die nun über Gradle eingebunden werden sollen, zunächst im Projekt herunterladen müssen. Glücklicherweise gibt es in IntelliJ ein Fenster, das uns bei dieser Aufgabe hilft. Du erreichst es über das Gradle-Elefantensymbol an der rechten Seite des Bildschirms. Klicke nach dem Öffnen auf das Aktualisieren-Symbol, wie in Abbildung 2.18 gezeigt. Der Synchronisierungsprozess startet dann und kann eine kurze Zeit in Anspruch nehmen.

Abbildung 2.18 Über das Gradle-Menü synchronisierst du den aktualisierten Dateiinhalt für das Projekt.

Nachdem die Synchronisierung abgeschlossen ist, sollten alle Fehler verschwunden sein. Solltest du nach wie vor Fehler erhalten, lade dir ruhig die Beispiel-*build.gradle.kts* von der Website zum Buch (*https://www.rheinwerk-verlag.de/6140*) herunter, füge sie in dein Projekt ein und starte die Synchronisierung über das Gradle-Menü erneut. Bevor es weitergeht, sehen wir uns die wichtigsten Änderungen an, die nun in der Datei enthalten sind:

- **Neuer Eintrag unter »plugins«**

  Mithilfe des neuen Eintrags `id("xyz.jpenilla.run-paper")` beziehen wir ein Plugin für Gradle ein, das uns erlaubt, den Test-Server direkt über Gradle zu starten.

- **Neuer Eintrag unter »repositories«**

  Der neue Eintrag, der mit `repo.papermc.io` beginnt, hinterlegt den Ort, an dem uns die verschiedenen Versionen der Paper-Bibliothek zur Verfügung stehen.

- **Neuer Eintrag unter »dependencies«**

  Dies ist die Angabe, welche Paper-Version für das Projekt verwendet werden soll. In meinem Fall verwende ich die (zu dem Zeitpunkt, an dem dieses Buch fertiggestellt wird) neueste Version 1.21.7. Sollte eine neuere Version erschienen sein, so kannst du die Versionsnummer anpassen. Die beiden alten Einträge, die in der ersten Version der *build.gradle.kts* enthalten waren, benötigen wir nicht mehr und wurden deshalb entfernt.

- **Neuer Bereich »java«**

  Hier legen wir die Java-Version fest, mit der das Projekt kompiliert werden soll. Passend zum installierten JDK verwende ich die Version 21.

- **Neuer Bereich »tasks«**

  Tasks stellen Prozesse dar, die automatisch durch Gradle durchgeführt werden können. Mit diesem Block setzen wir zuerst einige Optionen für das Kompilieren des

Plugins, beispielsweise wird sichergestellt, dass in der angelegten *paper-plugin.yml* Platzhalter für die Version durch richtige Werte ersetzt werden. Außerdem findest du die Task `runServer`, die den Test-Server für uns startet. Hier geben wir gleichzeitig die Version an, auf der der Server laufen soll: In meinem Fall, passend zur zuvor gewählten Paper-Version, 1.21.7. Den alten Bereich `tasks.tests` benötigen wir nicht mehr.

Bevor wir den Server gleich testen können, müssen wir mithilfe der soeben heruntergeladenen Paper-Bibliotheken nun zunächst unsere Hauptklasse fertigstellen.

2.2.4 Die Hauptklasse fertigstellen und den Server testen

Damit deine erstellte Klasse für den Server als Plugin-Hauptklasse nutzbar wird, müssen wir die Klasseneinleitung, die du bereits in Abschnitt 2.2.1 genauer kennengelernt hast, als eine solche Hauptklasse kennzeichnen. Dafür musst du die bereits gesehene Klassenzeile wie folgt verändern:

```
public class BookPlugin extends JavaPlugin {
```

Mit dem Ende der Zeile weisen wir an, dass die Klasse eine andere Klasse »erweitert«. Im Falle dieser Klasse handelt es sich um eine Erweiterung der Klasse `JavaPlugin`. Die `JavaPlugin`-Klasse dient für uns als Basis für ein neues Paper-Plugin. Sie bringt verschiedene wichtige Funktionen mit sich, die die neue `BookPlugin`-Klasse einfach nutzen kann. Das ermöglicht es uns, dass diese Klasse als Hauptklasse für unser neues Plugin zum Einsatz kommt und auch vom Server erkannt wird.

Nachdem du die Zeile getippt hast, wird `JavaPlugin` allerdings zunächst rot angezeigt: Es gibt einen Fehler! Das liegt daran, dass `JavaPlugin` ebenfalls eine Klasse ist, die von den schlauen Paper-Entwicklern und -Entwicklerinnen zur Verfügung gestellt wird. Diese Klasse liegt allerdings in einem anderen Package. Klassen, die aus einem anderen Package stammen, müssen durch einen sogenannten *Import* in unsere Klasse einbezogen werden. Wenn du mit dem Mauszeiger über das Wort `JavaPlugin` fährst, so wird ein kleiner Dialog angezeigt, bei dem ganz unten die Option IMPORT CLASS gezeigt wird (siehe Abbildung 2.19). Indem du diesen Eintrag anklickst, wird der Import ganz automatisch für dich vorgenommen.

Abbildung 2.19 Der Import für »JavaPlugin« fehlt, doch über einen Klick auf »Import class« kann die IDE ihn automatisch durchführen.

Wenn »Import class« nicht angezeigt wird

Solltest du die Klasse nicht importieren können, dann wurden die Paper-Bibliotheken noch nicht korrekt über Gradle geladen. Stelle in diesem Fall sicher, dass die *build.gradle.kts*-Datei keine Fehler enthält, indem du noch einmal die Inhalte aus Abschnitt 2.2.3 überprüfst und die Gradle-Synchronisierung erneut startest (siehe Abbildung 2.18).

Durch den Klick auf IMPORT CLASS sollte automatisch die folgende Zeile in die Datei eingefügt werden und der Fehler verschwinden:

```
import org.bukkit.plugin.java.JavaPlugin;
```

Das Wort `import` kommt für alle Imports in einer Klasse zum Einsatz und sorgt in diesem Fall dafür, dass die Klasse `JavaPlugin` aus dem Package `org.bukkit.plugin.java` importiert wird. Du könntest die Importanweisung stattdessen händisch einfügen, aber da wir normalerweise faul sind, nehmen wir die Hilfe von IntelliJ gern in Anspruch.

Damit ist die erste Version unserer Hauptklasse, die für das Plugin genutzt werden kann, fertig! Den gesamten Quellcode siehst du in Listing 2.4.

```
package dev.schlosser.bookplugin;

import org.bukkit.plugin.java.JavaPlugin;

public class BookPlugin extends JavaPlugin {
}
```

Listing 2.4 So sieht das Grundgerüst für die Hauptklasse eines Plugins aus.

Schlüsselwörter und Namen

Beim Programmieren unterscheiden wir zwischen zwei wichtigen Begriffen: Schlüsselwörtern und Namen. Ein *Schlüsselwort* ist ein Begriff, der von der Programmiersprache (in unserem Fall von Java) für bestimmte Funktionen reserviert ist. Jedes Schlüsselwort hat somit, je nach aktuellem Einsatz, eine bestimmte Bedeutung. Schlüsselwörter, die du in unserer generierten Klasse findest, sind beispielsweise `package`, `import`, `public` und `class`. Praktischerweise färbt IntelliJ alle Schlüsselwörter in einer einheitlichen Farbe, im Beispiel von Abbildung 2.19 in dunklem Blau (im dunklen Modus von IntelliJ erscheinen Schlüsselwörter in Orange).

Auf der anderen Seite stehen *Namen*, die (wie es der Begriff *Name* sagt) als möglichst aussagekräftige Titel für Dinge in unserem Code verwendet werden. Namen werden frei vergeben und können später genutzt werden, um die verschiedenen Komponenten unseres Plugins anzusteuern. Ein Beispiel für einen Namen, die in der aktuellen Klasse zu finden ist, ist der Name deiner Hauptklasse `BookPlugin`. Diesen Namen haben wir völlig frei gewählt, sodass es sich hier um ein perfektes Beispiel handelt (die Klasse könnte immerhin genauso gut `AztekischePfeife` heißen). Über das Wort `BookPlugin` weiß der Code somit genau, dass wir versuchen, diese Klasse anzusteuern.

Ein weiterer wichtiger Fakt, den ich beim Erstellen bereits kurz genannt habe: Namen dürfen nur aus einem zusammenhängenden Text bestehen, Leerzeichen sind nicht zugelassen. Dafür bedienen wir uns einfach eines Tricks, indem wir jedes Wort, das in einem Namen untergebracht ist, mit einem weiteren Großbuchstaben beginnen (aus `Book` und `Plugin` wird somit `BookPlugin`). Für die Art und Weise, wie wir Namen vergeben, gibt es eine Art Regelwerk. Dieses stelle ich im Laufe der nächsten Kapitel vor.

Außerdem dürfen Schlüsselwörter *nicht* als Namen verwendet werden, immerhin ist ihre Bedeutung bereits von Java reserviert. Es wäre allerdings zulässig, ein Schlüsselwort innerhalb eines Namens unterzubringen, so wäre auch der Klassenname `BookPublicPlugin` erlaubt.

Nun ist es endlich an der Zeit, den Test-Server mit unserem neuen Plugin zu starten! Öffne dafür, wenn du es bereits geschlossen hast, erneut das Gradle-Menü an der rechten Seite deiner IDE. Wie erwähnt wollen wir eine Gradle-Task verwenden, um das Kompilieren und Starten des Servers automatisch vorzunehmen. Öffne dafür den Ordner TASKS über den kleinen Pfeil an der rechten Seite. Darin solltest du nun den Unterordner RUN PAPER finden, der für die Tasks rund um deinen Test-Server erstellt wurde. Klappst du ihn auf, findest du das Objekt der Begierde, nämlich die Task RUNSERVER. Den Pfad zu der Task siehst du in Abbildung 2.20.

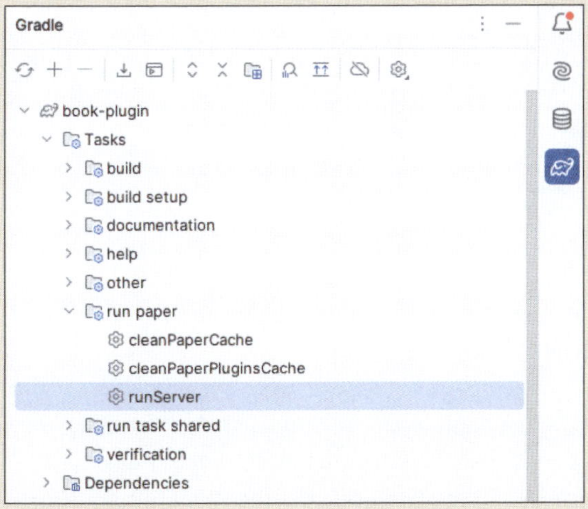

Abbildung 2.20 Im Gradle-Menü kannst du die neue Task »runServer« einsetzen, um das Plugin zu kompilieren und den Test-Server zu starten.

Die Task startest du über einen einfachen Klick oder Doppelklick auf den Eintrag RUN-SERVER. Alternativ führst du einen Rechtsklick auf die Option durch und wählst dann den obersten Eintrag, RUN.... In beiden Fällen öffnet sich ein neues Fenster am unteren Bildschirmrand, in dem dein Server startet. Es wird auch als *Konsole* bezeichnet: Ein praktischer Ort, in dem du nicht nur verschiedene Meldungen und Nachrichten siehst, sondern den du gleichzeitig verwenden kannst, um eigene Befehle auf deinem Server auszuführen. Das sehen wir uns gleich an.

Nach einer kurzen Zeit ist das Starten des Servers abgeschlossen. Wie in Abbildung 2.21 blau hinterlegt zu sehen, wird dein Plugin unter dem Namen, der in der *paper-plugin.yml*-Datei hinterlegt ist, erkannt und geladen.

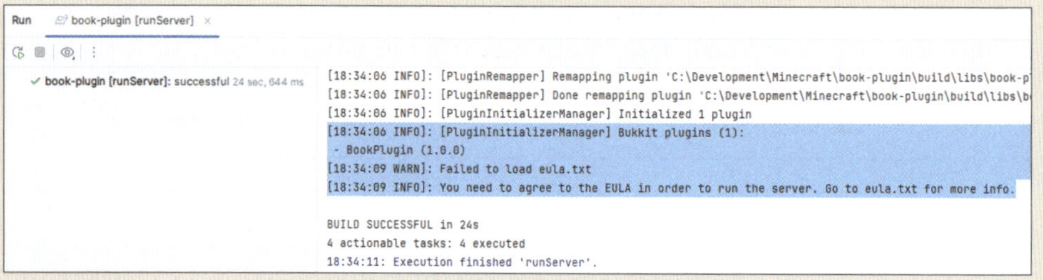

Abbildung 2.21 Dein Server ist zum ersten Mal gestartet und hat dein »BookPlugin« erkannt!

Ungültige Plugin-Namen

Wenn dein Server beim Starten eine Fehlermeldung ausgibt, die den Text `Restricted name` oder `contains invalid letters` enthält, dann ist der Name des Plugins ungültig (siehe Abbildung 2.22). Das ist beispielsweise dann der Fall, wenn der gewählte Name Leerzeichen, Sonderzeichen oder Umlaute (ä, ö oder ü) enthält.

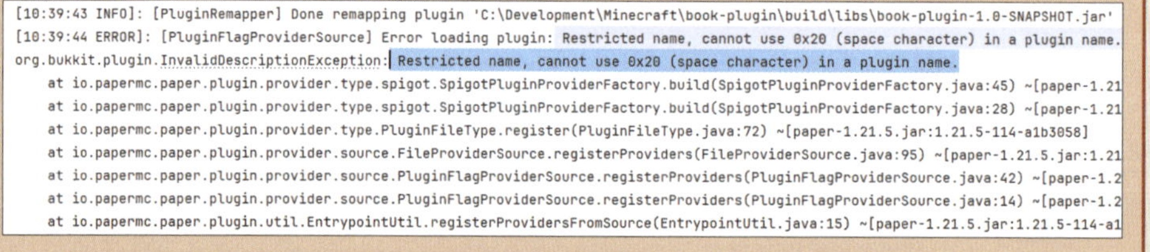

Abbildung 2.22 Wenn der Plugin-Name ungültige Zeichen enthält (beispielsweise mit Leerzeichen), kann der Server das Plugin nicht laden.

Solltest du einen solchen Fehler erhalten, ist das nicht schlimm. Wirf einen Blick in Abschnitt 2.2.2, denn dort kannst du den Namen des Plugins in der *paper-plugin.yml*-Datei nachträglich anpassen. Danach musst du die Gradle-Task erneut ausführen. Nun sollte alles funktionieren und das Plugin korrekt geladen werden.

Wenn deine Ausgaben so aussehen wie bei mir, bist du bereits auf einem sehr guten Weg, doch eine Meldung in der Konsole macht uns einen Strich durch die Rechnung: Es geht um die EULA, kurz für die »Endnutzer-Lizenzvereinbarung«, die du bestätigen musst, damit der Server gestartet wird. Dafür musst du eine Datei, die mit dem Test-Server für dich generiert wurde, verändern, nachdem du die EULA (*https://aka.ms/MinecraftEULA*) aufmerksam gelesen hast.

Alle Dateien zum Test-Server, der über Gradle gestartet wurde, liegen direkt im Projektordner im Unterordner *run* (siehe Abbildung 2.23). Die benötigte Datei trägt den Namen *eula.txt* und sollte die folgende Zeile enthalten:

```
eula=false
```

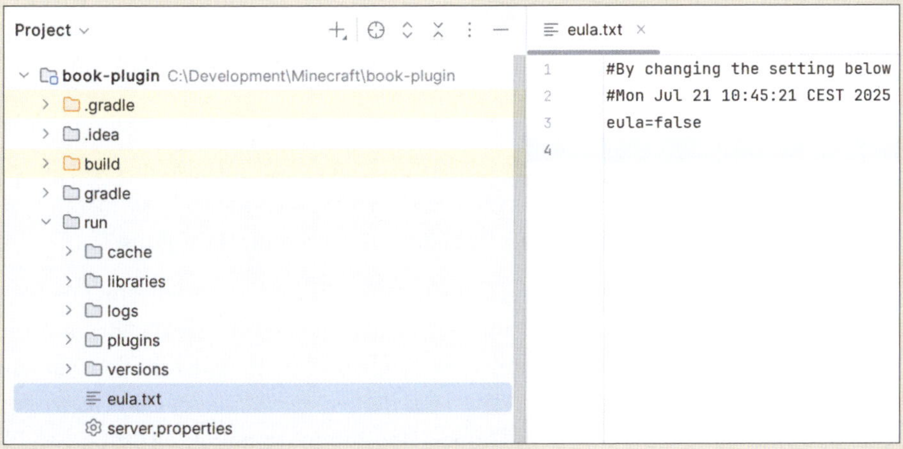

Abbildung 2.23 Der Ordner »run« enthält alle Server-Dateien. Aktuell haben wir in der Datei »eula.txt« noch nicht signalisiert, dass wir der EULA zustimmen, das müssen wir ändern.

Um der EULA zuzustimmen, musst du die letzte Zeile wie folgt ändern:

```
eula=true
```

Andere Server-Dateien

Im Ordner *run* findest du viele weitere Unterordner und Dateien, die automatisch für deinen Server generiert wurden. Während du mit den meisten nicht in Berührung kommen wirst, möchte ich zwei Einträge näher vorstellen:

- Die Datei *server-properties.yml* enthält verschiedene Basiseinstellungen für den Server. Dazu gehören beispielsweise die Spielmodus-Schwierigkeit oder welche Spieler den Server standardmäßig betreten dürfen.

- Im Order *plugins* landen alle Plugins, die für den Server verwendet werden sollen. Während dein Test-Server das gebaute Plugin aus einem anderen Ordner bezieht, würde es im Falle eines »richtigen« Servers in diesem Ordner landen.

Nun, da du die EULA akzeptiert hast, können wir den Server erneut starten. Neben der Task RUNSERVER, die du wie in Abbildung 2.20 noch einmal starten kannst, bietet sich für den Neustart ein weiterer Weg an: am oberen Rand deiner IDE. Wie in Abbildung 2.24 zu sehen, befindet sich dort ein kleines Menü, das sich die zuletzt ausgeführte Gradle-Task »gemerkt« hat. Über einen Klick auf den ersten grünen Start-Knopf kannst du die gleiche Task erneut ausführen und somit einen Neustart des Servers einleiten.

Abbildung 2.24 Am oberen Rand deiner IDE kannst du die Task »runServer« über einen Schnellzugriff noch einmal auslösen.

Dieser Start sollte erfolgreich erkennen, dass du die EULA akzeptierst. Dein Server generiert anschließend alle Welten, was einen Moment in Anspruch nehmen kann. Danach steht uns der Server endlich voll und ganz für alle Testzwecke zur Verfügung.

Nachdem der Server läuft, wollen wir den Minecraft-Befehl `version` testen. Einen Befehl kannst du in der Konsole ausführen, indem du nach dem Starten des Servers in das Konsolenfenster klickst und zu tippen beginnst. Im Falle von `version` gibst du den Namen eines Plugins an, um die verschiedenen Daten aus der *paper-plugin.yml*-Datei auszugeben. Im Falle meines Plugins mit dem Namen *BookPlugin* tippe ich also den Befehl `version BookPlugin` in die Konsole und bestätige mit [↵]. Dabei erscheinen die festgelegte Beschreibung und auch mein Entwicklername aus der *paper-plugin.yml*-Datei in der Konsole (siehe Abbildung 2.25).

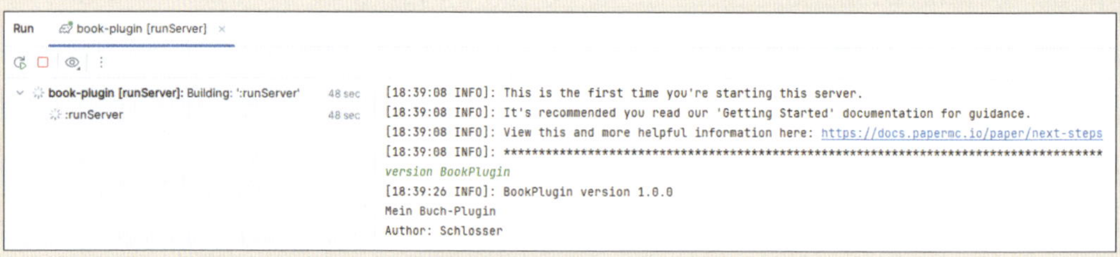

Abbildung 2.25 Der »version«-Befehl zeigt die festgelegte Beschreibung und meinen Entwicklernamen.

Die Konsole funktioniert also schon einmal, doch nun wollen wir den Server mit unserem Minecraft-Account erkunden. Wenn der Server erst einmal gestartet ist, ist das Beitreten ein Kinderspiel. Starte Minecraft in der Version deines Paper-Servers (im Falle des Buches Version 1.21.7) und klicke im Hauptmenü auf MEHRSPIELER (englisch: MULTIPLAYER). Dort kannst du deinen Test-Server dauerhaft in deine Server-Liste aufnehmen, indem du auf SERVER HINZUFÜGEN (englisch: ADD SERVER) klickst. Es öffnet sich ein kleines Menü, in dem du einen Namen eingeben kannst, unter dem der Server in der Liste gespeichert werden soll. Außerdem musst du die Adresse des Servers eingeben. Da dein Server direkt auf deinem PC läuft, kommt hier eine besondere Adresse zum Einsatz, die *localhost* heißt. Eine Beispielhafte Einrichtung deines Test-Servers ist in Abbildung 2.26 zu sehen.

Abbildung 2.26 Der lokale Test-Server wird über die Server-Adresse »localhost« angesteuert.

Wenn du den Server unter einem anderen Port laufen lässt

Solltest du einen anderen Server-Port in der *server-properties.yml*-Datei eingestellt haben, so musst du ihn in der Server-Adresse mit einem Doppelpunkt (:) nach `localhost` angeben. Wenn du beispielsweise den Port 25566 angegeben hast, so musst du als Adresse `localhost:25566` einsetzen. Statt `localhost` kannst du übrigens ebenfalls die Adresse `0` verwenden. Ebenso würde für einen bestimmten Port beispielsweise `0:25566` funktionieren.

Nachdem du den Server hinzugefügt hast, erscheint er in der Liste deiner Mehrspieler-Server (siehe Abbildung 2.27). Von hier aus kannst du den Server jederzeit erreichen, sofern er gestartet ist.

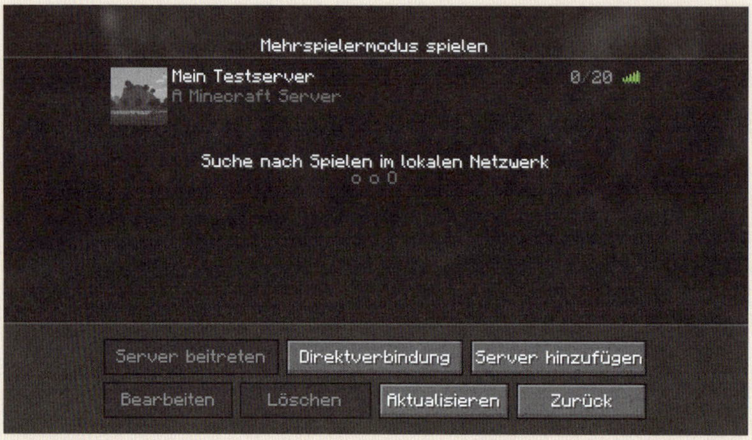

Abbildung 2.27 Nach dem Hinzufügen erscheint dein lokaler Test-Server in der Übersicht und kann jederzeit betreten werden.

Mit einem Doppelklick auf den Eintrag oder einem einfachen Klick und dem Knopf SERVER BEITRETEN kannst du dem Spiel beitreten und das erste Mal deine Server-Welt zu Gesicht bekommen.

Können meine Freunde auch auf den Server?

Standardmäßig läuft dein Server lokal und ist nicht direkt erreichbar. Damit dein Server über das Internet erreichbar ist, musst du den Port des Servers (standardmäßig 25565) nach außen freigeben. Das machst du normalerweise im Einstellungsprogramm deines Routers, das aber sehr individuell vom Router abhängig ist. Dabei muss auch die Firewall deines Betriebssystems so konfiguriert werden, dass dein Server Daten senden und empfangen kann. Außerdem musst du beachten, dass der Server nur dann läuft, wenn dein PC gerade an ist und der Paper-Server über das Start-Script hochgefahren wurde.

Aus diesen beiden Gründen entscheiden sich die meisten Menschen, die einen Server für alle über das Internet bereitstellen wollen, für das Mieten eines solchen Servers. Dafür gibt es im Internet zahlreiche Anbieter, bei denen ein solcher Server gegen einen Geldbetrag rund um die Uhr erreichbar ist.

Beim ersten Beitritt startest du im Überlebensmodus; das ist zum Testen allerdings manchmal nicht optimal, da du beispielsweise von Monstern angegriffen wirst oder verhungerst. Aus diesem Grund wollen wir im ersten Schritt dafür sorgen, dass dein Minecraft-Account auf dem Server unbegrenzte Rechte erhält und in den Kreativmodus gesetzt wird. Klicke dafür noch einmal in die Konsole, gib nacheinander die folgenden Befehle ein und bestätige jeden Befehl mit dem Drücken der Taste ↵:

- **op <Dein Name>**: Mit diesem Befehl wird dein Account zum »Operator« auf dem Server ernannt. Das bedeutet, dass du später alle möglichen Befehle mit diesem Account auch aus dem Chat auslösen kannst.
- **gamemode creative <Dein Name>**: Durch diesen Befehl wirst du in Minecraft in den Kreativmodus gesetzt. In diesem Modus hast du nicht nur Zugriff auf alle Blöcke und Items, sondern kannst außerdem fliegen und wirst nicht mehr von Monstern angegriffen.

Die Ausführung der beiden Befehle mit meinem Account, der den Namen »BiVieh« trägt, ist in Abbildung 2.28 zu sehen. Das Ergebnis siehst du gleichzeitig im Minecraft-Chat: Zuerst wirst du zum Operator ernannt, direkt danach in den Kreativmodus gesetzt.

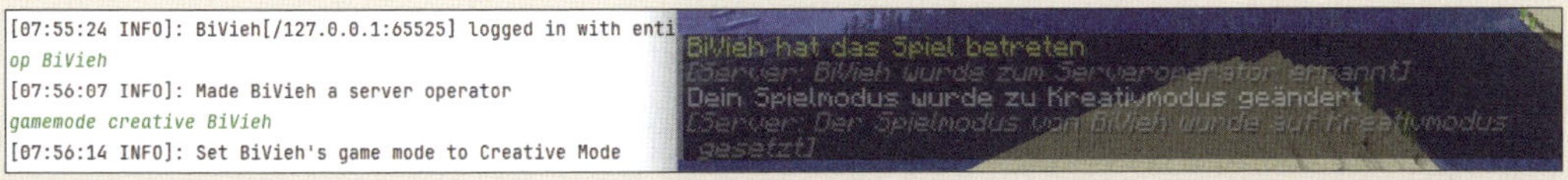

Abbildung 2.28 Mit zwei einfachen Befehlen wirst du nicht nur zum Server-Operator, sondern kannst auch im Kreativmodus spielen.

Doch nicht nur über die Konsole, sondern auch über deinen eigenen Account kannst du Befehle auslösen, da du nun ein Operator auf deinem Server bist. Dafür öffnest du zunächst den Chat mit der Taste [T]. Ein Befehl wird immer mit einem Slash-Zeichen (/) eingeleitet. Beispielsweise kannst du dich über den Befehl `/gamemode survival` wieder in den Überlebensmodus setzen. Der anschließende Befehl `/gamemode creative` bringt dich wieder in den entspannteren Kreativmodus zurück. Wie du in Abbildung 2.29 siehst, werden dir während des Tippens Vorschläge dafür angezeigt, wie der Befehl weiter fortgesetzt werden könnte.

Abbildung 2.29 Auch über den Chat kannst du Befehle auslösen, so zum Beispiel den »/gamemode«-Befehl zum Ändern deines aktuellen Spielmodus.

Ein weiteres Beispiel für einen Befehl, mit dem deine Server-Konsole mit dir »reden« kann, ist `say`: Hinter `say` kannst du eine Nachricht eintippen, die dann im Chat des gesamten Servers zu sehen ist. Abbildung 2.30 zeigt, wie du diesen Befehl mit einer beispielhaften Nachricht einsetzt, damit eine Nachricht auf dem Server zu sehen ist.

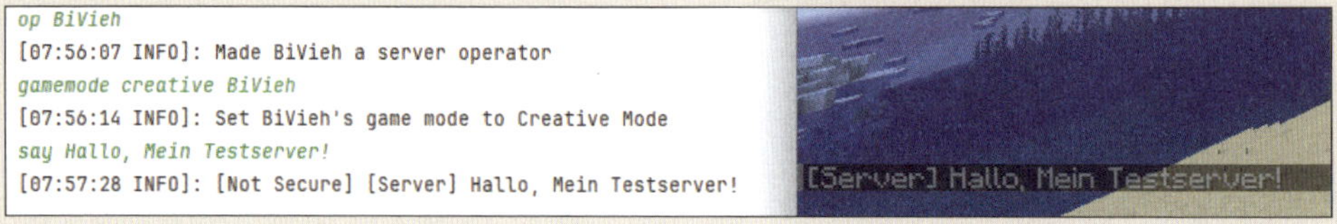

Abbildung 2.30 Mit dem »/say«-Befehl kannst du von der Konsole aus eine Nachricht in den Chat stellen.

So schnell geht es: Du hast einen eigenen Server auf deinem PC eingerichtet und die ersten Befehle verwendet, um deinem Account mehr Rechte auf dem Server zu geben, ihn in den Kreativmodus zu setzen und Nachrichten aus der Konsole heraus zu setzen. Und sogar dein Plugin wurde erkannt! Nun ist es an der Zeit, dass wir diesem Plugin etwas mehr Leben einhauchen, damit es auf deinem Server spannender wird.

2.3 Testnachrichten in der Konsole ausgeben

Du hast in Abschnitt 2.2.1 bereits gelernt, wie die Hauptklasse deines Plugins aufgebaut sein muss, damit das Plugin vom Server erkannt wird. Nun wollen wir genau diese Hauptklasse so erweitern, dass du das erste Mal erkennst, dass dein Plugin eine Änderung bewirkt, nämlich die Ausgabe von Nachrichten in der Konsole. Das ist zugegebenermaßen keine große Änderung, doch hier fängt unsere Reise in die Welt der Plugin-Entwicklung ja erst an. Machen wir uns also an die Arbeit!

2.3.1 Eine Meldung beim Server-Start ausgeben

Wir beginnen mit einer Meldung, die immer dann erfolgen soll, wenn der Server startet. Dafür musst du neuen Code innerhalb der Hauptklasse des Plugins schreiben. Klicke dafür mit der Maus in den Bereich zwischen den geschweiften Klammern der Klasse oder füge (wenn notwendig) eine neue leere Zeile durch das Drücken von [↵] ein. Dabei solltest du, wie in Abbildung 2.31, sehen, dass dein Mauszeiger automatisch eingerückt wird. Für Bereiche, die durch die geschweiften Klammern gebildet werden, ist das normal. So kannst du erkennen, dass der Code, den du jetzt schreibst, innerhalb der Klasse `BookPlugin` angelegt wird.

```
BookPlugin.java

package dev.schlosser.bookplugin;

import org.bukkit.plugin.java.JavaPlugin;

public class BookPlugin extends JavaPlugin {  no usages
    |
}
```

Abbildung 2.31 Beim Klicken in die geschweiften Klammern der Klasse »BookPlugin« wird der Mauscursor automatisch nach rechts eingerückt.

Damit wir eine Meldung beim Start des Plugins ausgeben, benötigen wir in der Klasse einen neuen Unterabschnitt, der automatisch ausgeführt wird, sobald der Server das Plugin aktiviert. Dieser Abschnitt trägt den von Paper vorgegebenen Namen *onEnable*. Da der Code für `onEnable` einem festen Aufbau folgen muss, machen wir uns erneut IntelliJ zunutze: Beginnst du innerhalb der geschweiften Klammern deiner Klasse `onEnable` zu tippen, dann erscheint wie in Abbildung 2.32 ein kleines Fenster, in dem eine automatische Vervollständigung für `onEnable` angezeigt wird. Diese praktische Hilfestellung, die dir beim Schreiben von Code immer wieder von IntelliJ angezeigt wird, wird *IntelliSense* genannt. Natürlich könntest du diesen Code auch händisch schreiben, doch wieso sollten wir die praktische Hilfe, die uns die IDE bietet, nicht annehmen? Klicke also die Option für `onEnable` an oder bestätige die Generierung mit der Taste [↵].

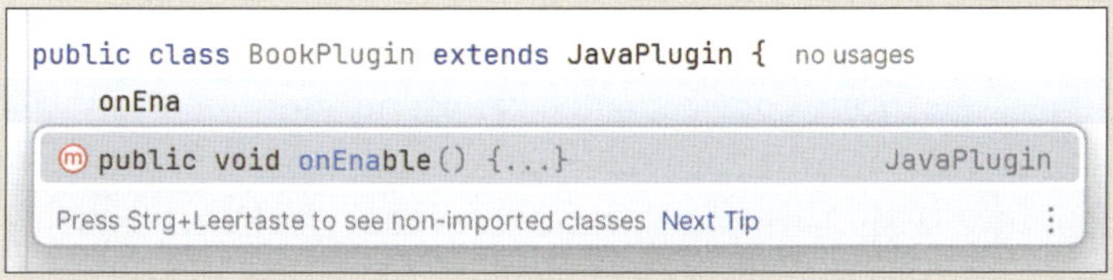

Abbildung 2.32 IntelliSense hilft dir beim Generieren von »onEnable«.

> **Das IntelliSense-Menü manuell aufrufen**
>
> Du kannst das IntelliSense-Menü in IntelliJ jederzeit manuell aufrufen, indem du die Tasten [Strg] und Leertaste gleichzeitig drückst.

Nachdem du die Generierung von `onEnable` mit einem Klick oder dem Drücken von [↵] bestätigst, erscheint ein neuer Codeabschnitt, der so aussieht:

```
@Override
public void onEnable() {
  super.onEnable();
}
```

> **Die Dokumentation über IntelliJ aufrufen**
>
> Wenn du auf den Namen `onEnable` klickst und die Tastenkombination Strg+Q drückst, rufst du die offizielle Dokumentation zu dem Bereich auf. Wie du in Abbildung 2.33 siehst, wird für `onEnable` beschrieben, dass der Bereich »aufgerufen wird, sobald das Plugin startet«. Eine praktische Hilfe, wenn du dir bei bestimmtem Quellcode nicht sicher bist, was er tun könnte!
>
> 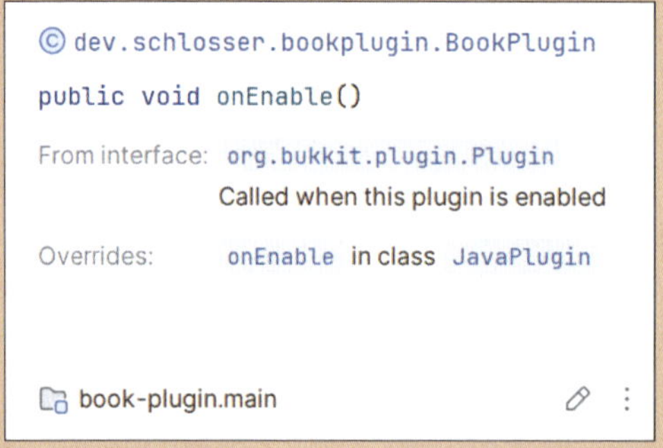
>
>
> **Abbildung 2.33** Über die Tastenkombination Strg+Q öffnet sich ein kleines Menü, in dem die Funktion von »onEnable« aus der Paper-Dokumentation für dich angezeigt wird.

Bevor wir uns näher ansehen, was dieser Code bedeutet, kannst du zuerst den Teil zwischen den geschweiften Klammern (also die Zeile `super.onEnable();`) löschen. Zunächst eine praktische Ähnlichkeit zur Klasse: Auch `onEnable` nutzt ein Paar geschweifter Klammern, um einen »Bereich« abzustecken. Das ist auch logisch, immerhin soll `onEnable` immer dann ausgeführt werden, wenn das Plugin startet. Somit kannst du später zwischen die geschweiften Klammern allen Code schreiben, der beim Laden des Plugins ausgeführt werden soll.

Innerhalb unserer Datei haben wir nun zwei Bereiche, die ich dir visuell in Abbildung 2.34 zusammengestellt habe: Unsere Klasse `BookPlugin` bildet den äußeren Bereich (rot). Innerhalb dieses Bereiches wird durch `onEnable` ein weiterer »Unterbereich« geöffnet (blau). Du siehst gut, dass sich dieser Bereich innerhalb der Klasse befindet, da er zwischen den geschweiften Klammern der Klasse steht und gleichzeitig nach rechts eingerückt wurde.

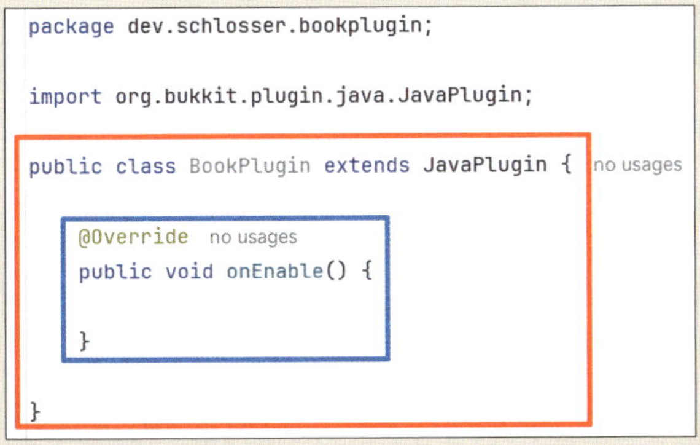

Abbildung 2.34 Unsere Klasse bildet einen äußeren Bereich, in dem ein weiterer Bereich, »onEnable«. eingerückt wurde.

> **Die Einrückung durch die IDE vornehmen lassen**
>
> Solltest du bei der Einrückung durcheinanderkommen, stellt IntelliJ dir eine Funktion zur Verfügung, die die Klasse automatisch korrekt formatiert. Drücke dafür entweder gleichzeitig `Strg`, `Alt` und `I` oder rufe in der Menüleiste der IDE die Option Code • Auto-Indent Lines auf. Beachte, dass die Zeilen, die formatiert werden sollen, manchmal ausgewählt sein müssen. Du kannst alle Zeilen mit der Tastenkombination `Strg`+`A` auswählen.

Sehen wir uns nun an, aus welchen Bestandteilen der generierte Code für `onEnable` besteht:

- **@Override**: Dies ist eine besondere Art Hinweis an unseren Code. Im Kontext von `onEnable` wird damit Bezug auf die Klasse `JavaPlugin`, die wir mit unserer Klasse erweitern, genommen. Genauer gesagt wird damit signalisiert, dass wir eine Funktion, die von `JavaPlugin` bereitgestellt wird, *überschreiben*. Das ist ziemlich sinnvoll, immerhin soll unser Plugin einzigartige Features bereitstellen.
- **public void**: Das Wort `public` kennst du bereits von der Einleitung unserer Klasse: Es sorgt dafür, dass der Bereich später auch von anderen Klassen angesteuert werden kann. Bei `void` handelt es sich wiederum um ein besonderes Wort, das eine Art Unterbereich innerhalb unserer Klasse ankündigt. Die technischen Details dafür lernst du schon bald in der Praxis kennen.
- **onEnable**: Das ist der Name des Bereiches. Während du später lernst, dass du für Codeabschnitte wie diesen später eigene Namen vergeben kannst, wird `onEnable` von Paper vorgegeben und muss deshalb so wie hier detailgetreu übernommen werden.

- `()`: Hinter dem Namen ist ein Paar runder Klammern zu finden. Auch dieses gehört strikt zu dieser Art von Bereich, der innerhalb der Klasse angelegt wird. Über die genaue Bedeutung musst du dir im Moment keine Gedanken machen.
- **Geschweifte Klammern**: Wie bereits erwähnt ist `onEnable` ein eigenständiger Bereich innerhalb der Klasse. Damit genau festgelegt wird, welcher Quellcode beim Laden des Plugins ausgeführt wird, werden geschweifte Klammern notwendig. So wie bei unserer Klasse kann innerhalb des Blocks aus geschweiften Klammern weiterer Code stehen, der wiederum eingerückt wird und jeweils zu dem Bereich gehört.

Nun fehlt zwischen den geschweiften Klammern von `onEnable` nur noch die Anweisung, mit der eine Meldung in der Konsole ausgegeben wird. Der Code wird dabei, da er innerhalb der geschweiften Klammern steht, wieder einmal nach rechts eingerückt. Du kannst die neue Zeile innerhalb von Listing 2.5 zunächst abschreiben. Keine Sorge, wenn du den Quellcode im Moment noch nicht verstehst, wir schauen uns die Details der Anweisung gleich im Detail an.

```
@Override
public void onEnable() {
  getLogger().info("Das Plugin wurde geladen.");
}
```

Listing 2.5 Ein neuer Aufruf für eine Konsolenmeldung wird innerhalb von »onEnable« eingefügt.

So einfach geht es! Du hast deinen ersten Quellcode geschrieben, der die Nachricht in der Konsole ausgibt. Sehen wir uns die neue Zeile näher an. Die Anweisung, die du eingegeben hast, setzt sich im übertragenden Sinne aus zwei »Unterbefehlen« zusammen. Diese werden durch einen Punkt (`.`) voneinander getrennt und ketten sich wie folgt aneinander:

- `getLogger()`: Hiermit »holst« du dir eine Art Plugin-Werkzeug, den sogenannten *Logger*. Der Logger ist dafür zuständig, verschiedene Ereignisse innerhalb deines Plugins zu dokumentieren. So kann der Logger auch dafür genutzt werden, Ausgaben in die Konsole zu schreiben. Der Befehl wird mit einem Paar runder Klammern (()) abgeschlossen.
- `info()`: Damit gibst du dem angesteuerten Logger den Befehl, eine Information in die Konsole zu senden. Auch dieser »Unterbefehl« enthält ein Paar runder Klammern (()). Der wichtige Unterschied ist, dass diese Klammern nicht leer bleiben. Stattdessen enthalten sie den Text, der in die Konsole geschrieben werden soll. Hier lernst du eine weitere wichtige Regel: Jeder Text, den wir nicht als Quellcode schreiben (son-

dern beispielsweise für Ausgaben oder Nachrichten), wird in Anführungszeichen (") gesetzt.

Hier wird deutlich, dass du den Code (wenn er gut geschrieben ist!) aus dem Englischen wie eine kleine Geschichte lesen kannst. In unserem Fall könnten wir die beiden Aufrufe übersetzen mit »Hole zuerst den Logger und sende über diesen Logger anschließend eine Information an die Konsole!«. An diesem Beispiel wird noch einmal deutlich, wie wichtig gute Namen sind: Stell dir vor, der Aufruf hieße `getSomething().test("Nachricht")`: Hier lässt sich nicht mehr direkt ablesen, welche Aufgaben die einzelnen Anweisungen übernehmen, und du müsstest entweder eine ausführliche Dokumentation oder den Quellcode an sich Stück für Stück durchlesen. Das will niemand!

Wie du es bereits kennst, wird die Zeile, die einen »Befehl« darstellt, mit einem Semikolon (;) abgeschlossen. Ich habe mich als Textausgabe für `Das Plugin wurde geladen.` entschieden, aber natürlich kannst du auch einen anderen Text einsetzen. Wichtig ist, dass der Inhalt für die Ausgabe innerhalb der beiden Anführungszeichen (") steht.

IntelliSense hilft erneut!

Vielleicht ist dir aufgefallen, dass IntelliJ beim Abtippen des Quellcodes erneut das IntelliSense-Menü öffnet und dir Vorschläge für die Anweisungen, die du verwenden kannst, macht. Wie in Abbildung 2.35 zu sehen ist, wird beispielsweise erkannt, dass nach dem Holen des Loggers die Anweisung `info()` angeschlossen werden kann.

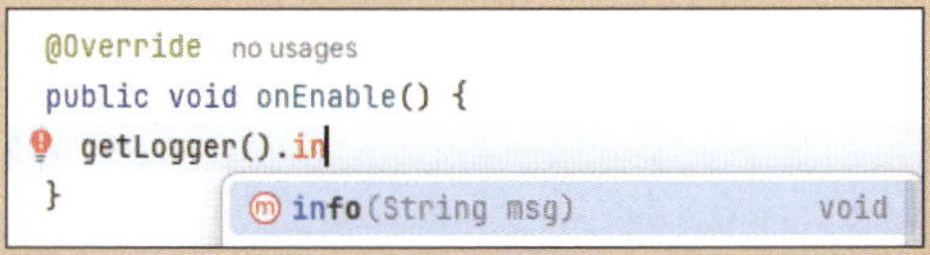

Abbildung 2.35 IntelliSense schlägt schon beim Tippen die Anweisung »info« vor.

Damit hast du es geschafft: Dein Plugin ist in der Lage, erste Dinge auf deinem Server zu verändern. Natürlich ist die Ausgabe von ein paar Konsolennachrichten noch nicht das, was du dir vorgestellt hast, aber es ist der erste Schritt. Listing 2.6 zeigt den gesamten Aufbau deiner ersten Plugin-Klasse mitsamt meiner Package-Definition und dem Import der `JavaPlugin`-Klasse.

```
package dev.schlosser.bookplugin;

import org.bukkit.plugin.java.JavaPlugin;

public class BookPlugin extends JavaPlugin {
```

```
    @Override
    public void onEnable() {
        getLogger().info("Das Plugin wurde geladen.");
    }

}
```

Listing 2.6 Die vollständige Klasse für das erste Konsolenausgabe-Plugin

Ist irgendetwas in deinem Quellcode rot unterstrichen?

Wenn dein Quellcode bestimmte Stellen rot unterstreicht, dann heißt das, dass dein Quellcode Fehler enthält und somit nicht von Java kompiliert werden kann. IntelliJ ist hier zum Glück behilflich und zeigt Fehler sofort an, wenn sie auftreten. Solltest du in deiner neuen Klasse Fehler sehen, dann vergleich noch einmal deinen Quellcode mit Listing 2.6. Wichtig ist dabei auch, dass der Name der Klasse (bei mir `BookPlugin`) mit dem Namen der Java-Datei übereinstimmt. Genauso muss die Datei in dem Unterordner liegen, der der Struktur deines Packages entspricht (für Details dazu schau noch einmal in Abschnitt 2.2.1).

Abbildung 2.36 zeigt ein Beispiel für einen anderen möglichen Fehler, der von IntelliJ gekennzeichnet wird: Hier wurde das zweite Anführungszeichen (") für den Text bei der `info`-Anweisung vergessen. Solche kleinen Fehler schleichen sich schnell im Quellcode ein, sodass du schnell feststellen wirst, dass die Hilfen von IntelliJ Gold wert sind.

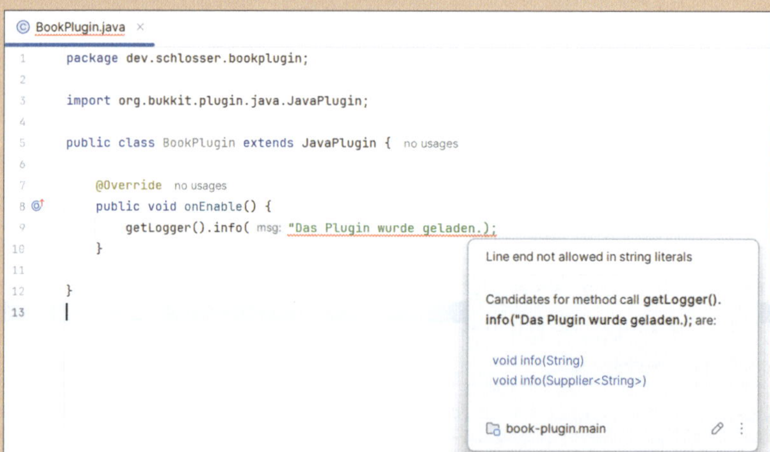

Abbildung 2.36 IntelliJ kennzeichnet Fehler im Quellcode mit einer roten Unterstreichung. Wenn du mit der Maus über den Fehler fährst, zeigt dir die IDE weitere Details. Um diesen Fehler zu beheben, müsstest du lediglich das zweite Anführungszeichen vor der schließenden runden Klammer ergänzen.

Nun fehlt nur noch der entscheidende Schritt: Die Änderungen im Plugin müssen kompiliert und auf den Test-Server übertragen werden. Dank unserer Gradle-Task ist das ein Kinderspiel: Immerhin kompiliert sie das Plugin erneut und führt gleichzeitig einen Neustart für den Server aus. Um die Task erneut auszuführen, kannst du einfach einen der beiden Neustart-Knöpfe für die Task drücken, die sich oben beim Schnellzugriff oder unten im Ausführungsmenü befinden (siehe Abbildung 2.37). Alternativ kannst du den Server über den roten Stopp-Knopf beenden und die Task dann erneut ausführen. Viele Wege führen zum Ziel.

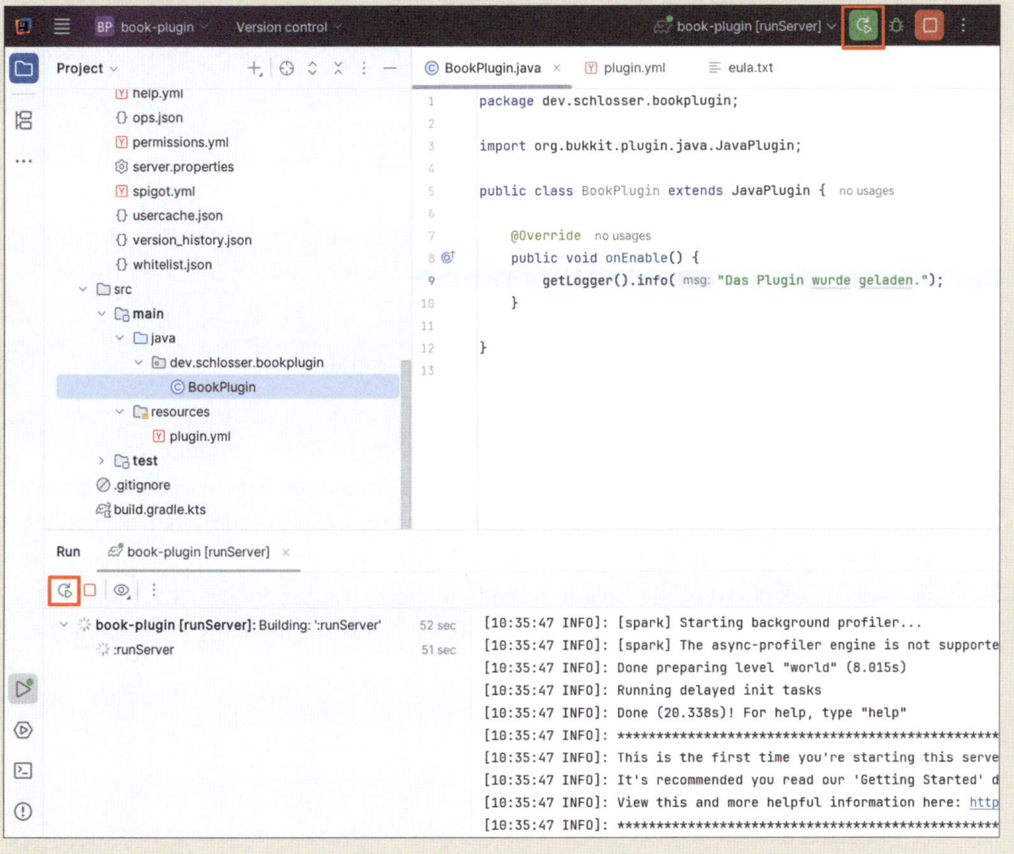

Abbildung 2.37 Über einen der Neustart-Knöpfe kannst du die Gradle-Task erneut ausführen. Dann wird nicht nur das Plugin neu kompiliert, sondern der Test-Server gleichzeitig neu gestartet.

Nachdem der Server neu gestartet wurde, solltest du wie in Abbildung 2.38 eine neue Meldung sehen: Es handelt sich um die Ausgabe, die wir in `onEnable` programmiert haben! Vor der eigentlichen Nachricht fügt der Plugin-Logger automatisch den Namen des Plugins, [BookPlugin], ein. So kannst du einfacher erkennen, welche Ausgabe zu welchem Plugin des Servers gehört, was besonders bei Servern, die viele Plugins nutzen, praktisch sein kann.

```
[10:45:24 INFO]: Preparing start region for dimension minecraft:the_end
[10:45:24 INFO]: Preparing spawn area: 0%
[10:45:24 INFO]: Time elapsed: 67 ms
[10:45:24 INFO]: [BookPlugin] Enabling BookPlugin v1.0.0
[10:45:24 INFO]: [BookPlugin] Das Plugin wurde geladen.
[10:45:24 INFO]: [spark] Starting background profiler...
```

Abbildung 2.38 Es hat geklappt: Die Meldung wird beim Starten des Servers in der Konsole ausgegeben!

Damit hast du das erste Mal eine Änderung im Code eingefügt, die tatsächlich Auswirkungen auf dein Plugin hat, und dein Projekt im Anschluss neu kompiliert und den Server neu gestartet. Dieser Arbeitsablauf wird dich im Laufe deiner Programmierkarriere immer wieder verfolgen: ändern, kompilieren, testen. Machen wir gleich weiter, indem wir eine Meldung einfügen, die beim Stoppen des Servers in der Konsole erscheint.

2.3.2 Eine Meldung beim Server-Stopp ausgeben

Um eine Meldung beim Server-Stopp einzufügen, benötigt es neben `onEnable` einen zweiten Codeabschnitt, der ausgeführt wird, sobald das Plugin entladen wurde. Dieser trägt den passenden Namen *onDisable*. Du kannst dir den passenden Code wie in Abbildung 2.32 generieren, indem du beginnst, innerhalb der Klasse den Namen `onDisable` zu tippen, und die passende Option über IntelliSense auswählst. Nach der automatisierten Generierung kannst du die Zeile innerhalb der geschweiften Klammern (`super.onDisable();`) löschen, sodass dein Code innerhalb der Klasse so aussieht wie in Listing 2.7.

```
package dev.schlosser.bookplugin;

import org.bukkit.plugin.java.JavaPlugin;

public class BookPlugin extends JavaPlugin {

  @Override
  public void onEnable() {
    getLogger().info("Das Plugin wurde geladen.");
  }
```

```
  @Override
  public void onDisable() {
  }
}
```

Listing 2.7 Code der Klasse nach der Generierung des Bereichs »onDisable«

Auf dem gleichen Weg wie bei `onEnable` können wir eine weitere Konsolenmeldung innerhalb der geschweiften Klammern von `onDisable` anlegen. Lass wir uns von der Konsole hier informieren, dass das Plugin korrekt entladen wurde. Ein Beispiel für meine Nachricht siehst du in Listing 2.8. Wenn du dir das manuelle Schreiben des Codes sparen willst, kannst du den Befehl aus Listing 2.5 kopieren und lediglich den Text für die Konsolenausgabe abändern. Beim Programmieren ist es keine Schande, faul zu sein.

```
@Override
public void onDisable() {
  getLogger().info("Das Plugin wurde entladen.");
}
```

Listing 2.8 In »onDisable« informieren wir, dass das Plugin erfolgreich entladen wurde.

Kompiliere das Plugin erneut und starte den Server neu, indem du wie zuvor die Gradle Task erneut ausführst. Nachdem der Server gestartet wurde, kannst du in der Konsole den Befehl `stop` eingeben, womit der Server korrekt heruntergefahren wird. Innerhalb der vielen Ausgaben, die beim Stoppen erscheinen, befindet sich auch die von dir gerade eingerichtete Meldung (siehe Abbildung 2.39).

```
[12:03:18 INFO]: Stopping server
[12:03:18 INFO]: [BookPlugin] Disabling BookPlugin v1.0.0
[12:03:18 INFO]: [BookPlugin] Das Plugin wurde entladen.
[12:03:18 INFO]: Saving players
[12:03:18 INFO]: Saving worlds
[12:03:18 INFO]: Saving chunks for level 'ServerLevel[world]'/minecraft:overworld
[12:03:18 INFO]: [ChunkHolderManager] Waiting 60s for chunk system to halt for world 'world'
```

Abbildung 2.39 Beim Stoppen des Servers erscheint ebenfalls die passende Meldung, die du in »onDisable« eingerichtet hast.

Den Server ordnungsgemäß herunterfahren

Dein Server wird nur über das Ausführen des `stop`-Befehls »sicher« heruntergefahren. Wenn du einfach die Gradle-Task beendest, geht dir möglicherweise Fortschritt verloren. Da das für das Testen deines Plugins meist nicht so schlimm ist, reicht es, `/stop` zu verwenden, wenn du zwingend gerade durchgeführte Änderungen speichern willst.

Du kennst somit die Abschnitte `onEnable` und `onDisable`, mit denen du im Plugin Dinge einrichten kannst, die beim Starten oder Beenden des Servers vorgenommen werden sollen. Beide werden dir auch im weiteren Verlauf des Buches häufig begegnen.

2.3.3 Eine Warnung über den Logger ausgeben und Kommentare hinzufügen

Wagen wir zum Abschluss noch ein kleines Experiment, mit dem du gleichzeitig die verschiedenen Grundlagen und den generellen Ablauf zum Verändern eines Plugins wiederholen kannst. Statt der Anweisung `info` wollen wir nun andere Meldungen über den Logger ausgeben. Nutzen wir testweise die Anweisung `warning`, die dafür sorgt, dass der Logger eine Warnung ausgibt. Wir könnten beispielsweise beim Starten des Servers warnen, dass sich unser Plugin aktuell noch in einer Entwicklungsversion befindet. Lass uns dafür, analog zur bereits angelegten `info`-Anweisung, eine weitere Zeile zu `onEnable` hinzufügen:

```
getLogger().warning("Das Plugin befindet sich noch in Entwicklung.");
```

Mit nur einer neuen Zeile hast du deinem Plugin ein weiteres Stück Persönlichkeit eingehaucht. Gleichzeitig wollen wir uns anschauen, wie wir *Kommentare* zu unserem Quellcode hinzufügen. Kommentare bestehen aus Text, der keinen Einfluss auf die Ausführung deines Plugins hat, und sollen beim Lesen des Codes helfen. Somit kannst du Kommentare zum Beispiel einsetzen, um die Funktionen deines Codes zu erläutern. Das hilft nicht nur dir, den Code noch zu verstehen, wenn du ihn eine Weile nicht angefasst hast, sondern auch allen, die deine Programme zum ersten Mal lesen. Besonders bei kniffligen Programmiermustern kann es sich deshalb oft lohnen, den Code mit ein paar nützlichen Kommentaren zu versehen; du wirst es dir im Nachhinein vielleicht selbst danken. Beim Bauen unseres Plugins »überliest« der Compiler diese Kommentare, sodass sie keinen Einfluss auf die Ausführung des Plugins haben. Aus diesem Grund kannst du Kommentare beispielsweise auch einsetzen, um eine Zeile im Quellcode testweise »auszukommentieren«, sodass die Zeile für den Test erst einmal nicht mitgelesen wird.

Einen einfachen Kommentar kannst du mit zwei Slashes (//) einleiten. Alles, was hinter diesen beiden Zeichen steht, wird für die Ausführung ignoriert. Wie in Abbildung 2.40 zu sehen, stellt die IDE einen Kommentartext, den ich zu den Logger-Ausgaben in `onEnable` schreibe, in grauer Schrift dar. Kommentare können sowohl über eine ganze Zeile gehen als auch am Ende einer Zeile eingesetzt werden (wobei das aus Gründen der Übersichtlichkeit eher seltener genutzt wird).

```java
@Override  7 usages
public void onEnable() {
    getLogger().info( msg: "Das Plugin wurde geladen."); // Das ist die erste Test-Nachricht

    // Gib eine besondere Warnung aus
    getLogger().warning( msg: "Das Plugin befindet sich noch in Entwicklung.");
}
```

Abbildung 2.40 Mit Kommentaren kannst du deinen geschriebenen Quellcode durch Texterläuterungen ergänzen.

Mehrzeilige Kommentare

Neben einfachen, einzeiligen Kommentaren kannst du einen Kommentar in Java auch über mehrere Zeilen erstrecken. Dabei wird der Beginn durch die Zeichen /* eingeleitet, der Kommentar endet wiederum bei */. Das sieht beispielsweise so aus, wobei die Einrückung beliebig gewählt werden kann:

```java
/*
  Das ist ein
  mehrzeiliger Kommentar
*/
```

Um zu testen, ob die Warnung funktioniert, braucht es wieder den bereits bekannten Ablauf: Das Plugin muss zunächst kompiliert und auf den Server übertragen werden. Nutze dafür wie immer deine Gradle-Task. So langsam bekommst du sicher schon Übung im Ablauf: Quellcode schreiben, kompilieren, Server neu starten. Dieser Prozess mag am Anfang etwas anstrengend wirken, doch ich verspreche dir, dass du dich schnell daran gewöhnen wirst. Natürlich wirst du in Zukunft erst eine Menge mehr Quellcode schreiben, bevor du das Plugin testest.

Der Reload-Befehl

Paper-Server stellen einen *Reload*-Befehl zur Verfügung, mit dem alle Plugins neu geladen werden können. Für das Neuladen nach dem Aktualisieren eines Plugins ist dieser Befehl allerdings nicht geeignet, da so verschiedene zwischengespeicherte Daten des Plugins nicht richtig entladen werden und weitere Probleme auftreten können, die den Server verlangsamen oder sogar zum Absturz bringen. Deshalb solltest du dir angewöhnen, den Server zum Aktualisieren immer neu zu starten. Immerhin geht das durch die Gradle-Task ziemlich schnell und einfach.

Nach dem Neustart findest du neben der Meldung von zuvor eine weitere Ausgabe: deine Warnung! Du erkennst die Warnung daran, dass ganz links neben der Uhrzeit der Ausgabe der Text `WARN` verwendet wird, während der Logger zuvor nur eine `INFO` gemeldet hast. Nun kann jeder, der dein Plugin nutzt, lesen, dass es sich lediglich um eine Entwicklungsversion handelt (siehe Abbildung 2.41).

```
[12:07:20 INFO]: Preparing spawn area: 0%
[12:07:20 INFO]: Time elapsed: 212 ms
[12:07:20 INFO]: [BookPlugin] Enabling BookPlugin v1.0.0
[12:07:20 INFO]: [BookPlugin] Das Plugin wurde geladen.
[12:07:20 WARN]: [BookPlugin] Das Plugin befindet sich noch in Entwicklung.
[12:07:21 INFO]: [spark] Starting background profiler...
```

Abbildung 2.41 In der Konsole wurde neben der INFO-Ausgabe eine »WARN«-Meldung hinzugefügt.

2.3.4 Übung 02.01: Ein lockerer Logger

Probiere selbstständig die Anweisung `severe` des Loggers aus. Dabei kannst du dich an dem Code orientieren, die du bisher geschrieben hast. Was denkst du, welche Funktion könnte diese Logger-Ausgabe bei einem richtigen Plugin erfüllen?

Kapitel 3

Los geht's: Programmier-Basics mit Plugins kennenlernen

Technischer Fortschritt

Ich gebe offen zu: Die Einrichtungsarbeiten aus dem letzten Kapitel waren teilweise anstrengend und nicht immer so einfach nachzuvollziehen. Doch nun hast du die Basis für die nächsten Kapitel gelegt und kannst dein Plugin mit immer mehr coolen Funktionen erweitern! Und genau das wollen wir in diesem Kapitel tun: Du wirst die wichtigsten Grundlagen rund um die Programmierung an praktischen Beispielen in der Welt der Minecraft-Plugins kennenlernen.

Dafür wirst du eigene Befehle entwickeln, die du so wie beispielsweise `/gamemode` über die Konsole oder direkt aus dem Spiel heraus aufrufen kannst. Mit solchen Befehlen kannst du schnell verschiedene Dinge umsetzen, die das Spiel beeinflussen: Angefangen bei einfachen Nachrichten, die an den Absender geschickt werden, kannst du später beim Ausführen eines Befehls alles tun, was dein Herz begehrt. Es kann plötzlich ein tollwütiger Zombie neben einem bestimmten Spieler erscheinen, das Wetter in Gewitter umschlagen oder auf dem gesamten Server ein fulminantes Feuerwerk gezündet werden. Wie immer gilt: Der Kreativität sind keine Grenzen gesetzt.

Auf deinem Weg durch dieses Kapitel werden dir du verschiedene Techniken begegnen, die ich dir nur kurz erkläre. Einige dieser Dinge greife ich in Kapitel 6, »Hol mehr aus deinen Ideen: Weitere Plugin-Basics«, noch einmal auf, damit du sie im Detail verstehst. Das volle Verständnis ist für dieses Kapitel noch nicht das Wichtigste: Während du dich durch verschiedene Beispiele hangelst und in Übungen eigene Befehle programmierst, lernst du stattdessen Grundlagen zur Sprache Java, die dich über den Rest des Buches und vielleicht sogar deine Programmierzukunft begleiten werden. Nimm dir deshalb genügend Zeit, um die Idee hinter den Programmierkonzepten anhand der Beispiele zu verstehen.

3.1 Einen einfachen Befehl erstellen und registrieren

Starten wir direkt mit der Praxis, indem wir unseren ersten Befehl für das Plugin entwickeln. Damit du die Grundlagen zum Erstellen eines solchen Befehls kennenlernst, bedienen wir uns eines einfachen Beispiels. Dafür soll der Spieler, der den Befehl ausführt, zeitweise einen ordentlichen Geschwindigkeits-Boost erhalten. Das können wir über einen Zaubereffekt lösen, den du im Spiel normalerweise durch die Herstellung eines Trankes bekommen würdest. Mit der Macht der Programmierung können wir einen solchen Effekt allerdings direkt über den Quellcode vergeben.

Weitere Wege, Befehle anzulegen

Der in diesem Kapitel vorgestellte Weg ist die simpelste Art und Weise, einen einfachen Befehl anzulegen. Paper bietet viele weitere fortgeschrittene Techniken, beispielsweise um beim Eintippen des Befehls automatische Vervollständigungen im Chat anzuzeigen oder mit Berechtigungen festzulegen, wer den Befehl überhaupt ausführen darf. Für all diese Techniken hat Paper eine Bibliothek entwickelt, die mit *Brigadier* zusammenarbeitet. Diese Technologie wird vom Minecraft-Entwicklerteam zur Verfügung gestellt und wird von den Befehlen, die im Spiel verbaut sind, genutzt. Aktuell befindet sich die Schnittstelle von Paper offiziell noch in der aktiven Entwicklung, sodass sich zukünftig einige Details in der Befehlsprogrammierung ändern können. Mit der im Buch verwendeten Server-Version kannst du den Code allerdings genau so schreiben, wie ich es dir zeige.

Gleichzeitig wirst du, wenn du nach der Entwicklung von Befehlen recherchierst, auf weitere Möglichkeiten stoßen, Befehle mit der »alten« Spigot- und Bukkit-Programmierschnittstelle umzusetzen, bis hin zu weiteren Bibliotheken, die auf die Programmierung von Befehlen spezialisiert sind. Auch diese Formen werden in der Regel von Paper unterstützt, sodass gilt: Viele Wege führen nach Rom (oder zur Umsetzung eines Befehls in der Plugin-Welt). Im Buch werden wir uns jedoch auf die moderne Technologie rund um Brigadier fokussieren.

Weitere Details zur Entwicklung komplexerer Befehle mithilfe der modernen Paper-Umgebung lernst du in Kapitel 8, »Befehlshaber: Fortgeschrittene Befehle erstellen«, kennen.

3.1.1 Eine neue Klasse für den Befehl anlegen

Beginnen wir, indem wir für den neuen Befehl eine neue Klasse anlegen. Zur Erinnerung: Von der Hauptklasse des Plugins weißt du bereits, dass Klassen prinzipiell eine Art Behälter für Quellcode sind. Mit der neuen Klasse können wir einen neuen Behälter eröffnen, in den wir anschließend den Code für den neuen Befehl schreiben. Das Anlegen einer neuen Klasse bietet den großen Vorteil, dass wir den Quellcode für den neuen

Befehl klar von der bereits existierenden Hauptklasse abtrennen. Indem du verschiedene kleine Funktionen für dein Plugin in einzelne Klassen schreibst, wird dein Projekt deutlich übersichtlicher und einfacher nachzuvollziehen. Stell dir vor, dass dein Plugin 200 Befehle umfasst und alle in nur einer Datei liegen! Selbst wenn du den Quellcode selbst geschrieben hast, würdest du in diesem Chaos schnell die Übersicht über dein Projekt verlieren.

Doch nicht nur eine neue Klasse hilft uns, die Übersicht zu behalten, sondern auch ein neues Package. Zur Erinnerung: Ein Package beschreibt im Prinzip eine Ordnerstruktur, in der eine Klasse abgelegt wird. Bisher hast du lediglich das Package für die Hauptklasse des Plugins gesehen, und theoretisch könnten alle Klassen des Projektes in diesem Package untergebracht werden. Übersichtlicher ist es allerdings, wenn du Klassen, die bestimmte Aufgabenbereiche im Projekt übernehmen, in einem eigenen Package ablegst. Genau das wollen wir für unseren neuen Befehl machen: Wir wollen ein neues Package im Projekt anlegen, in dem wir nicht nur den ersten Boost-Befehl, sondern auch alle zukünftigen Befehle für das Plugin-Projekt unterbringen können.

Wann braucht es ein neues Package?

Prinzipiell ist es dir überlassen, wann du ein neues Package für verschiedene Klassen erstellst. Das Ganze kann eine Wissenschaft für sich sein, denn es gibt verschiedene Theorien für Techniken, anhand derer du die Packages für dein Projekt aufteilst.

Für das Buch werden wir die Aufteilung möglichst simpel halten. Wie im aktuellen Fall für Befehle werde ich anmerken, wenn ich ein neues Package innerhalb des Projektes anlege.

Das neue Package erstellst du, indem du einen Rechtsklick auf das bereits bestehende Package mit der Hauptklasse durchführst und die Option New • Package wählst (siehe Abbildung 3.1).

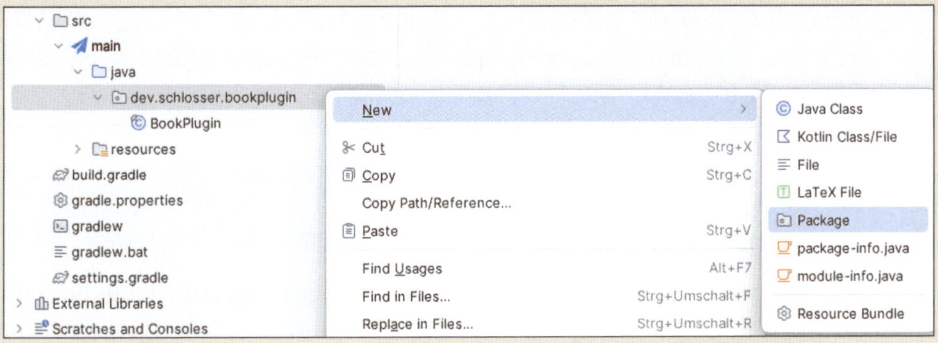

Abbildung 3.1 Über IntelliJ kannst du ein neues Package für deine Befehle anlegen.

Standardmäßig wird im Erstellungsdialog für das neue Package der Name des Packages angezeigt, in dem bereits die Hauptklasse liegt. In meinem Fall ist dies `dev.schlosser.bookplugin`. Um ein »Unter-Package« für Befehle zu erstellen, kannst du den Namen für das neue Package durch einen Punkt vom bisherigen Package-Namen abtrennen. Ich wähle für die englische Bezeichnung von Befehlen den Namen *commands*. Der gesamte Name für das neue Package ist somit in meinem Fall `dev.schlosser.bookplugin.commands`. Wie in Abbildung 3.2 zu sehen ist, wird das neue Package unmittelbar neben der Hauptklasse innerhalb des »Ober-Packages« abgelegt und als neuer Ordner innerhalb des Plugin-Projektes dargestellt.

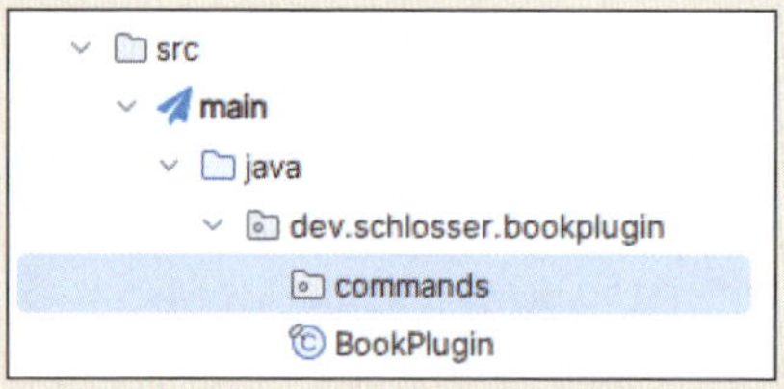

Abbildung 3.2 Das neue Package »commands« liegt neben der Hauptklasse innerhalb des zuvor erstellten Ober-Packages (bei mir »dev.schlosser.bookplugin«).

Strategien zur Package-Erstellung

In der Praxis wird bei der Package-Erstellung hauptsächlich zwischen zwei Techniken unterschieden:

- **Package by Type**: Jedes Package ordnet Dateien ihren *technischen Rollen oder Typen* zu. Diese Technik verfolgen wir an dieser Stelle, indem wir ein separates Package erstellen, in dem später alle Befehle des Plugins landen.
- **Package by Feature**: Jedes Package steht für eine bestimmte Funktion innerhalb des Plugins. Alle Dateien, die zu dieser Funktion gehören, landen dann unabhängig von ihrer technischen Einordnung in dem Package.

Jede Technik hat eigene Vor- und Nachteile, die meist nach der Form und Größe des Projekts zum Vorschein kommen. Außerdem gibt es andere Techniken zur Package-Strukturierung, die für dieses Buch aber nicht interessant sind.

Legen wir als Nächstes innerhalb des neuen Package-Ordners die Klasse für den neuen Befehl an. Führe dafür einen Rechtsklick auf den Namen des neuen Packages (Commands) durch und wähle New • Java Class (siehe Abbildung 3.3).

Wie bei der Hauptklasse benötigen wir nun allerdings noch einen Namen für die neue Klasse. Während wir den Namen `BookPlugin` wie selbstverständlich vergeben haben, lernst du nun den Begriff sogenannter *Konventionen* der Sprache Java kennen. Darunter werden Regeln verstanden, die beim Schreiben von Quellcode und besonders beim Vergeben von Namen eingehalten werden sollten. Einheitliche Konventionen helfen dabei, fremden Code noch schneller zu verstehen und zwischen verschiedenen Projekten Einheitlichkeit herzustellen. Konventionen hast du beispielsweise schon bei der Vergabe des Package-Namens angewendet, wo du dich an die Schreibweise der »umgekehrten Website« gehalten hast. Damit du nach und nach die verschiedenen Konventionen, die bei Java zu beachten sind, lernst, werde ich im Laufe des Buches kurz erläutern, wenn eine neue Konvention zum Einsatz kommt.

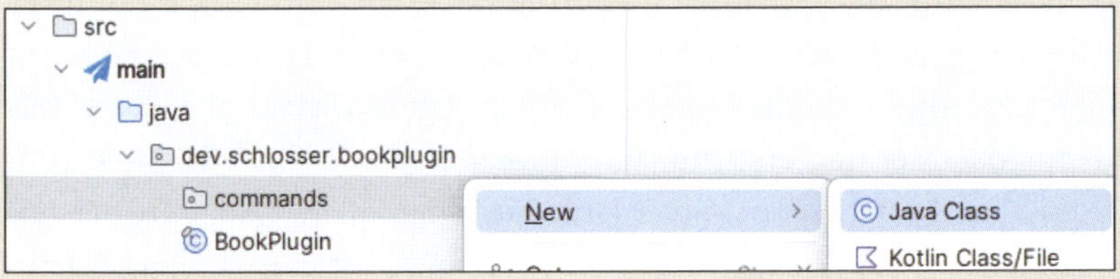

Abbildung 3.3 Im soeben erstellten »commands«-Package wird eine neue Klasse angelegt.

Die Art und Weise, wie Klassennamen vergeben werden, hast du bereits bei der Hauptklasse angewendet: Innerhalb des Klassennamens dürfen keine Leerzeichen vorkommen, dafür wird jedes neue Wort mit einem Großbuchstaben begonnen. Außerdem startet der Bezeichner selbst ebenfalls mit einem Großbuchstaben. Bei dieser Art der Benennung spricht man vom *PascalCase*. Damit die Konvention erfüllt ist und gleichzeitig schnell erkennbar wird, dass es sich um einen Befehl (englisch *command*) handelt, vergebe ich den Klassennamen `BoostCommand`. Das ist für Plugin-Befehle ein gutes Muster: Der erste Teil des Klassennamens enthält den Namen des Befehls, und am Ende wird `Command` angehängt, damit schnell erkennbar wird, dass es sich um einen Befehl handelt. Der eingetragene Name im Erstellungsmenü und der verwendete Typ CLASS sind in Abbildung 3.4 dargestellt.

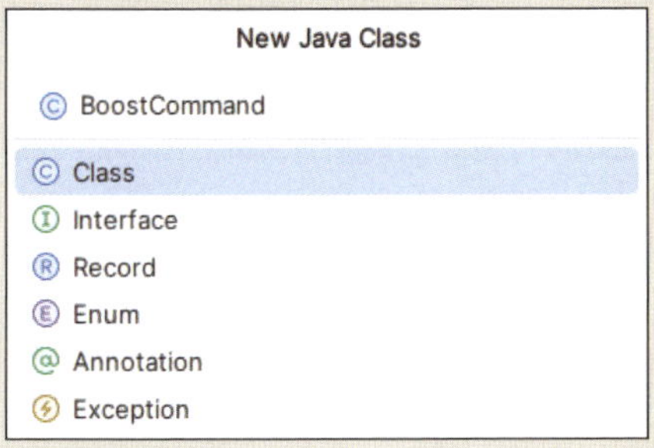

Abbildung 3.4 Über das Erstellungsmenü vergibst du den Klassentyp und den Namen für die neue Klasse.

Den Code, den IntelliJ für die neue Klasse generiert, siehst du in Listing 3.1.

```
package dev.schlosser.bookplugin.commands;

public class BoostCommand {
}
```

Listing 3.1 Die Vorlage für die neue Boost-Befehlsklasse

Da ist unsere neue Befehlsklasse! Am Anfang sieht die Klasse genauso leer aus, wie du es von der Hauptklasse gewohnt warst. Gleichzeitig wird der Name des Packages, der in der ersten Zeile hinterlegt wird, automatisch an den angelegten Ordner angepasst. Das erkennst du daran, dass der neu erstellte Unterordner *commands* automatisch zum Pfad des Packages hinzugefügt wurde. Außerdem wurde der »Klassenkopf« zur Erstellung einer `public class` mit unserem vergebenen Namen `BoostCommand` eingerichtet. Damit aus diesem leeren Klassencontainer tatsächlich unser geplanter Boost-Befehl wird, ist allerdings noch eine Menge zu tun.

Ähnlich wie der Kopf der Hauptklasse mit `extends JavaPlugin` abgeschlossen wurde, müssen wir auch für Befehle einen besonderen Aufbau beim Anlegen der Klasse beachten. Dafür fügst du hinter dem Namen der Klasse (in meinem Fall `BoostCommand`) den Text `implements BasicCommand` an. Der Kopf der Klasse sollte nach diesem Schritt aussehen wie folgt:

```
public class BoostCommand implements BasicCommand {
```

Die genaue Bedeutung von »implements«

Technische Details zur Verwendung des Schlüsselwortes `implements` lernst du in Kapitel 16, »Eine Klasse für sich: Grundlagen der objektorientierten Programmierung«, kennen. Bis dahin ist es ausreichend, wenn du dir vereinfacht vorstellst, dass diese Schreibweise dafür sorgt, dass deine Klasse einen Befehl umsetzen kann.

Wenn du diesen Quellcode zunächst eingibst, dann wird der von Paper vergebene Bezeichner `BasicCommand` zunächst rot angezeigt. Der Grund dafür ist, dass `BasicCommand` so wie `JavaPlugin` in einem von Paper bereitgestellten Package liegt, das im Moment in der Klasse noch nicht importiert wurde. Wir müssen also erneut Hand anlegen, um den Import vorzunehmen. Wenn du mit der Maus über den Bezeichner `BasicCommand` fährst, erkennt die IDE automatisch, dass der entsprechende Import fehlt. Durch einen Klick auf die Schaltfläche IMPORT CLASS (siehe Abbildung 3.5) wird der Import automatisch oben in der Datei hinzugefügt, sodass an dieser Stelle kein weiterer Fehler angezeigt wird.

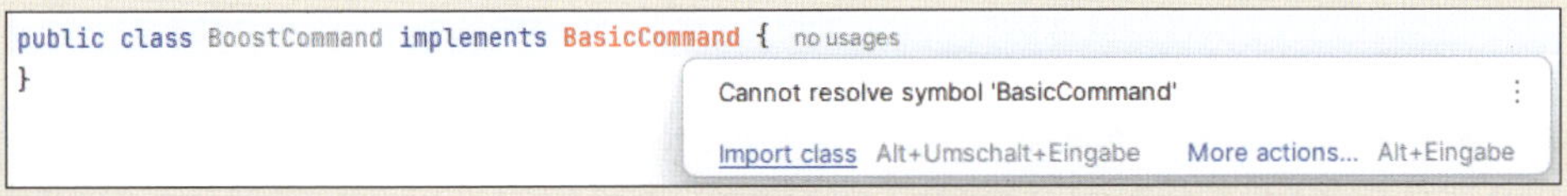

Abbildung 3.5 Wenn du mit der Maus über »BasicCommand« fährst und »Import class« wählst, wird der notwendige Import automatisch in der Datei hinzugefügt.

Andere Wege für das automatische Importieren

Der einfachste Weg für das automatische Importieren ist das Nutzen der Vorschläge von IntelliSense. Wenn du beginnst, den Klassennamen `BasicCommand` zu tippen, und die Klasse aus der Vorschlagsliste auswählst, wird der Import automatisch eingefügt. Das funktioniert übrigens auch dann, wenn du lediglich »Großbuchstaben-Teile« des Klassennamens eintippst (beispielsweise zeigt die Eingabe `BaCom` ebenfalls das Ergebnis `BasicCommand` an).

Aber IntelliJ ist keine Einbahnstraße: Neben dem gezeigten Weg gibt es ein anderes praktisches Hilfsmenü, das du innerhalb der IDE nutzen kannst, wenn du über Fehler stolperst. Dieses öffnest du am schnellsten, indem du mit der Maus auf die Stelle mit dem Fehler klickst (in unserem Fall auf `BasicCommand`) und gleichzeitig die Tasten [Alt] und [↵] drückst. Alternativ kannst du einen Rechtsklick auf den Bezeichner durchführen und die Option SHOW CONTEXT ACTIONS wählen.

In beiden Fällen zeigt sich das in Abbildung 3.6 zu sehende Menü, in dem du über die Maus oder [↑], [↓] und [↵] eine passende Option auswählst.

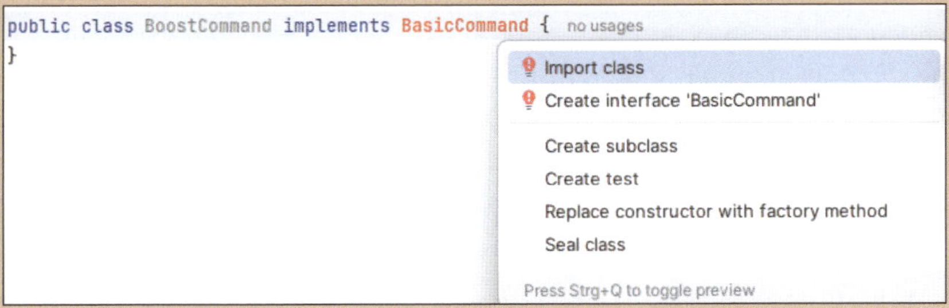

Abbildung 3.6 Auch das IntelliJ-Hilfsmenü zeigt eine Schaltfläche, mit der du den Import automatisch hinzufügst.

Die Tastenkombination solltest du dir unbedingt merken, da das Hilfsmenü dir für viele Szenarien schnelle Möglichkeiten zur Verfügung stellt, deinen Quellcode schnell mit passenden Hilfsmitteln zu verändern.

Nach dem Hinzufügen des Imports für `BasicCommand` sollte die folgende Zeile in deiner Klassen-Datei erscheinen:

```
import io.papermc.paper.command.brigadier.BasicCommand;
```

Am Namen des Unter-Packages `brigadier` erkennst du schnell, dass wir mit der Brigadier-Technologie von Paper arbeiten. Doch was ist nun los? Deine neue Klasse zeigt statt des Importproblems nun einen weiteren Fehler, denn dein gesamter Klassenkopf ist rot unterstrichen (siehe Abbildung 3.7). Die Details der Meldung, die beim Halten des Mauszeigers auf den Fehlerbereich erscheinen, sind für uns zunächst ziemlich nichtssagend.

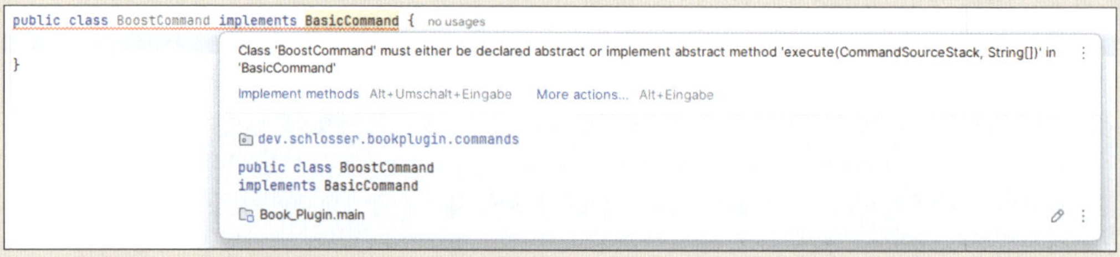

Abbildung 3.7 Neuer Fehler, neue Probleme: IntelliJ zeigt im gesamten Kopf der Klasse ein Problem an.

Einfach gesagt können wir die Meldung übersetzen mit: »Du möchtest einen neuen Befehl erstellen! Für Befehle hat Paper allerdings festgelegt, dass ein bestimmter *Bereich* innerhalb deiner Klasse angelegt werden muss. Dieser Bereich fehlt in deiner Klasse allerdings.« Wir müssen den zugehörigen Bereich also zunächst innerhalb der Klasse anlegen. Paper schreibt streng vor, wie genau er aussehen muss, weshalb wir uns erneut von IntelliJ helfen lassen wollen. Eine Möglichkeit besteht darin, das Hilfsmenü der IDE zu verwenden. Dafür wählst du in dem Menü, das sich beim Halten der Maus wie in Abbildung 3.7 öffnet, IMPLEMENT METHODS. Den gleichen Eintrag findest du, indem du mit dem Cursor in den Bereich des Fehlers klickst und die Tastenkombination [Strg] und [I] drückst. Dabei öffnet sich das in Abbildung 3.8 gezeigte Menü, das verschiedene Einträge und Optionen enthält.

Bei den Optionen im unteren Bereich des Menüs brauchst du keine Änderungen vorzunehmen. Mache stattdessen einen Doppelklick auf den Eintrag, der mit `execute` beginnt, oder drücke, während das Feld markiert ist, die Taste [↵]. Dabei generiert sich innerhalb der Klasse ein Bereich, der wie folgt aussieht:

```
@Override
public void execute(CommandSourceStack commandSourceStack, String[] strings) {

}
```

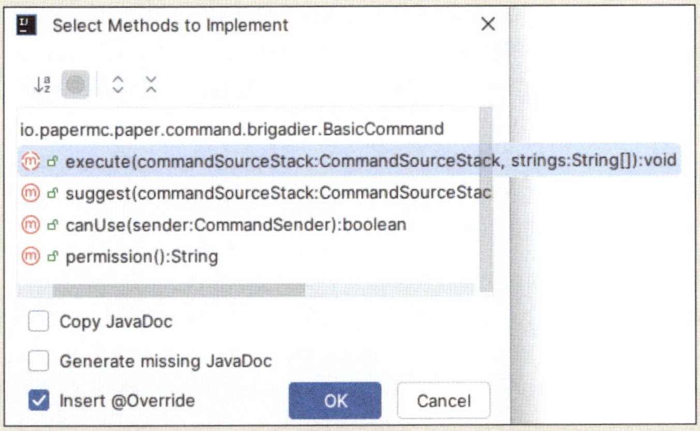

Abbildung 3.8 Über das Menü kannst du verschiedene Einträge und Optionen auswählen, um die Klasse zu verändern.

Ein anderer Weg, den Bereich zu generieren

Eine weitere Möglichkeit ist, den Namen des Bereiches (execute) stattdessen innerhalb der Klasse (also zwischen den geschweiften Klammern), einzutippen. Wenn du das machst, springt die IntelliSense-Hilfsfunktion an und schlägt einen Bereich vor, den du durch das Anklicken oder mit der Taste ↵ automatisch generieren kannst (siehe Abbildung 3.9). Du kommst dann zum gleichen Ergebnis wie bei der Nutzung des Hilfsmenüs.

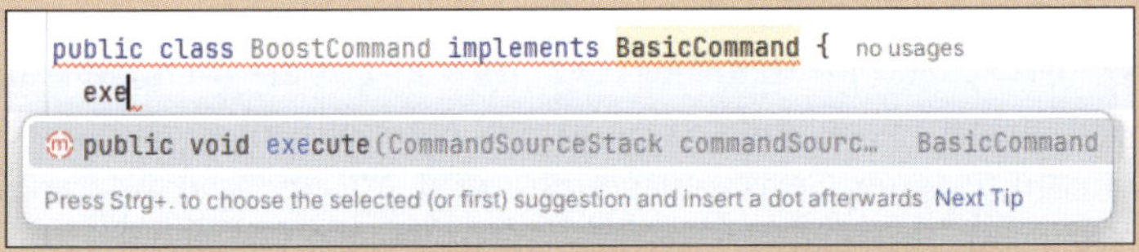

Abbildung 3.9 Mit IntelliSense kannst du den Namen des Bereiches innerhalb der Klasse eintippen, um den passenden Quellcode automatisch von IntelliJ generieren zu lassen.

Auch an diesem Beispiel siehst du, dass IntelliJ verschiedenste Optionen anbietet, um dich bei der Programmierung zu unterstützen. Du kannst zukünftig selbst entscheiden, welcher Weg dir am hilfreichsten und schnellsten erscheint, du kannst dabei deinen eigenen Stil in der Arbeitsweise entwickeln. Übrigens gibt es viele weitere Wege, Quellcode automatisch zu erstellen oder aufzuräumen. Das Buch schneidet zwar einige praktische Menüs, Tastenkombinationen und Tricks an, dennoch könnte es sich lohnen, wenn du dir selbst Zeit nimmst, um IntelliJ im Detail zu erkunden.

Den gesamten Quellcode, der soeben generiert wurde, könntest du auch von Hand schreiben. Das ist allerdings nicht nur fehleranfälliger, sondern natürlich auch nervig. Bleiben wir also lieber faul und lassen IntelliJ die langweiligen Arbeiten übernehmen, während wir uns auf die interessanten Aufgaben konzentrieren, nämlich coole Ideen Wirklichkeit werden zu lassen. Sobald der Bereich in der Klasse erschienen ist, sind endlich keine weiteren Fehler mehr in der Datei vorhanden, und wir können uns endlich daranmachen, den Boost-Befehl zu programmieren.

Der Aufbau erinnert stark an die Bereiche `onEnable` und `onDisable`, die du aus der Hauptklasse kennst. Sowohl das über dem Bereich befindliche `@Override` als auch die Einleitung mit den Schlüsselwörtern `public void` zeigen schnell, dass es Parallelen zu den bereits verwendeten Bereichen gibt. Trotz der Ähnlichkeit im grundlegenden Aufbau sieht der Bereich mit dem Namen `execute` etwas anders aus als `onEnable` und `onDisable`, die du in der Hauptklasse verwendet hast. Das liegt hauptsächlich an einer Menge neuem Code, der zwischen den runden Klammern hinter dem Bezeichner steht:

```
(CommandSourceStack commandSourceStack, String[] strings)
```

Die Details zu diesem Quellcode lernst du in Abschnitt 3.5 im Detail kennen. Bis dahin zählt lediglich der Grundgedanke, dass dieser Teil des Bereiches es dir ermöglicht, verschiedene *Details des Befehls* auszuwerten. Dazu gehört beispielsweise der Zugriff auf den Absender des Befehls. Genau diesen benötigen wir gleich, um herauszufinden, auf wen wir den Geschwindigkeitseffekt anwenden müssen.

Neben den Unterschieden kennst du aus den Bereichen der Hauptklasse schon eine wichtige Grundregel: Wir können Quellcode zwischen die geschweiften Klammern schreiben, um dem Bereich Leben einzuhauchen. Die Antwort auf die wichtige Frage, wann dieser Code ausgeführt wird, liegt auf der Hand: Der `execute`-Bereich wird durchlaufen, wenn der Befehl auf unserem Server ausgeführt wird. Mit anderen Worten: In unserem Fall soll der Quellcode durchlaufen werden, sobald jemand den Befehl `/boost` im Chat nutzt. Sehen wir uns als Nächstes die Logik des Befehls an: Da es unser erster Befehl ist, wollen wir nicht nur den Effekt auf den Spieler anwenden, sondern ihm zusätzlich eine Nachricht im Chat senden. Genau diese Anweisung wollen wir innerhalb des Codeblocks von `execute` unterbringen, bevor wir uns um den eigentlichen Geschwindigkeitseffekt kümmern. Den dafür notwendigen Quellcode siehst du in Listing 3.2.

```
@Override
public void execute(CommandSourceStack commandSourceStack, String[] strings) {
  commandSourceStack.getSender().sendPlainMessage("Du wirst geboostet!");
}
```

Listing 3.2 Im »execute«-Bereich wird eine Nachricht an den Spieler, der den Befehl ausgeführt hat, gesendet.

Die neue Zeile enthält eine längere Anweisung, die ich mit dir im Detail auseinandernehmen möchte. Konzentrieren wir uns zunächst auf die drei Teile, die durch Punkte voneinander getrennt sind:

- **commandSourceStack**: Dieser Bezeichner bezieht sich auf den ersten Teil, der zwischen den runden Klammern des Bereichskopfes steht (bei mir `CommandSourceStack commandSourceStack`). Ich erspare dir an dieser Stelle nach wie vor die technischen Details, doch dieser Zugriff ist unser »Eingangstor«, um an *Details* zur Ausführung des Befehls zu gelangen. Dazu zählt glücklicherweise auch der Absender, der den Befehl ausgeführt hat und somit unsere Nachricht erhalten soll.
- **getSender()**: Diese angekettete Anweisung lädt aus den verschiedenen Details zum ausgeführten Befehl den *Absender*.
- **sendPlainMessage()**: Die abschließende Anweisung bezieht sich auf den Absender und sendet ihm eine Nachricht. Wie du es vom Logger gewohnt bist, muss die Nachricht in Anführungszeichen (") eingeschlossen sein. Welche Nachricht du schickst, ist natürlich dir überlassen, ich wähle `Du wirst geboostet!`.

Vielleicht kannst du erkennen, dass es eine Parallele gibt zur Anweisung an den Logger, die wir in Kapitel 2 für die Meldungen beim Aktivieren und Deaktivieren des Plugins programmiert haben. Wir holen uns erneut eine Quelle, der eine Nachricht gesendet werden soll, (beim Logger war dies über `getLogger` möglich) und senden abschließend die passende Nachricht (beim Logger habe ich dafür beispielhaft die Anweisungen `info` oder `warning` gezeigt). Der Unterschied beim neuen Befehl (im Vergleich zum Logger) ist, dass es über den `commandSourceStack` eine Art Mittelsmann gibt, der die verschiedenen Details des ausgeführten Befehls für uns zur Verfügung stellt. Damit haben wir den ersten Teil des Befehls, nämlich das Senden einer Nachricht, abgeschlossen.

Mit dem zweiten Teil wird es ein wenig komplizierter, denn um dem Spieler einen Geschwindigkeitseffekt hinzuzufügen, muss unser Befehl zunächst lernen, dass es sich bei der Quelle, die den Befehl ausgeführt hat, tatsächlich um einen Spieler auf dem Server handelt. Hier kommen wir zu einer kleinen Zwickmühle, denn wir können nicht jeder Quelle, die einen Befehl ausführt, einen Trank-Effekt hinzufügen. Stell dir vor, dass der Befehl aus der Server-Konsole aufgerufen wird: Wir können dem Konsolen-Absender keine Trank-Effekte geben! Während das Senden einer Nachricht im Chat keiner solchen Einschränkung unterliegt, müssen wir im Befehl also »manipulieren«, dass ein Spieler den Befehl ausgeführt hat. So können wir problemlos den Effekt für die Geschwindigkeit anwenden, immerhin kann jeder Spieler glücklicherweise Effekte von Tränken bekommen (selbstverständlich auch über Code).

Unterhalb der in Listing 3.2 angelegten Zeile für das Senden der Nachricht kannst du eine neue Zeile beginnen, indem du mit [↵] unter der Nachrichtenausgabe einen Zeilenumbruch hinzufügst. Tippe anschließend den folgenden Quellcode als Einleitung für die neue Zeile ein:

```
((Player) commandSourceStack.getSender())
```

Beachte, dass es sich bei `Player` erneut um eine Klasse handelt, die nicht von uns entwickelt wurde, sondern die über die von Bukkit programmierten Klassen angesteuert wird. Dafür wird ein Import des betreffenden Packages notwendig. Wie du es bereits für `BasicCommand` getan hast, kannst du dafür entweder lange mit der Maus über `Player` halten und den Import durchführen. Oder du klickst auf `Player` und wählst die Importoption im Kontextmenü, das du über die Kombination [Alt] und [↵] öffnest. Wenn du eine Erinnerung brauchst, wie genau das funktioniert hat, schau noch einmal auf Abbildung 3.5 oder Abbildung 3.6. Schon bald wird dir das Importieren von Packages in Fleisch und Blut übergehen! Im Falle der `Player`-Klasse wird die folgende Importanweisung in der Datei hinzugefügt:

```
import org.bukkit.entity.Player;
```

Imports selbstständig durchführen

Ab sofort werde ich nicht immer anmerken, wenn ein Import notwendig ist. Sollte beim Verwenden eines bestimmten Namens zunächst ein Fehler auftreten, dann prüfe, ob ein passender Import für dich zur Verfügung steht.

Nun aber zu der Bedeutung der vorhin angelegten Zeile: Prinzipiell wird der Aufruf, den du schon vom Senden der Nachricht kennst (`commandSourceStack.getSender()`), in runde Klammern verpackt. Das funktioniert ein wenig wie Vorrangregeln in der Mathematik, denn damit sagen wir dem Code, dass er eine bestimmte Operation auf den gesamten Teil in den runden Klammern (somit auf `commandSourceStack.getSender ()`) durchführen soll. Die Operation ist dabei denkbar einfach: Indem du vor den Aufruf `(Player)` schreibst, sagst du, dass davon ausgegangen werden kann, dass der Absender des Befehls ein echter Spieler auf dem Server ist.

Führt tatsächlich ein Spieler den Befehl aus?

Für jetzt ist es in Ordnung, den Quellcode so zu nehmen, wie er dasteht. Wir gehen zur Vereinfachung bis hierhin davon aus, dass immer ein Spieler auf dem Server den Befehl auslöst, indem er ihn im Chat aufruft.

In Kapitel 4, »Mehr Kontrolle im Quellcode: Kontrollstrukturen und Arrays«, lernst du, wie du überprüfst, ob tatsächlich ein Spieler den Befehl ausgeführt hat und nicht eine andere Quelle, wie zum Beispiel die Konsole oder ein Kommandoblock. Außerdem sehen wir uns in Abschnitt 3.2 an diesem Beispiel an, welche Probleme der gerade entwickelte Ansatz mit sich bringt.

Nun, da der Code von einem Spieler ausgeht, können wir die Zeile vollenden, indem wir den Effekt für den Geschwindigkeits-Boost hinzufügen. Sehen wir uns zunächst die volle Zeile an, bevor wir die einzelnen neuen Teile auseinandernehmen. Du kannst den folgenden Quellcode auch in eine einzige Zeile schreiben, zur Übersicht habe ich den neuen Teil allerdings in einer neuen Zeile abgelegt; Java hat mit dieser Schreibweise kein Problem. Manchmal ist es sogar praktisch, besonders lange Befehle in mehrere Zeilen aufzuteilen (besonders beim Lesen, immerhin ist das Papier in diesem Buch nach rechts nicht unendlich lang).

```
((Player) commandSourceStack.getSender())
  .addPotionEffect(new PotionEffect(PotionEffectType.SPEED, 100, 1));
```

Nehmen wir die neue Zeile im Detail auseinander. Die zentrale, für uns wichtige Anweisung trägt den Namen `addPotionEffect` und sorgt (wie es die deutsche Übersetzung vermuten lässt) dafür, dass unser Spieler einen neuen Trank-Effekt hinzugefügt bekommt. Hinter `addPotionEffect` kommt ein Paar runder Klammern (()), das wiederum mit weiterem Quellcode befüllt wird. In unserem Fall können wir einen `PotionEffect` angeben, der hinzugefügt werden soll. `PotionEffect` ist wiederum eine eigene Klasse, die so wie `Player` von Bukkit bereitgestellt wird. Hier kommt ein besonderes, neues Schlüsselwort mit dem Namen *new* ins Spiel. Die genaue Bedeutung hat mal wieder technische Gründe, doch vereinfacht sagst du damit, dass ein neuer Effekt von dir angelegt und für den Aufruf verwendet werden soll. Auch hinter die Anweisung `new Potioneffect` kommt ein weiteres Paar runder Klammern (()), in denen nun der eigentlich kreative Part kommt: Hier geben wir nämlich an, wie genau der neue Effekt, den unser Spieler erhält, aussehen soll. Dafür geben wir drei Details an, die jeweils durch ein Komma voneinander getrennt werden:

- **`PotionEffectType.SPEED`**: Die Art des Effekts, den wir anwenden. Hier gibt es alle denkbaren Effekte aus Minecraft, für den Boost-Befehl entscheiden wir uns allerdings für den Geschwindigkeitseffekt, der unter dem gezeigten Namen verfügbar ist.

  Bei `PotionEffectType` handelt es sich um eine besondere Art von Klasse, die erneut in einem Bukkit-Package liegt. Auch hier musst du also den Import zu deiner Befehlsklasse hinzufügen.

- **100**: Diese Zahl steht für die Zeitangabe, wie lange der Effekt andauern soll. Nicht wundern: Der Wert von `100` mag sehr hoch klingen, allerdings ist die Angabe nicht in Sekunden, sondern in *Ticks*. Ticks sind eine Zeitangabe in Minecraft, und auf Servern hat eine Sekunde im Normalfall 20 Ticks. Mit ein wenig Rechnerei weißt du also schnell: 100 Ticks stehen für eine Effektdauer von gerade einmal 5 Sekunden. Natürlich kannst du den Effekt auch länger oder kürzer vergeben.
- **1**: Das ist die Verstärkung des Effekts, wobei die Zahl `0` für keine Verstärkung steht, sodass damit die Standard-Effektstärke 1 verwendet würde (ich weiß, etwas verwirrend). Die Angabe `1` steht somit für die Effektstärke 2.

Für die Details, die der `PotionEffect` erhält, hilft IntelliJ uns: Obwohl du diesen Text nicht eingetippt hast, werden innerhalb der runden Klammern für die Zahlenwerte die Hinweise DURATION und AMPLIFIER angezeigt (siehe Abbildung 3.10). Diese Wörter siehst du nur in der IDE, sie stehen also nicht wirklich im Quellcode. Stattdessen sollen sie dir beim Programmieren lediglich schnell in Erinnerung rufen, wofür die hinterlegten Zahlenwerte jeweils stehen.

```
((Player) commandSourceStack.getExecutor())
        .addPotionEffect(new PotionEffect(PotionEffectType.SPEED,  duration: 100,  amplifier: 1));
```

Abbildung 3.10 IntelliJ zeigt im neuen Trank-Effekt an, dass die Zahl 100 für die »duration« (also die Effektdauer) und 1 für den »amplifier« (also die Effektverstärkung) steht.

Damit ist es geschafft: Du hast den gesamten Quellcode für deinen neuen Boost-Befehl geschrieben, der nicht nur eine Nachricht an den Absender schickt, sondern diesen auch »als Spieler liest« und ihm den passenden Trank-Effekt hinzufügt. Listing 3.3 zeigt noch einmal den gesamten Code für den soeben entwickelten Befehl, inklusive der Ausweisung unseres Packages und der insgesamt fünf Imports, die wir für die gesamte Ausführung benötigen.

```
package dev.schlosser.bookplugin.commands;

import io.papermc.paper.command.brigadier.BasicCommand;
import io.papermc.paper.command.brigadier.CommandSourceStack;
import org.bukkit.entity.Player;
import org.bukkit.potion.PotionEffect;
import org.bukkit.potion.PotionEffectType;

public class BoostCommand implements BasicCommand {
```

```java
  @Override
  public void execute(CommandSourceStack commandSourceStack, String[] strings) {
    commandSourceStack.getSender().sendPlainMessage("Du wirst geboostet!");

    ((Player) commandSourceStack.getSender())
            .addPotionEffect(new PotionEffect(PotionEffectType.SPEED, 100, 1));
  }
}
```

Listing 3.3 Der Quellcode für den Boost-Befehl

Nimm dir an dieser Stelle ruhig noch einmal einen Moment Zeit, um Listing 3.3 zu verinnerlichen. Auch wenn ich viele technische Details ausgelassen habe, ist der Grundgedanke wichtig: Nutze die »Auslöserquelle« des Befehls, um eine Nachricht zu senden, den Auslöser als Spieler zu lesen und ihm den passenden Trank-Effekt zuzuweisen. Du kommst bis hierhin gut mit? Sehr gut, dann können wir direkt zum letzten Schritt gehen, bevor du deinen Befehl endlich austesten kannst.

3.1.2 Den Befehl in der Hauptklasse registrieren

Mit der Entwicklung des Befehls hast du erst die halbe Miete eingefahren: Damit dein neuer Befehl tatsächlich im Spiel erkannt wird und genutzt werden kann, müssen wir ihn noch *registrieren*. Dafür benötigen wir mal wieder die Hauptklasse unseres Plugins.

Zunächst ist wichtig, dass die Registrierung des Befehls mit dem Starten deines Plugins passieren soll. Dafür bietet sich der bereits bekannte `onEnable`-Bereich deiner Hauptklasse an. Hier benötigt es zunächst einen besonderen Aufruf, der einen weiteren Bereich in `onEnable` bereitstellt. In diesem Bereich können wir anschließend all unsere Befehle für das Plugin registrieren. Schreibe zunächst unter deine bisher verwendeten Logger-Aufrufe in `onEnable` den Quellcode, bevor ich dich in die Details einweihe:

```java
getLifecycleManager().registerEventHandler(LifecycleEvents.COMMANDS, commands
  -> {

});
```

Der neue Aufruf lässt sich zunächst gut in die zwei aneinandergeketteten Anweisungen zerlegen:

- **`getLifecycleManager()`**: Holt ein Hilfswerkzeug, mit dem wir in verschiedene Bereiche des Lebenszyklus des Plugins eingreifen können. Den *Lifecycle Manager* gibt es für unser Plugin genau ein Mal.

- **registerEventHandler**: Registriert eine neue »Zwischenschicht«, die, während dein Plugin aktiv ist, in verschiedene Bereiche des Lebenszyklus eingreifen kann.

Hinter `registerEventHandler` folgt ein Paar runder Klammern (`()`), über die wir genau festlegen, auf welche Art in das Plugin eingegriffen wird. Wir wollen eine Mechanik einschalten, die aktiv wird, wenn unser Plugin die Ausführung eines Befehls erkennt. Genau dafür dient die erste Angabe in den runden Klammern, `LifecycleEvents.COMMANDS`. Beachte, dass du zur Verwendung dieser Angabe einen Package-Import benötigst, aber das bist du ja bereits von vielen Beispielen aus diesem Abschnitt gewohnt. Der Teil, der danach folgt, sieht zunächst etwas kryptisch aus: Erst kommt das Wort `commands`, das uns gleich als Name für den Registrierungsprozess dienen wird. Es folgt ein symbolischer Pfeil, der durch einen Bindestrich und das Größer-als-Zeichen dargestellt wird (`->`). Abgeschlossen wird dieser Teil durch ein Paar geschweifter Klammern (`{}`). Wie gerade gezeigt entsteht dadurch ein eigener Bereich innerhalb des Aufrufs. Das Konstrukt ist zugegebenermaßen ungewöhnlich, doch in diesen Bereich können wir nun die Registrierung von Befehlen vornehmen.

In unserem Fall soll der gerade entwickelte Boost-Befehl registriert werden. Schreibe dafür die folgende Anweisung in den Block geschweifter Klammern, den du gerade innerhalb von `registerEventHandler` verschachtelt hast:

```
commands.registrar().register("boost", "Boostet dich für eine kurze Zeit",
  new BoostCommand());
```

Aus welchen Anweisungen setzt sich die Registrierung des Befehls zusammen?

- **commands**: Bezieht sich auf den Namen `commands`, den du im oberen Aufruf angelegt hast, und steuert ihn an, um nun die eigentliche Registrierung vorzunehmen.
- **registrar()**: Steuert für die Registrierung einen »Registrar« an.
- **register**: Die finale Anweisung, die dafür sorgt, dass ein neuer Befehl zur Ausführung registriert wird. Es folgt ein Paar runder Klammern (`()`), in dem Details zu dem Befehl, der registriert werden soll, hinterlegt werden.

Innerhalb der `register`-Anweisung folgen drei Angaben: zunächst als Text eine Art Beschriftung für den neuen Befehl. Hier musst du den Namen nutzen, über den der Befehl später auch ausgelöst werden soll, also in unserem Fall `boost`. Achte wie im gezeigten Quellcode darauf, dass der Text zwischen Anführungszeichen (`"`) stehen muss, da es sich wie bei den bereits entwickelten Nachrichtenausgaben um Text handelt. Danach folgt eine kurze Beschreibung des Befehls, die von Spielern abgerufen werden kann, um zu verstehen, wofür der Befehl genutzt wird. Zuletzt musst du hinterlegen, dass deine soeben entwickelte Befehlsklasse für den neuen Befehl zum Einsatz kommen soll. Dafür verwendest du die Anweisung `new BoostCommand()`. Besonders interessant: Da wir für unsere Befehle das neue `commands`-Package erstellt haben, benötigst du für diese Klasse einen Import deines neuen Packages innerhalb der Plugin-Hauptklasse.

Bei dem Code, den wir gerade geschrieben haben, ist es zunächst nicht wichtig, dass du die Details zur Registrierung von Befehlen innerhalb des Lifecycle Managers verstehst. Wichtig ist, dass du ab sofort neue Befehle in dem Bereich der geschweiften Klammern für den soeben geschriebenen Aufruf unterbringen kannst. Listing 3.4 zeigt den gesamten erweiterten Quellcode für den `onEnable`-Bereich, den du in diesem Abschnitt entwickelt hast, inklusive der Registrierung des Boost-Befehls und neuer Imports.

```
...
import dev.schlosser.bookplugin.commands.BoostCommand;
import io.papermc.paper.plugin.lifecycle.event.types.LifecycleEvents;
...

@Override
public void onEnable() {
  ...

  getLifecycleManager().registerEventHandler(LifecycleEvents.COMMANDS, commands
  -> {
    commands.registrar().register("boost",
      "Boostet dich für eine kurze Zeit",  new BoostCommand());
  });
}
```

Listing 3.4 Der voll überarbeitete Code für »onEnable« mit passenden Imports: Unter den Logger-Ausgaben wird der neue Boost-Befehl registriert.

Die Registrierung hat beim ersten Mal vielleicht länger gedauert, als du es dir vorgestellt hast. Ich kann dir aber versprechen, dass die gezeigten Schritte nach und nach in Fleisch und Blut übergehen, wenn du erst einmal ein paar Befehle für dein Plugin registriert hast. Hier gilt besonders dann »Lernen durch Schmerz«, wenn du das Registrieren vergisst und beim Testen merkst, dass der Befehl nicht gefunden werden kann.

3.1.3 Den neuen Befehl testen

Nach all der harten Arbeit kommt endlich der schönste Teil: Wir testen den neuen Boost-Befehl aus. Starte dafür erneut den Kompilierprozess mit der Gradle-Task, wobei gleichzeitig der Server neu gestartet wird, und verbinde dich dann über das Mehrspieler-Menü in Minecraft.

Wenn es bis hierhin klappt, hast du zumindest nichts kaputt gemacht, und das ist immer ein gutes Zeichen. Öffne nun den Chat, und beginne, den Befehl einzutippen. Wie du in Abbildung 3.11 siehst, wird eine automatische Vervollständigung des Befehls angezeigt, wenn die Registrierung erfolgreich war. Solche Vorschläge kannst du übrigens mit einem Druck auf die Taste ⇆ annehmen.

Abbildung 3.11 Der Server hat den neuen Befehl gefunden und schlägt dir schon beim Tippen eine Vervollständigung vor.

Setzen wir den Vorschlag in die Realität um und führen `/boost` aus. Wie Abbildung 3.12 zeigt, wird der Geschwindigkeitseffekt angewendet und gleichzeitig die passende Meldung im Chat ausgegeben. Schon kannst du schneller durch die Welt sausen als jemals zuvor! Zumindest für 5 Sekunden ...

Abbildung 3.12 Beim Ausführen des Befehls erhältst du nicht nur den Geschwindigkeitseffekt, sondern auch eine freundliche Nachricht im Chat.

Zum Schluss noch ein Blick auf die Beschreibung, die du bei der Registrierung in der Hauptklasse für den Befehl hinterlegt hast. Verwende dafür den Befehl `/help boost`. Dieser praktische Befehl zeigt dir Details für den Boost-Befehl: In unserem Fall unter Description die Beschreibung, die wir zuvor hinterlegt haben, und unter Usage eine Standardanzeige dafür, wie der Befehl aufgerufen werden kann (siehe Abbildung 3.13).

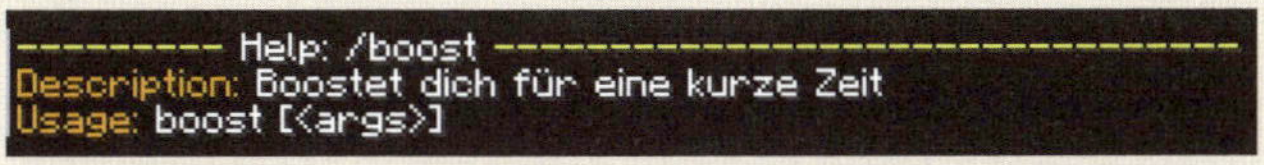

Abbildung 3.13 Der »/help«-Befehl kann genutzt werden, um die Details des Befehls im Chat anzuzeigen.

Wow, du kannst wirklich stolz auf dich sein! Hier beginnt deine wahre Reise zum Programmieren, dein erster Befehl steht allen auf dem Server zum Testen bereit. Stürzen wir uns gleich weiter in die Praxis, indem du weitere praktische Techniken für die Programmierung kennenlernst, angefangen bei einem Teil, der erst einmal schlimm klingt, nämlich der Behandlung von Fehlern. Ich werde dir jedoch gleich erklären, warum dieser Teil so wichtig ist.

3.1.4 Übung 03.01: Lassen wir es langsam angehen

Entwickle analog zum `/boost`-Befehl einen weiteren Befehl `/slow`. Dieser soll den Spieler, der den Befehl ausführt, allerdings nicht schneller, sondern langsamer machen und ihn gleichzeitig zusätzlich erblinden lassen. Der Effekt soll für 10 Sekunden andauern. Ein Tipp: Die Effektnamen für die Verlangsamung und Blindheit sind `PotionEffectType.SLOWNESS` und `PotionEffectType.BLINDNESS`.

Mit dieser Übung kannst du außerdem sofort trainieren, einen weiteren Befehl zu registrieren.

3.2 Fehler finden und behandeln

Fehler sind nie etwas Schönes, besonders nicht beim Programmieren. Vielleicht fragst du dich deshalb zu Recht, warum ich Fehler schon so zeitig im Buch thematisiere. Die Antwort ist eigentlich einfach: Das Lesen und Beheben von Fehlern (auch *Debugging* genannt) sind die wichtigsten (und leider häufigsten) Dinge, die du beim Programmieren tun wirst. Gerade deshalb ist wichtig, dass du von Beginn an weißt, welche Arten von Fehlern es gibt und wie du mit verschiedenen Fehlern umgehen kannst. Auch wenn es etwas pessimistisch klingen mag: Fehler lassen sich nie ganz vermeiden. Bestimmt ist dir schon in irgendeinem Programm, einer App oder einem Spiel ein Fehler aufgefallen, egal, wie bekannt das Produkt ist. Daran siehst du, dass auch den talentiertesten Entwicklerinnen und Entwicklern Fehler passieren können. Dennoch ist wichtig, dass du

Strategien kennst, mit denen du Fehler zunächst verstehen und direkt danach beheben kannst. Dafür werden wir den in Abschnitt 3.1 entwickelten Befehl als Beispiel nehmen, um absichtlich verschiedene Fehler zu provozieren und diese im Anschluss zu beheben.

Die offensichtlichsten Fehler, die beim Programmieren passieren können, sind *Syntaxfehler*. Das Wort *Syntax* sagt aus, auf welche Art und Weise dein Quellcode aufgebaut sein muss, damit Java ihn verstehen und ausführen kann. Wenn du diese Syntax verletzt, entsteht ein entsprechender Syntaxfehler. Ein Beispiel können wir gut in `onEnable` nachvollziehen: Entfernst du hier beispielsweise das Semikolon (`;`) am Zeilenende, wird die entsprechende Stelle sofort rot markiert (siehe Abbildung 3.14).

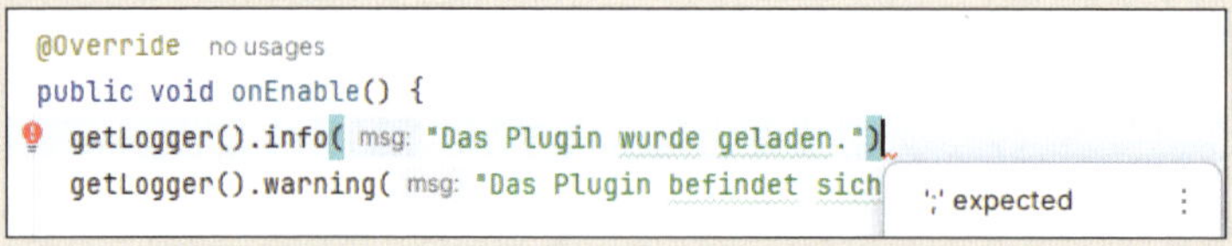

Abbildung 3.14 Wenn du hinter der Anweisung »info« das Semikolon entfernst, meldet IntelliJ einen Syntaxfehler.

Sobald innerhalb deines Projektes ein Syntaxfehler auftritt, kannst du das Plugin nicht mehr kompilieren. Das bedeutet, dass du spätestens beim Ausführen der Gradle-Task auf den Fehler aufmerksam wirst. Glücklicherweise ist uns die IDE in diesen Fällen meist schon davor behilflich: Wenn du mit der Maus über die Fehlerstelle fährst, erscheint eine Meldung, die meist dabei hilft, den Fehler zu beheben. In unserem Fall lautet die Ausgabe ';' EXPECTED, also: »Es wurde ein Semikolon erwartet, aber nicht gefunden.« Über solche Nachrichten bekommst du meist schnell heraus, wo in deinem Code ein Problem vorherrscht. Andere bekannte Syntaxprobleme sind fehlende Klammern, zum Beispiel, wenn du vergisst, zu einer öffnenden runden Klammer eine geschlossene runde Klammer hinzuzufügen, oder eine geschweifte Klammer für einen Bereich fehlt. Mit der Zeit bekommst du viel Übung darin, solche Fehler schnell ausfindig zu machen und zu beheben.

Die zweite Art von Fehlern, die schon etwas kniffliger zu debuggen sind, wird unter *Laufzeitfehlern* (englisch *runtime errors*) zusammengefasst. Wie es der Name andeutet, ist das Tückische bei diesen Fehlern, dass sie in der Regel nicht während des Programmierens auffallen, sondern während das Plugin schon auf dem Server läuft. Sehen wir uns einen solchen Laufzeitfehler mit dem in Abschnitt 3.1 entwickelten Boost-Befehl an. Schau dafür noch einmal auf die Zeile, mit der wir das Anwenden des Geschwindigkeitseffekts eingeleitet haben:

```
((Player) commandSourceStack.getSender())
```

Zur Erinnerung: Der Quellcode legt fest, dass davon ausgegangen wird, dass es sich bei dem Absender des Befehls um einen Spieler handelt, da nur Spieler (und andere Lebewesen) Effekte von Tränken erhalten können. Das Problem, das mit dieser Programmierung kommt, liegt auf der Hand: Wenn jemand, der kein Spieler ist, den Befehl ausführt, erhalten wir einen Laufzeitfehler! Teste also genau das aus, indem du den Boost-Befehl über die Konsole ausführst, wie in Abbildung 3.15.

```
[14:24:34 INFO]: Done (20.954s)! For help, type "help"
boost
[14:25:28 INFO]: Du wirst geboostet!
[14:25:28 ERROR]: Command exception: /boost
java.lang.ClassCastException Create breakpoint : class com.destroystokyo.paper.console.TerminalConsoleCommandSender cannot be cast to class org.bukkit.entity.Player
    at Book Plugin-1.0-SNAPSHOT-1753100622614.jar/dev.schlosser.bookplugin.commands.chapter03.BoostCommand.execute(BoostCommand.java:15) ~[Book Plugin-1.0-SNAPSH
    at io.papermc.paper.command.brigadier.PaperCommands.lambda$register$3(PaperCommands.java:181) ~[paper-1.21.7.jar:1.21.7-32-e792779]
    at com.mojang.brigadier.context.ContextChain.runExecutable(ContextChain.java:73) ~[brigadier-1.3.10.jar:?]
    at net.minecraft.commands.execution.tasks.ExecuteCommand.execute(ExecuteCommand.java:30) ~[paper-1.21.7.jar:1.21.7-32-e792779]
    at net.minecraft.commands.execution.tasks.ExecuteCommand.execute(ExecuteCommand.java:13) ~[paper-1.21.7.jar:1.21.7-32-e792779]
    at net.minecraft.commands.execution.UnboundEntryAction.lambda$bind$0(UnboundEntryAction.java:8) ~[paper-1.21.7.jar:1.21.7-32-e792779]
    at net.minecraft.commands.execution.CommandQueueEntry.execute(CommandQueueEntry.java:5) ~[paper-1.21.7.jar:1.21.7-32-e792779]
    at net.minecraft.commands.execution.ExecutionContext.runCommandQueue(ExecutionContext.java:105) ~[paper-1.21.7.jar:1.21.7-32-e792779]
<11 folded frames>
[14:25:28 INFO]: An unexpected error occurred trying to execute that command
```

Abbildung 3.15 HILFE, Chaos! Der Befehl löst einen Laufzeitfehler aus.

So ein Fehler wirkt ganz schön abschreckend, oder? Auch wenn die Meldung zunächst unfreundlich wirkt, ist sie deine Eintrittskarte, um den Fehler schnell zu beheben. Bei der langen Abfolge vieler Details handelt es sich nämlich um einen sogenannten *Stacktrace*. Die deutsche Übersetzung »Stapelrückverfolgung« wird eher selten genutzt. Der Stacktrace enthält eine generelle Beschreibung für den Fehler und schlüsselt nacheinander auf, wo der Ursprung in deinen Java-Dateien (oder der verwendeten Paper-Bibliothek) liegt. Dafür sind die ersten zwei Bestandteile des Fehlers besonders hilfreich. Der erste Teil sagt (verkürzt): `TerminalConsoleCommandSender cannot be cast to class Player`. Das kannst du vorerst übersetzen als: »Jemand, der den Befehl von der Konsole ausgelöst hat, kann nicht als `Player` (also als Spieler) interpretiert werden.« Dieser einleitende Satz *umschreibt* also das generelle Problem, aus dem der Fehler entstanden ist. Bei dem ausgelösten Fehler spricht man auch von einer *Exception*, also auf Deutsch von einer *Ausnahme*, auf die die Ausführung nicht vorbereitet war. Nach der Einleitung wird der Stacktrace konkreter und schlüsselt genau auf, woher das Problem kommt. Dabei ist schon in der ersten Stacktrace-Zeile der Text `BoostCommand.java:15` enthalten: Damit ist also die programmierte Klasse gemeint. Die Zahl 15 nach dem Doppelpunkt bezieht sich auf die Zeile, in der der Fehler entstanden ist. Alle weiteren Zeilen darunter geben Aufschluss darüber, welche Klassen die Fehlerzeile aufgerufen haben, wobei es sich um verschiedene Paper-interne Klassen handelt, die wir nicht näher nachvollziehen müssen. Du weißt immerhin, dass der Kern des Problems in deiner Klasse liegt!

Doch wie beheben wir einen solchen Laufzeitfehler? Da es sich um eine *Exception* (also Ausnahme) handelt, müssen wir uns auf solch eine Ausnahme vorbereiten. Wie genau solch eine Vorbereitung aussieht, kommt immer auf das Szenario an. Im Falle unseres Befehles liegt die Lösung auf der Hand: Wir müssten überprüfen, ob es sich beim Absender tatsächlich um einen Spieler handelt, statt im Code einfach davon auszugehen. Wie genau das geht, lernst du im folgenden Kapitel. Für jetzt bleiben wir beim Beispiel und gehen davon aus, dass nur Spieler auf dem Server den Befehl ausführen, nicht unsere Konsole oder eine andere Quelle.

Merke dir jedoch: Laufzeitfehler können immer passieren und unterbrechen die aktuelle Ausführung des Quellcodes. Das kann (wie in unserem Beispiel) dafür sorgen, dass ein bestimmtes Feature des Plugins nicht mehr funktioniert. Aus diesem Grund solltest du jederzeit auf verschiedene Laufzeitfehler vorbereitet sein und, wenn sie dir beim Testen auffallen, Maßnahmen gegen derartige Fehler einbauen.

Bei der letzten häufig auftretenden Form handelt es sich um *Logikfehler*. Ein Logikfehler sorgt nicht direkt für einen Fehler im Quellcode, sondern bei der Nutzung. Ein solcher Fehler bedeutet nämlich, dass du eine falsche Überlegung beim Programmieren hattest. Stell dir zum Beispiel vor, dein Boost-Befehl hätte so ausgesehen:

```
((Player) commandSourceStack.getSender())
        .addPotionEffect(new PotionEffect(PotionEffectType.SPEED, 5, 1));
```

Siehst du den Logikfehler? Im Beispiel habe ich die Zahl 100 (für 100 Ticks, die 5 Sekunden entsprechen) durch eine 5 ersetzt. Das würde bedeuten, dass der Effekt nur 5 Ticks, also gerade einmal eine Viertelsekunde lang, anhält. Das ist natürlich viel zu kurz, sodass der Befehl nahezu sinnlos wird und der Absender seinen schönen Boost gar nicht genießen kann! Schuld daran hat der kleine logische Fehler, bei dem Ticks mit Sekunden verwechselt wurden.

Logische Fehler können sich auch auf andere Wege einschleichen. Später, wenn dein Quellcode mehr Funktionen oder sogar Abfragen und Verzögerungen enthält, kann schnell ein gedanklicher Fehler passieren. Hier lohnt es sich, den Code noch einmal in Ruhe zu überblicken und Schritt für Schritt nachzuvollziehen. Auch wenn dich diese Fehlerart in deiner Programmierkarriere viele Nerven kosten wird, gibt es kaum ein schöneres Gefühl, als nach einer langen Fehlersuche endlich den Auslöser für eine logische Fehlfunktion im Plugin zu finden.

Neben den in diesem Abschnitt aufgezählten Fehlerarten gibt es weitere Formen von Fehlern, über die du beim Programmieren stolpern kannst. Die meisten dieser Fehler sind allerdings für Plugins untypisch, sodass ich sie im Buch nicht näher thematisieren werde.

3.3 Methoden machen das Leben einfacher

Bisher ist schon oft der Begriff der »Bereiche« innerhalb einer Klasse gefallen. Schon in Kapitel 2 hast du `onEnable` und `onDisable` genutzt, um Ausgaben in der Konsole vorzunehmen, und in Abschnitt 3.1 kam `execute` für die Programmierung deines ersten Befehls dazu. Doch nun wird es Zeit, dass du die theoretischen Details zu all den Codeabschnitten dieser Art kennenlernst. Dafür zunächst das passende Fachwort: Ein solcher Bereich, der innerhalb einer Klasse angelegt wird, wird als *Methode* bezeichnet. Doch was ist so eine Methode im technischen Sinne?

Eigentlich ist es einfach zu erklären: Eine Methode ist ein Behälter für Code. Dabei haben Methoden einen praktischen Hintergrund, denn sie machen uns das Leben deutlich einfacher. Generell können wir Methoden nämlich einsetzen, um komplizierte Prozesse in kleinere Aufgaben *herunterzubrechen* oder bestimmte Quellcodeabschnitte *wiederzuverwenden*. Stell dir eine Methode von Paper vor, die ein bestimmtes Monster in deiner Welt erschafft: Im Hintergrund gehört viel Logik in die Methode, über die sich schon schlaue Menschen vor uns Gedanken gemacht haben. Wir können die bereitstehende Methode somit einfach nutzen, ohne im Detail verstehen zu müssen, welcher Quellcode in der Methode steht. Das hast du in Abschnitt 3.1 bereits mit der Methode `addPotionEffect` getan: Du konntest die Methode nutzen, um einen Effekt hinzuzufügen, und musstest dafür nicht wissen, was genau im Hintergrund passiert. Ebenso kannst du später eigene Methoden schreiben, die beispielsweise verschiedene Schritte in deinem Plugin für dich erledigen. Entwickelte Methoden kannst du dann nutzen, um diese Schritte in verschiedenen Bereichen deines Codes anzuwenden.

Im Laufe des Buches hast du bereits mehrere Methoden genutzt, ohne es zu wissen: Bei den durch geschweifte Klammern eingerahmten »Bereichen« wie `onEnable`, `onDisable` in der Hauptklasse oder `execute` beim Befehl handelt es sich um Methoden. Ab sofort werde ich somit nicht mehr von »Bereichen« sprechen, wenn Methoden zum Einsatz kommen, sondern vom korrekten Fachwort.

Damit der Code aus einer Methode zum Einsatz kommt, muss die Methode *ausgeführt* werden. Bei den Methoden `onEnable`, `onDisable` und `execute` hat Paper im Hintergrund die Fäden gezogen und das Ausführen der Methoden selbst übernommen. Wenn du eigene Methoden schreibst (und das werden wir in diesem Abschnitt), musst du selbst daran denken, die Methode an einem passenden Ort auszuführen.

Der Quellcode in einer Methode kann dabei eine (oder mehrere) andere Methoden aufrufen. Das hast du ebenfalls schon mehrfach genutzt – denk an einen Aufruf wie `info` beim Logger zurück: Bei `info` handelt es sich um eine Methode, die der Logger bereitstellt und die eine bestimmte Aufgabe übernimmt, nämlich eine informative Nachricht in die Konsole zu schicken. Ein weiteres Beispiel ist der Methodenaufruf addPotionEffect, mit dem du dem Spieler beim Boost-Befehl den Geschwindigkeitseffekt hinzugefügt hast. Durch solche Aufrufe kann schnell eine Verkettung vieler Methodenaufrufe entstehen. Sowohl die Methode info als auch die Methode addPotionEffect hast du immerhin innerhalb einer anderen Methode (nämlich in onEnable oder in execute) aufgerufen. Diese Methoden wiederum werden im Hintergrund durch Paper an passender Stelle aufgerufen, nämlich wenn das Plugin lädt oder du den entsprechenden Befehl ausgelöst hast. Es ist nicht schlimm, wenn dich das im Moment verwirrt. Die Beispiele, die im Kapitel folgen, helfen dir, die Logik hinter Methoden besser zu verstehen.

3.3.1 Beispiel: Einen neuen Befehl mit Methoden vereinfachen

Die Praxis zum Anlegen und Auslösen von Methoden sollst du an einem anschaulichen Beispiel kennenlernen. Dafür werden wir einen weiteren Befehl entwickeln, den wir zunächst ohne die Hilfe einer praktischen Methode lösen. Anschließend nutzen wir eine Methode, um den ersten Ansatz für den Befehl zu verbessern. Daran wirst du sehen, dass der Code mithilfe einer eigens entwickelten Methode kürzer und gleichzeitig besser lesbar wird. Dafür entwickeln wir den Befehl /hello, der einige freundliche Nachrichten an alle Server-Mitglieder im Chat ausgibt. Erstelle dafür zunächst im commands-Package eine neue Klasse mit dem Namen HelloCommand. Das Grundgerüst des Befehls ist genau so gestrickt, wie du es aus Abschnitt 3.1 gewohnt bist, Listing 3.5 zeigt das Grundgerüst der Klasse.

```
package dev.schlosser.bookplugin.commands;

import io.papermc.paper.command.brigadier.BasicCommand;
import io.papermc.paper.command.brigadier.CommandSourceStack;

public class HelloCommand implements BasicCommand {
  @Override
  public void execute(CommandSourceStack commandSourceStack, String[] strings) {

  }
}
```

Listing 3.5 Das Grundgerüst für die neue Klasse zum Hello-Befehl

Starten wir zunächst damit, die Ausgabe der einzelnen Nachrichten *nicht* in eine eigene Methode auszulagern. Wie gewohnt schreiben wir die einzelnen Anweisungen in jeweils eine Zeile in die execute-Methode, die beim Ausführen des Befehls durchlaufen wird. Zum Senden einer Nachricht an alle Spieler auf dem Server kommt eine Methode aus der Paper-Bibliothek zum Einsatz, nämlich `Bukkit.broadcastMessage`. Hinter dem Methodennamen folgen runde Klammern, in die die gewünschten Nachrichten in Anführungszeichen geschrieben werden, so wie du es bereits vom Senden einzelner Nachrichten gewohnt bist. Wie in Listing 3.6 gezeigt, habe ich mich für drei freundliche Nachrichten entschieden.

```
@Override
public void execute(CommandSourceStack commandSourceStack, String[] strings) {
  Bukkit.broadcastMessage("Willkommen auf dem Server!");
  Bukkit.broadcastMessage("Schön, dass ihr alle da seid.");
  Bukkit.broadcastMessage("Wir wünschen viel Spaß beim Spielen.");
}
```

Listing 3.6 In der »execute«-Methode werden mit »Bukkit.broadcastMessage« drei Nachrichten in den Chat des Servers gesendet.

Damit der Methodenaufruf funktioniert, wird in der Klasse der Import `org.bukkit.Bukkit` benötigt. Bis hierhin gibt es noch nicht viel Neues zu sehen, da du lediglich eine neue Methode von `Bukkit` für die Ausgabe im Chat verwendest. Doch stell dir nun vor, dass du die exakt gleichen Nachrichten an einer anderen Stelle verwenden wölltest, beispielsweise um diese Nachrichten immer dann auszugeben, wenn ein neuer Spieler den Server zum ersten Mal betritt. Wie würdest du das lösen? Deine erste Idee wäre vielleicht, die drei neuen Quellcodezeilen zu kopieren und an einer zweiten, passenden Stelle noch einmal einzufügen. Das bringt allerdings zwei Probleme mit sich:

- Wenn du den Text in den Nachrichten noch einmal ändern möchtest oder eine neue Nachricht einfügen willst, müsstest du beide Stellen im Code verändern. Das ist schnell mal vergessen, und plötzlich weichen die Nachrichten voneinander ab.
- Du schreibst denselben Quellcode zweimal und »blähst« dein Projekt so unnötig mit weiterem Code auf, obwohl es ausreichen würde, die Nachrichten an einer zentralen Stelle festzulegen.

Die Lösung liegt auf der Hand: Wir wollen den Code in eine *Methode auslagern*. So kannst du die drei Aufrufe an einer Stelle bearbeiten und die Methode nach Belieben wiederverwenden. Sehen wir uns dafür zunächst das generelle Schema an, nach dem eine Methode aufgebaut ist. An den bisher gezeigten Beispielen lässt sich bereits gut erkennen, dass eine Methode aus einem *Kopf* sowie dem *Körper* besteht. Der Kopf, den wir uns gleich genauer ansehen, legt unter anderem den Namen sowie weitere Details für die Methode fest. Der Körper ist der Block aus geschweiften Klammern, in dem der Code steht, der beim Aufrufen der Methode durchlaufen wird.

Das generelle Schema für den Kopf einer einfachen Methode, wie wir sie jetzt anlegen wollen, sieht aus wie folgt:

```
<Zugriff> void <Methodenname>()
```

Das Wort `<Zugriff>` kannst du durch verschiedene Schlüsselwörter ersetzen, die festlegen, ob deine Methode beispielsweise nur innerhalb der Klasse oder auch von anderen Klassen genutzt werden darf. Hier werden wir zunächst immer das bereits bekannte `public` einsetzen. Dahinter folgt das Schlüsselwort `void`, das für Methoden eine besondere Bedeutung trägt. In Abschnitt 3.5 wirst du lernen, dass an dieser Stelle auch andere Wörter eingesetzt werden können. Für einfache Methoden, die lediglich mehrere Anweisungen hintereinander ausführen, ist `void` allerdings perfekt, sodass wir es für die neue Methode nutzen können. Der Name einer Methode wird konventionell im *camelCase* vergeben. Das bedeutet, dass neue Wörter wie beim PascalCase mit einem Großbuchstaben begonnen werden, allerdings der erste Buchstabe des Methodennamens ein Kleinbuchstabe ist. Diese Benennungsweise, die dem Namen nach an Kamelhöcker erinnern soll, hast du bereits bei verschiedenen Methodennamen gesehen (`onEnable`, `execute`). Methodennamen werden dabei meist wie Befehle formuliert, da sie später im Quellcode besser verständlich sind. Hinter dem Namen folgt ein Paar runder Klammern (`()`). Später wirst du lernen, welche Bedeutung diese Klammern genau haben.

Im Folgenden siehst du die neue Methode, in die die drei zuvor in `execute` geschriebenen Anweisungen verschoben wurden. Als Name habe ich `sendMessages` vergeben, da die Methode den »Befehl« umsetzt, unsere Nachrichten in den Chat zu senden. Achte darauf, dass du diese Methode innerhalb der Klasse einfügst, allerdings außerhalb der `execute`-Methode.

```
public void sendMessages() {
  Bukkit.broadcastMessage("Willkommen auf dem Server!");
  Bukkit.broadcastMessage("Schön, dass ihr alle da seid.");
  Bukkit.broadcastMessage("Wir wünschen viel Spaß beim Spielen.");
}
```

Bis hierhin würde noch nicht viel passieren, immerhin hast du die Methode zunächst lediglich angelegt. Damit der Quellcode aus der Methode tatsächlich durchlaufen wird, musst du die Methode *aufrufen*. Während Methoden wie `onEnable` automatisch an geeigneter Stelle von Paper aufgerufen wurden, müssen wir uns bei selbst programmierten Methoden eigenständig darum kümmern, dass sie im richtigen Moment durchlaufen werden. Der Aufruf einer Methode erfolgt über den vergebenen Namen (also den Bezeichner) der Methode, gefolgt von einem Paar runder Klammern. Abgeschlossen wird die Anweisung eines Aufrufes wie immer mit einem Semikolon. Bei dem oben gezeigten Aufbau für den Methodenkopf sähe ein Aufruf deshalb so aus:

```
<Methodenname>();
```

In unserem Fall muss der Aufruf der gerade programmierten Methode in execute erfolgen, immerhin sollen die Nachrichten weiterhin erscheinen, wenn der Befehl ausgeführt wird. Zur Anschauung rufe ich die neue Methode sendMessages innerhalb von execute gleich zweimal auf. So siehst du, wie wir durch die geschriebene Methode nicht nur Codezeilen einsparen, sondern die Methode execute übersichtlicher halten. Den gesamten Quellcode für den überarbeiteten Hello-Befehl siehst du in Listing 3.7.

```
package dev.schlosser.bookplugin.commands;

import io.papermc.paper.command.brigadier.BasicCommand;
import io.papermc.paper.command.brigadier.CommandSourceStack;
import org.bukkit.Bukkit;

public class HelloCommand implements BasicCommand {
  @Override
  public void execute(CommandSourceStack commandSourceStack, String[] strings) {
    sendMessages();
    sendMessages();
  }

  public void sendMessages() {
    Bukkit.broadcastMessage("Willkommen auf dem Server!");
    Bukkit.broadcastMessage("Schön, dass ihr alle da seid.");
    Bukkit.broadcastMessage("Wir wünschen viel Spaß beim Spielen.");
  }
}
```

Listing 3.7 Der Quellcode für den Hello-Befehl

An diesem Beispiel erkennst du, wie sich eine Verkettung mehrerer Methodenaufrufe ergeben kann. Paper ruft im Hintergrund die Methode execute auf, diese Methode ruft wiederum sendMessages auf, diese Methode führt wiederum Bukkit.broadcastMessage aus. Eine solche Kette kann auch noch um viele weitere Schritte ergänzt werden, wenn sich Methoden gegenseitig aufrufen.

Zum Abschluss musst du den Befehl nur noch registrieren. Wiederholen wir mit dem Hello-Befehl, was dafür zu tun ist. Zunächst musst du die Registrierung in der Hauptklasse vornehmen, wozu du nach dem bekannten Schema eine neue Zeile innerhalb der Befehlsregistrierung in `onEnable` hinzufügen kannst:

```
getLifecycleManager().registerEventHandler(LifecycleEvents.COMMANDS, commands
  -> {
  commands.registrar().register("boost",
    "Boostet dich für eine kurze Zeit", new BoostCommand());
  commands.registrar().register("hello",
    "Begruesst alle Spieler auf dem Server", new HelloCommand());
});
```

> **Die Beschreibung des Befehls weglassen**
>
> Die Beschreibung (in diesem Beispiel `Begruesst alle Spieler auf dem Server`) ist bei der Registrierung optional. Du könntest den Befehl also wie folgt registrieren, ohne eine Beschreibung festzulegen:
>
> ```
> commands.registrar().register("hello", new HelloCommand());
> ```

Achte bei der Beschreibung darauf, dass du statt des Buchstabens »ü« die Kombination »ue« verwendest, da bestimmte Sonderzeichen wie Umlaute vom Server unter Umständen nicht richtig ausgegeben werden können.

> **Befehle selbstständig registrieren**
>
> Da wir das Prozedere zum Registrieren eines neuen Befehls nun schon zweimal im Detail gemeinsam vorgenommen haben, werde ich den Ablauf im Buch nicht noch einmal wiederholen. Wenn also von der Registrierung des Befehls die Rede ist und du dich nicht mehr an die Vorgehensweise erinnerst, kannst du im Buch zurückblättern.

Abschließend kannst du das Plugin mit Gradle kompilieren und auf den Server übertragen. Nach einem Neustart kannst du den Server betreten und den Befehl mit `/hello` ausführen. Im Chat erscheinen nun insgesamt sechs Nachrichten, aus genau den festgelegten Meldungen. Da die Methode in Listing 3.7 zweimal ausgeführt wird, handelt es sich um zwei identische Meldungen aus je drei Nachrichten (siehe Abbildung 3.16).

Anhand dieses Beispiels hast du nicht nur gelernt, wie du eine einfache Methode, die mehrere Anweisungen abarbeitet, entwickelst, sondern auch, wie du durch die Verwendung einer solchen Methode Zeilen sparst und Übersichtlichkeit im Quellcode gewinnst.

In Abschnitt 3.5 geht es noch einmal um fortgeschritteneres Wissen rund um Methoden, doch bis dahin widmen wir uns einer anderen Thematik.

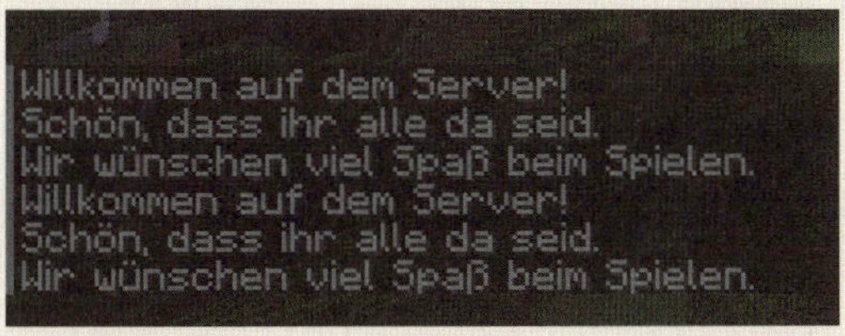

Abbildung 3.16 Der Hello-Befehl gibt die Meldungen aus der neuen »sendMessages«-Methode zweimal im Chat aus.

3.3.2 Übung 03.02: Methodenverkettung

Erweitere den Hello-Befehl aus Listing 3.7 so, dass in der Methode `sendMessages` eine weitere, von dir angelegte Methode aufgerufen wird, die drei neue Nachrichten in der Konsole ausgibt. Rufe diese neue Methode ebenfalls zweimal auf, sodass die Meldungen mehrmals hintereinander erscheinen.

3.4 Datentypen und Variablen

Mit Methoden kennst du nun ein sehr praktisches Hilfsmittel, um deinen Code in viele kleinere Teile zu zerlegen, wobei jede Methode eine bestimmte Aufgabe übernimmt oder andere Methoden aufruft. Doch hier fangen die tollen Dinge, die wir umsetzen können, erst an.

Du hast gelernt, dass Methoden Logik ausführen, um bestimmte Abläufe in unserem Plugin zu regeln. Solche Prozesse sind nützlich, doch dazu kommt ein weiterer wichtiger Aspekt: *Daten*. Daten haben wir im Falle unserer Plugins zuhauf, denk nur an unseren Spieler, der beispielsweise einen Befehl auslöst. Er hat Grunddaten wie die Anzahl der Herzen und Hungerpunkte oder seine aktuelle Position in der Welt. Dazu kommen komplexe Daten wie die Items und Rüstung, die er gerade bei (oder an) sich trägt. All diese Dinge können für uns im Quellcode interessant sein, sodass wir uns als Nächstes ansehen, wie wir derartige Daten abrufen und verwenden können.

Zunächst wieder ein Fachbegriff: Bei solchen Daten, die wir innerhalb einer Klasse anlegen, reden wir von sogenannten *Variablen*. Vielleicht hast du im Mathematikunterricht schon einmal von diesem Wort gehört, wenn es um unbekannte Buchstaben ging. In der Programmierung ist es ein wenig anders: Eine Variable beschreibt generell einen »Speichercontainer«, der bestimmte Daten enthalten kann. Du kannst dir eine Variable ein wenig wie eine Truhe in Minecraft vorstellen, allerdings nur mit genau einem Platz. Wenn du Daten ablegen willst, kannst du zur Variable gehen und *Daten hineinlegen*. Wenn du mit den Daten arbeiten willst, kannst du erneut zu der Variable gehen und die Daten aus der Variable *abrufen*. Und natürlich ist es auch möglich, neue Daten in der Variable abzulegen, wobei die Variable im gleichen Atemzug vergisst, welche Daten davor abgelegt waren.

Diese Eigenschaften machen Variablen sehr interessant, um Daten in deinen Klassen abzulegen. Hier bietet sich erneut das Beispiel eines Spielers an: Bei einem Befehl, der die Herzen und Hungerpunkte im Chat ausgeben soll, können wir auf die beiden passenden Variablen zugreifen. Anschließend könnten wir bereits bekannte Methoden nutzen, um die Variablen im Chat auszugeben. Ebenso wäre es möglich, dass du eigene Variablen anlegst: Wie wäre es zum Beispiel mit einer »Gesundheits-Punktzahl«, die du aus den Herzen und den Hungerpunkten berechnest und in einer eigenen Variablen ablegst? All das lässt sich einfacher umsetzen, als es vielleicht klingt. Bevor wir uns zu komplizierteren Ideen mit Variablen vortasten, testen wir allerdings erst einmal aus, wie du Variablen in einem einfachen Beispiel anhand eines neuen Befehls nutzen kannst.

3.4.1 Grundlagen von Variablen: Das Level in eine Variable einlesen

Für den neuen Befehl wollen wir die Anzahl der Level, die der Befehlsabsender aktuell hat, in eine Variable abspeichern. Diese Variable lesen wir dann im Befehl wieder aus und geben die entsprechende Zahl im Chat aus. Beginnen wir dafür mit dem Grundgerüst des Befehls, wofür du im `commands`-Package eine neue Klasse mit dem Namen `LevelCommand` erstellen kannst. Bei dem Grundgerüst für die Befehlsklasse kannst du dich an den bisherigen Befehlen und speziell Listing 3.1 oder Listing 3.5 orientieren.

Damit wir die Level in einer Variable abspeichern können, müssen wir die Variable innerhalb der `execute`-Methode zunächst anlegen. Das Fachwort für dieses Anlegen heißt *Deklaration* (oder das *Deklarieren* einer Variable). Um beim Bild einer Minecraft-Truhe zu bleiben: Mit der Deklaration erstellst du eine Truhe, die danach bereit ist, einen Wert aufzunehmen. Die Besonderheit bei der Programmierung mit Java und vielen anderen Sprachen ist, dass wir bereits bei der Deklaration festlegen müssen, welche *Art von Daten* in der Variable gespeichert werden dürfen. Diese Art von Daten bezeichnen wir als *Datentyp*. Jede Variable hat also einen Datentyp, der festlegt, welche Art von Daten in der Variable liegen dürfen. Wie du gleich lernen wirst, gibt es verschiedene Arten von Datentypen, beispielsweise für Zahlen oder Text.

Die Deklaration einer Variable folgt einem einfachen Schema, das wie folgt aussieht:

```
<Datentyp> <Variablenname>;
```

Der Name einer Variable wird, wie bei Methoden, konventionell nach dem camelCase vergeben. Damit wir die Level speichern können, benötigen wir den passenden Datentyp für die Variable. Dafür eignet sich der Datentyp `int`, was kurz für *Integer* steht. Dieses englische Wort kann im Deutschen mit *Ganzzahl* übersetzt werden, was für eine Zahl ohne Nachkommastellen steht. Ein `int` kann nicht nur positive Zahlen (1, 2, 3, ...), sondern auch Ganzzahlen im negativen Bereich (-1, -2, -3, ...) abspeichern. Der Datentyp passt wunderbar zu dem Level eines Spielers: Immerhin wird das Level immer durch eine ganze Zahl dargestellt und kann keine Kommazahl wie 3,4 sein.

Deklarieren wir also innerhalb der Methode `execute` eine neue `int`-Variable mit dem Namen `playerLevel`:

```
int playerLevel;
```

Die »Truhe« für unsere Variable ist nun also im Code vorhanden, allerdings ist sie im Moment indirekt leer. Im nächsten Schritt müssen wir also dafür sorgen, dass die Variable befüllt wird, indem wir die aktuellen Level des Befehlsabsenders laden. Bei dem Schritt, in dem wir der Variable zum ersten Mal einen Wert zuweisen, spricht man von der *Initialisierung* der Variable. Die Zuweisung eines neuen Wertes zur Variable wird mit einem Gleichheitszeichen (=) durchgeführt und folgt dem Schema:

```
<Variablenname> = <Wert>;
```

Unsere Zuweisung der Variable `playerLevel` erfolgt durch einen Methodenaufruf. Dabei müssen wir im Quellcode erneut anweisen, dass der Absender des Befehls als `Player` gesehen wird, das siehst du im folgenden Listing. Das bedeutet im Umkehrschluss, dass der Befehl einen Laufzeitfehler verursachen würde, wenn du versuchst, ihn über die Konsole aufzurufen. Dafür kannst du die Methode `getLevel` verwenden, um den aktuellen Level-Wert abzurufen und in deine Variable zu schreiben. Der Quellcode für die neue Zeile sieht dann so aus:

```
playerLevel = ((Player) commandSourceStack.getSender()).getLevel();
```

Damit hast du deine Variable initialisiert, und sie würde im Quellcode bereitstehen! Bevor du gleich lernst, wie du den Wert der Variable *ausliest*, allerdings noch eine kleine Vereinfachung: Du kannst die Deklaration und Initialisierung einer Variable auch in einem einzigen Schritt verpacken. Das sieht generell so aus:

```
<Datentyp> <Variablenname> = <Wert>;
```

Du kannst die zwei geschriebenen Zeilen somit zu einer Zeile vereinfachen:

```
int playerLevel = ((Player) commandSourceStack.getSender()).getLevel();
```

Nun zum spannenden Teil, nämlich der Verwendung des in der Variable abgespeicherten Wertes zur Ausgabe im Chat. Zum Senden einer Nachricht kannst du erneut die Methode `getSender().sendPlainMessage` für den `commandSourceStack` verwenden. Hier kommt allerdings eine Besonderheit bei dem Text in den runden Klammern ins Spiel: Damit du die Variable ausliest, musst du sie hinter dem Text in Anführungszeichen durch ein Pluszeichen (+) anfügen. Das sieht erst einmal ungewöhnlich aus, für das Zusammenfügen mehrerer Textteile kommt diese Technik aber häufiger zum Einsatz, du wirst in diesem Kapitel noch mehr darüber lernen. Füge für den Moment die folgende Zeile unter deine Variablen-Initialisierung hinzu:

```
commandSourceStack.getSender().sendPlainMessage("Level: " + playerLevel);
```

Denk dabei auch an ein Leerzeichen hinter dem Doppelpunkt, denn sonst wird der Wert, der in der Variable hinterlegt ist, direkt angefügt, und das sieht etwas zusammengequetscht aus.

Damit hast du den wichtigsten Teil dieses Abschnitts gelernt, denn du hast eine Variable deklariert, initialisiert und ausgelesen. Dennoch möchte ich dir auch noch die letzte wichtige Technik zeigen, nämlich das *Überschreiben* einer Variable mit einem neuen Wert. Beachte, dass sich eine Variable nur einen Wert merkt. Wenn du einen neuen Wert zuweist, »vergisst« sie somit den Wert, der davor unter der Variable abgelegt war. Die Anweisung zum Überschreiben entspricht dabei derjenigen bei der Initialisierung einer bereits deklarierten Variable:

```
<Variablenname> = <Neuer Wert>;
```

Zum Testen weise ich der Variable unter der soeben gezeigten Ausgabe einen neuen Wert zu. Diesen gebe ich anschließend in einer eigenen Nachricht aus, sodass ich sehe, wie sich der Wert der Variable geändert hat:

```
playerLevel = 100;
commandSourceStack.getSender().sendPlainMessage("Neuer Wert: " + playerLevel);
```

Den gesamten Quellcode für den Level-Befehl, inklusive des Tests zum Überschreiben der Variable mit dem Wert 100, siehst du in Listing 3.8.

```
package dev.schlosser.bookplugin.commands;

import io.papermc.paper.command.brigadier.BasicCommand;
import io.papermc.paper.command.brigadier.CommandSourceStack;
import org.bukkit.entity.Player;
```

```java
public class LevelCommand implements BasicCommand {
  @Override
  public void execute(CommandSourceStack commandSourceStack, String[] strings) {
    int playerLevel = ((Player) commandSourceStack.getSender()).getLevel();
    commandSourceStack.getSender().sendPlainMessage("Level: " + playerLevel);

    playerLevel = 100;
    commandSourceStack.getSender().sendPlainMessage(
      "Neuer Wert: " + playerLevel);
  }
}
```

Listing 3.8 Der Quellcode für den Level-Befehl

Den neuen Befehl kannst du nun in deiner Hauptklasse registrieren. Anschließend wird es Zeit für einen Test: Kompiliere das Plugin mit dem neuen Befehl und lade es auf deinen Server, den du anschließend neu startest. Ich habe mich zum Testen mit einigen Erfahrungslevelflaschen bis zu Level 5 »hart hochgearbeitet«; natürlich kannst du das Level auch steigern, indem du einige Tiere und Monster erlegst. Beachte, dass du dein Level im Kreativmodus nicht siehst. In den Überlebensmodus gelangst du mit dem Befehl `/gamemode survival`.

In Abbildung 3.17 ist zu sehen, dass das Auslesen und Ausgeben des Levels mit dem neuen Befehl problemlos funktioniert. Außerdem erkennst du, dass die Variable nach dem Überschreiben mit der Zahl 100 den neuen Wert angenommen hat und diesen ebenfalls im Chat ausgibt. Das sorgt gleichzeitig dafür, dass die Variable die alte Zahl des tatsächlichen Levels »vergessen« hat.

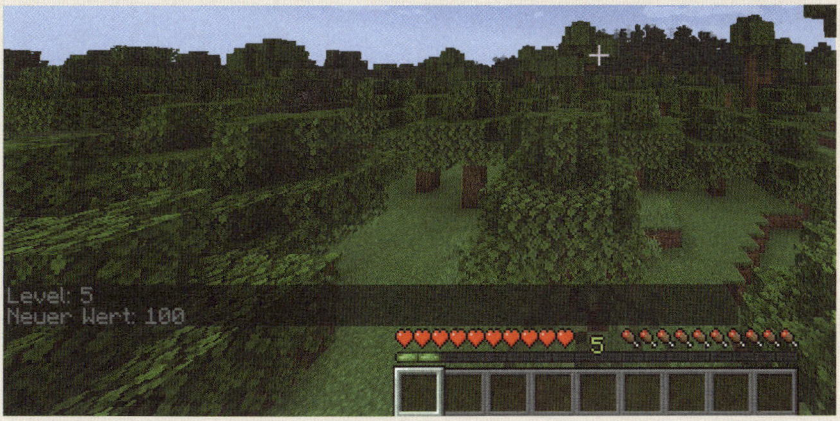

Abbildung 3.17 Der Level-Befehl gibt das aktuelle Level im Chat aus. Das Überschreiben der Variable mit dem Wert 100 funktioniert ebenfalls.

Mit diesem ersten Beispiel hast du alle wichtigen Grundlagen zu Variablen kennengelernt. Auch wenn es noch eine Menge weiterer Datentypen und Wissen über Variablen gibt, das du im Laufe des Buches erwerben wirst, sind diese Basics für das allgemeine Verständnis am wichtigsten.

3.4.2 Beispiele mit »komplexen« Datentypen

In diesem Abschnitt soll es um eine andere Form von Datentyp gehen. Dafür wird zunächst ein Begriff eingeführt, der mit Blick auf den Datentyp `int` aus dem letzten Abschnitt wichtig wird: Beim `int` handelt es sich um einen sogenannten *primitiven Datentyp*. Java stellt verschiedene primitive Datentypen zur Verfügung, durch die grundlegende Funktionen der Sprache sichergestellt werden. Neben dem Zahlen-Datentyp `int` wirst du noch weitere Beispiele für primitive Datentypen kennenlernen.

In diesem Abschnitt nutzt du zum ersten Mal die andere Form von Datentyp, die häufig als *komplexer Datentyp* bezeichnet wird. Diese Datentyp-Art zeichnet sich vor allem dadurch aus, dass sie sich in der Regel aus mehreren Daten zusammensetzen, die zusammengenommen den ganzen Datentyp definieren. Ein gutes Beispiel ist ein Datentyp, den du bereits verwendet hast, nämlich `Player`. `Player` stellt einen Spieler auf deinem Server dar und enthält somit verschiedene Daten, die zusammengenommen zu dem Datentyp gehören. In diesen Daten können wiederum primitive Datentypen (beispielsweise ein `int` für das aktuelle Level) oder andere komplexe Datentypen (zum Beispiel die aktuelle Position des Spielers, die sich aus verschiedenen Werten zusammensetzt) enthalten sein.

Technische Unterschiede zwischen primitiven und komplexen Datentypen

Es gibt weitere wichtige technische Unterschiede zwischen den beiden Datentyp-Formen, die wir uns genauer in Kapitel 16, »Eine Klasse für sich: Grundlagen der objektorientierten Programmierung«, ansehen.

Der Unterschied klingt vielleicht erst einmal verwirrend, doch wir tasten uns durch ein neues Beispiel an komplexe Datentypen heran. Wir beginnen mit einem neuen Datentyp, der die Grenze zwischen primitivem und komplexem Datentyp verwaschen lässt, nämlich dem Datentyp *String*. Ein `String` wird verwendet, um Text darzustellen, wie du ihn bereits für verschiedene Methodenaufrufe verwendet hast. Innerhalb eines Strings können Zahlen, Buchstaben und Sonderzeichen vorkommen, um jeden möglichen Text zu bauen. Der jeweilige Text wird zwischen Anführungszeichen (") angegeben. So ist Java in der Lage, den Text von Variablennamen zu unterscheiden. Die Deklaration und Initialisierung einer beispielhaften `String`-Variable könnte so aussehen:

```
String myString = "Hallo Welt!";
```

Schon haben wir eine neue String-Variable, die den Text »Hallo Welt!« für uns abspeichert. Wie du gleich noch im Detail sehen wirst, kannst du Strings nicht nur mit anderen Strings verknüpfen, um längere Texte zusammenzubauen, sondern du kannst den Text zusätzlich mit verschiedenen Methoden, die ein String bereitstellt, verändern. Das zeigt, dass es sich beim Datentyp String um einen komplexen Datentyp handelt, denn primitive Datentypen unterstützen von Haus aus keine Methodenaufrufe auf ihrem Datentyp. Wie das Aufrufen von Methoden auf einem String aussieht, sehen wir uns allerdings gleich an einem praktischen Beispiel an.

Dafür entwickeln wir einen neuen Befehl /name, der den Namen des Absenders im Chat ausgibt. Außerdem soll der Name in einer weiteren Nachricht vollständig in Großbuchstaben erscheinen, sodass wir den Text mithilfe einer passenden Methode »manipulieren« müssen. Erstelle für den neuen Befehl zunächst das Grundgerüst einer neuen Befehlsklasse im commands-Package. Als Klassennamen habe ich NameCommand verwendet.

Innerhalb der execute-Methode wollen wir, bevor es an unseren String geht, einen weiteren Zwischenschritt mit einer Variable lösen. Da wir mehrere Dinge mit dem Absender des Befehls vorhaben (den Namen auslesen und zwei Nachrichten schicken), wollen wir ihn in einer eigenen Variable ablegen. Dafür kommt der komplexe Datentyp zum Einsatz, der einen Spieler repräsentiert, nämlich *Player*. Wie immer wird durch (Player) vor der Methode commandSourceStack.getSender() angewiesen, dass der Absender von Java als Spieler gelesen werden soll. Somit träten auch in diesem Beispiel Fehler auf, wenn du den Befehl beispielsweise von der Konsole aus aufrufen würdest.

Das Anlegen einer Variable für den ausführenden Spieler erfolgt über den komplexen Datentyp Player. Eine Variable mit dem Namen player anzulegen ist somit in einer kurzen Zeile erledigt:

```
Player player = (Player) commandSourceStack.getSender();
```

Perfekt, damit steht uns eine Player-Variable zur Verfügung, mit der wir nun den Namen in einer neuen Variable auslesen können. Dafür nutzen wir den Text-Datentyp String, immerhin handelt es sich bei dem Namen, den wir nun auslesen, um Text. Um den Namen zu erhalten, nutzen wir die gerade angelegte Variable player. So wie andere Aufrufe, die du bereits im Zusammenhang mit einem Spieler verwendet hast, unterstützt der Datentyp eine Methode mit dem Namen getName, über die du den aktuellen Spielernamen erhältst. Diesen können wir in einer neuen Variable mit dem passenden Datentyp String abspeichern:

```
String playerName = player.getName();
```

Für das Absenden der Nachricht können wir die bereits bekannte Methode `sendPlainMessage` auf der `Player`-Variable ausführen. In den runden Klammern hinter dem Methodenaufruf müssen wir nur noch einen Text zusammensetzen, der an den Absender des Befehls geschickt wird. Dafür soll nicht nur der Name im Chat erscheinen, sondern ein kleiner Text davor. Das bedeutet also, dass du wie zuvor zwei Strings *zusammensetzen* musst. Dabei spricht man von der sogenannten *String Concatenation*, was nichts anderes bedeutet als aus mehreren Textbausteinen einen zusammengesetzten `String` zusammenzubauen. Der einfachste Weg dafür ist das Verwenden eines Pluszeichens (+) zwischen den einzelnen Bausteinen, die zusammengesetzt werden sollen. Diese Form der String Concatenation hast du bereits beim Level-Befehl in Listing 3.8 verwendet, um die Level-Zahlenvariable an den Text anzufügen. Genau so funktioniert es im aktuellen Beispiel mit der Variable `playerName`. Ich füge den Text hinter einer kleinen einleitenden Nachricht an:

```
player.sendPlainMessage("Dein Name ist: " + playerName);
```

Durchdenke diesen Aufruf kurz, immerhin kommen zwei Variablen (`player` und `playerName`) sowie die String Concatenation zum Einsatz. In der zweiten Nachricht wollen wir eine Methode des komplexen Datentyps `String` testen, der den Spielernamen in Großbuchstaben verwandelt. Der Name dieser Methode heißt `toUpperCase` und kann analog zum ersten Aufruf durch String Concatenation mit einem Einleitungstext zusammengefügt werden:

```
player.sendPlainMessage("Und in groß: " + playerName.toUpperCase());
```

Strings sind unveränderlich

Eine kleine technische Randnotiz: Auch wenn du diesen Aufruf auf der String-Variable `playerName` ausführst, befindet sich in der Variable immer noch der gleiche Text wie zuvor. Die Umwandlung in Großbuchstaben erfolgt also lediglich für den Text in der String Concatenation. Man spricht dabei von der Grundregel, dass Strings als *unveränderlich* (englisch *immutable*) gelten.

Wenn du den großgeschriebenen Namen in einer Variable ablegen wolltest, müsstest du also so vorgehen:

```
String playerNameUpper = playerName.toUpperCase();
```

Den gesamten Quellcode für das Anlegen der beiden Variablen, die jeweils einen komplexen Datentyp nutzen, und die Ausgabe der Texte an den Absender siehst du in Listing 3.9.

```
package dev.schlosser.bookplugin.commands;

import io.papermc.paper.command.brigadier.BasicCommand;
import io.papermc.paper.command.brigadier.CommandSourceStack;
import org.bukkit.entity.Player;

public class NameCommand implements BasicCommand {
  @Override
  public void execute(CommandSourceStack commandSourceStack, String[] strings) {
    Player player = (Player) commandSourceStack.getSender();
    String playerName = player.getName();
    player. sendPlainMessage("Dein Name ist: " + playerName);
    player.sendPlainMessage("Und in groß: " + playerName.toUpperCase());
  }
}
```

Listing 3.9 Der Quellcode für den Name-Befehl

Registrierst du deinen Befehl und startest den Server neu, kannst du den neuen Befehl bestaunen. Beim Ausführen erscheint dein Name einmal in seiner normalen Schreibweise und direkt darunter vollständig in Großbuchstaben (siehe Abbildung 3.18).

Abbildung 3.18 Die Ausgabe des Namens erfolgt wie gewünscht in normaler Schreibweise und in Großbuchstaben.

Anhand dieses Beispiels hast du gesehen, wie vielseitig du komplexe Datentypen einsetzen kannst. Mit dem Datentyp `String` kennst du nun einen Weg, Text darzustellen. Dieser Datentyp und speziell die String Concatenation wird Concatenation dich über den Verlauf des gesamten Buches weiter begleiten.

Das Beispiel aus Abschnitt 3.1 mit Variablen vereinfachen

Für ein besseres Verständnis: Du könntest mithilfe von Variablen Listing 3.3 deutlich besser lesbar machen, indem du den folgenden Code innerhalb der `execute`-Methode verwendest:

```
Player player = (Player) commandSourceStack.getSender();
int playerLevel = player.getLevel();
player.sendPlainMessage("Level: " + playerLevel);

playerLevel = 100;
player.sendPlainMessage("Neuer Wert: " + playerLevel);
```

3.4.3 Sichtbarkeit von Variablen

Am gerade entwickelten Beispiel wollen wir uns einen weiteren wichtigen Punkt zu Variablen anschauen, nämlich die sogenannte *Sichtbarkeit*, auch *Scope* genannt. Eine Faustregel: Eine Variable ist standardmäßig nur innerhalb des Bereiches, in dem sie angelegt wurde, sichtbar. Das bedeutet, dass eine Variable, wenn du sie in einer Methode anlegst, nur innerhalb dieser Methode zur Verfügung steht. Wenn du eine weitere Methode erstellst, kannst du darin nicht auf die Variable aus der anderen Methode zugreifen. Das zeigt dir das folgende Beispiel, in dem eine Methode `methodB` eine Variable abrufen will, die aber durch die Sichtbarkeit innerhalb der Methode `methodA` nicht gefunden wird:

```
void methodA() {
  String text = "Hallo Welt!";
  Bukkit.broadcastMessage(text); // Ausgabe: Hallo Welt!
}

void methodB() {
  Bukkit.broadcastMessage(text); // Fehler!
}
```

Bei Variablen, die innerhalb einer Methode deklariert werden, sprechen wir von *lokalen Variablen*. Um Variablen (oder Daten) zwischen Methoden hin und her zu reichen, gibt es verschiedene Möglichkeiten, die du unter anderem in Abschnitt 3.5 kennenlernst. Bleiben wir aber zunächst bei Variablen: Neben lokalen Variablen kannst du Variablen auch innerhalb der Klasse deklarieren (oder initialisieren), sodass die Variable für alle Methoden in der Klasse zur Verfügung steht. Dabei spricht man auch von *Instanzvariablen* (manchmal auch *Feld* oder englisch *Field* genannt) einer Klasse.

Listing 3.10 zeigt ein Beispiel für eine Klasse, in der eine Instanzvariable zum Einsatz kommt, damit die Variable in den Methoden `methodA` und `methodB` verwendet werden kann. Dabei ist sogar das Setzen eines neuen Wertes innerhalb der Methoden möglich.

```
public class ScopeClass {
  String text = "Hallo Welt!";

  public void testMethod() {
    Bukkit.broadcastMessage(text); // Ausgabe (beim ersten Aufruf): Hallo Welt!
    text = "Und ein neuer Test.";
    Bukkit.broadcastMessage(text); // Ausgabe: Und ein neuer Test.
  }
}
```

Listing 3.10 Beispiel für eine Klasse mit Instanzvariable, die innerhalb von Methoden zum Einsatz kommt

Beide Formen der Variablen haben Vor- und Nachteile, die ich dir im Laufe des Buches erläutern werde. Für den Moment ist lediglich wichtig, dass du den Unterschied zwischen einer lokalen Variable und einer Instanzvariable kennst und weißt, dass sich der Scope einer lokalen Variable auf den Bereich, in dem sie deklariert wurde, beschränkt.

3.5 Methoden mit Parametern und Rückgabewerten

Die bisher entwickelten Methoden waren einfach gestrickt: Sie wurden ausgeführt, durchliefen ihren Code von oben nach unten und waren damit abgeschlossen. Das mag für den Anfang ausreichend sein, doch für viele Ideen müssen wir *Daten* zwischen Methoden oder Klassen hin und her jonglieren. In diesem Abschnitt lernst du dafür zwei wichtige neue Techniken rund um Methoden kennen, die über das Gelernte aus Abschnitt 3.3 hinausgehen.

3.5.1 Daten mit Parametern an die Methode weitergeben

Beginnen wir mit dem ersten wichtigen Szenario, nämlich Daten von außen an die Methode *weiterzugeben*. Hierfür habe ich ein weiteres Beispiel vorbereitet, nämlich einen Befehl, der zweimal einen Blitz an der Position des Absenders einschlagen lassen soll. Damit wir den Quellcode übersichtlich gestalten, wollen wir das Einschlagen des Blitzes in eine Methode auslagern, die wir zweimal auslösen, wenn der Befehl angewendet wird.

Um einen Blitz einschlagen zu lassen, müssen wir die exakte Position angeben, also in unserem Fall die Position des Absenders. Doch genau hier kommen wir zur Problematik, denn der Absender ist nur in der Methode `execute` bekannt und muss an die neue Methode *weitergereicht* werden. Der Grund dafür ist die in Abschnitt 3.4.3 vorgestellte Sichtbarkeit von Variablen, denn eine `Player`-Variable wäre nur innerhalb von `execute` sichtbar und könnte nicht einfach in der neuen Methode angesteuert werden.

Hier kommt eine neue Technik ins Spiel, nämlich *Parameter*. Parameter geben uns die Möglichkeit, bestimmte Daten an eine Methode weiterzugeben, wenn wir die Methode aufrufen. Auf diesem Weg kannst du Daten, die beispielsweise in Variablen gespeichert sind, von einer Methode zur nächsten Methode weiterreichen.

Sehen wir uns direkt am Beispiel an, wie Parameter in eine Methode integriert werden. Dafür erstellen wir eine neue Klasse `LightningCommand`, über die der neue Lightning-Befehl, der zwei Blitze einschlagen lässt, realisiert wird. Neben der Methode `execute` legen wir eine neue Methode `spawnLightning` an, die für das Auslösen eines Blitzes genutzt werden soll. Außerdem soll mit jedem Blitzeinschlag eine Nachricht an den

Spieler gesendet werden, den der Blitz trifft. Genau dafür benötigt die Methode die Information, welcher Spieler vom Blitz getroffen werden soll: Das ist ein perfekter Anwendungsfall für einen Parameter! Parameter werden in den runden Klammern des Methodenkopfes hinterlegt. Dabei wird jeder Parameter mit seinem Datentyp und einem Parameternamen angegeben, wobei mehrere Parameter mit Komma voneinander abgetrennt werden. Die allgemeine Schreibweise für eine Methode mit zwei Parametern wäre somit wie folgt:

```
<Methodenname>(<Datentyp 1> <Name 1>, <Datentyp2> <Name 2>)
```

Übertragen wir dieses Wissen auf die neue Methode, die einen Parameter erhalten soll. Da die Methode wissen soll, Welcher Spieler vom Blitz getroffen wird, benötigen wir einen Parameter vom Datentyp Player. Der Parametername wird konventionell, so wie eine Variable, im camelCase benannt. Hier entscheide ich mich für den Namen player, sodass die neue Methode zunächst so aussieht:

```
public void spawnLightning(Player player) {

}
```

Bevor wir uns ansehen, wie eine Methode mit Parametern aufgerufen wird, kümmern wir uns zunächst um das »Innenleben« der Methode. Das Praktische: Der Player steht uns durch den Parameter nun wie eine Variable zur Verfügung. Dadurch können wir nicht nur die bereits mehrfach genutzte Methode sendPlainMessage verwenden, um eine Nachricht zu senden, sondern auch wie der Donnergott Thor den Blitz einschlagen lassen. Dafür speichern wir zunächst die Position des Blitzeinschlags in einer eigenen Variable, wobei der komplexe Datentyp Location, der unter anderem die Position des Spielers darstellt, zum Einsatz kommt. Die Location erhältst du über den Aufruf getLocation auf den Player. Das Einschlagen ist etwas komplizierter, denn den Blitz erschaffst du über die Welt der Spielerposition. Dafür rufst du hintereinander die Methoden getWorld().strikeLightning auf die gespeicherte Location aus. In die runden Klammern dieses Aufrufes schreibst du die genaue Position, in die der Blitz einschlagen soll, also erneut die gespeicherte Location. Die gesamte Methode sieht so aus:

```
public void spawnLightning(Player player) {
  Location location = player.getLocation();
  location.getWorld().strikeLightning(location);
  player.sendPlainMessage("Der Blitz ist eingeschlagen!");
}
```

Dieses Beispiel zeigt, wie praktisch Parameter sein können: Du kannst die generelle Logik für den Blitzeinschlag mit einem Player programmieren, ohne dass du dir Gedanken machen musst, welcher Player später tatsächlich als Parameter an die Methode weitergegeben wird. Der Parametername player steht in der Methode wie eine lokale Variable zur Verfügung.

Es wird nun Zeit, die Methode mit dem Parameter aufzurufen. Parameter werden beim Aufruf in die runden Klammern des Methodenaufrufes geschrieben. Hätte die neue Methode keine Parameter, würdest du sie mit spawnLightning() aufrufen. Unsere Methode erwartet allerdings einen Player-Parameter, sodass wir innerhalb der execute-Methode den gewohnten Weg nutzen, um zunächst eine Player-Variable anzulegen. Diese kannst du dann in die runden Klammern des Methodenaufrufs schreiben, damit der Player als Parameter an die Methode weitergegeben wird:

```
Player player = (Player) commandSourceStack.getSender();
spawnLightning(player);
```

Bei den Daten, die für die Parameter in die runden Klammern eingesetzt werden, spricht man manchmal auch von den *Argumenten* eines Methodenaufrufs.

Hier schließt sich ein weiterer logischer Kreis, denn diese Schreibweise kommt dir vielleicht von vielen Methoden, die du bereits genutzt hast, bekannt vor. So gibt es viele Beispiele für Methoden, die du mit mindestens einem Parameter aufgerufen hast: So hast du den Methoden info des Loggers oder sendPlainMessage des Befehlsabsenders jeweils einen String-Parameter übergeben, der den Text enthält, der gesendet wurde. Ein weiteres Beispiel ist die gerade verwendete Methode strikeLightning, der du die exakte Location des Blitzeinschlags als Parameter übergeben hast. Parameter sind vielseitig einsetzbar und werden dich deshalb in vielen Paper-Methoden und auch eigenständig programmierten Methoden begleiten.

Den gesamten Quellcode für das Beispiel siehst du in Listing 3.11. Die Methode spawnLightning habe ich zweimal aufgerufen, damit du siehst, wie der Blitz mehrmals einschlägt.

```
package dev.schlosser.bookplugin.commands;

import io.papermc.paper.command.brigadier.BasicCommand;
import io.papermc.paper.command.brigadier.CommandSourceStack;
import org.bukkit.Location;
import org.bukkit.entity.Player;
```

```
public class LightningCommand implements BasicCommand {
  @Override
  public void execute(CommandSourceStack commandSourceStack, String[] strings) {
    Player player = (Player) commandSourceStack.getSender();
    spawnLightning(player);
    spawnLightning(player);
  }

  public void spawnLightning(Player player) {
    Location location = player.getLocation();
    location.getWorld().strikeLightning(location);
    player.sendPlainMessage("Der Blitz ist eingeschlagen!");
  }
}
```

Listing 3.11 Der Quellcode für den Lightning-Befehl

Registriere den Befehl und kompiliere das Plugin, bevor du den Server neu startest. Danach kannst du den Befehl auslösen, und der Blitz schlägt gleich zweimal hintereinander in deine aktuelle Position ein. Gleichzeitig erscheint bei jedem Einschlag die passende Nachricht im Chat (siehe Abbildung 3.19).

Abbildung 3.19 Auf Befehl schlagen zwei Blitze bei mir ein! Zum Glück sind wir im Kreativmodus unsterblich ...

Bedenke, dass das gezeigte Beispiel mit nur einem Parameter arbeitet. Hätte die Methode mehrere Parameter, müsstest du jedes Argument beim Aufruf durch ein Komma getrennt in die runden Klammern einsetzen. Ein Beispiel dafür ist die Methode `register` zum Registrieren eines neuen Befehls in der Hauptklasse. Hier wird als erster Parameter ein `String` mit dem Methodennamen registriert, als zweiter Parameter folgt die Beschreibung des Befehls, und der dritte und letzte Parameter ist ein besonderer Aufruf für die Angabe der verwendeten Befehlsklasse.

3.5.2 Mit Rückgabewerten Daten aus der Methode herausgeben

Neben Parametern wollen wir uns eine weitere wichtige Technik im Zusammenhang mit Methoden anschauen. Während Parameter beschreiben, welche Daten *in* eine Methode gereicht werden, gibt es ebenfalls die Möglichkeit, Daten *aus* einer Methode herauszubekommen. Man spricht vom *Rückgabewert* einer Methode. Häufig ist es nicht notwendig, dass eine Methode Daten zurückgibt. Denk nur an all die Methoden, die du bisher geschrieben hast: Diese Methoden hatten lediglich die Aufgabe, Quellcode von oben nach unten abzuarbeiten, indem beispielsweise Anweisungen ausgeführt oder Nachrichten gesendet wurden. Im Gegensatz dazu kommen Rückgabewerte dann zum Einsatz, wenn die Methode den Zweck erfüllt, bestimmte neue Daten zu berechnen. So kann der Methodenaufruf genutzt werden, um das entsprechende Ergebnis später im Quellcode weiterzuverwenden.

Der Rückgabewert einer Methode wird vor dem Methodennamen angegeben, wobei im Methodenkopf lediglich der Datentyp angegeben wird, der aus der Methode zurückgegeben wird. Der allgemeine Aufbau für eine Methode mit Rückgabewert ohne Parameter sieht so aus:

```
public <Datentyp der Rückgabe> <Methodenname>()
```

Vielleicht fällt dir auf, dass der Datentyp des Rückgabewerts an der Stelle steht, an der sonst unser Schlüsselwort `void` stand. Tatsächlich ist das Sinn der Sache, denn *void* ist ein besonderer Rückgabewert, der nur bei Methoden zum Einsatz kommt. Wie es die deutsche Übersetzung, »Leere«, vermuten lässt, sagt `void` aus, dass die Methode keine Daten zurückgibt. Somit kommt dieser »leere Rückgabewert« immer dann zum Einsatz, wenn eine Methode lediglich Code ausführt, aber keinen neuen berechneten Wert zurückgibt.

Du lernst nun an einem praktischen Beispiel, wie du eine Methode mit Rückgabewert verwendest. Dabei soll ein neuer Befehl mit dem Namen TopLoc entstehen: Er soll, sobald du ihn im Chat ausführst, die Minecraft-Koordinaten über deinem Kopf im Chat ausgeben. Für die Berechnung dieser Position sind mehrere kleine Zwischenschritte sinnvoll, denn zunächst musst du die tatsächliche Position des Spielers abrufen und von dieser Position einige Blöcke nach oben gehen. Damit diese Zwischenschritte immer wieder abrufbar sind, legen wir eine eigene Methode an.

Damit die Position hübsch im Chat angezeigt wird, soll die Methode die gefundenen Koordinaten nach der Berechnung in einen gut lesbaren `String` umwandeln. Genau an dieser Stelle kommt der Rückgabewert zum Einsatz, denn damit der entsprechende `String` für den restlichen Quellcode zur Verfügung steht, soll die Methode ihn am Ende »ausspucken«.

Erstelle zunächst eine passende Klasse im `commands`-Package, ich habe mich für den Klassennamen `TopLocCommand` entschieden. Neben der Methode `execute` soll eine neue Methode `getTopLoc` entstehen, die die gerade beschriebene Aufgabe übernimmt. Beginnen wir mit dem Kopf der Methode: Da die Methode die neue Position in einen Text umwandeln soll, nutzen wir als Rückgabewert `String`. Um die neue Position zu berechnen, benötigt die Methode die Information unseres Spielers, denn dieser stellt die »Ausgangsposition« zur Verfügung und wird auch benötigt, um die Chatnachricht mit der TopLoc zu erhalten. Diesen `Player` übergeben wir der Methode erneut als *Parameter*.

> **Parameter und Rückgabewerte mischen**
>
> Diese Methode zeigt ein Beispiel, in dem Parameter und ein Rückgabewert kombiniert zum Einsatz kommen. Es ist allerdings genauso möglich, dass eine Methode keine Parameter verwendet und dennoch einen Wert aus der Methode zurückgibt.

Der Aufbau der Methode sieht dementsprechend so aus:

```
public String getTopLoc(Player player) {
}
```

An dieser Stelle erscheint zunächst ein Fehler, denn die Methode erwartet als Rückgabewert einen `String`. Aktuell gibt die Methode aber keinen Wert zurück und könnte deshalb nicht kompiliert werden.

Darum folgt nun in der angelegten Methode die Berechnung der TopLoc, die anschließend die benötigte Rückgabe darstellt. Dafür verwenden wir den komplexen Datentyp `Location`, um mit der Methode `getLocation` die Position des als Parameter übergebenen `player`-Elements in einer Variable abzulegen. Anschließend führen wir auf der `Location`-Variable die Methode `add` aus, die auf die Koordinaten der Position Werte hinzufügt. Wie du vielleicht weißt, setzt sich eine Minecraft-Position aus X-, Y- und Z-Wert zusammen.

Genau diese drei Werte erwartet die Methode hintereinander als Parameter. X und Z interessieren uns nicht, allerdings gibt die Y-Koordinate die Höhe an. Hier trage ich den Wert 5 ein, um die Location-Variable fünf Blöcke über den Spieler »zu verschieben«. Abschließend fehlt nur noch die Umwandlung der neuen Position in einen lesbaren String. Dafür rufe ich die einzelnen Block-Koordinaten mit einer passenden Methode ab (getBlockX für X, getBlockY für Y und getBlockZ für Z) und nutze eine String Concatenation mit Kommaabtrennung, um die Position schön darzustellen. Neben den getBlock-Methoden gibt es die Methoden getX, getY und getZ. Diese stellen ebenfalls die Nachkommastellen der Koordinaten dar, was für den Chat allerdings ziemlich unübersichtlich ist.

```
Location location = player.getLocation();
location.add(0, 5, 0);
String out = location.getBlockX() + ", " + location.getBlockY() + ", " +
  location.getBlockZ();
```

Doch nun zum spannenden Teil: Es wird endlich Zeit, den von der Methode erwarteten String-Wert zurückzugeben. Dafür kommt das Schlüsselwort *return* zum Einsatz. In einer Methode mit Rückgabewert wird return eingesetzt, um dahinter den Wert anzugeben, der aus der Methode zurückgegeben werden soll. Der zurückgegebene Wert muss immer dem Datentyp, der im Kopf der Methode als Rückgabe-Datentyp angegeben ist, entsprechen.

Abbruch einer Methode durch »return«

Der Aufruf von return sorgt außerdem dafür, dass eine Methode sofort beendet wird. Quellcode, der unter der return-Anweisung steht, wird also nicht mehr ausgeführt.

Das funktioniert auch bei void-Methoden: Hier wird die return-Anweisung ohne einen Wert (immerhin geben void-Methoden keine Daten zurück) angewendet, um die Methode abzubrechen. Würde man die folgende Methode aufrufen, würde somit nur die erste Nachricht an den als Parameter übergebenen Player gesendet:

```
void test(Player player) {
  player.sendPlainMessage("Nachricht 1"); // Erscheint im Chat
  return;
  player.sendPlainMessage("Nachricht 2"); // Erscheint nicht im Chat
}
```

In unserem Fall wird die gerade angelegte String-Variable zurückgegeben. Der gesamte Quellcode für die Methode mit Rückgabewert sieht so aus:

```
public String getTopLoc(Player player) {
  Location location = player.getLocation();
  location.add(0, 5, 0);
  String out = location.getBlockX() + ", " + location.getBlockY() + ", " +
    location.getBlockZ();
  return out;
}
```

Du kannst die return-Anweisung weiter vereinfachen, indem du den berechneten String davor nicht in einer Variable ablegst, sondern den Text direkt zurückgibst:

```
return location.getBlockX() + ", " + location.getBlockY() + ", " +
  location.getBlockZ();
```

Kommen wir nun zur Methode execute, denn hier wollen wir die neue Methode nutzen, um den Rückgabewert für die Chatausgabe zu verwenden. Es sieht vielleicht zunächst ungewöhnlich aus, doch die neue Methode kannst du sehr gut für das Anlegen einer neuen String-Variable verwenden. Dabei wird der Aufruf einfach als Ersatz für einen String-Wert verwendet. Der Quellcode, der den TopLoc-Text berechnet und im Chat ausgibt, sieht so aus:

```
Player player = (Player) commandSourceStack.getSender();
String topLoc = getTopLoc(player);
player.sendPlainMessage("TopLoc liegt bei: " + topLoc);
```

Die letzten zwei Zeilen kannst du vereinfachen, indem du keine separate Variable anlegst, sondern den Methodenaufruf direkt an die String Concatenation anhängst.

```
player.sendPlainMessage("TopLoc liegt bei: " + getTopLoc(player));
```

Der gesamte Quellcode für den TopLoc-Befehl als Beispiel für eine Methode mit Rückgabewert siehst du in Listing 3.12.

```
package dev.schlosser.bookplugin.commands;

import io.papermc.paper.command.brigadier.BasicCommand;
import io.papermc.paper.command.brigadier.CommandSourceStack;
import org.bukkit.Location;
import org.bukkit.entity.Player;

public class TopLocCommand implements BasicCommand {
```

```
    @Override
    public void execute(CommandSourceStack commandSourceStack, String[] strings) {
        Player player = (Player) commandSourceStack.getSender();
        String topLoc = getTopLoc(player);
        player.sendPlainMessage("TopLoc liegt bei: " + topLoc);
    }

    public String getTopLoc(Player player) {
        Location location = player.getLocation();
        location.add(0, 5, 0);
        return location.getBlockX() + ", " + location.getBlockY() + ", " +
            location.getBlockZ();
    }
}
```

Listing 3.12 Der Quellcode für den »TopLoc«-Befehl

Vergiss nicht, den neuen Befehl zu registrieren. Anschließend kannst du das Plugin kompilieren und testen. Wenn du den Befehl ausführst, erscheint eine schöne Darstellung der Position, die sich fünf Blöcke über dir befindet. Zum Vergleich habe ich mit [F3] in Abbildung 3.20 die Datenübersicht eingeblendet, in der du die aktuelle tatsächliche Position siehst.

Abbildung 3.20 Der »TopLoc«-Befehl gibt eine Koordinate fünf Blöcke über der aktuellen Position im Chat aus.

Zusammengefasst: Eine Methode mit `String`-Rückgabewert hat dir dazu verholfen, die Position des Spielers zunächst um fünf Blöcke nach oben zu versetzen und anschließend in einen Text zu formatieren, der durch die Methode zurückgegeben wird. Die Methode wäre so praktisch wiederverwendbar, um sie für andere Spieler auszuführen und die TopLoc zu berechnen. Methoden mit Rückgabewerten werden dich deshalb in vielen praktischen Beispielen verfolgen. Darüber hinaus wirst du solche Methoden auch immer wieder aufrufen. Denk nur an die Methoden aus diesem Beispiel: `getLocation`, `getBlockX` und `getSender` sind Beispiele für Aufrufe, die dir einen bestimmten Wert zurückgegeben haben, den du im Quellcode verwendet hast.

Nimm dir ruhig einen Moment, um das Potenzial hinter Parametern und Rückgabewerten zu verstehen: Während Parameter dir erlauben, Daten *in* eine Methode zu geben, kannst du mit einem Rückgabewert Daten *aus* der Methode herausreichen. Das ist ein wichtiges Programmierkonzept!

3.5.3 Übung 03.03: Methoden-Meister

Entwickle eine Methode, die als Parameter einen Spieler sowie eine Ganzzahl für das Alter des Spielers entgegennimmt. Die Methode soll einen `String` nach dem Schema »`<Spielername> ist <Alter> Jahre alt`« zurückgeben. Zur Erinnerung: Den Namen einer `Player`-Variable rufst du über die Methode `getName` ab.

Wenn du möchtest, kannst du die Methode im Anschluss austesten, beispielsweise indem du sie in einem passenden Befehl aufrufst.

3.6 Ein wenig Mathematik

Zum Abschluss des Kapitels wollen wir uns kurz mit ein paar mathematischen Grundlagen auseinandersetzen, die du im Zusammenhang mit Zahlen-Datentypen anwenden kannst. Keine Sorge, die Mathematik, die du für dieses Buch benötigst, ist nicht sehr kompliziert und macht sogar Spaß! Außerdem zeige ich dir, wie du Zufallszahlen für besonders lustige (und überraschende) Plugin-Ideen generieren kannst.

3.6.1 Weitere Zahlen-Datentypen

Für die verschiedenen neuen Themen rund um Zahlen wirst du mit neuen Zahlen-Datentypen arbeiten, die wir uns in aller Kürze in einer kleinen Theorieeinheit ansehen. Der Datentyp `int`, den du bereits genutzt hast, wird für Ganzzahlen ohne Nachkommastellen benutzt. Darum betrachten wir zunächst den Standard-Datentyp für sogenannte

Fließkommazahlen (auch *Gleitkommazahlen* genannt), also Zahlen, die Werte nach dem Komma speichern können. Der Standard-Datentyp für solche Zahlen trägt den Namen *double*. Ähnlich wie ein `int` kann ein `double` neben positiven Zahlen auch Werte unter 0 speichern. Die Besonderheit liegt jedoch im Speichern von Werten mit Nachkommastellen. Das Komma wird in der Programmierung mit Java immer als Punkt (.) statt als Komma angegeben. Eine `double`-Variable, die den Wert 12,53 enthält, sieht somit aus wie im folgenden Listing:

```
double x = 12.53;
```

Damit kennst du jeweils den wichtigsten Datentyp für Ganz- und Fließkommazahlen. Java stellt darüber hinaus weitere Datentypen bereit, die sich im *Wertebereich* der zu speichernden Zahlen unterschieden. Das bedeutet, dass die kleinste und die größte Zahl, die in der Variable gespeichert werden können, begrenzt ist. Sehen wir uns zunächst den Datentyp *long* an, der deutlich kleinere und größere Zahlen speichern kann als ein `int`. Zum Vergleich: Ein `int` kann als größte Zahl den Wert 2.147.483.647 speichern, bei einem `long` ist es etwa der Wert einer 9, die von 18 Nullen gefolgt wird (also eine *wirklich* große Zahl).

Standardmäßig werden Ganzzahlen immer als `int` gelesen. Eine Umwandlung in einen `long` erfolgt bei dieser Schreibweise nur dann, wenn die Zahl in einer Variable abgelegt wird, die den Datentyp `long` nutzt:

```
long x = 2000;
```

Wenn der `int`, den du abspeichern möchtest, den größtmöglichen `int`-Wert überschreitet, musst du die Zahl in einen `long` umwandeln. Der einfachste Weg dafür ist, hinter den Zahlenwert den Buchstaben `L` zu schreiben. Man spricht auch von einem *Typ-Suffix*. Das folgende Beispiel zeigt eine Zahl, die nur durch das Typsuffix in der Variable abgelegt werden kann, da sie sonst als `int` gelesen wird, aber den gültigen `int`-Bereich übersteigt.

```
long y = 3000000000; // Fehler!
long z = 3000000000L; // Kein Fehler
```

Kleines oder großes L?

Andere Typ-Suffixe werden normalerweise mit einem Kleinbuchstaben geschrieben. Beim `L` wird standardmäßig allerdings der Großbuchstabe verwendet, da das kleine `l` leicht mit der Zahl 1 verwechselt werden kann.

Den Datentyp `long` wirst du im weiteren Verlauf noch einige Male sehen, wenn es in Minecraft um sehr große Zahlen geht. Ein Beispiel ist die Methode `getPlayerTime`, die einen Zeitstempel für die aktuelle Zeit eines Spielers angibt. Dieser Stempel kann einen so hohen Wert haben, dass der Datentyp `int` nicht für die Angabe ausreichen würde.

Doch auch für Fließkommazahlen gibt es einen weiteren wichtigen Datentyp neben `double`, nämlich den Datentyp *float*. Der standardmäßig bei Fließkommazahlen verwendete Datentyp `double` kann maximal einen Wert von etwa einer 1 mit 308 Nullen speichern. Das ist für viele realistische Zahlen viel zu großzügig, sodass der Datentyp `float` häufig eine bessere Wahl darstellt. Die größtmögliche Zahl ist hier etwa eine 3 mit 38 Nullen. Das ist immer noch sehr groß, allerdings für viele Aufgaben völlig ausreichend.

Um einen Fließkomma-Zahlenwert, der standardmäßig als `double` gelesen wird, als `float` zu lesen, benötigst du erneut das Typsuffix. Hier kommt der Buchstabe `F` (in der Regel als kleines `f` geschrieben) zum Einsatz. Das folgende Beispiel zeigt, dass das Speichern in einer `float`-Variable nur dann fehlerfrei möglich ist, wenn das Suffix zum Einsatz kommt, da die angegebene Zahl sonst als `double` verstanden wird.

```
float x = 1.4; // Fehler!
float y = 1.4f; // Kein Fehler
```

Übrigens hat die Wahl des Fließkomma-Datentyps auch einen Einfluss auf die Nachkommastellen. Eine Zahl kann theoretisch unendlich viele Nachkommastellen haben, doch das kann ein Programm nicht darstellen. Deshalb wird mit einer bestimmten Technik gerundet. Dadurch garantiert Java nur bis zu einer bestimmten Nachkommastelle, dass die Zahl genau ist. Bei einem `float` ist dies bis zur siebten Nachkommastelle, bei einem `double` bis zur fünfzehnten Ziffer nach dem Komma. Auch wenn diese Einschränkung zunächst nicht relevant erscheint, kann sie für bestimmte Genauigkeiten eine wichtige Rolle spielen.

Weitere Zahlen-Datentypen

Neben `int`, `long`, `double` und `float` gibt es weitere Datentypen, die für Zahlen genutzt werden können. Diese haben wiederum andere Wertebereiche für Zahlen, spielen für die Inhalte im Buch aber keine größere Rolle.

3.6.2 Mit Zahlen rechnen

Genug der Theorie, wenden wir das neue Wissen in der Praxis an. Dafür wird es nun Zeit, die Grundrechenarten und andere praktische Dinge für Zahlen zu lernen. Das ist so leicht, wie du es aus dem Mathematikunterricht kennst: Du kannst Zahlen addieren, subtrahieren, dividieren und multiplizieren, indem du entsprechende Sonderzeichen verwendest. Für das Multiplizieren kommt das Sternzeichen (*) zum Einsatz, bei der Division ein Querstrich (/). Hier siehst du ein Beispiel, bei dem für jede Grundrechenart eine Variable initialisiert wird:

```
int a = 5 + 5; // a hat den Wert 10
int b = 5 - 5; // b hat den Wert 0
int c = 5 * 5; // c hat den Wert 25
int d = 5 / 5; // d hat den Wert 1
```

Welcher Datentyp folgt aus der Rechnung?

Grundlegend bestimmt der »größte« Datentyp in einer Rechnung, welchen Datentyp das Ergebnis der Rechnung hat. Wenn du mit Ganzzahlen rechnest und der Datentyp `long` in der Rechnung vorkommt, wird das Ergebnis ein `long` sein, andernfalls ein `int`. Bei Fließkommazahlen ist das Ergebnis so lange ein `float`, bis ein `double` in der Rechnung enthalten ist.

Diese Faustregel bringt besonders beim Dividieren zunächst merkwürdige Effekte mit sich: Wenn du lediglich Ganzzahlen in die Rechnung einbeziehst, wird auch das Ergebnis eine Ganzzahl sein. So gehen unter Umständen Nachkommastellen verloren, selbst wenn du das Ergebnis in einer Fließkommazahl-Variable zu speichern versuchst:

```
double x = 5 / 2; // x hat den Wert 2.0
double y = 5 / 2.0; // y hat den Wert 2.5
```

Achte also stets darauf, dass deine Rechnung passende Datentypen enthält und zurückgibt. Du kannst dafür auch das Typsuffix verwenden:

```
double z = 5 / 2f; // z hat den Wert 2.5
```

Es ist außerdem möglich, Zahlenvariablen in die Rechnung einzubeziehen, beispielsweise so:

```
int x = 10;
int y = 5 + x; // y hat den Wert 15
```

Das ermöglicht es, Rechnungen noch dynamischer zu gestalten. So kannst du beispielsweise auch Anweisungen wie »Erhöhe die Zahlenvariable um einen bestimmten Wert« realisieren. Die folgende Anweisung würde dafür sorgen, dass `x` um den Wert `5` erhöht wird und schlussendlich den Wert 20 hat:

```
int x = 15;
x = x + 5; // x hat den Wert 20
```

Der Fall, dass eine Zahlenvariable ihren Wert »selbst verrechnet«, kommt recht häufig vor. Deshalb bietet Java eine Kurzschreibweise an, mit der du solche Operationen einfach vornehmen kannst. Dafür verwendest du das Zeichen der jeweiligen Grundrechenart, gefolgt von einem Gleichheitszeichen. So kannst du die Operatoren +=, -=, *= und /= verwenden, um deine Variablen schnell zu verändern. Bei den folgenden zwei Beispielen kommt diese Schreibweise zum Einsatz:

```
int a = 10;
a += 20; // a hat den Wert 30

double b = 50;
b /= 10; // b hat den Wert 5
```

Ein Sonderfall ist dabei, dass eine Variable exakt um den Wert 1 erhöht oder verringert wird. Dafür gibt es eine besondere Anweisung. Mit dem Schreiben von ++ hinter eine Zahl (oder eine Zahlenvariable) wird der Wert der Variable um den Wert 1 erhöht, wobei man auch vom *Inkrement* spricht. Gegensätzlich nimmt man mit -- ein sogenanntes *Dekrement* vor, wobei der Wert der Variable um 1 gesenkt wird. Hier zwei Beispiele:

```
int x = 5;
x++; // x hat danach den Wert 6

int y = 11;
y--; // y hat danach den Wert 10
```

Ein letzter Hinweis zum Rechnen, bevor es an die Praxis geht: Generell gelten beim Rechnen die normalen Vorrangregeln, also Punkt- vor Strichrechnung. Durch Klammern kannst du allerdings die Reihenfolge der Rechnung selbst festlegen:

```
int x = 10 - 2 * 2; // x hat den Wert 6
int y = (10 - 2) * 2; // y hat den Wert 16
```

Nun, da du die Grundlagen kennst, wollen wir unsere Rechenkünste in einem neuen Befehl beweisen. Dafür programmieren wir den LifeBoost-Befehl, der ähnlich wie der Boost-Befehl aus Abschnitt 3.1 funktionieren soll. Es gibt allerdings einen wichtigen Unterschied: Die Stärke des Geschwindigkeits-Boosts soll abhängig von der Anzahl der Herzen, die der Absender aktuell hat, berechnet werden. Lege dafür eine neue LifeBoostCommand-Klasse an, in der du das Grundgerüst für einen neuen Befehl einsetzt. Den Spieler, der den Befehl ausführt, habe ich erneut in einer Player-Variable abgelegt. Die Anzahl der aktuellen Lebenspunkte wird über die Methode getHealth abgerufen, wobei die Anzahl in halben Herzen angegeben wird. Wenn der Spieler alle 10 Herzen hat, gäbe die Methode somit 20 zurück. Als Nächstes wird es Zeit, die Boost-Stärke zu berechnen. Dafür teile ich die Anzahl der Lebenspunkte durch die Zahl `3.5`. Je höher die Anzahl der Lebenspunkte, desto größer wird also der Boost ausfallen. Das Ergebnis lege ich in einer `double`-Variable ab:

```
Player player = (Player) commandSourceStack.getSender();
double boostStrength = player.getHealth() / 3.5;
```

Nun kommt ein etwas schwierigerer Part, denn die Stärke des neuen `PotionEffects` wird als `int` erwartet, während wir eine `double`-Variable haben. Das passt nicht zusammen, immerhin ist der `int` eine Ganzzahl, während der `double` Nachkommastellen hat. Es gibt verschiedene Möglichkeiten, die Fließkommazahl in eine Ganzzahl umzuwandeln, beispielsweise das Runden nach normalen mathematischen Regeln. Wir machen es uns allerdings einfacher und schneiden alles, was hinter dem Komma steht, ab. Dazu wird, wie du es bereits beim `Player` gesehen hast, der gewünschte Datentyp `int` in Klammern vor den Variablennamen geschrieben, sodass der Aufruf zum Vergeben des neuen Effektes so aussieht:

```
player.addPotionEffect(
  new PotionEffect(PotionEffectType.SPEED, 100, (int) boostStrength));
```

Durch diese Technik würde die Zahl 3,9 beispielsweise in die Zahl 3 umgewandelt. Dieses »Abschneiden« ist für das Beispiel ausreichend, doch in anderen Fällen könnte es sich lohnen, die Zahl korrekt zu runden. Den gesamten Quellcode für den neuen Befehl siehst du in Listing 3.13.

```
package dev.schlosser.bookplugin.commands;

import io.papermc.paper.command.brigadier.BasicCommand;
import io.papermc.paper.command.brigadier.CommandSourceStack;
import org.bukkit.entity.Player;
import org.bukkit.potion.PotionEffect;
import org.bukkit.potion.PotionEffectType;

public class LifeBoostCommand implements BasicCommand {
  @Override
  public void execute(CommandSourceStack commandSourceStack, String[] strings) {
    Player player = (Player) commandSourceStack.getSender();
    double boostStrength = player.getHealth() / 3.5;
    player.addPotionEffect(
```

```
        new PotionEffect(PotionEffectType.SPEED, 100, (int) boostStrength));
    }
}
```

Listing 3.13 Der Quellcode für den LifeBoost-Befehl

Zeit zum Testen! Nach dem Registrieren kannst du das Plugin kompilieren und den Server neu starten. Hier habe ich mich in den Überlebensmodus gesetzt und mir ein wenig Schaden zugefügt. Mit 6 Herzen gibt die Methode `getHealth` den Wert `12` zurück. Geteilt durch 3,5 ergibt das etwa den Wert 3,42. Wenn du die Stellen nach dem Komma abtrennst (so, wie es unser Quellcode tut), erhältst du für den `int` den Wert `3`, was für den `PotionEffect` für die Effektstärke 4 steht (denn der Wert `0` steht bereits für Stärke 1).

Genau diesen Wert siehst du in Abbildung 3.21. So einfach können Mathe und das Rechnen in Java sein! Beim Bauen von Plugins wirst du noch häufig mit Zahlen arbeiten und diese miteinander verrechnen, vergleichen oder für Methodenaufrufe nutzen.

Abbildung 3.21 Der LifeBoost-Befehl vergibt die Stärke des Boosts je nach Anzahl der aktuellen Lebenspunkte.

3.6.3 Übung 03.04: Die halbe Portion

Programmiere einen Befehl `/halfhunger`, der den Hunger des Absenders um die Hälfte der aktuellen Essenspunkte reduziert. Wenn der Spieler aktuell 5 Essenspunkte hat, erhält er 2,5 zusätzliche Punkte (denn 5/2 = 2,5). Lagere das Berechnen der Punkteanzahl in eine Methode mit Rückgabewert aus. Die Anzahl der neuen Hungerpunkte soll im Chat zu lesen sein.

Die aktuellen Hungerpunkte rufst du über die Methode getFoodLevel einer Player-Variable ab, das Setzen funktioniert über die Methode setFoodLevel. Das Hungerniveau wird dabei als int dargestellt, wobei jede Zahl für die Anzahl halber Hungerpunkte steht (die Zahl 5 steht also für 2,5 Hungerpunkte).

3.6.4 Spaß mit Zufällen

Zufälle sind ein spannendes Mittel, richtig Schwung in Plugins zu bekommen. Was, wenn du eine zufällige Anzahl an Zombies erscheinen lässt, die dann auch noch unterschiedlich stark sind? Oder du Truhen zufällig befüllst, sodass vor dem Öffnen nicht klar ist, ob man ein mächtiges Schwert oder doch nur ein paar Steinblöcke findet? Für all diese Dinge sind *Zufallszahlen* die Basis, denn mit ihnen kannst du, je nach Zahlenwert, Dinge im Code verändern.

Der einfachste Weg, eine zufällige Ganzzahl zu generieren, ist mit dem Datentyp Random. Dieser Datentyp, den du über die Anweisung new Random ins Leben rufst, unterstützt die Methode nextInt, die als Parameter eine Zahl übergeben bekommt, die als Maximum für die Generierung festgelegt wird, wobei der kleinste generierte Wert 0 ist und das Maximum selbst nicht generiert wird (der größte Wert ist also die angegebene Zahl minus 1). Ein beispielhafter Aufruf zur Generierung einer Zahl zwischen 0 und 99 sieht so aus:

```
Random random = new Random();
int x = random.nextInt(100); // x hat Wert zwischen 0 und 99
```

Beachte, dass für die Verwendung von Random der Import java.util.Random benötigt wird. Die gezeigten Aufrufe kannst du außerdem so vereinfachen:

```
int x = new Random().nextInt(100); // x hat Wert zwischen 0 und 99
```

Als Beispiel für Zufallszahlen wollen wir einen Befehl /catapult entwickeln, der den Spieler nach dem Ausführen mit einer zufällig gewählten Kraft nach oben schleudert. Erstelle eine neue Klasse CatapultCommand und baue die Grundstruktur für den Befehl, wobei du den Absender erneut als Player in einer Variable ablegst.

Für das Problem wollen wir keine Zahl zwischen 0 und einer anderen Zahl generieren, sondern einen bestimmten Minimum- und Maximumwert festlegen. Dafür kannst du die Methode nextInt mit zwei Parametern verwenden, wobei der erste Parameter das Minimum der generierten Zahl angibt und der zweite Parameter den Maximumwert, der nie erreicht wird. Diesen Aufruf wollen wir nutzen, um für die »Schleuderstärke« eine Zahl zwischen 10 und 20 zu generieren (wobei für das Maximum 20 der Wert 21 eingesetzt werden muss):

```
int strength = random.nextInt(10, 21);
```

Zum Abschluss fehlt nur noch das Schleudern des Spielers. Dafür kannst du die Methode `setVelocity` verwenden, die eine Kraft setzt, die auf den Spieler wirkt. Diese Methode erwartet als Parameter einen sogenannten `Vector`, der die Richtung der Krafteinwirkung angibt. Ähnlich wie eine `Location` besteht der Vector aus je einer Zahl für X-, Y- und Z-Koordinate, die an den Aufruf `new Vector` übergeben werden. Für X und Z setze ich `0` ein, während für Y die zufällig generierte Kraft zum Einsatz kommt. So wird der Spieler lediglich nach oben geschleudert. Außerdem sende ich eine Nachricht, die angibt, wie stark die zufällig gewählte Kraft war.

```
player.setVelocity(new Vector(0, strength, 0));
player.sendPlainMessage(
  "Du wurdest mit dem Wert " + strength + " geschleudert!");
```

Den gesamten Quellcode für den fertigen Befehl siehst du in Listing 3.14.

```
package dev.schlosser.bookplugin.commands;

import io.papermc.paper.command.brigadier.BasicCommand;
import io.papermc.paper.command.brigadier.CommandSourceStack;
import org.bukkit.entity.Player;
import org.bukkit.util.Vector;

import java.util.Random;

public class CatapultCommand implements BasicCommand {
  @Override
  public void execute(CommandSourceStack commandSourceStack, String[] strings) {
    Player player = (Player) commandSourceStack.getSender();
    Random random = new Random();
    int strength = random.nextInt(10, 21);

    player.setVelocity(new Vector(0, strength, 0));
    player.sendPlainMessage(
      "Du wurdest mit dem Wert " + strength + " geschleudert!");
  }
}
```

Listing 3.14 Der Quellcode für den Catapult-Befehl

Nach dem Registrieren und Neustarten des Servers kannst du diesen spaßigen Befehl testen: Mit jedem Auslösen wird ein zufälliger Kraftwert generiert, der dich in die Höhe schleudert (siehe Abbildung 3.22). Ich gebe zu: Es macht so viel Spaß, dass ich den Befehl eine ganze Weile ausprobiert habe! Achte vor dem Ausführen darauf, dass du nicht im Kreativmodus fliegst, da das Setzen der Schleuderkraft sonst nicht funktioniert.

Abbildung 3.22 Huiiii! Jeder Katapultiervorgang generiert eine zufällige Kraft, die dich näher an die Wolken heranbringt.

Zufallszahlen können durch überraschende Änderungen Schwung in Plugins bringen und sind deshalb aus vielen Programmierprojekten nicht wegzudenken.

> **Zufällige Fließkommazahlen**
>
> Der gezeigte Weg über den Datentyp `Random` hat sich auf Ganzzahlen bezogen. Die einfachste Weise, um eine Fließkommazahl zu generieren, ist durch die Methoden `nextFloat` und `nextDouble`, die ebenfalls mit Minimum- und Maximumwerten als Parameter modifiziert werden können.

3.6.5 Übung 03.05: Wohin des Weges?

Entwickle ein Kommando `/randomtp`, mit dem der Spieler, der das Kommando ausführt, an eine zufällige Koordinate teleportiert wird. Die neue Position auf X- und Z-Koordinate soll maximal jeweils 10 (oder –10) Einheiten von der aktuellen Koordinate entfernt liegen. Lagere das Berechnen der Zufallszahl in eine Methode mit Rückgabewert aus.

Die Y-Koordinate soll immer 30 Blöcke über der aktuellen Position liegen, sodass der Spieler nach dem Teleportieren nach unten fällt. Nutze für das Berechnen der neuen Location die Methode `add`. Die Location eines Spielers setzt du anschließend über die Methode `teleport`.

Gibt dem Spieler dafür außerdem für 10 Sekunden den Federfall-Effekt (`PotionEffectType.SLOW_FALLING`), damit er keinen Fallschaden erleidet. Arbeite mit mehreren Methoden, in die du die verschiedenen Unterprozesse des Befehls auslagerst.

3.7 Musterlösungen für die Übungen

3.7.1 Übung 03.01: Lassen wir es langsam angehen

```
import io.papermc.paper.command.brigadier.BasicCommand;
import io.papermc.paper.command.brigadier.CommandSourceStack;
import org.bukkit.entity.Player;
import org.bukkit.potion.PotionEffect;
import org.bukkit.potion.PotionEffectType;

public class SlowCommand implements BasicCommand {
  @Override
  public void execute(CommandSourceStack commandSourceStack, String[] strings) {
    commandSourceStack.getSender().sendPlainMessage("Du bist nun verlangsamt!");

    ((Player) commandSourceStack.getSender())
      .addPotionEffect(new PotionEffect(PotionEffectType.SLOWNESS, 200, 1));
    ((Player) commandSourceStack.getSender())
      .addPotionEffect(new PotionEffect(PotionEffectType.BLINDNESS, 200, 1));
  }
}
```

Listing 3.15 Musterlösung für Übung 03.01

3.7.2 Übung 03.02: Methodenverkettung

```
public void sendMessages() {
  Bukkit.broadcastMessage("Willkommen auf dem Server!");
  Bukkit.broadcastMessage("Schön, dass ihr alle da seid.");
  Bukkit.broadcastMessage("Wir wünschen viel Spaß beim Spielen.");

  sendOtherMessages();
```

```
  sendOtherMessages();
}

public void sendOtherMessages() {
  Bukkit.broadcastMessage("Nun kommen weitere Testnachrichten.");
  Bukkit.broadcastMessage("Diese stammen von einer anderen Methode.");
  Bukkit.broadcastMessage("So einfach werden Methoden verkettet!");
}
```

Listing 3.16 Musterlösung für Übung 03.02

3.7.3 Übung 03.03: Methoden-Meister

```
public String getAgeText(Player player, int age) {
  return player.getName() + " ist " + age + " Jahre alt";
}
```

Listing 3.17 Musterlösung für Übung 03.03

3.7.4 Übung 03.04: Eine halbe Portion

```
import io.papermc.paper.command.brigadier.BasicCommand;
import io.papermc.paper.command.brigadier.CommandSourceStack;
import org.bukkit.entity.Player;

public class HalfHungerCommand implements BasicCommand {
  @Override
  public void execute(CommandSourceStack commandSourceStack, String[] strings) {
    Player player = (Player) commandSourceStack.getSender();
    int newHunger = getNewHunger(player);
    player.setFoodLevel(newHunger);
    player. sendPlainMessage(
      "Dein Hunger: " + player.getFoodLevel() / 2 + " Punkte.");
  }

  public int getNewHunger(Player player) {
    double newHunger = player.getFoodLevel() * 1.5f;
    return (int) newHunger;
  }
}
```

Listing 3.18 Musterlösung für Übung 03.04

3.7.5 Übung 03.05: Wohin des Weges?

```
import io.papermc.paper.command.brigadier.BasicCommand;
import io.papermc.paper.command.brigadier.CommandSourceStack;
import org.bukkit.Location;
import org.bukkit.entity.Player;
import org.bukkit.potion.PotionEffect;
import org.bukkit.potion.PotionEffectType;

import java.util.Random;

public class RandomTpCommand implements BasicCommand {
  @Override
  public void execute(CommandSourceStack commandSourceStack, String[] strings) {
    Player player = (Player) commandSourceStack.getSender();
    Location location = generateRandomLocation(player);

    player.teleport(location);
    player.addPotionEffect(
    new PotionEffect(PotionEffectType.SLOW_FALLING, 200, 2));
  }

  public Location generateRandomLocation(Player player) {
    Location loc = player.getLocation();
    int x = generateRandomNumber();
    int z = generateRandomNumber();

    return loc.add(x, 30, z);
  }

  public int generateRandomNumber() {
    Random random = new Random();
    return random.nextInt(-10, 11);
  }
}
```

Listing 3.19 Musterlösung für Übung 03.05

Kapitel 4
Mehr Kontrolle im Quellcode: Kontrollstrukturen und Arrays

Der Anfang?

Im letzten Kapitel hast du viel Theorie zu Basics der Programmierung gelernt. Egal, ob Methoden, Datentypen, Variablen oder Mathematik: Diese Grundlagen werden dir in den nächsten Kapiteln viel helfen. Doch um ehrlich zu sein, fehlt deinem Plugin bisher das gewisse Etwas: Befehle haben nur Anweisungen von oben nach unten abgearbeitet, ohne dass du viel Abwechslung unterbringen konntest. Stell dir beispielsweise vor, du wolltest deine Befehle auf einen anderen Spieler auf dem Server anwenden statt auf dich selbst (immerhin wäre es doch viel lustiger, plötzlich andere in die Luft zu katapultieren!). Oder wie wäre es mit einem Befehl, der nur dann funktioniert, wenn du gerade volle Herzen und Hungerpunkte hast? Oder was, wenn du den gleichen Codeabschnitt mehrmals hintereinander ausführen lassen möchtest? Die wichtigsten Kenntnisse für genau solche Ideen vermittele ich dir in diesem Kapitel, natürlich an praktischen Beispielen für dein Plugin.

4.1 Wahrheitswerte und »if«-Abfragen

Zunächst wollen wir uns damit beschäftigen, unseren Quellcode zu *verzweigen*. Das heißt, dass bestimmter Code nur dann ausgeführt wird, wenn von uns aufgestellte Bedingungen gelten. Bei deinem Plugin könnte das beispielsweise bedeuten, dass ein Befehl nur ausgeführt werden kann, wenn der Absender tatsächlich ein Spieler ist (diese Bedingung haben wir bisher ignoriert, was zu Fehlern geführt hat, wenn wir Befehle mit Spielerbezug über die Konsole ausgeführt haben). Andere Beispiele für solche Abfragen beziehen sich auf Voraussetzungen, die der Spieler oder die Umgebung erfüllen soll: Steht der Absender beim Ausführen des Befehls auf dem Boden? Ist sein Level mindestens 20? Es gibt unzählige Beispiele, die allesamt entweder mit »Ja« oder »Nein« beantwortet werden können. Dieses Teilgebiet umfasst *Wahrheitswerte* und ist sehr wichtig, damit dein Plugin nicht »starr« ist, sondern dynamisch für verschiedene Szenarien funktioniert.

4.1.1 Basics für boolesche Werte

In der Programmierung bezeichnen wir Wahrheitswerte, die eindeutig wahr oder falsch sind, als *boolesche Werte*. Diese Eigenschaft ist besonders wichtig, denn während du manche Fragen mit »Vielleicht« beantworten kannst, ist das beim PC nicht möglich. Stattdessen müssen boolesche Werte immer wahr oder falsch sein und erlauben keinen Wert »dazwischen«. Du kannst einen booleschen Wert deshalb gut mit einem Schalter in Minecraft vergleichen: Er ist entweder an (»wahr«) und gibt ein Redstone-Signal aus oder ist aus (»falsch«) und aktiviert kein Redstone. Einen Wert dazwischen gibt es nicht.

Für boolesche Werte bietet Java einen eigenen Datentyp mit dem Namen *boolean* an. Dieser Datentyp kann lediglich die Werte `true` (für »wahr« oder »Aussage stimmt«) und `false` (für »falsch« oder »Aussage stimmt nicht«) annehmen. Beispiele für die Initialisierung einer `boolean`-Variable für beide Fälle sehen so aus:

```
boolean x = true;
boolean y = false;
```

Boolesche Werte sind spannender, wenn sie »dynamisch« aus *Vergleichen* hervorgehen. Dafür sehen wir uns zunächst als Beispiel an, wie du Zahlenwerte vergleichen kannst, um boolesche Werte abzuleiten. Für das Vergleichen gibt es verschiedene Arten, wobei das Überprüfen auf *Gleichheit und Ungleichheit* der einfachste Fall ist. Ob zwei Werte exakt gleich sind, überprüfst du durch zwei Gleichheitszeichen (`==`). Ungleichheit wird wiederum durch ein Ausrufezeichen und ein Gleichheitszeichen (`!=`) überprüft. Im Folgenden siehst du Beispiele für Vergleiche auf Gleichheit und Ungleichheit:

```
int x = 10;
boolean a = x == 10; // a ist true, da x genau 10 ist
boolean b = x == 7; // b ist false, da x nicht genau 7 ist
boolean c = x != 5; // c ist true, da x nicht den Wert 5 hat
boolean d = x != 10; // d ist false, da x den Wert 10 hat
```

Vergleichen von Gleichheit und Ungleichheit

Das Vergleichen mit `==` und `!=` funktioniert auch bei anderen Datentypen als Zahlen. Mehr dazu zeige ich dir später.

Neben Gleichheit und Ungleichheit kannst du auch vergleichen, ob Zahlen größer oder kleiner als ein bestimmter Wert sind. Dazu dient das Größer-als- und Kleiner-als-Zeichen (> und <). Wird hinter diese Zeichen ein Gleichheitszeichen gesetzt, wird auf »größer als oder gleich« oder »kleiner als oder gleich« getestet (>= und <=). Auch dafür sehen wir uns ein paar Beispiele an:

```
int y = 5;
boolean a = y > 2; // a ist true, da y größer als 2 ist
boolean b = y < 2; // b ist false, da y nicht kleiner als 2 ist
boolean c = y >= 5; // c ist true, da y größer als oder gleich 5 ist
boolean d = y <= 4; // d ist false, da y nicht kleiner als oder gleich 4 ist
```

Weitere Arten, zu vergleichen

Du wirst im Buch noch weitere Wege kennenlernen, `boolean`-Werte zu berechnen, indem bestimmte Datentypen verglichen werden oder besondere Vergleichsoperatoren zum Einsatz kommen. Der Vergleich mit Zahlen ist allerdings ein guter Startpunkt.

Als letzten theoretischen Block sehen wir uns an, wie boolesche Werte miteinander verknüpft oder umgekehrt werden. Dafür gibt es das *logische Und* und das *logische Oder*. Ersteres wird durch zwei Und-Zeichen (&&) geschrieben und sorgt dafür, dass ein `boolean` nur dann `true` ist, wenn beide verknüpfte Werte ebenfalls `true` sind. Ist mindestens einer der Werte `false`, wird der gesamte `boolean` zu `false`. Das *logische Oder* wird durch zwei senkrechte Striche (||) gekennzeichnet und sorgt dafür, dass der `boolean` nur dann `true` ist, wenn mindestens einer der beiden verknüpften booleschen Werte `true` ist. Nur wenn beide Werte `false` sind, ist der gesamte `boolean` ebenfalls `false`. Hier einige Beispiele für die Verknüpfung von Wahrheitswerten:

```
boolean a = true && true; // a ist true, da beide Bedingungen true sind
boolean b = true && false; // b ist false, da die zweite Bedingung false ist
boolean c = true || false; // c ist true, da die erste Bedingung true ist
boolean d = false || false; // d ist false, da beide Bedingungen false sind
```

Es können mehrere *logische Und* sowie *logische Oder* miteinander verknüpft werden. Wie beim normalen Rechnen mit Zahlen können dabei Vorrangregeln durch runde Klammern gesetzt werden:

```
boolean test = (true || false) && true; // test ist true
```

Zuletzt kannst du einen booleschen Wert umkehren, indem du ein Ausrufezeichen (!) vor den Wert stellst. Man spricht dabei von der *Invertierung* (manchmal auch *Negation* genannt) eines Wertes. Im Folgenden ein paar Beispiele für eine solche Invertierung:

```
boolean a = !false; // a ist true, da Invertierung von false
boolean b = !a; // b ist false, da Invertierung von true
boolean c = !(10 > 7); // c ist false, da Invertierung von wahrer Aussage
```

Du kennst nun zwar wichtige Grundlagen, wie du boolean-Werte durch Vergleiche berechnen kannst, doch nun gehen wir zum spannenden Teil über und wenden dieses Wissen an, um Quellcode zu »verzweigen«.

4.1.2 »if«-Abfragen

Du weißt nun zwar, wie du boolesche Werte erstellen kannst, bisher wirken die Werte aber wahrscheinlich recht nutzlos. So richtig praktisch wird es erst, wenn du Abfragen dieser Werte im Code verwendest. Damit kannst du genau das erreichen, was ich am Anfang des Abschnitts beschrieben habe, nämlich die Anpassung deines Plugins für unterschiedliche dynamische Szenarien.

Als Basis dafür nutzen wir *if-Abfragen*. Eine solche Abfrage liest einen boolean ein und führt bestimmten Quellcode nur dann aus, wenn der boolesche Wert wahr (also true) ist. Wenn der Wert false ist, passiert zunächst gar nichts. Wie bei Methoden gehört zur if-Abfrage ein Block aus geschweiften Klammern, der nur durchlaufen wird, wenn die Bedingung eintritt (also true ist). Der Aufbau für eine if-Abfrage ist wie folgt:

```
if (<Bedingung>) {
  // Code, wenn der boolean aus der Bedingung true ist
}
```

So eine Abfrage wollen wir uns direkt an einem praktischen Beispiel ansehen. Dafür programmieren wir einen neuen /highheal-Befehl, der Spieler nur dann heilt, wenn sie mindestens auf einer Y-Koordinate über 70 (also höchstwahrscheinlich an der Oberfläche) sind. Außerdem lernst du, wie du überprüfst, ob tatsächlich ein Spieler auf dem Server den Befehl ausführt und nicht etwa die Konsole. So kannst du Fehler vermeiden, immerhin kann keine Y-Koordinate der Konsole abgerufen werden.

Beginnen wir mit der zuletzt genannten Mechanik der Spielerüberprüfung. Hierfür benötigst du einen besonderen Aufruf mit dem Namen *instanceof*. Mit diesem Schlüsselwort kannst du direkt hinter der Methode getSender des CommandSourceStack-Parameters überprüfen, ob es sich beim Absender um einen Player handelt. Nur in diesem Fall wird eine Player-Variable auf dem gewohnten Weg initialisiert. Die Schreibweise dafür sieht aus wie folgt:

```
if (commandSourceStack.getSender() instanceof Player) {
  Player player = (Player) commandSourceStack.getSender();
}
```

Den gerade geschriebenen Quellcode kannst du weiter vereinfachen. Statt den `Player` nach der Abfrage separat als Variable zu initialisieren, kannst du hinter `instanceof Player` einfach einen Variablennamen (wie zum Beispiel `player`) schreiben. Nur wenn es sich beim Absender um einen `Player` handelt, wird die Variable `player` angelegt und steht in der `if`-Abfrage zur Verfügung. Der folgende Code funktioniert also in der Praxis genauso wie der zuvor geschriebene:

```
if (commandSourceStack.getSender() instanceof Player player) {

}
```

Innerhalb dieser Abfrage kann nun der Quellcode für die eigentliche Logik des Befehls folgen. Dafür wird die Y-Koordinate in einer `double`-Variable abgelegt und anschließend mit der gewünschten Höhe 70 verglichen. Nur wenn der Spieler über dieser Y-Koordinate ist, wird er geheilt und erhält eine Nachricht zur Bestätigung:

```
double y = player.getLocation().getY();
if (y > 70) {
  player.setHealth(20);
  player.sendPlainMessage("Du wurdest geheilt!");
}
```

Du könntest den Quellcode übrigens vereinfachen, indem du den Abruf der Koordinate direkt in der Bedingung für die `if`-Abfrage unterbringst:

```
if (player.getLocation().getY() > 70)
```

Den gesamten Quellcode für den Befehl siehst du in Listing 4.1. Hier wird noch einmal deutlich, dass für die korrekte Wirkungsweise zwei `if`-Abfragen ineinander verschachtelt wurden: Zunächst die Überprüfung, ob es sich beim Absender um einen `Player` handelt, und danach das Vergleichen der Höhe.

```
package dev.schlosser.bookplugin.commands;

import io.papermc.paper.command.brigadier.BasicCommand;
import io.papermc.paper.command.brigadier.CommandSourceStack;
import org.bukkit.entity.Player;
```

```
public class HighHealCommand implements BasicCommand {
  @Override
  public void execute(CommandSourceStack commandSourceStack, String[] strings) {
    if (commandSourceStack.getSender() instanceof Player player) {
      double y = player.getLocation().getY();
      if (y > 70) {
        player.setHealth(20);
        player.sendPlainMessage("Du wurdest geheilt!");
      }
    }
  }
}
```

Listing 4.1 Quellcode für den HighHeal-Befehl

Verknüpfen beider Abfragen

Durch das Anwenden eines *logischen Und* könntest du für dieses Beispiel die beiden Abfragen, die hier verschachtelt wurden, in einer einzigen Abfrage verknüpfen. Das sähe dann so aus:

```
if (commandSourceStack.getSender() instanceof Player player &&
    player.getLocation().getY() > 70) {
  player.setHealth(20);
  player.sendPlainMessage("Du wurdest geheilt!");
}
```

Nach der Registrierung des Befehls kannst du `/highheal` auf deinem Server testen: Wenn du über einer Höhe von 70 Blöcken bist, heilt der Befehl all deine Herzen (siehe Abbildung 4.1).

Abbildung 4.1 Nur wenn ich mich auf einer Höhe über 70 befinde, heilt der HighHeal-Befehl alle Herzen.

4.1.3 »else«-Statements und Early Return

Der gerade entwickelte Befehl funktioniert zwar, doch wenn du `/highheal` von einer Höhe unter 70 ausführst, erhältst du kein Feedback, da die `if`-Abfrage nicht durchlaufen wird. Stattdessen wird der Code in den geschweiften Klammern nie ausgeführt, und der Absender ist wahrscheinlich ratlos, warum nichts passiert. Doch das können wir ändern! Analog zur Abfrage kannst du nämlich ein *else-Statement* einfügen. Dieses wird ebenfalls mit einem Codeblock ausgestattet, der nur ausgeführt wird, wenn die `if`-Abfrage nicht durchlaufen wurde (also wenn die Bedingung `false` war). Der generelle Aufbau einer `if`-Abfrage mit `else`-Statement sieht so aus:

```
if (<Bedingung>) {
  // Code, wenn der boolean true ist
} else {
  // Code, wenn der boolean false ist
}
```

Dieses Konstrukt können wir nutzen, um den Befehl aus Abschnitt 4.1.2 (beziehungsweise Listing 4.1) sinnvoll zu erweitern. Dafür verwenden wir `else`-Statements, um eine Meldung in der Konsole auszugeben, wenn die `if`-Abfrage nicht zutrifft (also wenn die Bedingung `false` ist). Beginnen wir dafür mit der Überprüfung, ob es sich beim Absender um einen Spieler handelt: Wenn nicht, können wir auf `getSender` die Methode `sendPlainMessage` folgen lassen, um eine Nachricht auszugeben (dieser Aufruf funktioniert auch für die Konsole). Ich gebe wie folgt eine Meldung aus. Du kannst einen längeren Text nutzen, ich wähle zur Übersichtlichkeit aber lediglich einen kurzen Hinweis:

```
if (commandSourceStack.getSender() instanceof Player player) {
  ...
} else {
  commandSourceStack.getSender().sendPlainMessage("Nur für Spieler!");
}
```

Wenn du mehrere `if`-Abfragen verschachtelst und mit `else`-Statements versiehst, kann dein Quellcode schnell unübersichtlich werden. Ich zeige dir eine Technik, die als *Early Return* bezeichnet wird. Wie es der Name andeutet, wird damit der Rückgabewert einer Methode verwendet, um die Ausführung vorzeitig zu unterbrechen. Zur Erinnerung: Das Schlüsselwort `return` führt in einer Methode ohne Rückgabewert (also einer `void`-Methode) dazu, dass die Methode abgebrochen wird.

Ein Early Return kehrt die Logik einer `if`-Abfrage um. Statt die Bedingung direkt abzufragen und den »Gegenfall« durch das `else`-Statement abzudecken, wird die Abbruchbedingung (also die Bedingung, die sonst das `else`-Statement auslöst) in der `if`-Abfrage untergebracht. Gleichzeitig wird die `return`-Anweisung verwendet, damit die Methode in diesem Fall abgebrochen wird. Das sehen wir uns direkt am Beispiel an, indem wir den gerade geschriebenen Code mit einem Early Return umschreiben.

Am Beispiel der Player-Abfrage wird die Bedingung mit instanceof dafür umgekehrt, indem sie in runde Klammern gesetzt und durch ein Ausrufezeichen invertiert wird. Tritt diese Bedingung ein, wird wie zuvor im else-Statement eine Nachricht an den Absender geschickt. Abschließend erfolgt durch return ein Abbruch der Methode execute. Das sieht aus wie folgt:

```
if (!(commandSourceStack.getSender() instanceof Player player)) {
  commandSourceStack.getSender().sendPlainMessage("Nur für Spieler!");
  return;
}
```

Durch das Early Return wird kein else-Statement benötigt, und mehrere abgefragte Bedingungen hintereinander wirken später besser lesbar und gleichzeitig kompakter. Diesen Code kannst du auch lesen als: »Wenn es sich beim Absender *nicht* um einen Player handelt, schicke ihm die entsprechende Meldung und brich die execute-Methode ab.« Nimm dir einen Moment Zeit, um diese Logik nachzuvollziehen. Durch die vorzeitige Abfrage funktioniert der Code so wie bei der Verwendung eines else-Statements, steigert aber die Lesbarkeit.

Das Early Return zur Player-Abfrage

Das gerade programmierte Muster zur Abfrage, ob es sich beim Absender eines Befehls um einen Player handelt, werde ich ab sofort bis zum Ende des Buches verwenden, wenn nur Spieler einen Befehl ausführen können sollen. Es ist ein praktischer und gut lesbarer Weg, zu verhindern, dass ein Befehl von anderen Quellen wie der Konsole genutzt werden darf und Fehler entstehen.

Unterhalb dieser if-Abfrage kann nun die erweiterte Logik für den Befehl folgen. Der bereits aus Listing 4.1 enthaltene Teil zum Heilen wird nun um ein else-Statement erweitert, das darüber informiert, dass die Zielhöhe noch nicht erreicht wurde.

```
double y = player.getLocation().getY();
if (y > 70) {
  player.setHealth(20);
  player.sendPlainMessage("Du wurdest geheilt!");
} else {
  player.sendPlainMessage("Du bist leider nur auf Höhe " + y);
}
```

Du kannst auch diese Logik in ein Early Return verwandeln und das else-Statement somit »umgehen«. Der Quellcode dafür sieht aus wie folgt und würde dafür sorgen, dass gar keine else-Statements mehr im Befehl enthalten sind, und wirkt gleich ein wenig übersichtlicher:

```
double y = player.getLocation().getY();
if (y <= 70) {
  player.sendPlainMessage("Du bist leider nur auf Höhe " + y);
  return;
}
player.setHealth(20);
player.sendPlainMessage("Du wurdest geheilt!");
```

Einen Überblick über den vollständigen Quellcode für den erweiterten HighHeal-Befehl mit Anwendung des gerade gezeigten Early Returns siehst du in Listing 4.2.

```
package dev.schlosser.bookplugin.commands;

import io.papermc.paper.command.brigadier.BasicCommand;
import io.papermc.paper.command.brigadier.CommandSourceStack;
import org.bukkit.entity.Player;

public class HighHealCommand implements BasicCommand {
  @Override
  public void execute(CommandSourceStack commandSourceStack, String[] strings) {
    if (!(commandSourceStack.getSender() instanceof Player player)) {
      commandSourceStack.getSender().sendPlainMessage("Nur für Spieler!");
      return;
    }

    double y = player.getLocation().getY();
    if (y <= 70) {
      player.sendPlainMessage("Du bist leider nur auf Höhe " + y);
      return;
    }
    player.setHealth(20);
    player.sendPlainMessage("Du wurdest geheilt!");
  }
}
```

Listing 4.2 Überarbeiteter Quellcode für den HighHeal-Befehl

Starte nach dieser Änderung den Server neu. Nun kannst du den Befehl auch verstehen, wenn du unter einer Höhe von 70 Blöcken bist. In diesem Fall gibt der Befehl, wie in Abbildung 4.2, eine entsprechende Meldung im Chat aus.

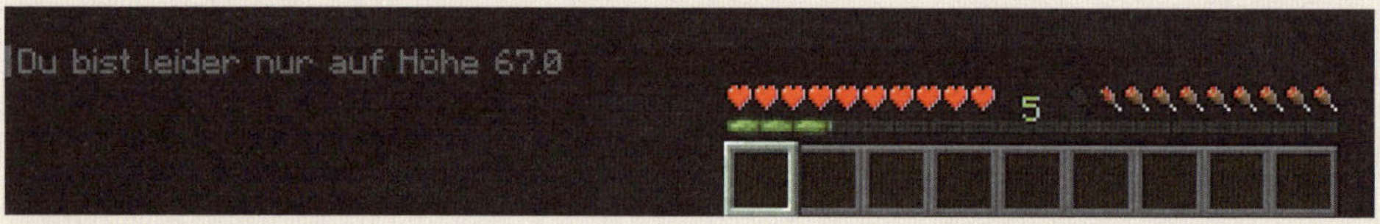

Abbildung 4.2 In einer Höhle kann der HighHeal-Befehl nicht eingesetzt werden.

4.1.4 Übung 04.01: Was Wasser wagt

Entwickle einen Befehl `/dolphin`, der den Absender wie einen Delfin aus dem Wasser nach oben katapultiert. Der Befehl kann natürlich nur dann funktionieren, wenn der Spieler tatsächlich im Wasser ist, wofür du die Methode `isInWater` des Datentyps `Player` verwenden kannst. Beim Programmieren des Sprungs kannst du dich am Befehl `/catapult` aus Abschnitt 3.6.4 orientieren.

4.1.5 »else if«-Statements

Oftmals ist nicht nur ein `else`-Statement ausreichend, um einen logischen Ablauf im Quellcode darzustellen. Das wird direkt am nächsten Beispiel deutlich: Wir wollen einen Befehl entwickeln, der den Absender je nach Anzahl der aktuellen Herzen heilt oder ihm Schaden zufügt. Dabei gelten die folgenden Regeln:

- Wenn 7 oder mehr Herzen vorhanden sind, halbiere die Herzen.
- Wenn 3 oder weniger Herzen vorhanden sind, verdopple die Herzen.
- In jedem anderen Fall passiert nichts, und lediglich eine Nachricht wird ausgegeben.

Erstelle für die Aufgabe eine neue Klasse `CheckHealCommand` für einen `/checkheal`-Befehl. Wie in Listing 4.2 setze ich über ein Early Return voraus, dass ein Spieler und nicht beispielsweise die Konsole den Befehl ausgeführt hat.

Tasten wir uns an die Lösung für die Logik heran, indem wir den ersten Teil der Anforderungen durch eine `if`-Abfrage und ein `else`-Statement programmieren. Dafür fragen wir zunächst den Fall von 7 oder mehr Herzen über `getHealth` ab und halbieren in diesem Fall die Herzen mithilfe der Methode `setHealth`. In jedem anderen Fall erscheint nur eine Nachricht.

```
if (player.getHealth() >= 14) {
  player.setHealth(player.getHealth() / 2);
  player.sendPlainMessage("Dir wurde Leben gestohlen!");
} else {
  player.sendPlainMessage("Nichts passiert.");
}
```

Das funktioniert, doch es fehlt der Fall für drei oder weniger Herzen. Die intuitivste Lösung ist, eine weitere `if`-Abfrage mit `else`-Statement im `else`-Block der Abfrage unterzubringen. Der folgende Quellcode zeigt, wie die Logik für den Befehl mit diesem Ansatz aussähe:

```
if (player.getHealth() >= 14) {
  player.setHealth(player.getHealth() / 2);
  player.sendPlainMessage("Dir wurde Leben gestohlen!");
} else {
  if (player.getHealth() <= 6) {
    player.setHealth(player.getHealth() * 2);
    player.sendPlainMessage("Dein Leben wird verdoppelt!");
  } else {
    player.sendPlainMessage("Nichts passiert.");
  }
}
```

Dieser Ansatz funktioniert zwar, bringt aber den großen Nachteil mit sich, dass der Quellcode mit mehreren weiteren Abfragen immer weiter verschachtelt wird. Stell dir nur vor, wie der Quellcode anwachsen würde, wenn wir noch einen weiteren Fall einbeziehen, nämlich dass der Absender genau 4 Herzen hat! Doch Java erlaubt eine besondere Schreibweise, mit der eine weitere `if`-Abfrage direkt mit einem `else`-Statement verbunden werden kann: das *»else-if«-Statement*. Bei diesem wird direkt hinter dem Schlüsselwort `else` eine weitere `if`-Abfrage begonnen, die eine neue Bedingung enthält. So kannst du den gerade gesehenen, deutlich unleserlichen Quellcode schnell zu einer besser interpretierbaren Variante vereinfachen:

```
if (player.getHealth() >= 14) {
  player.setHealth(player.getHealth() / 2);
  player.sendPlainMessage("Dir wurde Leben gestohlen!");
} else if (player.getHealth() <= 6) {
  player.setHealth(player.getHealth() * 2);
  player.sendPlainMessage("Dein Leben wird verdoppelt!");
```

```
} else {
  player.sendPlainMessage("Nichts passiert.");
}
```

> **Mehrere »else if«-Statements**
>
> Du kannst beliebig viele `else if`-Statements zu deiner Abfrage hinzufügen. Beachte allerdings, dass ein `else`-Block ohne weitere `if`-Abfrage immer das letzte Element in deiner »Abfragekette« sein muss (im gerade gezeigten Beispiel wäre das der letzte `else`-Block, bei dem die Herzen nicht verändert werden).

Den gesamten Quellcode für den CheckHeal-Befehl, der ein `else if`-Statement nutzt, siehst du in Listing 4.3.

```
package dev.schlosser.bookplugin.commands;

import io.papermc.paper.command.brigadier.BasicCommand;
import io.papermc.paper.command.brigadier.CommandSourceStack;
import org.bukkit.entity.Player;

public class CheckHealCommand implements BasicCommand {
  @Override
  public void execute(CommandSourceStack commandSourceStack, String[] strings) {
    if (!(commandSourceStack.getSender() instanceof Player player)) {
      commandSourceStack.getSender().sendPlainMessage("Nur für Spieler!");
      return;
    }

    if (player.getHealth() >= 14) {
      player.setHealth(player.getHealth() / 2);
      player.sendPlainMessage("Dir wurde Leben gestohlen!");
    } else if (player.getHealth() <= 6) {
      player.setHealth(player.getHealth() * 2);
      player.sendPlainMessage("Dein Leben wird verdoppelt!");
    } else {
      player.sendPlainMessage("Nichts passiert.");
    }
  }
}
```

Listing 4.3 Quellcode für den CheckHeal-Befehl

Registriere den Befehl, und starte den Server neu. Im Überlebensmodus kannst du nun fleißig testen: Wenn du, wie in Abbildung 4.3, volle Herzen hast, raubt dir der Befehl etwas von deinem Leben. Teste auch, ob die anderen Fälle gut funktionieren, bevor du weiterliest.

Abbildung 4.3 Davor war das Leben voll, doch durch die Überprüfung mit »/highheal« werden drei Herzen abgezogen.

4.2 Arrays

Bisher hast du gelernt, dass eine Variable immer genau einen Wert enthalten kann. Prinzipiell ist das auch richtig, allerdings gibt es eine besondere Form, um Datentypen dafür zu kennzeichnen, dass sie mehrere Werte sammeln können. Dabei sprechen wir von sogenannten *Arrays*. Tatsächlich hast du während der gesamten Zeit, in der du neue Befehle für dein Plugin entwickelt hast, ein Array im Augenwinkel gesehen. Es wird Zeit, dass wir uns dieses Array genauer zu Gemüte führen und du gleichzeitig die wichtigsten Grundlagen zu Arrays kennenlernst.

4.2.1 Argumente für Befehle auslesen

Alle Befehle, die wir bisher entwickelt haben, teilen eine Gemeinsamkeit: Sie sind einem festen Ablauf gefolgt und bieten in Minecraft keine Möglichkeit, dynamisch Daten an den Befehl weiterzugeben. Denk nur an den Befehl `/boost`, den wir als erstes Beispiel programmiert haben: Der Boost wirkt sich immer auf den Absender aus, aber kann nie an andere Spieler gegeben werden. Häufig ist es gewollt, dass ein Befehl sogenannte *Argumente* unterstützt. Dabei werden hinter dem Namen des Befehls ein oder mehrere weitere Wörter geschrieben, die sich auf den Befehl auswirken können. Ein Beispiel dafür wäre beim Boost-Befehl der Aufruf `/boost [Spielername]`, womit eine bestimmte Person auf dem Server den Boost erhalten könnte. Da ein Befehl mehrere solcher Argumente erhalten kann, benötigt es ein Array.

Schreibweise für Argumente bei der Ausführung eines Befehls

Im weiteren Verlauf des Buches (und auch in der Praxis) wirst du als Platzhalter für Argumente häufig zwei Schreibweisen finden:

- `[Argument]`: Steht das Argument in eckigen Klammern, dann gilt es als optional. Es ist zu erwarten, dass der Befehl sowohl mit als auch ohne das jeweilige Argument funktionieren würde.
- `<Argument>`: Steht das Argument in spitzen Klammern, dann gilt es als zwingend notwendig. Es ist zu erwarten, dass der Befehl nicht funktioniert, wenn das Argument beim Aufruf fehlt.

Das Beispiel `/boost [Spielername]` bedeutet also, dass sowohl der Aufruf `/boost` als auch ein Aufruf `/boost MeinName` möglich wären. Wäre die Vorlage hingegen `/boost <Spielername>`, dann wäre ein Aufruf ohne Argumente nicht gültig.

Setzen wir das gerade genannte Beispiel um, indem wir einen modifizierten Boost-Befehl entwickeln, der auf andere Spieler ausgeführt werden kann. Dafür lege ich eine neue Klasse mit dem Namen `BoostPlayerCommand` an und füge das Standardgerüst für einen neuen Befehl ein. Diesmal nehme ich zusätzlich eine kleine Änderung am Kopf der Methode `execute` vor: Ich benenne die beiden übergebenen Parameter der Methode um. Standardmäßig haben die Parameter durch IntelliJ die Namen `commandSourceStack` und `strings` erhalten. Während der erste Parametername sehr lang ist, ist der zweite nichtssagend. Glücklicherweise können wir die Namen frei wählen, immerhin ist ein Parametername ziemlich vergleichbar mit einer lokalen Variable. Für den `CommandSourceStack` verwende ich verkürzt den Namen `stack`. Bei dem zweiten Parameter, den wir uns gleich näher ansehen, handelt es sich um die Argumente, die an den Befehl übergeben wurden. Deshalb benenne ich diesen Parameter in `args` (kurz für *arguments*) um.

```
public class BoostPlayerCommand implements BasicCommand {
  @Override
  public void execute(CommandSourceStack stack, String[] args) {

  }
}
```

Angepasste Parameternamen für den »BasicCommand«

Die gerade genannten Parameternamen verwende ich ab hier dauerhaft für den Rest des Buches. Du kannst selbstverständlich andere Namen oder auch den von IntelliJ generierten Standard wählen.

Die Abfrage mit instanceof, die überprüft, ob ein Spieler den Befehl ausgeführt hat, benötigen wir für dieses Beispiel nicht. Immerhin soll der Name eines Zielspielers eingegeben werden, sodass es egal ist, ob der Befehl von der Konsole oder von einem Spieler auf dem Server ausgeführt wurde.

Widmen wir uns stattdessen im Detail unserem args-Parameter, der an zweiter Stelle im Methodenkopf steht und die Argumente des ausgeführten Befehls enthält. Als Datentyp für diesen Parameter ist String[] hinterlegt. Das ist ein String-Array, also eine Ansammlung von mehreren String-Werten, wobei die eckigen Klammern ([]) kennzeichnen, dass es sich um ein Array handelt. Daran, dass davor der Datentyp des Arrays steht (in unserem Fall String), siehst du eine Grundeigenschaft von Arrays: Ein Array kann zwar mehrere Werte enthalten, allerdings beschränkt es sich auf einen bestimmten Datentyp. Das bedeutet, dass unser String-Array nur Strings, aber nicht andere Datentypen wie Zahlen oder boolesche Werte enthalten kann. Ein String-Array ist der perfekte Datentyp für unsere Befehlsargumente, denn jedes Argument kann aus beliebigen Zeichen bestehen. Gleichzeitig erlaubt uns das Array, flexibel mit den verschiedenen Argumenten umzugehen.

Wir wollen bei diesem Befehl nur den Fall unterstützen, dass genau ein Argument übergeben wird. Der Aufruf /boost wäre also genauso ungültig wie /boost test1 test2 (da in diesem Fall zwei Argumente statt genau eins übergeben wurden). Diese Logik können wir einfach programmieren, indem wir überprüfen, wie viele Werte im Array args liegen. Dafür kannst du auf dem Array den Aufruf mit dem Namen length verwenden. Im Gegensatz zu einer Methode wird die Array-Länge dabei nicht mit runden Klammern abgerufen. Die Anzahl der enthaltenen Elemente kannst du nutzen, um »ungewollte« Befehle abzufangen. In unserem Fall wollen wir genau ein Argument unterstützen, sodass jede andere Anzahl mit Ungleichheit lediglich zu einer Fehlermeldung an den Absender führt. Mithilfe eines Early Returns sieht der Quellcode dafür aus wie folgt:

```
if (args.length != 1) {
  player.sendPlainMessage("Bitte nutze: /boostplayer <Name>");
  return;
}
```

Wenn genau ein Argument verwendet wird, können wir mit der Logik für das Boosten des Ziels fortfahren. Dafür lesen wir zunächst den gewünschten Namen aus dem String-Array ab. Wie wir durch das Early Return wissen, enthält das Array nur genau einen Wert. Das Abrufen eines Wertes aus dem Array passiert über einen sogenannten *Index*. Der Index ist nichts anderes als eine Nummerierung der Werte, wobei der erste Wert im Array den Index 0 erhält, das zweite Element den Index 1 und so weiter. Dass die Zählung bei 0 beginnt, ist in vielen Programmiersprachen gleich, und auch in Java musst du dich daran gewöhnen. Ein Wert wird ausgelesen, indem der gewünschte Index in eckigen Klammern hinter den Namen des Arrays geschrieben wird.

Im Falle des Befehls lesen wir den einzigen Wert im Array am Index 0 (und somit an erster Stelle) aus. Das String-Element, das sich an dieser Stelle verbirgt, lege ich in einer eigenen Variable ab:

```
String name = args[0];
```

Mithilfe des Strings, hinter dem ein Spielername erwartet wird, nutzen wir das erste Mal eine Methode des *Servers*, um den zugehörigen Spieler aus dem Namen abzurufen. Der Server ist dafür zentral an verschiedenen Stellen im Code abrufbar, so beispielsweise über die Hauptklasse oder über den Absender, der einen Befehl ausgeführt hat. Der passende Methodenname trägt den Namen `getServer`.

> **Nutzung des Servers statt Bukkit**
>
> Du hast im letzten Kapitel bereits den Aufruf `Bukkit.broadcastMessage` kennengelernt. Früher wurde `Bukkit` eingesetzt, um verschiedene Methoden wie `broadcastMessage` oder auch `getPlayer` zur Verfügung zu stellen, Paper will `Bukkit` allerdings, wenn möglich, durch den Server ersetzen, sodass es `Bukkit` (oder einzelne Methoden von `Bukkit`) in der Zukunft vielleicht nicht mehr geben wird.
>
> Insgesamt ist es somit ein besserer Stil, wenn wir den Server nutzen. Aus diesem Grund verwenden wir im Buch, wenn irgendwie möglich, den Server, um zentrale Methoden abzurufen. Du solltest dir ebenfalls angewöhnen, auf `Bukkit` zu verzichten.

Zum Abrufen eines anderen Spielers über den Namen wird die Methode `getPlayer` des Servers verwendet. Den Zielspieler können wir wie folgt in einer Variable ablegen:

```
Player target = stack.getSender().getServer().getPlayer(name);
```

Nun gibt es nur noch einen möglichen Fehlerfall zu betrachten: Was ist, wenn der eingegebene Argumentname gar nicht zu einem gültigen Spieler führt? Das könnte zum Beispiel passieren, wenn der Spieler hinter dem eingegebenen Namen gerade nicht auf dem Server ist oder sich der Absender einfach vertippt hat. In diesem Fall hat die neue Variable einen besonderen Wert, der den Namen *null* trägt. Der Wert `null` ist kein String und auch nicht die Zahl 0, sondern vereinfacht gesagt das Schlüsselwort dafür, dass der Player keinen Wert hat und sozusagen leer ist. Die technischen Details zum Wert `null` lernst du in Kapitel 16, »Eine Klasse für sich: Grundlagen der objektorientierten Programmierung«.

Du kannst mit einem Vergleich (==) überprüfen, ob deine erstellte Variable target aktuell null ist. In diesem Fall wurde kein Spieler mit dem Namen gefunden, und der Befehl wird mit einem Early Return abgebrochen. Ist target hingegen gültig, wird der Boost-Effekt auf den gefundenen Spieler übertragen und wir schicken Meldungen an den Absender sowie target:

```
if (target == null) {
  stack.getSender().sendPlainMessage("Spieler " + name + " nicht gefunden!");
  return;
}
target.addPotionEffect(new PotionEffect(PotionEffectType.SPEED, 100, 1));
target.sendPlainMessage("Du wurdest geboostet!");
stack.getSender().sendPlainMessage(name + " wurde geboostet.");
```

Schon ist der Befehl fertig! Zusammengefasst siehst du den gesamten Quellcode zum Auslesen und Verwenden eines Parameters in Listing 4.4.

```
package dev.schlosser.bookplugin.commands;

import io.papermc.paper.command.brigadier.BasicCommand;
import io.papermc.paper.command.brigadier.CommandSourceStack;
import org.bukkit.entity.Player;
import org.bukkit.potion.PotionEffect;
import org.bukkit.potion.PotionEffectType;

public class BoostPlayerCommand implements BasicCommand {
  @Override
  public void execute(CommandSourceStack stack, String[] args) {
    if (args.length == 0) {
      stack.getSender().sendPlainMessage("Bitte nutze: /boostplayer <Name>");
      return;
    }

    String name = args[0];
    Player target = stack.getSender().getServer().getPlayer(name);

    if (target == null) {
      stack.getSender().sendPlainMessage("Spieler " + name + " nicht gefunden!");
      return;
    }
    target.addPotionEffect(new PotionEffect(PotionEffectType.SPEED, 100, 1));
```

```
      target.sendPlainMessage("Du wurdest geboostet!");
      stack.getSender().sendPlainMessage(name + " wurde geboostet.");
    }
  }
```

Listing 4.4 Quellcode für den BoostPlayer-Befehl

Den neuen Befehl kannst du nach dem Neustart des Servers gut aus der Konsole testen: Wenn du einen Spielernamen eingibst, der nicht auf dem Server ist, wird die passende Fehlermeldung ausgegeben. Erwischst du hingegen einen gültigen Spieler, so wird dieser mit dem Geschwindigkeitseffekt geboostet (siehe Abbildung 4.4).

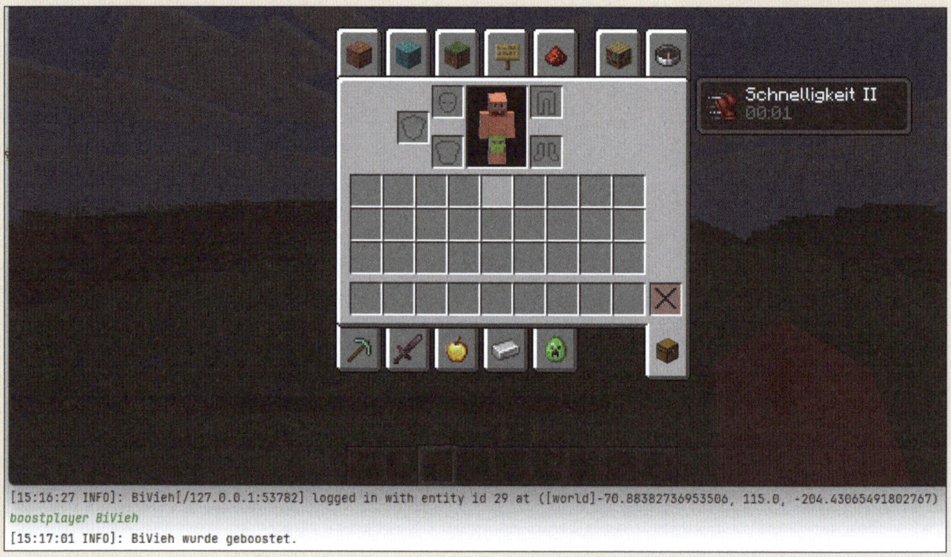

Abbildung 4.4 Sogar aus der Konsole heraus kann »/boostplayer« angewendet werden, wenn das Ziel tatsächlich auf dem Server ist.

4.2.2 Übung 04.02: Befehlverbesserung

Verändere die bisher programmierten Befehle deiner Wahl so, dass sie Argumente unterstützen. Dabei soll der Befehl so funktionieren wie zuvor – mit dem Unterschied, dass die jeweilige Funktion auf einen bestimmten Spieler angewendet wird, wenn ein Argument verwendet wurde. Mögliche Befehle, die du erweitern kannst, sind beispielsweise `/lightning`, `/lifeboost`, `/catapult` oder `/randomtp`.

4.2.3 Weitere Basics zu Arrays

Aus dem Beispielbefehl hast du gelernt, wie ein Array deklariert wird, wie du die Anzahl der Elemente im Array ausliest und wie du über den Index ein bestimmtes Element im Array ansteuern kannst. Darüber hinaus lernst du nun weitere Grundlagen, nämlich wie du ein Array selbst initialisieren kannst und wie du Werte aus dem Array nachträglich überschreibst. Immerhin waren diese beiden Punkte beim Beispiel nicht sinnvoll, schließlich wurde uns das Array vorausgefüllt von Paper als Parameter der Methode `execute` übergeben.

Eine weitere wichtige Grundeigenschaft, die du bei der Erstellung eines Arrays beachten musst, ist, dass die Größe des Arrays bei der Initialisierung festgelegt werden muss. Mit der Größe ist dabei gemeint, wie viele Elemente in das Array passen. Deshalb müssen wir diese Anzahl bei der Initialisierung direkt angeben, wobei die allgemeine Form der Initialisierung wie folgt aussieht:

```
new <Datentyp>[<Anzahl Elemente>];
```

Die genaue Bedeutung des Schlüsselwortes `new`, das du bereits mehrfach gesehen hast, ist für den Moment nicht so wichtig. Im Folgenden siehst du ein Beispiel für die Initialisierung eines Arrays für Ganzzahlen, das genau drei Plätze bereitstellt:

```
int[] numbers = new int[3];
```

Aus der Anzahl der Plätze ergeben sich automatisch die verfügbaren *Indizes* (die Mehrzahl eines Index), über die du das Array ansteuern kannst. Im Beispiel des `int`-Arrays sind das die Indizes 0, 1 und 2. Ein Abruf des Index 3 würde zu einem Fehler führen, da damit das vierte Element im Array angesprochen wird, das aber nicht existieren kann.

Nach der Initialisierung wird allen Elementen im Array ein Standardwert gegeben. Was genau dieser Wert ist, hängt vom Datentyp ab. Im Falle von Zahlen-Datentypen ist es die Zahl 0, ein `boolean`-Array würde alle Werte auf `false` setzen, und im Falle komplexer Datentypen wird der »leere Wert« `null` verwendet. Das gerade initialisierte `int`-Array würde somit dreimal den Wert `0` enthalten.

Natürlich ist in den meisten Fällen gewünscht, dass die Elemente im Array bestimmte Werte enthalten. Dafür kannst du einzelne Elemente anhand ihres Index *überschreiben*. Die Schreibweise dafür ist exakt wie beim Überschreiben einer Variable. Im Beispiel werden zwei Indizes im `int`-Array neue Werte zugewiesen, das letzte Element behält seinen Standardwert:

```
numbers[0] = 10;  // Das erste Element im Array hat nun den Wert 10
numbers[1] = 5;  // Das zweite Element im Array hat nun den Wert 5
```

Das Auslesen von Elementen aus dem Array hast du bereits bei den Argumenten eines Befehls gesehen: Auch hier kommt der Index zum Einsatz. Der folgende Quellcode liest die Array-Werte aus und verwendet sie unter anderem für kleine Rechnungen:

```
int a = numbers[0]; // a hat den Wert 10
int b = numbers[1] + 10; // b hat den Wert 15
int c = numbers[2]; // c hat den Wert 0 (Standardwert)
```

Besonders bei großen Arrays kann es nervig sein, jedes einzelne Element in einer eigenen Anweisung zu initialisieren. Aus diesem Grund gibt Java uns die Möglichkeit, das Array direkt bei der Initialisierung mit Elementen zu befüllen. Dafür wird die Größe des Arrays nicht in die eckigen Klammern geschrieben, sondern automatisch durch die Anzahl der eingesetzten Elemente berechnet. Die Werte, die das Array erhält, werden in geschweiften Klammern angefügt, sodass die Anweisung für die Initialisierung eines Arrays, das die gleichen Elemente wie `numbers` enthält, so aussähe:

```
int[] numbersFast = new int[]{10, 5, 0};
```

Die Anweisung kann noch weiter vereinfacht werden, indem `new int[]` entfernt wird. Der gerade geschriebene Quellcode sieht weiter verkürzt so aus:

```
int[] numbersFast = {10, 5, 0};
```

Besonders wichtig für die Zukunft ist, dass die Größe des Arrays nicht veränderbar ist. Wenn du die Größe nachträglich neu setzen willst, musst du somit das ganze Array neu initialisieren. Ein Beispiel, das das `numbers`-Array nachträglich auf 5 Plätze verändert, könnte wie folgt aussehen (ein Beispiel mit Standardwerten, ein Beispiel mit eigens gesetzten Werten):

```
numbers = new int[5];
numbers = {1, 3, 5, 10, 20};
```

Damit kennst du alle wichtigen Grundlagen zu Arrays! Neben den Argumenten eines Befehls werden dir Arrays noch häufig begegnen, wenn du eine »Speichermöglichkeit« für mehrere Werte des gleichen Datentyps benötigst und feststeht, wie viele Elemente gespeichert werden müssen.

4.3 Schleifen

Der letzte Abschnitt dieses Kapitels rundet die verschiedenen Komponenten, mit denen du den Ablauf deines Quellcodes beeinflussen kannst, ab. Mit `if`-Abfragen kennst du bereits das passende Mittel zum »Verzweigen« deines Codes, je nachdem, ob eine Bedingung zutrifft oder nicht. Eine weitere wichtige Aufgabe, die dein Quellcode übernehmen soll, ist das *wiederholte Ausführen* von bestimmten Abschnitten. Stell dir vor, in deinem Plugin sollen 250 Zombies auf einmal erscheinen, um den mutigsten Spielern so richtig einzuheizen. Du könntest zwar schnell eine Methode schreiben, um einen solchen Zombie zu erschaffen, doch größere Probleme macht die Anforderung, genau 250 Stück in die Welt zu setzen. Die einfachste Lösung wäre, die passende Methode 250-mal untereinander aufzurufen. Das ist schon für 250 Aufrufe nervig, doch stell dir vor, 5.000 Zombies wären besser. Gar nicht auszumalen, wie dein Quellcode aussähe, wenn du diese Aufrufe manuell nacheinander in den Code kopieren würdest.

Doch keine Sorge, das brauchst du auch nicht. Für sich wiederholende Aufgaben dieser Art gibt es *Schleifen*. Eine Schleife hat die Aufgabe, einen bestimmten Quellcodeabschnitt mehrmals zu durchlaufen, so wie du es im gerade genannten Beispiel sinnvollerweise 250 (oder 5.000) Mal machen würdest. Verschiedene Schleifenarten sind für unterschiedliche Aufgaben sinnvoll. Anhand von praktischen Beispielen sehen wir uns die drei wichtigsten Formen von Schleifen an.

4.3.1 Zählschleife

Die erste Form einer Schleife ist zugleich diejenige, die am besten zu dem gerade beschriebenen Problem passt, nämlich Quellcode eine *bestimmte Anzahl* von Malen zu wiederholen. Durch das Einleiten einer solchen Schleife durch das Schlüsselwort `for` wird die passende Art für solche Aufgaben als *for-Schleife* bezeichnet. Die Hauptaufgabe der Schleife besteht normalerweise darin, zu zählen, wie oft der Quellcode bereits durchlaufen wurde, und das Wiederholen nach einer gegebenen Anzahl zu beenden. Aus diesem Grund wird der Schleifentyp auch *Zählschleife* genannt.

Verschiedene Anwendungen der »for«-Schleife

Generell gibt es verschiedene Wege, eine `for`-Schleife für das wiederholte Durchlaufen von Quellcode anzuwenden. Für das Buch und die meisten Fälle in der Praxis wird diese Schleife aber für das gerade beschriebene Zählen der Durchläufe verwendet, sodass wir uns im Rahmen des Buches auf genau diesen Fall beschränken.

Der Aufbau einer `for`-Schleife sieht im Vergleich zu einer `if`-Abfrage zunächst ziemlich komplex aus. Der Kopf der Schleife besteht aus drei Abschnitten, die jeweils durch ein Semikolon voneinander getrennt sind. Außerdem gehört ein Block geschweifter Klammern zu der Schleife. Dieser Block wird mit jedem Durchlauf der Schleife ausgeführt, sodass in diesen Bereich der Code kommt, der wiederholt werden soll:

```
for (<Anweisung 1>; <Bedingung>; <Anweisung 2>) {

}
```

Tasten wir uns an den Methodenkopf heran, damit du nach und nach verstehst, wie die Schleife als Zählschleife funktioniert. Dafür musst du allerdings zunächst wissen, was die drei Bereiche im Kopf der Schleife bedeuten:

- **Anweisung 1**: Diese Anweisung wird genau ein Mal ausgeführt, nämlich bevor die Schleife zum ersten Mal durchlaufen wird.
- **Bedingung**: Hier muss ein `boolean` eingesetzt werden. Der Wert wird vor jedem Schleifendurchlauf überprüft. Ist er `true`, wird die Schleife durchlaufen. Wenn der Wert `false` ist, endet die Schleife.
- **Anweisung 2**: Diese Anweisung wird nach jedem Schleifendurchlauf einmal ausgeführt.

Doch wie können wir diese Dinge nutzen, um eine Zählschleife zu bauen? Das lässt sich am besten nachvollziehen, indem wir uns eine fertige Zählschleife als Beispiel ansehen. Die folgende Schleife würde exakt drei Mal durchlaufen und sendet bei jedem Schleifendurchlauf die aktuelle »Durchlauf-Zahl« an einen imaginären `Player`:

```
for (int i = 0; i < 3; i++) {
  player.sendPlainMessage("Durchlauf: " + i);
}
```

Dieser Aufbau zeigt eine typische Zählschleife. Die wichtigste Aufgabe übernimmt eine Ganzzahl-Variable mit dem Namen `i`, die vor dem ersten Durchlauf mit dem Wert `0` initialisiert wird. Der Name `i` ist dabei gängig und steht für *Iteration*, also »Durchlauf«. Die Variable gilt als *Zählvariable*, da sie mitzählt, wie oft die Schleife bereits durchlaufen wurde, und die Schleife abbricht, sobald eine bestimmte Anzahl an Durchläufen erreicht wurde. Genau das ist die Bedingung der Schleife: Im Fall des Beispiels überprüfen wir nach jedem Durchlauf, ob `i` kleiner als `3` ist, denn wir wollen, dass die Schleife nur 3-mal durchlaufen wird. Damit `i` tatsächlich die Durchläufe zählt, wird in der letzten Anweisung ein Inkrement (`i++`) eingesetzt, um den Wert der Zählvariable um 1 zu erhöhen. Im Block, der zur Schleife gehört, wird beispielhaft eine Nachricht an eine `player`-Variable gesendet. Dabei wird die Zählvariable `i` verwendet, um die Zahl des aktuellen Durchlaufs auszugeben.

Die Beispielschleife im Detail

Ist dir noch unklar, wie genau diese Zählschleife funktioniert? Dann versuche, die folgenden Schritte nachzuvollziehen, die genau aufschlüsseln, wie die Schleife abgearbeitet wird:

- Die Anweisung `int i = 0` wird ausgeführt und initialisiert die Zählvariable `i` mit dem Wert `0`.
- Die Bedingung `i < 3` ist `true`, und die Schleife wird durchlaufen.
- Die Nachricht »Durchlauf: 0« wird an `player` gesendet.
- Die Anweisung `i++` wird ausgeführt, und `i` hat nun den Wert `1`.
- Die Bedingung `i < 3` ist `true`, und die Schleife wird durchlaufen.
- Die Nachricht »Durchlauf: 1« wird an `player` gesendet.
- Die Anweisung `i++` wird ausgeführt, und `i` hat nun den Wert `2`.
- Die Bedingung `i < 3` ist `true`, und die Schleife wird durchlaufen.
- Die Nachricht »Durchlauf: 2« wird an `player` gesendet.
- Die Anweisung `i++` wird ausgeführt, und `i` hat nun den Wert `1`.
- Die Bedingung `i < 3` ist `false`, und die Schleife ist beendet.

Das war ziemlich viel Theorie, doch nun sehen wir uns eine Zählschleife direkt im Plugin an. Anhand eines Befehls verwendest du eine Zählschleife in der Praxis und wirst dabei sehen, wie nützlich der dynamische Charakter dieser Schleifenform ist. Dafür programmieren wir einen neuen Befehl mit dem Namen `/healthspam`, der so oft die gleiche Nachricht in den Chat schreibt, wie der Absender ganze Herzen hat. Wir müssen dazu also die Anzahl der Herzen auslesen und die Wiederholungen der Schleifendurchläufe in einer Zählschleife an der entsprechenden Zahl festmachen.

Erstelle dafür zunächst eine neue Klasse `HealthSpamCommand` und programmiere die Standardstruktur für einen neuen Befehl. Da wir mit den Spielerdaten des Absenders arbeiten müssen, füge zusätzlich die `instanceof`-Abfrage ein, die überprüft, ob es sich beim Absender um einen `Player` handelt. Anschließend berechnen wir die Anzahl der Schleifendurchläufe, indem die Anzahl halber Herzen durch zwei geteilt wird. Durch diese Berechnung würden beispielsweise 12 halbe Herzen für 6 Durchläufe stehen:

```
double healthAmount = player.getHealth() / 2;
```

Direkt im Anschluss kann es an die Schleife gehen, die nach dem Muster einer klassischen Zählschleife aufgebaut ist. Wichtig ist, dass keine »feste« Zahl die Anzahl der Durchläufe bestimmt, sondern die gerade berechnete Menge an Herzen des Absenders. In jedem Durchlauf wird dann eine Nachricht in den Chat gesendet, die zugleich die

Zählvariable i verwendet, um die Zahl des Durchlaufs zu verkünden. Da i bei 0 startet, wird für die Ausgabe i + 1 verwendet. So wird beim ersten Durchlauf die Zahl 1 statt einer 0 angezeigt. Beachte, dass diese kleine Rechnung in runde Klammern geschrieben werden muss, da die beiden Zahlen sonst als Text miteinander verknüpft werden. Für die Ausgabe verwende ich broadcastMessage, diesmal allerdings über den Server, den ich mir vor dem Ausführen der Schleife in einer Variable ablege:

```
Server server = player.getServer();
for (int i = 0; i < healthAmount; i++) {
  server.broadcastMessage("Herzens-Spam! (Durchlauf: " + (i + 1) + ")");
}
```

Der gesamte Quellcode für den neuen Befehl ist in Listing 4.5 aufgeführt.

```
package dev.schlosser.bookplugin.commands;

import io.papermc.paper.command.brigadier.BasicCommand;
import io.papermc.paper.command.brigadier.CommandSourceStack;
import org.bukkit.Bukkit;
import org.bukkit.entity.Player;

public class HealthSpamCommand implements BasicCommand {
  @Override
  public void execute(CommandSourceStack stack, String[] args) {
    if (!(stack.getSender() instanceof Player player)) {
      stack.getSender().sendPlainMessage("Nur für Spieler!");
      return;
    }

    double healthAmount = player.getHealth() / 2;
    Server server = player.getServer();
    for (int i = 0; i < healthAmount; i++) {
      server.broadcastMessage("Herzens-Spam! (Durchlauf: " + (i + 1) + ")");
    }
  }
}
```

Listing 4.5 Quellcode für den HealthSpam-Befehl

Teste die Logik des Befehls, indem du den Server nach der Registrierung neu startest. Je nachdem, wie viele Herzen du aktuell hast, werden bei der Verwendung von /healthspam die entsprechenden Wiederholungen im Chat angezeigt (siehe Abbildung 4.5).

Abbildung 4.5 Je nach Anzahl deiner Herzen erscheint die gleiche Meldung mehrmals hintereinander im Chat.

4.3.2 for-each-Schleife

Neben dem Einsatz der `for`-Schleife als Zählschleife gibt es eine ähnliche Schleifenart, die in Kombination mit »Sammlungen« nützlich ist. Diese Schleife hat nämlich lediglich die Aufgabe, jedes Element einer solchen Sammlung zu durchlaufen. Als bestes Beispiel kannst du dafür die in Abschnitt 4.2 gezeigten Arrays nehmen: Die Schleife gibt dir eine einfache Möglichkeit, den gleichen Quellcode für jedes Element aus dem Array auszuführen.

Diese Abwandlung einer `for`-Schleife wird als *for-each-Schleife* (zu Deutsch »für jedes«-Schleife) bezeichnet, da sie für jedes Element in der Datensammlung den Quellcodeblock der Schleife ausführt. Der Aufbau sieht zunächst etwas ungewöhnlich aus, da statt der Dreiteilung der zuvor gesehenen `for`-Schleife eine andere Struktur verwendet wird. Für jedes Element in der verwendeten Datensammlung wird eine eigene Variablendeklaration in die runden Klammern der Schleife geschrieben, wobei der Datentyp der jeweiligen Variable dem Datentyp der Sammlung entsprechen muss. Hinter der Deklaration folgt ein Doppelpunkt (:) und danach die Sammlung, die mithilfe der `for-each`-Schleife durchlaufen werden soll. Das kann beispielsweise ein Array sein, du wirst aber später weitere Datentypen kennenlernen, mit denen diese Schleife umgehen kann. Der generelle Aufbau sieht aus wie folgt:

```
for (<Datentyp> <Variablenname> : <Sammlung>) {

}
```

Der geschweifte Klammerblock wird einmal für jedes Element in der Sammlung durchlaufen.

Bevor wir eine solche Schleife gleich in unserem Plugin nutzen, zunächst ein kleines Beispiel, in dem wir alle Zahlen aus einem `int`-Array addieren. Dafür wird vor der Schleife eine Variable, die die Summe der zusammengerechneten Zahlen darstellt, initialisiert. In jedem Schleifendurchlauf wird die aktuell durchlaufene Zahl mithilfe von += zu dieser Variable addiert. Den Quellcode der for-each-Schleife in Listing 4.6 kannst du somit als »für jede Zahl number im Array numbers, addiere die aktuell betrachtete number zur Summenvariable sum« lesen. Die Variable number aus dem Kopf der Schleife hat beim ersten Durchlauf den Wert 1, danach den Wert 5 und vor dem Beenden der Schleife den Wert 10. Das ergibt für die Variable sum am Ende einen Wert von 16.

```
int[] numbers = {1, 5, 10};
int sum = 0;
for (int number : numbers) {
  sum += number;
}
```

Listing 4.6 Quellcode zum Addieren von drei Zahlen. Die Variable »sum« hätte nach dem Durchlaufen der Schleife den Wert 16 (1 + 5 + 10).

Nutzen wir das Wissen nun für einen neuen Befehl mit dem Namen /words. Dieser Befehl soll alle Argumente, die beim Ausführen angegeben wurden, einzeln in jeweils einer Nachricht an den gesamten Server senden. Der Befehl /words Nur ein Test würde somit die Argumente Nur, ein und Test in je einer eigenen Nachricht ausgeben. Die for-each-Schleife eignet sich perfekt, um das Argumente-Array zu durchlaufen. In einer neuen Klasse WordsCommand habe ich dafür zunächst eine Abfrage mit Early Return eingebaut, die verhindert, dass der Befehl ohne Argumente ausgeführt wird:

```
if (args.length == 0) {
  stack.getSender().sendPlainMessage("Bitte nutze /words <Wörter>");
  return;
}
```

Das Umsetzen des eigentlichen Befehls ist nun ziemlich einfach: Mithilfe einer for-each-Schleife wird jedes Argument aus dem args-Array einzeln durchlaufen. Jedes Wort wird im Anschluss einzeln für den gesamten Server in einer eigenen Nachricht im Chat ausgegeben, wobei die Methode broadcastMessage des Servers verwendet wird:

```
Server server = stack.getSender().getServer();
for (String word : args) {
  server.broadcastMessage(word);
}
```

In Anlehnung an Listing 4.6 wird der Variable word in der Schleife bei jedem Durchlauf jeweils der Wert eines Arguments zugewiesen. So kann jedes Argument in einer eigenen Nachricht verwertet werden.

Das gleiche Ergebnis mit einer Zählschleife

Theoretisch lässt sich eine for-each-Schleife als Zählschleife »umschreiben«. Dafür werden die Indizes der einzelnen Array-Elemente als Zählvariable verwendet. Der folgende Quellcode würde genau so funktionieren wie die gerade gezeigte for-each-Schleife. Mithilfe von length läuft das Array nur bis zum letzten Index. Das jeweilige Element, das in der for-each-Schleife über die Variable word abgerufen wird, wird über args[i] in die Nachricht eingefügt.

```
for (int i = 0; i < args.length; i++) {
  server.broadcastMessage(args[i]);
}
```

Diese Schreibweise ist nützlich, wenn du den Index für die Verarbeitung innerhalb der Schleife benötigst. Wenn du, wie im Beispiel, allerdings lediglich die Elemente nacheinander durchlaufen willst und der Index nicht von Bedeutung ist, empfehle ich dir die for-each-Schleife. Sie ist beim Überfliegen des Quellcodes meist deutlich besser lesbar als eine Zählschleife.

Den gesamten Quellcode, der eine for-each-Schleife für die Ausgabe aller Argumente nutzt, siehst du in Listing 4.7.

```
package dev.schlosser.bookplugin.commands;

import io.papermc.paper.command.brigadier.BasicCommand;
import io.papermc.paper.command.brigadier.CommandSourceStack;
import org.bukkit.Server;
import org.bukkit.entity.Player;

public class WordsCommand implements BasicCommand {
  @Override
  public void execute(CommandSourceStack stack, String[] args) {
    if (args.length == 0) {
      stack.getSender().sendPlainMessage("Bitte nutze /words <Wörter>");
      return;
    }

    Server server = stack.getSender().getServer();
    for (String word : args) {
      server.broadcastMessage(word);
    }
  }
}
```

Listing 4.7 Quellcode für den Words-Befehl

Der Test für diesen Befehl sieht relativ einfach aus: Nach der Registrierung und einem Server-Neustart kannst du beliebig viele Argumente hinter `/words` verwenden, um diese einzeln in den Chat zu stellen. In Abbildung 4.6 ist ein Beispiel für `/words Hallo lieber Server!` dargestellt.

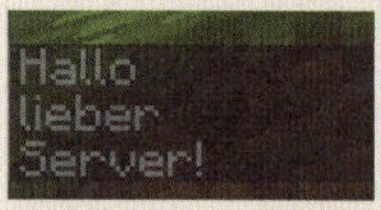

Abbildung 4.6 Bei der Eingabe »/words Hallo lieber Server!« erscheint jedes Argument in einer eigenen Nachricht im Chat.

4.3.3 Übung 04.03: Angesagte Ansagen

Entwickle einen Befehl `/greetplayers <Namen>`, mit dem mehrere Spieler gleichzeitig eine Nachricht bekommen. Wenn der Befehl `/greetplayers Tester1 Tester2` ausgeführt wird, würde eine Standardnachricht an die Spieler Tester1 und Tester2 gesendet werden. Wenn ein bestimmter Spieler nicht gefunden wurde, wird der Absender ebenfalls darüber informiert.

4.3.4 »while«-Schleife

Widmen wir uns einer letzten Schleifenform, die vom Aufbau deutlich einfacher ist als die verschiedenen `for`-Schleifen. Bei der Schleife handelt es sich um eine *while-Schleife* (zu Deutsch »während«-Schleife). Diese Schleife läuft immer wieder, bis eine hinterlegte Bedingung nicht mehr gilt.

```
while (<Bedingung>) {
  // Code, der ausgeführt wird, solange die Bedingung true ist
}
```

Ein gutes Beispiel, um eine `while`-Schleife besser zu verstehen, ist das Umschreiben einer klassischen Zählschleife mithilfe einer `while`-Schleife. Der folgende Code zeigt, wie du eine `while`-Schleife, die genau 3 Mal durchlaufen wird, programmierst. Erkennst du die drei Komponenten aus der normalen `for`-Schleife in diesem Aufbau wieder?

```
int i = 0;
while (i < 3) {
  i++;
}
```

Achtung vor Endlosschleifen!

Alle Schleifenformen und besonders die while-Schleife bergen eine Gefahr: eine *Endlosschleife*. Unter diesem Begriff wird eine Schleife verstanden, die unendlich lange läuft, weil die Bedingung der Schleife niemals erfüllt wird. Im Folgenden siehst du zwei Beispiele für Endlosschleifen (nicht nachmachen!):

```
while (true) {
}

for (int i = 0; i >= 0; i++) {
}
```

Beide Schleifen würden immer und immer wieder laufen: In der while-Schleife wird immer true als Bedingung verwendet, die Bedingung wäre also niemals falsch. In der for-Schleife wurde die Bedingung i >= 0 festgelegt, die immer true wäre, da i am Anfang 0 ist und von da an immer weiter erhöht wird.

Solche Schleifen musst du im Normalfall um jeden Preis vermeiden, denn wenn Quellcode »ungebremst« unendlich oft ausgeführt wird, belastet das die Ressourcen deines Servers stark. Das heißt, dass dein Server wegen deines Plugins abstürzt, und das sollte auf keinen Fall passieren! Glücklicherweise ist IntelliJ gegen viele solcher Problemfälle gewappnet und warnt dich, wenn eine potenzielle Endlosschleife erkannt wurde.

Wir wollen einen weiteren lustigen Befehl, /stonetower, mithilfe einer while-Schleife umsetzen. Beim Ausführen soll dieser Befehl einen Turm aus Steinen an der Position des Spielers bauen, und zwar bis der Turm die Y-Koordinate 100 erreicht. Wenn der Spieler sich über der Höhe 100 befindet, dann macht der Befehl nichts. Programmieren wir die Logik für diesen Fall in einer neuen Klasse StoneTowerCommand zuerst: Nach der instanceof-Abfrage, ob es sich beim Absender um einen Player handelt, speichere ich die Location (also die Position) des Spielers in einer Variable. Wird die Y-Höhe von 100 bereits überschritten, dann wird der Befehl durch ein Early Return an dieser Stelle abgebrochen und der Absender mit einer Nachricht informiert.

```
Location location = player.getLocation();
if (location.getY() > 100) {
  player.sendPlainMessage("Du bist zu weit oben.");
  return;
}
```

Nun fehlt noch der spannende Teil: Wir wollen den gleichen Quellcode immer wieder ausführen, bis der Turm die Y-Koordinate 100 überschreitet. Dafür wird als Bedingung für die Schleife immer wieder überprüft, ob die Y-Koordinate der Location bereits den

Wert 100 erreicht hat, in diesem Fall wird die Schleife nicht weiter ausgeführt. Damit diese Bedingung erreicht wird, wird location in jedem Durchlauf verändert. Wir wollen den Turm gerade nach oben bauen, sodass der Wert der Y-Koordinate in jedem Durchlauf mithilfe der bereits bekannten Methode add um 1 erhöht wird. Im Anschluss wird an der Stelle der neuen Location der gefundene Block verändert. Dafür wird der aktuell betrachtete Block über die Methode getBlock zunächst in einer Variable abgelegt. Mithilfe der Methode setType(Material.STONE) auf diesen Block erfolgt der eigentliche »Trick«, nämlich den Block im Spiel in einen Stein (Material.STONE) zu verwandeln:

```
while (location.getY() <= 100) {
  location.add(0, 1, 0);
  Block block = location.getBlock();
  block.setType(Material.STONE);
}
```

Die gleiche Lösung mit einer »for«-Schleife

Es wäre ebenfalls möglich, die gleiche Logik mithilfe einer Zählschleife umzusetzen. Der Schleifenkopf sähe dann so aus:

```
for (double y = location.getY(); y < 100; y++)
```

Der Code innerhalb der Schleife würde unverändert funktionieren.

Zusammengefasst ist der Quellcode in Listing 4.8. Ich habe eine Nachricht eingefügt, die nach dem Abschluss des Bauens an den Spieler gesendet wird.

```
package dev.schlosser.bookplugin.commands;

import io.papermc.paper.command.brigadier.BasicCommand;
import io.papermc.paper.command.brigadier.CommandSourceStack;
import org.bukkit.Material;
import org.bukkit.block.Block;
import org.bukkit.entity.Player;
import org.bukkit.Location;

public class StoneTowerCommand implements BasicCommand {
  @Override
  public void execute(CommandSourceStack stack, String[] args) {
    if (!(stack.getSender() instanceof Player player)) {
      stack.getSender().sendPlainMessage("Nur für Spieler!");
      return;
    }
```

```
    Location location = player.getLocation();
    if (location.getY() < 100) {
      player.sendPlainMessage("Du bist zu weit oben.");
      return;
    }

    while (location.getY() <= 100) {
      location.add(0, 1, 0);
      Block block = location.getBlock();
      block.setType(Material.STONE);
    }

    player.sendPlainMessage("Der Steinturm wurde gebaut!");
  }
}
```

Listing 4.8 Quellcode für den StoneTower-Befehl

Es wird Zeit, auch diesen Befehl zu testen. Registriere `/stonetower` und starte den Server neu. Du siehst nun beim Ausführen des Befehls, dass ein Turm aus Steinen bis zur Y-Koordinate 100 generiert wird (siehe Abbildung 4.7).

Abbildung 4.7 Der StoneTower-Befehl generiert einen Steinturm, der bis zur Y-Koordinate 100 in die Höhe ragt.

4.3.5 »break« und »continue« in Schleifen

Du kennst nun verschiedene Schleifenarten, ich möchte den Abschnitt aber mit einer weiteren praktischen Möglichkeit beenden, die Java im Zusammenhang mit Schleifen anbietet. Dabei geht es darum, eine Schleife innerhalb eines Durchlaufs komplett zu *beenden* oder den aktuellen Durchlauf zu *überspringen*. Dafür kommen zwei Schlüsselwörter, *break* und *continue*, zum Einsatz, die wir direkt am Beispiel des gerade in Listing 4.8 entwickelten StoneTower-Befehls in der Praxis kennenlernen.

Aktuell wird der Steinturm immer bis zur Höhe 100 nach oben gebaut. Selbst wenn sich der Absender aktuell in einer Höhle oder in einem Haus befindet, ersetzt der Turm somit jeden Block durch Stein. Was aber, wenn der Befehl den Turm nur dann bauen soll, wenn der aktuell betrachtete Block Luft ist? Dafür könnten wir die Schleife abbrechen, sobald ein Block erreicht wird, der bereits durch einen anderen Block »belegt« ist. Hierfür kommt das Schlüsselwort `break` zum Einsatz. Wird `break` innerhalb einer Schleife verwendet, dann wird die Schleife abgebrochen (so wie eine Methode, wenn `return` verwendet wird).

Für die erweiterte Logik des Befehls überprüfen wir vor dem Setzen eines Steinblocks, ob der aktuell anvisierte Block noch frei ist. Dafür kann die Methode `isEmpty` des Datentyps `Block` verwendet werden. Die Methode gibt nur dann `true` zurück, wenn der Block leer (also Luft) ist. Ist diese Bedingung nicht gegeben, senden wir dem Spieler eine Meldung, dass der Bauvorgang unterbrochen wurde, und brechen die Schleife mit dem Schlüsselwort `break` ab.

```
while (location.getY() < 100) {
  location.add(0, 1, 0);
  Block block = location.getBlock();

  if (!block.isEmpty()) {
    player.sendPlainMessage("Bauvorgang abgebrochen!");
    break;
  }

  block.setType(Material.STONE);
}
```

Bedenke, dass `break` nicht die gesamte Methode abbricht, sodass der Quellcode unter der Schleife dennoch ausgeführt wird.

Alternativ könntest du den Befehl so anpassen, dass der Turmbau nicht abgebrochen wird, sondern »feste Blöcke« einfach übersprungen werden. Hier kommt die Anweisung continue zum Einsatz, die im Gegensatz zu break nicht die gesamte Schleife abbricht, sondern lediglich zum nächsten Durchlauf der Schleife springt. Somit wird nach continue in der while-Schleife erneut zur Bedingung der Schleife gesprungen, bevor der nächste Durchlauf beginnt. Die angepasste Variante der gerade entwickelten Logik sieht dann so aus:

```
while (location.getY() < 100) {
  Block block = location.getBlock();

  if (!block.isEmpty()) {
    player.sendPlainMessage("Block wird übersprungen…");
    continue;
  }

  block.setType(Material.STONE);
  location.add(0, 1, 0);
}
```

Aus den zwei Varianten teste ich in Abbildung 4.8 die Programmierung mit break. Platziere ich vor dem Ausführen des Befehls einen Block über mir, wird der Turm nur bis zu genau diesem Block in die Höhe gebaut und endet danach. Bei der Variante mit continue ginge der Turm auch nach dem Holzblock weiter, das Holz würde aber nicht durch Stein ersetzt, sondern einfach beim Bauen übersprungen. Probiere es ruhig aus!

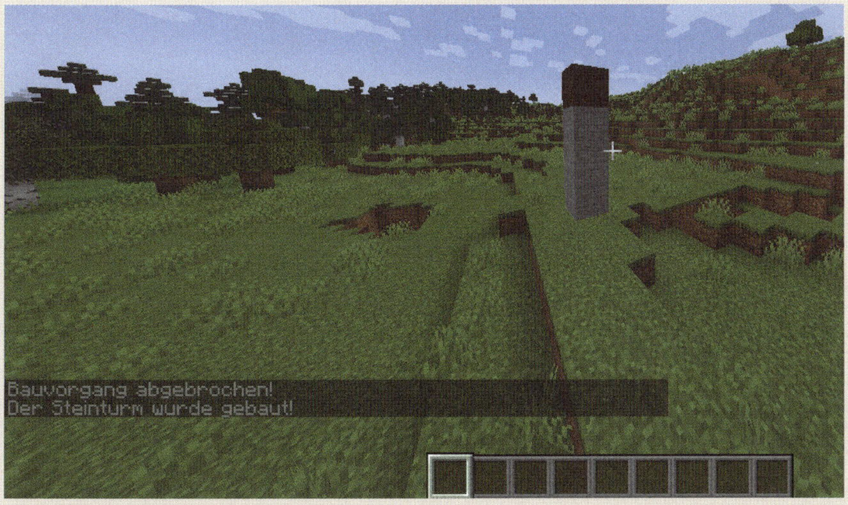

Abbildung 4.8 Wenn der Steinturm beim Bauen auf einen Block trifft, wird mit »break« der gesamte Bauprozess abgebrochen.

4.3.6 Übung 04.04: Die Treppe ins Glück

Entwickle in Anlehnung an den StoneTower-Befehl einen weiteren Befehl `/stairs`, der eine Treppe nach oben generiert. Jede »Stufe« soll aus einem Holzblock (`Material.OAK_LOG`) bestehen und um einen Block nach oben sowie einen Block nach vorn (also auf der Z-Achse) versetzt sein. Es sollen genau 10 Stufen generiert werden. Ein mögliches Ergebnis des Befehls siehst du in Abbildung 4.9.

Abbildung 4.9 So soll eine Treppe, die durch den Stairs-Befehl generiert wird, aussehen.

Tipp: Diese Übung lässt sich am besten durch eine klassische Zählschleife lösen. Nutze hier die Zählvariable, um die Treppe aufzubauen.

4.4 Musterlösungen für die Übungen

4.4.1 Übung 04.01: Was Wasser wagt

```
package dev.schlosser.bookplugin.commands;

import io.papermc.paper.command.brigadier.BasicCommand;
import io.papermc.paper.command.brigadier.CommandSourceStack;
import org.bukkit.entity.Player;
import org.bukkit.util.Vector;
```

```java
public class DolphinCommand implements BasicCommand {
  @Override
  public void execute(CommandSourceStack stack, String[] args) {
    if (!(stack.getSender() instanceof Player player)) {
      stack.getSender().sendPlainMessage("Nur für Spieler!");
      return;
    }

    if (player.isInWater()) {
      player.sendPlainMessage("Du springst wie ein Delfin!");
      player.setVelocity(new Vector(0, 10, 0));
    } else {
      player.sendPlainMessage("Dieser Befehl funktioniert nur im Wasser!");
    }
  }
}
```

Listing 4.9 Musterlösung für Übung 04.01

4.4.2 Übung 04.02: Befehlverbesserung

Hier kannst du beliebig viele der in der Übung genannten Beispiele umsetzen.

Listing 4.10 zeigt eine verbesserte Version des Lightning-Befehls aus Kapitel 3. Der Befehl unterstützt nun sowohl eine Ausführung über `/lightning` (womit der Absender sich selbst »blitzt«) und `/lightning <Name>`, womit stattdessen ein anderer Spieler von zwei Blitzen getroffen wird.

```java
package dev.schlosser.bookplugin.commands;

import io.papermc.paper.command.brigadier.BasicCommand;
import io.papermc.paper.command.brigadier.CommandSourceStack;
import org.bukkit.Bukkit;
import org.bukkit.Location;
import org.bukkit.command.CommandSender;
import org.bukkit.entity.Player;

public class ImprovedLightningCommand implements BasicCommand {
  @Override
  public void execute(CommandSourceStack stack, String[] args) {
    if (!(stack.getSender() instanceof Player player)) {
      stack.getSender().sendPlainMessage("Nur für Spieler!");
```

```
      return;
    }

    Player target = player;
    if (args.length != 0) {
      target = player.getServer().getPlayer(args[0]);
      if (target == null) {
        player.sendPlainMessage(
          "Spieler " + args[0] + " wurde nicht gefunden.");
        return;
      }
    }

    spawnLightning(target);
    spawnLightning(target);
    player.sendPlainMessage("Blitze auf " + target.getName() + " geschleudert!");
    target.sendPlainMessage("Zwei Blitze haben dich getroffen!");
  }

  public void spawnLightning(Player player) {
    Location location = player.getLocation();
    location.getWorld().strikeLightning(location);
  }
}
```

Listing 4.10 Musterlösung für eine verbesserte Version des Lightning-Befehls aus Kapitel 3 für Übung 04.02

4.4.3 Übung 04.03: Angesagte Ansagen

```
package dev.schlosser.bookplugin.commands;
package dev.schlosser.bookplugin.commands;

import io.papermc.paper.command.brigadier.BasicCommand;
import io.papermc.paper.command.brigadier.CommandSourceStack;
import org.bukkit.Server;
import org.bukkit.entity.Player;
```

```java
public class GreetPlayersCommand implements BasicCommand {
  @Override
  public void execute(CommandSourceStack stack, String[] args) {
    Server server = stack.getSender().getServer();
    for (String name : args) {
      Player target = server.getPlayer(name);
      if (target != null) {
        target.sendPlainMessage("Du wurdest begrüßt!");
      } else {
        stack.getSender().sendPlainMessage(
          "Spieler " + name + " nicht gefunden...");
      }
    }
  }
}
```

Listing 4.11 Musterlösung für Übung 04.03

4.4.4 Übung 04.04: Die Treppe ins Glück

```java
package dev.schlosser.bookplugin.commands;

import io.papermc.paper.command.brigadier.BasicCommand;
import io.papermc.paper.command.brigadier.CommandSourceStack;
import org.bukkit.Material;
import org.bukkit.block.Block;
import org.bukkit.entity.Player;
import org.bukkit.Location;

public class StairsCommand implements BasicCommand {
  @Override
  public void execute(CommandSourceStack stack, String[] args) {
    if (!(stack.getSender() instanceof Player player)) {
      stack.getSender().sendPlainMessage("Nur für Spieler!");
      return;
    }

    Location location = player.getLocation();
```

```
    for (int i = 0; i < 10; i++) {
      location.add(0, 1, 1);
      Block block = location.getBlock();
      block.setType(Material.OAK_LOG);
    }

    player.sendPlainMessage("Die Treppe wurde erfolgreich gebaut!");
  }
}
```

Listing 4.12 Musterlösung für Übung 04.04

Kapitel 5

Hör mal, wer da hämmert: Events mit einem Listener abhören

Regenbogensammlung

Du kennst nun viele wichtige Grundlagen, um dein Plugin mit logischen Abfolgen, Wiederholungen und Datensammlungen in Form von Arrays auszustatten. Doch nach diesen anstrengenden, in vielerlei Hinsicht theoretisch angehauchten Themen widmen wir uns in diesem Kapitel einem neuen Gebiet, mit dem du deinen Plugins weiteres Leben einhauchen kannst. Nachdem du in den bisherigen Beispielen immer auf das Ausführen von Befehlen angewiesen warst, geht es nun darum, auf *Ereignisse* im Spiel zu reagieren.

So ein Ereignis kann vieles sein: Ein Sprung, der gerade von einem Spieler durchgeführt wurde, ein explodierender Creeper oder das Zerstören (oder Bauen) eines Blocks in der Welt. All diese Dinge haben gemeinsam, dass sie in einem bestimmten Moment ausgelöst werden und unser Plugin auf solche Ereignisse reagieren können soll. Statt eines einfachen Sprungs könnte jeder Spieler beim Springen plötzlich die 10-fache Sprungkraft haben. Ein Creeper könnte statt einer normalen Explosion die halbe Welt in die Luft jagen. Beim Zerstören oder Bauen eines Blocks könnte ein lustiges Geräusch abgespielt werden. Die Möglichkeiten sind an dieser Stelle endlos!

Im Bereich der Plugin-Programmierung heißt ein Ereignis, auf das unser Plugin reagieren soll, *Event*. Um auf ein Event zu reagieren, benötigt es einen sogenannten *Listener*. Dieser wartet im Quellcode, bis das Event eintritt, und kann dann festlegen, was beim Eintreten des Ereignisses passiert. Dieser Vorgang ist spannend, und auch wenn es verschiedenste Events gibt, sehen wir uns in diesem Kapitel einige lustige Beispiele an. Dabei wirst du gleichzeitig das Wissen aus den letzten Kapiteln wiederholen.

5.1 Einen Listener schreiben und registrieren

Einen Listener, der ein einfaches Event »abhört« und darauf reagiert, wollen wir nutzen, um alle wichtigen Kenntnisse rund um die Thematik am Beispiel kennenzulernen. Dafür entwickeln wir zuerst einen Listener, der die Nachricht, die angezeigt wird, wenn ein Spieler den Server betritt, verändert.

Damit alle Listener, die in unserem Plugin verwendet werden, schön geordnet im Projekt liegen, lege ich neben dem `commands`-Package ein neues Package mit dem Namen `listeners` an. Auch du kannst mit einem Rechtsklick auf das Haupt-Package und die Option NEW • PACKAGE ein neues Package anlegen und den Namen `listeners` vergeben (siehe Abbildung 5.1).

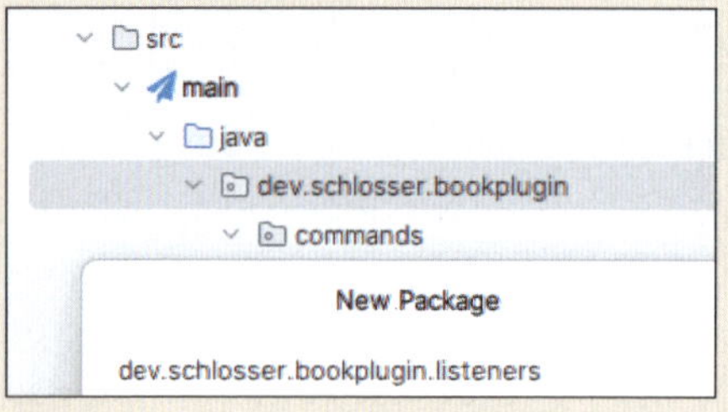

Abbildung 5.1 Neben »commands« wird ein neues »listeners«-Package innerhalb des Haupt-Packages angelegt.

Innerhalb dieses Packages kannst du nun eine neue Klasse erstellen, die die Aufgabe des neuen Listeners übernimmt. Da der neue Listener dafür zuständig ist, die Nachricht beim Betreten des Servers zu verändern, nutze ich den Namen `JoinMessageListener`. Ähnlich wie Befehle im Kopf der Klasse die Anweisung `implements BasicCommand` benötigen, wird bei Listenern eine Anweisung benötigt, mit der der Klasse signalisiert wird, dass sie als Listener eingesetzt werden kann. Dafür wird hinter den Namen `implements Listener` geschrieben, wobei `Listener` aus dem Package `org.bukkit.event` importiert werden muss.

Den richtigen Import erwischen

In den Standardbibliotheken von Java gibt es verschiedene andere mögliche Imports, die den Namen `Listener` tragen. Achte darauf, dass du den richtigen Import von `org.bukkit.event` erwischst (siehe Abbildung 5.2). Solltest du versehentlich einen anderen `Listener` importiert haben, dann kannst du den fehlerhaften Import einfach aus deiner Klasse löschen und den richtigen Import einfügen.

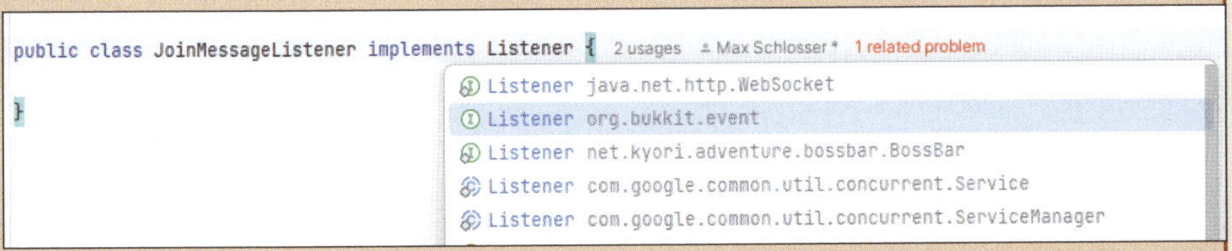

Abbildung 5.2 Achte darauf, dass du Listener von »org.bukkit.event« in deiner neuen Klasse importierst.

Mit dem Grundgerüst sieht die Klasse zunächst so aus:

```
package dev.schlosser.bookplugin.listeners;

import org.bukkit.event.Listener;

public class JoinMessageListener implements Listener {

}
```

Deine Klasse ist nun bereit, als Listener zu arbeiten und auf beliebige Events zu warten. Jedes Event, das ein Listener abhört, wird in einer eigenen Methode geschrieben, die einem besonderen Aufbau folgt. In unserem Fall benötigen wir genau eine solche Methode, die auf das Event wartet, das beim Betreten des Servers ausgelöst wird. Über die Methode wird *@EventHandler* geschrieben, damit der Listener weiß, dass die Methode abgehört werden soll. Die Methode selbst gibt keine Daten zurück und erhält somit als Rückgabewert `void`. Spannender wird es bei den Parametern der Methode, denn der verwendete Parameter gibt das Event an, das durch diese Methode abgehört wird. Du wirst zahlreiche Events kennenlernen; für das genannte Beispiel benötigen wir das `PlayerJoinEvent`. Wie es der Name andeutet, wird dieses Event bei jedem Beitritt auf den Server ausgelöst. Wie gewohnt kann der Parameter einen beliebigen Namen erhalten, gängig ist es hier, den Namen `event` zu verwenden. Der Name der Methode kann ebenso beliebig gewählt werden, doch auch hier wird für gewöhnlich eine einheitliche Benennung verfolgt. Dabei wird als Beginn das Wort `on` für »sobald« verwendet und beschrieben, bei welchem Ereignis die Methode ausgelöst wird. Am Beispiel: Der Name `onPlayerJoin` (also »sobald ein Spieler beitritt«) wäre hier passend, da die Methode bei jedem Beitritt ausgeführt wird. Diese Art der Benennung werde ich auch im weiteren Verlauf des Buchs beibehalten.

Mit den genannten Bestandteilen sieht die Methode, die das Event des Server-Beitritts erwartet, aus wie folgt; beachte, dass du `EventHandler` und `PlayerJoinEvent` zunächst in der Klasse importieren musst:

```
@EventHandler
public void onPlayerJoin(PlayerJoinEvent event) {

}
```

In der Methode kannst du nun die Logik umsetzen, die ausgeführt werden soll, wenn das Event eintritt. Den event-Parameter kannst du dabei nutzen, um verschiedene Informationen auszulesen oder den »normalen« Ablauf des Events zu manipulieren. Genau das machen wir uns zunutze: Über die Methode getPlayer des Events erhältst du den Spieler, der das Event ausgelöst hat, indem er den Server betreten hat. Diesen Player speichere ich in einer Variable zwischen.

Außerdem stellt das Event eine Methode setJoinMessage bereit, die die Standard-Beitrittsnachricht verändert. Dieser Methode wird die neue gewünschte Nachricht als String übergeben, im Falle des Beispiels verknüpfe ich den Namen des Spielers mit einer passenden Nachricht. Außerdem sende ich dem beigetretenen Player zusätzlich eine Nachricht, die nicht für alle sichtbar ist. Dafür eignet sich eine persönliche Willkommensnachricht.

```
Player player = event.getPlayer();
event.setJoinMessage(player.getName() + " hat den Server betreten!");
player.sendPlainMessage("Willkommen auf dem Server, viel Spaß beim Spielen!");
```

Das gesamte kompakte Beispiel für die angepassten Nachrichten beim Betreten des Servers siehst du in Listing 5.1.

```
package dev.schlosser.bookplugin.listeners;

import org.bukkit.event.EventHandler;
import org.bukkit.event.Listener;
import org.bukkit.event.player.PlayerJoinEvent;

public class JoinMessageListener implements Listener {
  @EventHandler
  public void onPlayerJoin(PlayerJoinEvent event) {
    String playerName = event.getPlayer().getName();
    event.setJoinMessage(playerName + " hat den Server betreten!");
    player.sendPlainMessage(
      "Willkommen auf dem Server, viel Spaß beim Spielen!");
  }
}
```

Listing 5.1 Quellcode für den Beitritts-Listener

So wie bei Befehlen müssen Listener ebenfalls für das Plugin registriert werden. Geh dafür zunächst in die Hauptklasse deines Plugins, in der du bereits die verschiedenen Befehle registriert hast. Damit Listener beim Start des Plugins verfügbar sind, bietet sich für diesen Schritt ebenfalls die Methode `onEnable` an.

Die Registrierung eines neuen Event-Listeners in der `onEnable`-Methode der Hauptklasse benötigt den `PluginManager`, der über die Methode `getServer().getPluginManager` abgerufen wird. Da wir noch viele weitere Listener registrieren werden, lohnt es sich, diesen `PluginManager` in einer eigenen Variable abzuspeichern. Zum Registrieren eines neuen Listeners musst du die Methode `registerEvents` aufrufen, wobei der Name der Listener-Klasse hinter dem Schlüsselwort `new` als erster Parameter übergeben wird. Als zweiten Parameter setzt du das Schlüsselwort `this` ein, die technische Bedeutung dieser Anweisung ist für den Moment nicht wichtig. Insgesamt sieht die Registrierung deines ersten Listeners in `onEnable` so aus:

```
PluginManager pluginManager = getServer().getPluginManager();
pluginManager.registerEvents(new JoinMessageListener(), this);
```

Zur Einordnung, an welcher Stelle die beiden Zeilen innerhalb deiner Hauptklasse platziert werden müssen, wirf einen Blick auf Listing 5.2. Der Quellcode wurde verkürzt, indem einige Imports sowie die Registrierung der bisherigen Befehle nicht mit abgebildet sind (angedeutet durch ...).

```
package dev.schlosser.bookplugin;

...
import dev.schlosser.bookplugin.listeners.JoinMessageListener;
import org.bukkit.plugin.PluginManager;

public class BookPlugin extends JavaPlugin {

  @Override
  public void onEnable() {
    ...
    PluginManager pluginManager = getServer().getPluginManager();
    pluginManager.registerEvents(new JoinMessageListener(), this);
  }
}
```

Listing 5.2 Überblick über die Hauptklasse des Plugins, nachdem der Listener registriert wurde

Nach der Registrierung kannst du den Server neu starten und deinen ersten Listener testen. Wenn du den Server nun betrittst, erhalten alle Spieler auf dem Server eine neue Meldung. Du selbst erhältst auch eine personalisierte Nachricht, die dich auf dem Server begrüßt (siehe Abbildung 5.3)

Abbildung 5.3 Die neue Beitrittsmeldung sowie die personalisierte Nachricht sind beim Betreten des Servers im Chat zu sehen.

Mit diesem grundlegenden Wissen über Events und Listener bist du nun bereit, mehr über die Materie zu lernen.

5.2 Weitere Beispiele für Listener

Ein einfacher Listener, der die Beitrittsnachricht verändert, war nur ein Startbeispiel für die Thematik. Paper stellt unzählige unterschiedliche Events zur Verfügung, die durch Listener abgefangen werden können, um deine Minecraft-Welt auf den Kopf zu stellen. In diesem Abschnitt lernst du anhand weiterer Beispiele, wie du mit verschiedenen Listenern umgehen kannst.

Eine Übersicht über alle Events

Durch die große Anzahl an Listenern, die du mit Paper umsetzen kannst, kann ich im Umfang dieses Buches nicht jedes mögliche Event mit einem Beispiel vorstellen. Hier lohnt es sich für dich, auf die Suche zu gehen, sobald du ein bestimmtes Problem umsetzen willst und du den passenden Event-Datentyp, den du als Parameter für die Listener-Methode einsetzen willst, nicht kennst.

Eine Übersicht über alle Events, die Paper zur Verfügung stellt, findest du unter *https://jd.papermc.io/paper/org/bukkit/event/Event.html*.

5.2.1 Logik im Listener: Die (fast) unendliche Goldmine

Im ersten Beispiel wollen wir dafür sorgen, dass Golderz-Blöcke nach dem Zerstören sofort erneut erscheinen, sodass man an einem Golderz mehrmals abbauen kann. Doch nicht unendlich oft: Mit einer bestimmten Wahrscheinlichkeit tritt der Effekt nicht ein, und es erscheint kein neues Golderz an derselben Position. Das bedeutet, dass du bei deinem Listener mehrere Abfragen benötigst. Starten wir mit einer neuen Klasse, die ich GoldOreRespawnListener nenne.

Wie gewohnt benötigst du im Klassenkopf den Anhang implements Listener, damit die Klasse auf Events warten kann. Nun kann es auch schon an die Methode gehen, die als Listener gelten soll. Das Event, das wir für das Beispiel benötigen, trägt den Namen BlockBreakEvent und wird immer dann ausgelöst, wenn ein Block von einem Spieler zerstört wird. Als Methodenname vergebe ich passenderweise onBlockBreak und füge erneut @EventHandler über dem Methodenkopf ein. Das Grundgerüst für den neuen Listener sieht zunächst so aus:

```
package dev.schlosser.bookplugin.listeners;

import org.bukkit.event.EventHandler;
import org.bukkit.event.Listener;

public class GoldOreRespawnListener implements Listener {
  @EventHandler
  public void onBlockBreak(BlockBreakEvent event) {

  }
}
```

Zunächst benötigen wir eine Vorbedingung, die den Listener nur für Golderz-Blöcke geltend macht. Dafür verwenden wir die Methode getBlock des event-Parameters: Diese Methode gibt den gerade zerstörten Block zurück, über den wir weitere Informationen herausfinden können. In unserem Fall wollen wir, dass die Methode nur dann fortgesetzt wird, wenn es sich beim zerstörten Block um Golderz handelt. Dafür müssen wir den Typ des Blocks überprüfen, was du über die Methode getType erledigst. Mithilfe eines Vergleichs in einer if-Abfrage kannst du die Listener-Methode durch ein Early Return beenden, wenn es sich beim zerstörten Block nicht um Golderz handelt. Dafür nutzt du einen Vergleich auf Ungleichheit (!=) mit dem passenden Typ »Golderz«, der in der Programmierung durch Material.GOLD_ORE dargestellt wird. Die Schreibweise für diesen Vergleich und den Methodenabbruch sieht so aus:

```
if (event.getBlock().getType() != Material.GOLD_ORE) {
  return;
}
```

Darunter kann es nun an die Logik gehen, die bestimmt, ob ein neuer Golderz-Block erscheint. Dafür wird zunächst mit new Random().nextDouble() eine Zufallszahl zwischen

0 und 1 generiert. Ich möchte, dass mit einer Wahrscheinlichkeit von 75 % ein neuer Block erscheint (also durchschnittlich in 3 von 4 Fällen). Dafür überprüfe ich, ob die generierte Zufallszahl kleiner als `0.75` ist. Da die Wahrscheinlichkeiten der Zufallszahl zwischen 0 und 1 gleichmäßig verteilt sind, entspricht das der Logik für 75 %.

Wenn diese Zufallsbedingung zutrifft, soll ein neuer Erzblock über dem gerade abgebauten Erz erscheinen. Dafür wird mit dem Methodenaufruf `getRelative(0, 1, 0)` vom abgebauten Block aus ein Block nach oben gegangen (also `0` in X-Richtung, `1` in Y-Richtung, `0` in Z-Richtung). Dieser Block wird anschließend mithilfe der Methode `setType` durch Golderz (`Material.GOLD_ORE`) ersetzt. So wirkt es im Spiel, als würde sofort ein neues Erz über dem gerade abgebauten Gold erscheinen.

Warum ersetze ich nicht einfach den zerstörten Block?

Würde ich den Block, der gerade zerstört wurde, direkt setzen, sähe man das im Spiel nicht. Der Grund dafür ist, dass die meisten Event-Methoden ausgeführt werden, bevor die eigentliche Aktion im Spiel passiert. Im Falle des `BlockBreakEvent`-Ereignisses würde ich also den »zerstörten« Block durch einen Goldblock ersetzen, doch die eigentliche Zerstörung im Spiel geschieht erst danach. Dadurch würde der Block, den ich durch Code setze, sofort wieder zerstört.

Aus diesem Grund ersetzen wir hier einfach den Block darüber. Im Laufe des Buchs lernst du, wie du bestimmte Aktionen so verzögern kannst, dass der neue Block beispielsweise direkt an der Position gesetzt werden kann, allerdings mit einem kleinen zeitlichen Abstand, sodass er nicht direkt wieder zerstört wird.

Egal, ob die Zufallsbedingung zutrifft oder nicht: In beiden Fällen möchte ich den Spieler, der den Erzblock abgebaut hat, informieren. Über die Methode `event.getPlayer` kannst du den entsprechenden `Player` abrufen und den gewohnten Aufruf `sendPlainMessage` nutzen, um eine Chatnachricht zu senden. Die gesamte Logik für den zweiten Teil des Listeners sieht aus wie folgt:

```
if (new Random().nextDouble() <= 0.75) {
  event.getBlock().getRelative(0, 1, 0).setType(Material.GOLD_ORE);
  event.getPlayer().sendPlainMessage("Ein neues Erz ist erschienen!");
} else {
  event.getPlayer().sendPlainMessage("Das Erz ist verschwunden ...");
}
```

Der gesamte Quellcode für den neuen Listener ist in Listing 5.3 aufgeführt.

```java
package dev.schlosser.bookplugin.listeners;

import org.bukkit.Material;
import org.bukkit.event.EventHandler;
import org.bukkit.event.Listener;
import org.bukkit.event.block.BlockBreakEvent;

import java.util.Random;

public class GoldOreRespawnListener implements Listener {

  @EventHandler
  public void onBlockBreak(BlockBreakEvent event) {
    if (event.getBlock().getType() != Material.GOLD_ORE) {
      return;
    }

    if (new Random().nextDouble() <= 0.75) {
      event.getBlock().getRelative(0, 1, 0).setType(Material.GOLD_ORE);
      event.getPlayer().sendPlainMessage("Ein neues Erz ist erschienen!");
    } else {
      event.getPlayer().sendPlainMessage("Das Erz ist verschwunden ...");
    }
  }
}
```

Listing 5.3 Quellcode für den Golderz-Listener

Nun muss der neue Listener nur noch in der Hauptklasse registriert werden. Füge hier in der onEnable-Methode eine neue Zeile hinzu, die den neuen Listener beim PluginManager registriert. Dafür nutzen wir die in Listing 5.2 angelegte Variable pluginManager:

```java
pluginManager.registerEvents(new GoldOreRespawnListener(), this);
```

Zeit zum Testen: Baue das neue Plugin und platziere im Kreativmodus ein Golderz irgendwo in deiner Welt (oder suche alternativ in einer Höhle, bis du Golderz findest, falls du genug Zeit dafür hast). Wenn du das Erz zerstörst, erscheint mit einer Wahrscheinlichkeit von 75 % ein neuer Erzblock über dem gerade zerstörten (siehe Abbildung 5.4). Wenn du weniger Glück hast, wird kein neuer Block erstellt, und die »unendliche Quelle« ist zu Ende.

Abbildung 5.4 Nach dem Zerstören eines Erzes erscheint sofort ein neuer Erzblock darüber. Nach einigen zerstörten Blöcken trifft der Zufall aber nicht mehr zu, und kein neues Erz scheint.

Anhand dieses Beispiels hast du gesehen, wie du logische Abfragen, die du zum Großteil bereits im letzten Kapitel kennengelernt hast, in deinem Listener verwenden kannst. In vielen Fällen kommst du nicht darum herum, durch Abfragen einzuschränken, in welchen Fällen der Listener tatsächlich auf das Event einwirken soll.

5.2.2 Übung 05.01: Ein bewegender Schritt in eine goldige Zukunft

Programmiere Goldfüße: Immer dann, wenn du dich über einen Kohleblock bewegst, soll sich dieser in einen Goldblock verwandeln. Das Event, das bei jeder Bewegung ausgelöst wird, ist das `PlayerMoveEvent`.

Die `Location` unter der aktuellen Position erhältst du mithilfe des `event`-Parameters über den Methodenaufruf `getPlayer().getLocation().subtract(0, 1, 0)`: Dieser Aufruf geht von der Position des Spielers um eine Einheit nach unten (also auf den Block, auf dem man gerade steht). Von dort kannst du über `getBlock().getType()` überprüfen, ob es sich um `Material.COAL_BLOCK` (also einen Kohleblock) handelt. Das Ersetzen des Blocks nimmst du wie in Listing 5.3 über die Methode `setType` des Blocks vor, wobei du für einen Goldblock den Typ `Material.GOLD_BLOCK` benötigst.

5.2.3 Events abbrechen: Harmlose Zombies

Im nächsten Beispiel lernst du, wie du Events *abbrichst*. Das ist für viele Listener eine sinnvolle Option, um das Spielgeschehen noch gezielter zu beeinflussen. Nicht jedes

Event lässt sich abbrechen, und was genau beim Abbrechen passiert, hängt vom gewählten Event ab. Ein Beispiel: Hättest du das im gerade gezeigten Abschnitt 5.2.1 verwendete BlockBreakEvent abgebrochen, so wäre der Block einfach nicht kaputtgegangen und kein Erzblock fallen gelassen worden. Das zeigt noch einmal gut, dass das Event bereits verarbeitet wird, bevor im Spiel etwas passiert. Wenn das Event somit vor dem Durchlaufen abgebrochen wird, wird beim BlockBreakEvent beispielsweise verhindert, dass der Block im Spiel verschwindet und passende Materialien fallen gelassen werden.

In diesem Abschnitt verwenden wir einen anderen Anwendungsfall, um mithilfe eines neuen Listeners ein Event abzubrechen. Wir wollen dafür sorgen, dass Zombies keinen Schaden mehr an Spielern verursachen und der angegriffene Spieler eine Nachricht erhält, die darüber informiert, dass der Zombie keinen Schaden verursacht hat. Dafür kommt das EntityDamageByEntityEvent zum Einsatz, das immer dann ausgelöst wird, wenn ein Tier, Monster oder Spieler einem anderen Tier, Monster oder Spieler Schaden zufügen würde. Dafür lege ich eine neue Klasse ZombieNoDamageListener an.

In der Listener-Methode muss zunächst überprüft werden, ob überhaupt ein Spieler angegriffen wurde, da das Event auch für andere Tiere oder Monster ausgelöst wird, die aber nicht Teil unserer Logik sein sollen. Dafür wird die Methode getEntity des event-Parameters verwendet, um wie bei Befehlen eine instanceof-Überprüfung durchzuführen und im Falle einer erfolgreichen Überprüfung den angegriffenen Spieler im gleichen Atemzug in einer Variable player abzulegen. Wenn die Überprüfung nicht erfolgreich ist, wird die Methode, so wie bei Befehlen, durch ein Early Return abgebrochen wie folgt:

```
@EventHandler
public void onEntityDamage(EntityDamageByEntityEvent event) {
  if (!(event.getEntity() instanceof Player player)) {
    return;
  }
}
```

Im zweiten Schritt musst du herausfinden, ob es sich beim Angreifer tatsächlich um einen Zombie handelt und nicht etwa um ein anderes Monster oder beispielsweise einen wütenden Eisengolem. Der Angreifer wird über die Methode getDamager des event-Parameters ermittelt und kann ebenfalls mit einer instanceof-Überprüfung verknüpft werden. In diesem Fall überprüfen wir, ob es sich beim Angreifer um den Datentyp Zombie handelt.

Wenn dies der Fall ist, soll das Event abgebrochen werden. Dafür kommt die Methode setCancelled des event-Parameters zum Einsatz. Dieser Methode wird ein boolean übergeben, der angibt, ob das Event abgebrochen wird. Da wir innerhalb der if-Abfrage wissen, dass all unsere Bedingungen eintreten (ein Zombie greift gerade also einen Spieler an), wollen wir dieses Event abbrechen und übergeben `true` an die Methode. Das bedeutet im Zusammenhang mit dem `EntityDamageByEntityEvent`, dass der angegriffene Spieler keinen Schaden erleidet. Im Anschluss senden wir außerdem eine Meldung an den `Player`:

```
if (event.getDamager() instanceof Zombie) {
  event.setCancelled(true);
  player.sendPlainMessage("Glück gehabt! Zombies schaden dir nicht.");
}
```

> **Die Methode »setCancelled«**
>
> Bei Events, die abgebrochen werden können, wird immer die Methode `setCancelled` verwendet, um festzulegen, ob ein Abbruch erfolgen soll oder nicht. Events, die nicht abgebrochen werden können, können nicht auf diese Methode zugreifen.

Der gesamte Quellcode für das Beispiel ist in Listing 5.4 aufgeführt.

```
package dev.schlosser.bookplugin.listeners;

import org.bukkit.entity.Player;
import org.bukkit.entity.Zombie;
import org.bukkit.event.EventHandler;
import org.bukkit.event.Listener;
import org.bukkit.event.entity.EntityDamageByEntityEvent;

public class ZombieNoDamageListener implements Listener {
  @EventHandler
  public void onEntityDamage(EntityDamageByEntityEvent event) {
    if (!(event.getEntity() instanceof Player player)) {
      return;
    }

    if (event.getDamager() instanceof Zombie) {
      event.setCancelled(true);
      player.sendPlainMessage("Glück gehabt! Zombies schaden dir nicht.");
    }
  }
}
```

Listing 5.4 Quellcode für den Listener, der Zombies harmlos macht

Registriere den neuen Listener nun selbstständig so, wie du es bereits in Listing 5.1 und Listing 5.3 getan hast. Im Anschluss wird es Zeit, die neue Logik zu testen. Dafür habe ich im Kreativmodus zunächst mithilfe von Spawn-Eiern einen Zombie erschaffen und mich anschließend in den Überlebensmodus gesetzt. Auch wenn der Zombie, wie in Abbildung 5.5 zu sehen, auf mich zustürmt, nehme ich keinen Schaden, und die programmierte Meldung erscheint im Chat. Der Listener funktioniert und bricht das Event ab!

Abbildung 5.5 Da kann der Zombie wüten, wie er will: Durch den Listener nehme ich selbst im Überlebensmodus keinen Schaden.

5.2.4 Übung 05.02: Kreative Baubegrenzung

Auf deinem Server soll nur noch maximal bis zur Höhe 200 gebaut werden dürfen. Nutze das `BlockPlaceEvent`, das beim Platzieren eines Blocks ausgelöst wird. Wenn der neue Block über einer Höhe von 200 ist, soll das Event abgebrochen und der Spieler informiert werden.

Die Location des neuen Blocks erhältst du über die Methode `getBlockPlaced().getLocation` des `event`-Parameters.

5.2.5 Mehrere Events in einer Listener-Klasse: Todeszähler

Die bisherigen Listener, die du angelegt hast, haben jeweils in einer Klasse allein für sich gearbeitet. Zum Abschluss sehen wir uns allerdings ein Beispiel an, in dem mehrere Listener in einer Klasse an einem Strang ziehen. Dafür setzen wir ein neues Beispiel um: Wir wollen zählen, wie viele Tiere und Monster gestorben sind, bis irgendein Spieler den

Server verlässt. In diesem Moment wird die bisherige Anzahl von Toden im Chat ausgegeben und der Zähler auf 0 zurückgesetzt.

In einer neuen Klasse EntityDeathCounterListener lege ich eine Instanzvariable entityDeathCount mit dem Datentyp int an, die zunächst mit dem Wert 0 initialisiert wird (immerhin soll der Zähler beim Starten des Plugins bei 0 beginnen). Die Variable darf nicht lokal innerhalb eines Listeners deklariert werden, da sie sonst bei jedem Aufruf des Listeners neu deklariert und somit überschrieben wird. Außerdem müssen, wie du gleich sehen wirst, mehrere Methoden auf dieselbe Variable zugreifen, was mit einer lokalen Variable ebenfalls nicht funktionieren würde.

Für die Umsetzung der Logik benötigt es das EntityDeathEvent, das immer dann ausgelöst wird, wenn ein Tier, Monster oder Spieler stirbt. Innerhalb der Listener-Methode wird die gerade angelegte Variable mithilfe eines Inkrements um den Wert 1 erhöht:

```
public class EntityDeathCounterListener implements Listener {
  int entityDeathCount = 0;

  @EventHandler
  public void onEntityDeath(EntityDeathEvent event) {
    entityDeathCount++;
  }
}
```

Die Variable würde nun bei jedem toten Tier, Monster oder Spieler um den Wert 1 erhöht. Doch damit ist erst die halbe Aufgabe erfüllt, denn sobald ein Spieler den Server verlässt, soll der bisherige Wert im Chat für alle ausgegeben werden. Das heißt, dass wir ein weiteres Event in derselben Klasse benötigen, denn nur so kann der neue Listener ebenfalls auf die Variable entityDeathCount zugreifen.

Lege hierfür eine neue Listener-Methode an, die das PlayerQuitEvent abhört. Dieses wird immer dann ausgelöst, wenn ein Spieler den Server verlässt. Das ist für uns der perfekte Moment, um zunächst mithilfe von broadcastMessage über den Server die bisherige Zahl der toten Lebewesen im Chat auszugeben. Anschließend wird die Variable entityDeathCount auf 0 zurückgesetzt, sodass Tode neu gezählt werden, bis der nächste Spieler den Server verlässt und eine neue Ausgabe erfolgt:

```
@EventHandler
public void onPlayerQuit(PlayerQuitEvent event) {
  event.getPlayer().getServer().broadcastMessage(
    "Tode bis zum Verlassen: " + entityDeathCount);
  entityDeathCount = 0;
}
```

Dieses Beispiel unterscheidet sich vielleicht nicht so stark von den bisher programmierten Listenern, doch der Unterschied ist wichtig! Zum ersten Mal wirken zwei Listener zusammen, um eine Variable auszulesen oder zu überschreiben und so eine völlig neue Aufgabe zu lösen. Eine solche Struktur wird dir noch bei manchen Beispielen im Buch begegnen, und du wirst sehen, was für coole Szenarien sich damit umsetzen lassen. Den gesamten Quellcode für diese Event-Kombination siehst du in Listing 5.5.

```
package dev.schlosser.bookplugin.listeners;

import org.bukkit.event.EventHandler;
import org.bukkit.event.Listener;
import org.bukkit.event.entity.EntityDeathEvent;
import org.bukkit.event.player.PlayerQuitEvent;

public class EntityDeathCounterListener implements Listener {
  int entityDeathCount = 0;

  @EventHandler
  public void onEntityDeath(EntityDeathEvent event) {
    entityDeathCount++;
  }

  @EventHandler
  public void onPlayerQuit(PlayerQuitEvent event) {
    event.getPlayer().getServer().broadcastMessage(
      "Tode bis zum Verlassen: " + entityDeathCount);
    entityDeathCount = 0;
  }
}
```

Listing 5.5 Quellcode für die Listener des Kill-Zählers, bis zum Verlassen des Servers

Auch wenn in der Klasse zwei Listener-Methoden enthalten sind, musst du `EntityDeathCounterListener` so wie die bisherigen Listener nur in einer Zeile in der Hauptklasse registrieren. Wenn du den Server nun neu startest, kannst du vor dem Verlassen einige Tiere oder Monster töten. Die Zahl der gestorbenen Minecraft-Lebewesen steht dann im Chat. Trittst du erneut bei und verlässt den Server sofort, siehst du, dass der Zähler auf 0 zurückgesetzt wurde (siehe Abbildung 5.6).

Beachte, dass der Zähler immer dann zurückgesetzt wird, wenn irgendein Spieler den Server verlässt.

```
[10:28:39 INFO]: BiVieh lost connection: Disconnected
[10:28:39 INFO]: Tode bis zum Verlassen: 9
[10:28:39 INFO]: BiVieh left the game
[10:28:42 INFO]: UUID of player BiVieh is 7b4cd0b2-9a1c-45a9-a1dc-ff866c5a351f
[10:28:43 INFO]: BiVieh hat den Server betreten!
[10:28:43 INFO]: BiVieh[/127.0.0.1:58068] logged in with entity id 393 at ([world]-49.9992312909198, 64.0, -229.18931776288218)
[10:28:44 INFO]: BiVieh lost connection: Disconnected
[10:28:44 INFO]: Tode bis zum Verlassen: 0
[10:28:45 INFO]: BiVieh left the game
```

Abbildung 5.6 Ein Blick in die Konsole nach dem Verlassen des Servers verrät, dass ich mich an neun unschuldigen Tieren und Monstern vergriffen habe. Beim erneuten Betreten und sofortigen Verlassen wurde die Zahl auf 0 zurückgesetzt.

Event-Nachrichten im weiteren Verlauf des Buches

Durch die verschiedenen Listener, die ich als Beispiele registriere, wird der Chat nach einer Weile durch alles Mögliche immer voller. Aus diesem Grund registriere ich für das Testen der Beispiele teilweise nur die Listener, die tatsächlich benötigt werden. So bleibt der Chat im Buch übersichtlicher, als wenn alle bisher entwickelten Listener gleichzeitig zum Einsatz kommen.

5.2.6 Übung 05.03: Die Blitzschleiche

Auf deinem Server soll die »Blitzschleiche« (nein, nicht das Tier!) gelten. Das heißt, dass der Blitz einschlägt, sobald ein Spieler zu schleichen beginnt. Das passiert allerdings nur 10-mal, danach sind alle Blitze überwunden, und eine Nachricht soll für alle im Chat zu sehen sein.

Für diese Aufgabe benötigst du das `PlayerToggleSneakEvent`, das ausgelöst wird, wenn man zu schleichen beginnt oder mit dem Schleichen aufhört. Über die Methode `isSneaking` kannst du innerhalb von `event.getPlayer` herausfinden, ob ein Spieler aktuell schleicht.

5.3 Musterlösungen für die Übungen

5.3.1 Übung 05.01: Ein bewegender Schritt in eine goldige Zukunft

```java
package dev.schlosser.bookplugin.listeners;

import org.bukkit.Material;
import org.bukkit.block.Block;
```

```java
import org.bukkit.entity.Player;
import org.bukkit.event.EventHandler;
import org.bukkit.event.Listener;
import org.bukkit.event.player.PlayerMoveEvent;

public class CoalFeetListener implements Listener {
   @EventHandler
   public void onMove(PlayerMoveEvent event) {
     Player player = event.getPlayer();

     Block blockBelow = player.getLocation().subtract(0, 1, 0).getBlock();
     if (blockBelow.getType() == Material.COAL_BLOCK) {
       blockBelow.setType(Material.GOLD_BLOCK);
     }
   }
}
```

Listing 5.6 Quellcode für Übung 05.01

5.3.2 Übung 05.02: Kreative Baubegrenzung

```java
package dev.schlosser.bookplugin.listeners;

import org.bukkit.event.EventHandler;
import org.bukkit.event.Listener;
import org.bukkit.event.block.BlockPlaceEvent;

public class MaxHeightBuildListener implements Listener {
  @EventHandler
  public void onBlockPlace(BlockPlaceEvent event) {
    if (event.getBlockPlaced().getLocation().getY() > 200) {
      event.setCancelled(true);
      event.getPlayer().sendPlainMessage("Die maximale Bauhöhe beträgt 200!");
    }
  }
}
```

Listing 5.7 Musterlösung für Übung 05.02

5.3.3 Übung 05.03: Die Blitzschleiche

```
package dev.schlosser.bookplugin.listeners;

import org.bukkit.Bukkit;
import org.bukkit.entity.Player;
import org.bukkit.event.EventHandler;
import org.bukkit.event.Listener;
import org.bukkit.event.player.PlayerToggleSneakEvent;

public class BlindSneakListener implements Listener {
  int lightnings = 0;

  @EventHandler
  public void onSneak(PlayerToggleSneakEvent event) {
    Player player = event.getPlayer();
    if (!player.isSneaking()) {
      return;
    }

    if (lightnings == 10) {
      return;
    }

    lightnings++;

    player.getWorld().strikeLightning(player.getLocation());
    player.sendPlainMessage("Dich hat die Blitzschleiche getroffen!");

    if (lightnings == 10) {
      player.getServer().broadcastMessage("Die Blitzschleiche ist vorbei.");
    }
  }
}
```

Listing 5.8 Musterlösung für Übung 05.03

Kapitel 6
Hol mehr aus deinen Ideen: Weitere Plugin-Basics

Fang an zu ackern!

Die Grundlagen aus den letzten Kapiteln ermöglichen dir schon jetzt die Umsetzung vieler cooler Ideen. Leider ist der Anfang nicht so leicht: Immerhin musst du wissen, wie du die verschiedenen Basics so verknüpfst, dass deine Vorstellungen tatsächlich zum Leben erwachen. Mit diesem Kapitel schlagen wir eine Art Brücke in die große, breite Welt der vielen Dinge, die sich mit Plugins umsetzen lassen, und entwickeln einige ausgewählte praktische Beispiele. In erster Linie wirst du dabei ein paar weitere Grundlagen zu verschiedenen Bereichen lernen, nämlich die Beeinflussung der Spieler, die sich auf dem Server befinden, die Arbeit mit Blöcken und die Manipulation der Welt. Auch wenn es sich nur um ein paar Beispiele handelt, die an der Oberfläche der unendlich vielen Möglichkeiten deiner kreativen Ideen kratzen, wirst du nicht nur neue Gebiete kennenlernen, sondern zusätzlich die Grundlagen der vergangenen Kapitel wiederholen. Gehen wir es an! Damit du dich vollkommen auf die Beispiele der neuen Themen konzentrieren kannst, enthält dieses Kapitel ausnahmsweise keine Übungen.

6.1 Bestimmte Aktionen an Spielern vornehmen

Beginnen wir mit verschiedenen Beispielen, in denen wir Einfluss auf die Spieler auf unserem Server nehmen. Auch wenn du in den letzten Kapiteln schon einige lustige Experimente kennengelernt hast, legen wir nun noch eine Schippe drauf.

6.1.1 Der Soundschreck

Im ersten Beispiel lernst du, wie du Geräusche abspielen kannst, sodass nur ein bestimmter Spieler sie hört. Das nutzen wir für einen lustigen Befehl, mit dem du andere erschrecken kannst: Durch die Nutzung von /scare <Spieler> soll ein gruseliger Sound an den als Argument angegebenen Spieler gesendet werden. Beginne wie immer, indem du eine neue Klasse ScareCommand erstellst, in der du das Grundgerüst für einen neuen Befehl hinterlegst. Eine Überprüfung, ob ein Spieler den Befehl ausgeführt hat, benötigst du nicht: Immerhin soll man das Erschrecken auch aus der Konsole oder von anderen Quellen aus aufrufen können.

Dafür benötigst du den Array-Parameter, der die Argumente für den ausgeführten Befehl enthält. Mit einer einfachen if-Abfrage und einem Early Return kannst du zunächst überprüfen, ob das korrekte Muster für den Befehl eingehalten wurde:

```
if (args.length != 1) {
  stack.getSender().sendPlainMessage("Verwendung: /scare <Spieler>");
  return;
}
```

Im Anschluss kannst du das ebenfalls bereits gewohnte Muster nutzen, um mithilfe einer weiteren Early-Return-Abfrage zu überprüfen, ob sich der zu erschreckende Spieler, der über die Methode getPlayer des Servers herausgesucht wird, aktuell auf dem Server befindet:

```
Player target = stack.getSender().getServer().getPlayer(args[0]);
if (target == null) {
  stack.getSender().sendPlainMessage("Spieler " + args[0] + " nicht gefunden.");
  return;
}
```

Nun fehlt nur noch das eigentliche Kernelement, nämlich das Abspielen des gruseligen Geräuschs. Dafür kommt die Methode playSound des Datentyps Player zum Einsatz. Diese Methode erwartet beim Aufruf insgesamt vier Parameter:

- Eine Location, die angibt, von wo der Sound spielt. Du kannst somit beeinflussen, in welche Richtung das Geräusch zu hören ist.
- Die Art des Geräusches. So wie verschiedene Blockarten über Material abgerufen werden, stehen alle möglichen Geräuschtypen über Sound zur Verfügung.
- Die Lautstärke des Geräuschs als Fließkommazahl, wobei 1 einer normalen Lautstärke entspricht.
- Die Tonhöhe des Geräuschs als Fließkommazahl, wobei 1 die normale Tonhöhe ist, ein Wert in Richtung 0 das Geräusch tiefer und ein Wert über 1 höher klingen lässt.

Für dieses Beispiel nutzen wir die exakte Position des Opfers für das Abspielen. Mit Sound.ENTITY_PHANTOM_SWOOP wähle ich einen gruseligen Phantomsound, den ich mit einer normalen Lautstärke von 1 abspiele. Die Tonhöhe von `0.5` sorgt dafür, dass das Geräusch etwas tiefer als standardmäßig klingt.

```
Location loc = target.getLocation();
target.playSound(loc, Sound.ENTITY_PHANTOM_SWOOP, 1.0f, 0.5f);
```

Den kompletten Quellcode, der die bisherige Logik zusätzlich durch ein paar Chatausgaben ergänzt, siehst du in Listing 6.1.

```
package dev.schlosser.bookplugin.commands;

import io.papermc.paper.command.brigadier.BasicCommand;
import io.papermc.paper.command.brigadier.CommandSourceStack;
import org.bukkit.Bukkit;
import org.bukkit.Sound;
import org.bukkit.entity.Player;

public class ScareCommand implements BasicCommand {
  @Override
  public void execute(CommandSourceStack stack, String[] args) {
    if (args.length != 1) {
      stack.getSender().sendPlainMessage("Verwendung: /scare <Spieler>");
      return;
    }

    Player target = stack.getSender().getServer().getPlayer(args[0]);
    if (target == null) {
      stack.getSender().sendPlainMessage(
        "Spieler " + args[0] + " nicht gefunden.");
      return;
    }

    Location loc = target.getLocation();
    target.playSound(loc, Sound.ENTITY_PHANTOM_SWOOP, 1.0f, 0.5f);
    target.sendPlainMessage("WAS WAR DAS?!");
    stack.getSender().sendPlainMessage(target.getName() + " wurde erschrocken.");
  }
}
```

Listing 6.1 Quellcode für den Scare-Befehl

Registriere den neuen Befehl und starte den Server neu. Anschließend kannst du den Befehl testen: Ich kann dir das Ergebnis leider nicht abdrucken, dafür bräuchte ich ein Hörbuch. Gruselig ist das Geräusch allerdings auf jeden Fall!

6.1.2 Teleportationsmeister

Wir entwickeln nun einen Befehl, mit dem du einen Spieler zu einem anderen Spieler teleportieren kannst. Dafür soll der Befehl `/tp <Spieler 1> <Spieler 2>` lauten, wodurch der erste angegebene Spieler auf die Position des zweiten teleportiert wird. Starte mit einer neuen Klasse `TpCommand` und baue die generelle Befehlsstruktur. Füge selbstständig eine Abfrage ein, die überprüft, ob tatsächlich die zwei geforderten Argumente an den Befehl übergeben wurden.

Die beiden Zielspieler kannst du nun über den gewohnten Weg ermitteln. Zur Überprüfung, ob der Befehl ausgeführt werden kann, musst du allerdings sicherstellen, dass beide angegebenen Spieler online, also nicht `null`, sind. Die Abfragen dafür könnten so aussehen:

```
Server server = stack.getSender().getServer();
Player playerA = server.getPlayer(args[0]);
Player playerB = server.getPlayer(args[1]);

if (playerA == null) {
  stack.getSender().sendPlainMessage("Spieler " + args[0] + " nicht gefunden!");
  return;
}

if (playerB == null) {
  stack.getSender().sendPlainMessage("Spieler " + args[1] + " nicht gefunden!");
  return;
}
```

Zum Teleportieren bietet der Datentyp `Player` die Methode `teleport` an. Dieser Methode kann die `Location`, an die der Zielspieler teleportiert werden soll, als Parameter übergeben werden. Der große Vorteil: Die Methode kümmert sich vollkommen automatisch darum, dass (wenn notwendig) die Welt gewechselt wird. Das wäre beispielsweise notwendig, wenn die Zielposition im Nether liegt, während der Spieler gerade noch in der normalen Welt ist. Im Falle unseres Beispiels ist die Teleportation schnell erledigt:

```
playerA.teleport(playerB.getLocation());
```

Listing 6.2 zeigt noch einmal die gesamte Klasse, inklusive der Logik zur Überprüfung der verwendeten Argumente und ein paar Extra-Chatnachrichten.

```
package dev.schlosser.bookplugin.commands;

import io.papermc.paper.command.brigadier.BasicCommand;
import io.papermc.paper.command.brigadier.CommandSourceStack;
import org.bukkit.Bukkit;
import org.bukkit.entity.Player;

public class TpCommand implements BasicCommand {
  @Override
  public void execute(CommandSourceStack stack, String[] args) {
    if (args.length != 2) {
      stack.getSender().sendPlainMessage("Nutzung:
        /tp <Spieler 1> <Spieler 2>");
      return;
    }

    Server server = stack.getSender().getServer();
    Player playerA = server.getPlayer(args[0]);
    Player playerB = server.getPlayer(args[1]);

    if (playerA == null) {
      stack.getSender().sendPlainMessage(
        "Spieler " + args[0] + " nicht gefunden!");
      return;
    }

    if (playerB == null) {
      stack.getSender().sendPlainMessage(
        "Spieler " + args[1] + " nicht gefunden!");
      return;
    }

    playerA.teleport(playerB.getLocation());
    stack.getSender().sendPlainMessage(
      playerA.getName() + " wurde zu " + playerB.getName() + "teleportiert!");
    playerA.sendPlainMessage(
```

```
        "Du wurdest zu " + playerB.getName() + " teleportiert!");
    }
}
```

Listing 6.2 Quellcode für den TP-Befehl

Nachdem du diesen Befehl wie gewohnt registriert und das Plugin neu kompiliert hast, kannst du deinen Quellcode testen, wenn du mehrere Accounts auf deinem Server einloggen kannst.

Testen mit mehreren Spielern

Ich gehe davon aus, dass dir lediglich ein Minecraft-Account zur Verfügung steht, was das Testen solcher Befehle oder Plugin-Ideen für mehrere Spieler natürlich etwas umständlich macht.

Damit du darauf aber nicht bei jedem Test angewiesen bist, werden wir uns im weiteren Verlauf des Buches eher auf Beispiele konzentrieren, die du mit nur einem Account testen kannst.

6.2 Mit Blöcken arbeiten

Konzentrieren wir uns als Nächstes auf das Element, das Minecraft zu Minecraft macht: Blöcke! Für diese elementaren Grundbausteine des Spiels habe ich ebenfalls ein paar Beispiele vorbereitet.

6.2.1 Eine Schach-Plattform unter dem Spieler erscheinen lassen

Im ersten Beispiel entwickeln wir einen `/chess`-Befehl, der ein Schachmuster unter dem Absender des Befehls erscheinen lässt. Das Muster soll in einem 5×5-Raster angeordnet werden, wie in Abbildung 6.1 angedeutet. Dabei werden lediglich die schwarzen Blöcke gesetzt, die weißen Stellen bleiben bei dem Block, der bereits davor zu sehen war.

Starte mit einer Klasse `ChessCommand`, in der du die Basis für den neuen Befehl umsetzt. Dazu gehört in diesem Fall auch die Überprüfung, ob es sich beim Absender um einen Spieler handelt (immerhin soll dessen Position als Ausgangslage für die Erstellung des Schachmusters verwendet werden).

Abbildung 6.1 So soll das Block-Schachmuster, das durch den Befehl generiert wird, aussehen.

Die Logik für die Generierung des Schachbrettmusters ist etwas fortgeschrittener, denn hier werden zwei ineinander verschachtelte `for`-Schleifen benötigt: Die äußere Schleife durchläuft die X-Koordinaten (bewegt sich also von links nach rechts), während die innere Schleife ein Schachmuster auf der Z-Achse (also von vorn nach hinten) generiert. Damit der Spieler in der Mitte über dem Schachmuster bleibt, laufen die Schleifen jeweils nicht von 0 bis 5, sondern von –2 bis 2. Somit wird ausgehend vom Spieler ein Abstand von zwei Blöcken nach links, rechts, vorn und hinten gehalten. Besonders ist außerdem, dass die Zählvariable der inneren Schleife nach jedem Durchlauf um den Wert `2` erhöht wird, damit jeweils ein Block, der nicht verändert werden soll, übersprungen wird. Das Grundgerüst für die beiden Schleifen sieht damit aus wie folgt:

```
for (int x = -2; x < 3; x++) {
  for (int z = -2; z < 3; z += 2) {

  }
}
```

Mit dieser Logik würden wir auf der Z-Koordinate allerdings jeweils eine Linie generieren, da jeder Block um exakt zwei Einheiten verschoben wird. Wir wollen allerdings erreichen, dass Z für jeden Durchlauf der äußeren Schleife um eine Einheit versetzt wird. Dafür lernst du eine neue Zahlenoperation kennen, nämlich den *Modulo-Operator* (auch *Restwert-Operator* genannt). Dieser wird durch ein Prozentzeichen (%) zwischen zwei Zahlen gesetzt und berechnet den Rest, der entstände, würde man die erste Zahl durch die zweite teilen. Die Operation `8 % 4` ergäbe 0, da 8 ohne Rest durch die Zahl 4 teilbar ist. `8 % 3` würde wiederum 2 ergeben, da lediglich 6 ohne Rest durch 3 teilbar ist und bis zur Zahl 8 ein Rest von 2 übrig bleibt.

Den Operator nutzen wir für das Beispiel, um jede zweite Z-Koordinate um eine Einheit zu versetzen. Das tun wir, indem wir überprüfen, ob der aktuell durchlaufene X-Wert *ungerade* ist. Eine Zahl ist gerade, wenn beim Teilen durch 2 ein Rest von 0 bleibt (also wenn `Zahl % 2 == 0` gilt), und ungerade, wenn das Teilen durch 2 einen Rest erzeugt (also wenn `Zahl % 2 != 0`). In der inneren Schleife überprüfen wir bei jedem ersten Durchlauf (also wenn `z == -2`), ob die aktuelle X-Koordinate ungerade ist. In diesem Fall versetzen wir die Z-Koordinate mit `z++` um eine Einheit nach vorn:

```
if (z == -2 && x % 2 != 0) {
  z++;
}
```

Die `Location`, an der der neue Block platziert werden soll, wird ausgehend von der aktuellen Position des Spielers ermittelt. Dafür versetzen wir die Koordinaten mithilfe der Methode `add`: Für `x` und `z` werden die jeweiligen Werte aus der Schleife eingetragen, während die Y-Koordinate unverändert bleibt. Nach dem Ermitteln der Position kommt der Teil, der für die Veränderung von Blöcken ausschlaggebend ist und den du bereits einige Male verwendet hast: Der Datentyp `Block` unterstützt die Methode `setType`, mit der du ein bestimmtes Material angeben kannst, das in der Welt erscheint. Nutzen wir für das Muster den `COAL_BLOCK`, also einen schwarzen Kohleblock:

```
player.getLocation().add(x, 0, z).getBlock().setType(Material.COAL_BLOCK);
```

Der vollständige Quellcode in Listing 6.3 enthält zusätzlich eine kleine Chatmeldung außerhalb der Schleifendurchläufe, nachdem das Muster generiert wurde.

```
package dev.schlosser.bookplugin.commands;

import io.papermc.paper.command.brigadier.BasicCommand;
import io.papermc.paper.command.brigadier.CommandSourceStack;
import org.bukkit.Material;
import org.bukkit.entity.Player;

public class ChessCommand implements BasicCommand {
  @Override
  public void execute(CommandSourceStack stack, String[] args) {
    if (!(stack.getSender() instanceof Player player)) {
      stack.getSender().sendPlainMessage("Nur für Spieler!");
      return;
    }
```

```
        for (int x = -2; x < 3; x++) {
            for (int z = -2; z < 3; z += 2) {
                if (z == -2 && x % 2 != 0) {
                    z++;
                }

                player.getLocation().add(x, 0, z)
                    .getBlock().setType(Material.COAL_BLOCK);
            }
        }

        player.sendPlainMessage("Ein Schachmuster ist erschienen!");
    }
}
```

Listing 6.3 Quellcode für den Chess-Befehl

Starte den Server neu, nachdem du den Befehl registriert hast, und teste ihn aus: Wie in Abbildung 6.2 zu sehen, wird das Schachmuster in einer Größe von 5 × 5 Blöcken unter dir generiert.

Abbildung 6.2 Was für ein schönes Muster: Der neue Befehl funktioniert.

6.2.2 Bienen-Zerstörungs-Kettenreaktion

Neben dem Erstellen von Blöcken (was eigentlich nichts anderes ist als die Umwandlung von Luft in ein anderes `Material`, so wie gerade gezeigt), können wir mithilfe eines Plugins Blöcke ebenfalls zerstören lassen. In einem weiteren Beispiel entwickeln wir einen Listener, der dafür sorgt, dass beim Zerstören eines Bienenstocks alle darüberliegenden Bienenstöcke im gleichen Moment zerstört werden. Die Besonderheit: Die Zerstörung soll natürlich aussehen, sodass das einfache Ersetzen mit Luft nicht in Frage kommt. Erstelle dafür zunächst eine Klasse `BeeHiveDestroyListener`. Für den Listener kommt das bereits bekannte `BlockBreakEvent` zum Einsatz, das beim Zerstören eines Blocks ausgelöst wird. In der Event-Methode kannst du zunächst mithilfe eines Early Returns überprüfen, ob es sich um einen Bienenstock (`Material.BEEHIVE`) gehandelt hat:

```
@EventHandler
public void onBlockBreak(BlockBreakEvent event) {
  Block block = event.getBlock();

  if (block.getType() != Material.BEEHIVE) {
    return;
  }
}
```

Nun fehlt nur noch die Logik, die dafür sorgt, dass alle darüberliegenden Bienenstöcke ebenfalls zerstört werden. Hierfür speichern wir die `Location` des darüberliegenden Blocks zunächst in einer Variable ab. Im Anschluss wird eine `while`-Schleife genutzt, um zu überprüfen, ob sich ein weiterer Bienenstock über dem zuletzt zerbrochenen Block befindet. Wenn das der Fall ist, kommt die Methode `breakNaturally` des betreffenden Blocks zum Einsatz: Diese Methode zerstört den Block so, als würde er auf eine natürliche Art und Weise abgebaut. Das bedeutet, dass (wenn möglich) der Gegenstand auf den Boden fällt, der normalerweise beim Abbauen des Blocks herabfallen würde. Außerdem wird nach jedem Schleifendurchlauf ein weiterer Block nach oben auf die Location addiert, damit der nächste Block überprüft wird. Wenn es sich um keinen weiteren Bienenstock handelt, würde die Logik des Listeners enden. Der volle Quellcode mit dieser Logik ist in Listing 6.4 aufgeführt.

```
package dev.schlosser.bookplugin.listeners;

import org.bukkit.Location;
import org.bukkit.Material;
import org.bukkit.block.Block;
import org.bukkit.event.EventHandler;
import org.bukkit.event.Listener;
import org.bukkit.event.block.BlockBreakEvent;

public class BeeHiveDestroyListener implements Listener {
```

```
  @EventHandler
  public void onBlockBreak(BlockBreakEvent event) {
    Block block = event.getBlock();

    if (block.getType() != Material.BEEHIVE) {
      return;
    }

    Location current = block.getLocation().add(0, 1, 0);
    while (current.getBlock().getType() == Material.BEEHIVE) {
      current.getBlock().breakNaturally();
      current.add(0, 1, 0);
    }
  }
}
```

Listing 6.4 Quellcode für die Bienenstock-Kettenreaktion

Starte den Server nach der Registrierung des Listeners neu. Wenn du nun einen Turm aus Bienenstöcken baust und den untersten Block zerstörst, zerbrechen alle Stöcke darüber. Beide Schritte siehst du in Abbildung 6.3.

Abbildung 6.3 Kettenreaktion: Wenn du einen Turm aus Bienenstöcken (links) von unten zerstörst, werden alle Blöcke darüber auf natürlichem Weg ebenfalls zerbrochen (rechts).

6.3 Die Welt manipulieren

Im letzten Abschnitt geht es um verschiedene Beispiele, in denen du die Welt(en) deines Servers manipulieren oder visuelle Effekte unterbringen kannst.

6.3.1 Vielseitiger Naturveränderer

Als Erstes entwickeln wir einen Befehl `/nature`, der genau ein Argument entgegennimmt. Die Argumente, die vom Befehl unterstützt werden, sind dabei:

- `rain`: Ändert das Wetter in Regen.
- `sun`: Ändert das Wetter in sonnig.
- `day`: Ändert die Tageszeit in Tag.
- `night`: Ändert die Tageszeit in Nacht.
- `tree`: Lässt an der Position des Absenders einen Baum wachsen.

Erstelle für diesen Befehl eine neue Klasse `NatureCommand` und baue die Überprüfungen ein, sodass lediglich Spieler den Befehl ausführen können (denn wir wollen die Welt des Absenders verwenden, um die Änderungen vorzunehmen) und exakt ein Argument genutzt wird.

Für die Logik des Befehls benötigst du ein paar weitere Grundlagen. Zunächst die Überprüfung eines Textes mit beliebiger Groß- und Kleinschreibung. Stell dir vor, dass statt `/nature day` aus Versehen (oder absichtlich) der Aufruf `/nature DAY` erfolgt. Bei einer Überprüfung mit `== "day"` würde dieses Argument nicht unterstützt. Abhilfe schafft hier die Methode `equalsIgnoreCase`, die du auf dem Datentyp `String` ausführen kannst. Damit werden zwei Texte verglichen, Groß- und Kleinschreibung wird aber ignoriert. Somit wären im folgenden Beispiel beide Variablen `true`, obwohl Groß- und Kleinschreibung im zweiten Aufruf nicht übereinstimmen:

```
boolean a = "test".equalsIgnoreCase("test"); // a hat den Wert true
boolean b = "test".equalsIgnoreCase("TeSt"); // b hat den Wert true
```

Die Methode könntest du also für die verschiedenen unterstützten Argumente beispielsweise so einsetzen, um verschiedene `if`-Abfragen zu realisieren:

```
if ("rain".equalsIgnoreCase(args[0])) {
  ...
}
```

Mithilfe dieser Methode würden wir ziemlich viele if-Abfragen (oder entsprechende else if-Statements) aneinanderketten. Wir wollen stattdessen für diesen Befehl allerdings eine Technik einsetzen, die sich für Befehle mit vielen möglichen Argumenten besonders gut anbietet, nämlich ein *switch-Statement*. Dieses wird durch das Schlüsselwort switch eingeleitet und erhält in runden Klammern einen Wert, der verglichen werden soll. Dabei werden lediglich Ganzzahlen, Strings, sogenannte Enumerationstypen und seit Java 21 auch besondere Muster, die wir nicht näher behandeln, unterstützt. Dahinter folgt ein Block geschweifter Klammern, der den Bereich des Statements abdeckt. Beispielhaft wollen wir ein switch-Statement nutzen, um die verschiedenen unterstützten Argumente des Befehls zu überprüfen. Somit überprüfen wir einen String-Wert, nämlich das Argument args[0]. Damit, so wie bei equalsIgnoreCase, Groß- und Kleinschreibung keine Rolle spielt, bedienen wir uns eines einfachen Tricks: Wir wandeln das Argument einfach immer in Kleinbuchstaben um. Dafür verwenden wir die Methode toLowerCase. Die Basis des switch-Statements sieht dann so aus:

```
switch (args[0].toLowerCase()) {

}
```

In den geschweiften Klammern können wir nun die verschiedenen Argumente angeben. Ein überprüfter Fall im switch-Statement wird als *Case* bezeichnet und durch das gleichnamige Schlüsselwort eingeleitet, dahinter folgt der zu überprüfende Wert. Die einfachste Form zur Angabe des Codes, der beim Zutreffen dieses Cases ausgeführt werden soll, ist eine besondere Schreibweise mit einem Pfeil, der aus einem Bindestrich und einem Größer-als-Zeichen besteht (->). Hinter dem Pfeil kann nun ein Block geschweifter Klammern folgen, der den Code enthält. Beispielhaft für das Argument rain sieht der Case innerhalb des switch-Statements so aus:

```
case "rain" -> {
  ...
}
```

> **Beachte die Methode »toLowerCase«!**
>
> Beachte, dass das Argument bei der Überprüfung durchgehend kleingeschrieben sein muss. Nur so kann das mit toLowerCase in Kleinbuchstaben verwandelte Argument mit dem Case übereinstimmen. Der Case case "RAIN" träfe wiederum niemals zu.

Neben beliebig vielen Cases wird ein besonderes *Default-Statement* erlaubt. Dieses wird mit default eingeleitet und enthält den Code, der ausgeführt wird, wenn kein Case davor zutrifft. In unserem Fall senden wir dem Absender eine passende Nachricht:

```
default -> {
  player.sendPlainMessage("Nutze Argument: rain, sun, day, night, tree.");
}
```

Alle Cases können zusätzlich vereinfacht werden, wenn nur genau eine Ausführung enthalten sein soll: In diesem Fall kannst du einfach die geschweiften Klammern hinter dem `case` weglassen. Bei `default` sähe das so aus:

```
default -> player.sendPlainMessage(
  "Nutze Argument: rain, sun, day, night, tree.");
```

Mit diesen Grundlagen zum `switch`-Statement fehlen nun nur noch die verschiedenen Methoden, mit denen du die Welt beeinflussen kannst. Die Welt kannst du zunächst mithilfe der Methode `getWorld`, die du beispielsweise schon für das Einschlagen eines Blitzes verwendet hast, vom `Player` abrufen und in einer Variable des Datentyps `World` ablegen:

```
World world = player.getWorld();
```

`World` wiederum unterstützt verschiedene Methoden, mit denen du die im Befehl angedachten Funktionen realisieren kannst. Dafür zunächst ein Überblick über die wichtigen Methoden, die du benötigst:

- **`setStorm`**: Nutzt einen `boolean`-Parameter, der angibt, ob ein Gewitter in der Welt aufziehen soll.
- **`setTime`**: Setzt mithilfe eines `long`-Parameters die aktuelle Zeit in der Welt. Dabei wird die Zeit in der Einheit Ticks angegeben.
- **`generateTree`**: Generiert einen Baum an einer übergebenen `Location`. Als zweiter Parameter wird ein `TreeType` für den Typ des Baums eingesetzt, wobei `TreeType.TREE` für einen normalen Eichenbaum steht.

Mithilfe dieser drei Methoden lassen sich alle angedachten Funktionen umsetzen. Dabei wird für eine tiefe Nachtzeit bei `setTime` der Wert von `13000` Ticks genutzt, die Mittagszeit setzt dagegen bei etwa `1000` Ticks ein. Den Quellcode für den fertigen Befehl siehst du in Listing 6.5. Die einzelnen Argumente wurden durch das zuvor erläuterte `switch`-Statement abgefragt. Nur wenn alle Überprüfungen fehlschlagen, wird eine Meldung über `default` ausgegeben. In allen anderen Fällen erfolgt die jeweilige Veränderung in der Welt, und eine Chatnachricht wird an den Absender geschickt.

```java
package dev.schlosser.bookplugin.commands;

import io.papermc.paper.command.brigadier.BasicCommand;
import io.papermc.paper.command.brigadier.CommandSourceStack;
import org.bukkit.TreeType;
import org.bukkit.World;
import org.bukkit.entity.Player;

public class NatureCommand implements BasicCommand {
  @Override
  public void execute(CommandSourceStack stack, String[] args) {
    if (!(stack.getSender() instanceof Player player)) {
      stack.getSender().sendPlainMessage("Nur für Spieler!");
      return;
    }

    if (args.length != 1) {
      player.sendPlainMessage("Nutzung: /nature <rain|sun|day|night|tree>");
      return;
    }

    World world = player.getWorld();

    switch (args[0].toLowerCase()) {
      case "rain" -> {
        world.setStorm(true);
        player.sendPlainMessage("Regenwolken ziehen auf!");
      }
      case "sun" -> {
        world.setStorm(false);
        player.sendPlainMessage("Die Sonne scheint!");
      }
      case "day" -> {
        world.setTime(1000);
        player.sendPlainMessage("Es werde Tag!");
      }
      case "night" -> {
        world.setTime(13000);
        player.sendPlainMessage("Es werde Nacht!");
      }
      case "tree" -> {
```

```
            world.generateTree(player.getLocation(), TreeType.TREE);
            player.sendPlainMessage("Ein Baum wächst!");
          }
          default -> player.sendPlainMessage(
            "Nutze Argument: rain, sun, day, night, tree.");
        }
      }
    }
```

Listing 6.5 Quellcode für den Nature-Befehl

Das Plugin habe ich mit zwei Argumenten getestet, nachdem ich den Befehl registriert und das Plugin erneut auf den Server geladen habe. Wie du in Abbildung 6.4 siehst, habe ich nicht nur einen neuen Baum erschaffen, sondern das Wetter darüber hinaus in Regen geändert.

Abbildung 6.4 So schnell lässt sich die Stimmung ändern: Neben einem einsamen Baum kannst du durch den Befehl schnell Regen beschwören.

6.3.2 Laufpartikel

Über die Welt kannst du außerdem *Partikel* erscheinen lassen, die für coole visuelle Effekte nutzbar sind. Genau solche Partikel verwenden wir für ein weiteres Beispiel, nämlich für Rauch, der beim Laufen oder Fliegen zu sehen sein soll. Dafür benötigen wir zunächst einen Listener, der bei jeder Laufbewegung anschlägt. Erstelle dafür eine neue

Klasse WalkParticleListener, in der du eine neue Methode anlegst, die auf das PlayerMoveEvent wartet. Dieses Event wird immer dann ausgelöst, wenn sich ein Spieler bewegt, wobei auch das Drehen als Bewegung gilt. Wir wollen nur dann Partikel erscheinen lassen, wenn der Spieler einen neuen Block betreten hat. Dafür kannst du die Methode hasExplicitlyChangedBlock des event-Parameters nutzen, die nur dann true zurückgibt, wenn der Spieler durch seine Bewegung einen neuen Block betreten würde:

```
if (event.hasExplicitlyChangedBlock()) {
  Player player = event.getPlayer();
}
```

Ist diese Bedingung gegeben, wollen wir Rauchpartikel erscheinen lassen! Dafür wird die World genutzt, in der sich unser Player aktuell befindet. Ein Partikel lässt du innerhalb dieser Welt mit der Methode spawnParticle erscheinen. Die Methode erwartet ganze sechs Parameter:

- die Art des Partikels, die über ein Particle angegeben wird
- die Location, von der aus das Partikel erstellt werden soll
- die Anzahl der Partikel, die erscheinen sollen
- jeweils eine Fließkommazahl für X-, Y- und Z-Richtung, wobei jeder Wert die maximale zufällige Verschiebung in die jeweilige Richtung bedeutet. So stellst du sicher, dass bei mehreren erscheinenden Partikeln nicht alle Partikel unmittelbar übereinander liegen.

Weitere Parameterzusammensetzungen

Die Methode kann auch mit anderen Parametern aufgerufen werden, womit beispielsweise Daten an das Partikel übermittelt werden. Das kann beispielsweise praktisch sein, wenn dieselbe Partikelart in verschiedenen Farben oder Formen auftreten kann.

Diese Daten behandle ich nicht im Detail im Buch, sodass du für diesen Fall auf die Paper-Dokumentation zurückgreifen kannst.

Für das Verwenden der Methode habe ich den Player, der sich bewegt hat, vom event-Parameter mit getPlayer abgerufen und seine Location in einer Variable loc gespeichert, die ich leicht nach oben versetze. Für den Partikeltyp verwenden wir Particle.SMOKE, was für Rauch steht. Ich nutze für jede Bewegung fünf Partikel, damit der Rauch gut zu sehen ist. Außerdem baue ich ein bisschen zufällige Verschiebung ein, indem auf der X- und Z-Achse um bis zu 0,3 Einheiten versetzt wird, auf der Y-Höhe um bis zu 0,1 Einheiten. Der Aufruf sieht so aus:

```
Location loc = player.getLocation().add(0, 0.1, 0);
player.getWorld().spawnParticle(Particle.SMOKE, loc, 5, 0.3, 0.1, 0.3)
```

Die gesamte Listener-Klasse, die im Anschluss für rauchende Füße sorgen soll, sieht dann aus wie in Listing 6.6 aufgezeigt.

```
package dev.schlosser.bookplugin.listeners;

import org.bukkit.Particle;
import org.bukkit.entity.Player;
import org.bukkit.event.EventHandler;
import org.bukkit.event.Listener;
import org.bukkit.event.player.PlayerMoveEvent;
import org.bukkit.Location;

public class WalkParticleListener implements Listener {
  @EventHandler
  public void onPlayerWalk(PlayerMoveEvent event) {
    if (event.hasExplicitlyChangedBlock()) {
      Player player = event.getPlayer();
      Location loc = player.getLocation().add(0, 0.1, 0);
      player.getWorld().spawnParticle(Particle.SMOKE, loc, 5, 0.3, 0.1, 0.3);
    }
  }
}
```

Listing 6.6 Quellcode für den Bewegungspartikel-Listener

Zeit, den neuen Listener auszuprobieren! Registriere den Listener und kompiliere das Plugin neu. Wenn du nun durch deine Welt läufst, siehst du bei jedem Schritt Rauchpartikel unter deinen Füßen (siehe Abbildung 6.5).

Abbildung 6.5 Das schafft Eindruck: Beim Laufen ziehst du eine Spur aus Rauch hinter dir her.

6.3.3 Explosiver Todesblick

Es wird explosiv! Im letzten Beispiel wirst du eine Explosion in deiner Welt veranlassen. Das soll über einen Befehl funktionieren, doch natürlich möchtest du dich nicht selbst in die Luft jagen. Aus diesem Grund soll die Explosion nicht an der Position deines Absenders erscheinen, sondern an der Stelle, auf die sich der Blick in dem Moment richtet, in dem der Befehl abgesendet wird. Erstelle dafür in einer neuen Klasse ExplodeCommand das Grundgerüst für einen neuen Befehl und stell sicher, dass lediglich Spieler ihn ausführen können (immerhin benötigen wir die Blickrichtung, die wir nicht von der Konsole abfragen könnten).

Den Block, den ein bestimmter Player gerade ansieht, erreichst du über die Methode getTargetBlockExact. Dabei wird ein int-Parameter übergeben, der angibt, wie weit entfernt der Block maximal sein darf. Mithilfe eines Vergleichs auf den besonderen Wert null kannst du durch ein Early Return feststellen, ob tatsächlich ein Block in der angegebenen Reichweite gefunden wurde. In meinem Fall erfolgt die Feststellung über 50 Blöcke wie folgt:

```
Block target = player.getTargetBlockExact(50);
if (target == null) {
  player.sendPlainMessage("Kein Zielblock gefunden.");
  return;
}
```

Wenn ein Block gefunden wurde, kann es endlich explosiv werden! Das Auslösen einer Explosion erfolgt erneut über die World, in der sich der Absender des Befehls befindet. Dabei kommt die Methode createExplosion zum Einsatz, die zwei Parameter übergeben bekommt: Die exakte Location der Explosion (dabei wird die Position des gefundenen Blocks eingesetzt) sowie die Kraft der Explosion als Fließkommazahl:

```
player.getWorld().createExplosion(target.getLocation(), 5f);
```

Schon ist das Beispiel abgeschlossen. Den gesamten Quellcode für den neuen /explode-Befehl siehst du in Listing 6.7.

```
package dev.schlosser.bookplugin.commands;

import io.papermc.paper.command.brigadier.BasicCommand;
import io.papermc.paper.command.brigadier.CommandSourceStack;
import org.bukkit.block.Block;
import org.bukkit.entity.Player;
```

```
public class ExplodeCommand implements BasicCommand {
  @Override
  public void execute(CommandSourceStack stack, String[] args) {
    if (!(stack.getSender() instanceof Player player)) {
      stack.getSender().sendPlainMessage("Nur für Spieler!");
      return;
    }

    Block target = player.getTargetBlockExact(50);
    if (target == null) {
      player.sendPlainMessage("Kein Zielblock gefunden.");
      return;
    }

    player.getWorld().createExplosion(target.getLocation(), 5f);
    player.sendPlainMessage("BOOM!");
  }
}
```

Listing 6.7 Quellcode für den Explode-Befehl

Registriere den Befehl, starte den Server neu und teste den Befehl: Wie in Abbildung 6.6 kannst du deine Welt nun nur mit der Kraft deiner Blicke in die Luft jagen!

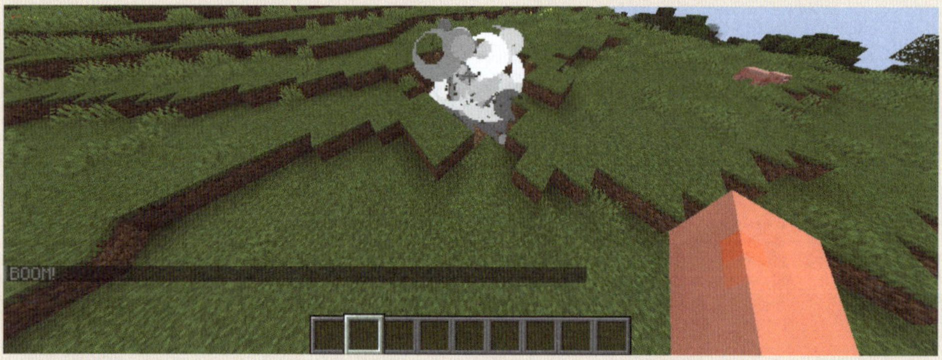

Abbildung 6.6 Beim Auslösen des Explode-Befehls explodiert der Block, den du kurz davor angesehen hast.

Kapitel 7

Die Mischung macht's: Collections und funktionales Programmieren

Regenbogensammlung

Du hast nun einige weitere praktische Erfahrungen gesammelt, sodass wir uns nun auf das nächste wichtige Themengebiet stürzen wollen. Mit den Kenntnissen aus diesem Kapitel kannst du, wie du an praktischen Beispielen sehen wirst, viele neue Ideen umsetzen, die noch mehr aus deinem Plugin holen. In erster Linie beschäftigen wir uns dabei mit sogenannten *Collections*. Das ist ein Sammelbegriff für verschiedene Datentypen, die es uns erlauben, mehrere Daten in einer bestimmten Form zu sammeln. Das kennst du zwar bereits von Arrays, allerdings bieten Collections deutlich flexiblere Möglichkeiten, um Daten in einer bestimmten Struktur abzulegen und abzurufen. Du lernst dabei drei wichtige Collection-Typen kennen, mit denen du jeweils praktische Beispiele umsetzen wirst.

Im Anschluss geht es um ein Thema, dessen Grundlagen sich sehr gut mit den davor behandelten Collections verknüpfen lassen, nämlich das *funktionale Programmieren*. Dabei handelt es sich vereinfacht gesagt um eine Herangehensweise beim Programmieren, die sich von der bisher verwendeten »Befehls-Schreibweise« unterscheidet. Die Logik hinter diesem Ansatz, die du in Abschnitt 7.3 kennenlernst, lässt sich dafür besonders gut mit Datensammlungen verknüpfen, sodass du verschiedene Ansätze direkt in der Praxis kennenlernst.

7.1 Listen

Zuerst beschäftigen wir uns mit einer Collection, die gut mit Arrays vergleichbar ist, welche du in Kapitel 4 »Mehr Kontrolle im Quellcode: Kontrollstrukturen und Arrays« kennengelernt hast. Mit der Verwendung von Arrays ist eine wichtige Einschränkung verbunden: Bereits bei der Erstellung eines Arrays muss genau feststehen, wie viele Elemente im Array enthalten sein dürfen. Die Größe nachträglich zu ändern ist nur möglich, indem das Array komplett neu erstellt wird. Dabei wird es noch komplizierter, wenn du die Elemente aus dem »alten« Array in das neu zugeschnittene Array übernehmen möchtest.

Diese Eigenschaften sind praktisch, wenn sich die Anzahl der Elemente innerhalb der Datensammlung nicht nachträglich ändert, so wie beispielsweise bei den Argumenten, die beim Aufrufen eines Befehls übergeben werden. Eine »starre« Struktur von Arrays kommt häufig auch dann zum Einsatz, wenn eine feste Anzahl von Daten notwendig ist. Stell dir beispielsweise ein Tic-Tac-Toe-Feld vor, das man durch drei Arrays darstellen kann, die Platz für jeweils drei Elemente bieten.

In der Welt der Plugin-Entwicklung können diese Eigenschaften allerdings ebenso hinderlich sein, wenn Daten gesammelt werden sollen, allerdings vorher nicht klar ist, *wie viele* Daten in der Sammlung liegen. Die Anwendungsfälle sind hier schier endlos: Welche Spieler auf dem Server wurden durch einen Befehl stummgeschaltet? Welche Blöcke wurden über einer Y-Höhe von unter 50 abgebaut? Welche Nachrichten wurden in den letzten 20 Minuten in den Chat geschickt? All diese Fragen haben eine Gemeinsamkeit: Wir können vorher nicht wissen, wie viele Elemente tatsächlich anfallen, sodass ein Array nicht geeignet wäre, um das jeweilige Problem zu lösen.

Stattdessen kommt hier unsere erste Collection ins Spiel, die bei der Sammlung mehrerer Daten die Größe flexibel verändern kann: Eine *List* (zu Deutsch, unverwechselbar eine *Liste*). Im Gegensatz zu einem Array musst du beim Erstellen einer neuen Liste keine feste Größe angeben, die festlegt, wie viele Elemente in der Liste Platz haben. Stattdessen »wächst« die Liste mit jedem neuen Eintrag, der hinzugefügt wird, dynamisch an.

Eine wichtige Gemeinsamkeit zu Arrays ist allerdings vorhanden: Beim Erstellen einer Liste muss festgelegt werden, welcher Datentyp in der Liste verstaut werden darf. Das bedeutet, dass es wie bei Arrays nicht möglich ist, unterschiedliche Datentypen in einer Liste zu mischen. Wie du gleich sehen wirst, ist die Schreibweise zum Angeben des jeweiligen Datentyps zunächst etwas anders als bei einem Array, aber das Prinzip ist identisch und wird von Java streng kontrolliert, wenn du versuchst, neue Elemente zu einer Liste hinzuzufügen.

Weiterhin bietet die Liste verschiedene hilfreiche Methoden an, beispielsweise um bereits hinzugefügte Werte zu entfernen oder um zu überprüfen, ob ein bestimmter Wert bereits in der Liste vertreten ist. Aus diesen Gründen ist die Liste eine sehr gute Wahl, um die oben beschriebenen Probleme, bei denen die genaue Anzahl der Elemente nicht feststeht, zu lösen. Damit du kennenlernst, wie eine solche Liste erstellt und verwendet wird, sehen wir uns ein praktisches Beispiel an.

7.1.1 Basics zu Listen: Eine Team-Sammlung

Um die wichtigsten Grundlagen kennenzulernen, simulieren wir ein Beispiel mithilfe eines neuen Befehls. Dieser stellt dar, dass du verschiedene Spieler auf deinem Server in eine »Team-Liste« hinzufügen oder entfernen kannst. Außerdem soll es möglich sein, dass du allen, die sich aktuell im Team befinden, eine festgelegte Nachricht schicken kannst.

Erstelle für das Beispiel eine neue Klasse mit dem Namen `TeamCommand` Wichtig ist zunächst, dass wir die Liste, die alle Spieler, die sich aktuell im Team befinden, als Instanzvariable der Befehlsklasse anlegen. Java unterstützt verschiedene Arten von Listen, die du zur Verwaltung von Elementen nutzen kannst. Für dieses Buch nutzen wir die gängigste Art einer Liste, die als *ArrayList* bezeichnet wird. Innerhalb des Körpers der neu angelegten Klasse wollen wir eine solche `ArrayList` als Variable initialisieren.

Vielleicht denkst du, dass der Datentyp, der in der Liste gespeichert werden soll, `Player` ist, da die Teamliste aus Spielern des Servers besteht. Diese Idee ist generell nicht falsch, allerdings wählen wir einen anderen Ansatz, nämlich das Ablegen der *UUID*. Eine solche UUID (kurz für »Universally Unique Identifier«, also »Universell eindeutige Kennung«) ist ein Code, der für jeden Minecraft-Account eindeutig ist. Selbst wenn du deinen Nutzernamen änderst, bleibt die UUID gleich und kann dir immer eindeutig zugeordnet werden. Wenn sich ein Spieler ausloggt bleibt seine `Player`-Variable jedoch standardmäßig erhalten, was für Probleme sorgt, wenn du den Logout nicht als separaten Fall behandelst. Aus diesem Grund werde ich im Laufe des Buches auch weiterhin UUIDs verwenden, wenn es sich für die jeweilige Idee anbietet.

Legen wir nun eine `ArrayList`-Variable an, wobei der zugehörige Datentyp aus dem Package `java.util` importiert wird. Wie bereits erwähnt, muss beim Deklarieren der Variable angegeben werden, welcher Datentyp in der Liste enthalten sein darf. Der entsprechende Datentyp wird dabei in spitzen Klammern (< und >) hinter den Datentyp der Liste (in unserem Fall `ArrayList`) geschrieben, in unserem Fall also `<UUID>`. Im gleichen Atemzug kannst du die Listen-Variable instanziieren. Dafür kommt der Aufruf `new ArrayList<>()` zum Einsatz. Das Grundgerüst der Klasse sieht dann zunächst so aus:

```
import org.bukkit.entity.Player;

import java.util.ArrayList;
import java.util.UUID;

public class TeamCommand {
 public ArrayList<UUID> playerIds = new ArrayList()<>;
}
```

Andere Listenarten

Neben der hier eingesetzten `ArrayList` unterstützt Java auch andere Listen-Datentypen, die grundlegend ähnliche Funktionen realisieren und Methoden unterstützen, sich aber »unter der Motorhaube« in ihrer Funktionsweise unterscheiden. Im Buch nutzen wir auch weiterhin häufig die `ArrayList`.

Anschließend kannst du das Grundgerüst für einen neuen Befehl programmieren. Bei diesem Befehl ist nicht wichtig, ob er durch einen Spieler oder eine andere Quelle, wie beispielsweise die Konsole ausgelöst wird. Dafür müssen wir die verschiedenen Argument-Konstellationen, die unterstützt werden, einbauen. Dabei sollen die folgenden Aufrufe möglich sein:

- **`/team add <Spieler>`**: Fügt einen Spieler zur Teamliste hinzu.
- **`/team remove <Spieler>`**: Entfernt einen Spieler von der Teamliste.
- **`/team chat`**: Schickt eine vordefinierte Chatnachricht an alle Spieler, die sich in der Teamliste befinden.

Für die Umsetzung dieser unterschiedlichen Argumente-Zusammensetzungen tasten wir uns Schritt für Schritt vor und legen bereits jetzt eine Variable für den Server sowie dem gewünschten Argument, das wir für ein später verwendetes switch-Statement bereits in Kleinbuchstaben umwandeln:

```
Server server = stack.getSender().getServer();
String subCommand = args[0].toLowerCase();
```

Beginnen wir nun mit dem Fall, dass exakt zwei Argumente verwendet wurden. In diesem Fall wissen wir, dass das zweite Argument stets der Zielspieler sein soll, sodass wir bereits mit der Überprüfung beginnen können, ob dieser sich tatsächlich auf dem Server befindet. Da wir später unter dieser Überprüfung die andere Argument-Zusammensetzung abprüfen, endet die äußere if-Abfrage in jedem Fall mit einem Early Return, sodass der erste Abschnitt im Quellcode aussieht wie folgt:

```
if (args.length == 2) {
  Player target = server.getPlayer(args[1]);
  if (target == null) {
    stack.getSender().sendPlainMessage(
      "Spieler " + args[1] + " nicht gefunden!");
    return;
  }

  return;
}
```

Wurde der Zielspieler erfolgreich ermittelt, schließt sich wiederum die Anfrage nach dem ersten verwendeten Argument an. Wir starten mit der Logik, um einen neuen Spieler *zur Liste hinzuzufügen*. Dafür lernst du zunächst zwei wichtige Methoden kennen, die dir helfen, die Idee umzusetzen:

- **contains**: Überprüft, ob ein bestimmtes Element, das der Methode als Parameter übergeben wird, bereits in der Liste liegt. Ist das Element bereits enthalten, wird `true` zurückgegeben, sonst `false`.
- **add**: Fügt das Element, das der Methode als Parameter übergeben wird, in die Liste hinzu. Dabei wird die Größe der Liste automatisch angepasst. Die Methode gibt einen `boolean` zurück der angibt, ob das neue Element erfolgreich hinzugefügt werden konnte. Im Falle einer Liste ist der Rückgabewert immer `true`, da es sogar erlaubt ist, dasselbe Element mehrmals in die Liste einzufügen.

Setzen wir die Puzzleteile zusammen! Wir verwenden ein switch-Statement, um die verschiedenen Alternativen für das verwendete Argument abzufangen. Die erste Überprüfung, nachdem `target` gefunden wurde, ist dabei, ob das erste Argument `add` ist. Innerhalb dieses Cases prüfen wir, ob der Spieler nicht bereits in der Teamliste ist. Dies erfolgt durch den Methodenaufruf von `contains`. In diesem Fall wird eine Meldung ausgegeben und es erfolgt kein Hinzufügen in die Liste. Ist das Ziel noch nicht im Team, so wird es mit der Methode `add` zur Liste hinzugefügt. Die UUID eines Spielers wird dabei über die Methode `getUniqueId` abgerufen.

```
switch (subCommand) {
  case "add" -> {
    if (playerIds.contains(target.getUniqueId())) {
      stack.getSender().sendPlainMessage("Dieser Spieler ist bereits im Team!");
    } else {
      playerIds.add(target.getUniqueId());
      stack.getSender().sendPlainMessage(
        target.getName() + " wurde hinzugefügt.");
    }
}
```

Damit ist der erste Fall abgedeckt und wir können beliebig viele Spieler, die sich auf unserem Server befinden, genau ein Mal in die Teamliste hinzufügen. Im zweiten Schritt kümmern wir uns um den gegensätzlichen Fall, nämlich das *Entfernen* eines Spielers aus der Liste, wenn das Argument `remove` verwendet wird. Analog zu `add` bietet der Datentyp `ArrayList` eine Methode `remove` an, mit der Elemente aus der Liste entfernt werden können. Die Besonderheit: Wir können diese Methode direkt als Bedingung für die if-Abfrage verwenden, um zu erfahren, ob das Entfernen erfolgreich war. Der Grund dafür ist, dass ein Element nur dann entfernt werden kann, wenn es sich tatsächlich in der Liste befindet, daher gibt `remove` nur in diesem Fall `true` zurück. Ist das übergebene Element wiederum nicht in der Liste vorhanden, wird von der Methode `false` zurückgegeben. Außerdem habe ich einen `default` verwendet, der eine Meldung ausgibt, falls weder `add` noch `remove` als Argument für den Befehl verwendet wurden:

```
switch (subCommand) {
  case "add" -> {
    ...
  }
  case "remove" -> {
    if (playerIds.remove(target.getUniqueId())) {
      stack.getSender().sendPlainMessage(target.getName() + " wurde entfernt.");
    } else {
      stack.getSender().sendPlainMessage("Dieser Spieler ist nicht im Team!");
    }
  }
  default -> stack.getSender().sendPlainMessage(
    "Nutzung: /team <add|remove|chat|show> <Spieler>");
}
```

Als letztes fehlt noch die Variante mit einem Argument, wobei nur die Ausführung `/team chat` unterstützt wird. Dabei sollen alle Spieler, die sich zum Zeitpunkt der Ausführung in der Liste befinden, eine bestimmte Nachricht erhalten. Da wir das Argument bereits in Kleinbuchstaben umgewandelt haben, können wir statt des Aufrufes `equalsIgnoreCase` die Methode `equals` verwenden, welche Groß- und Kleinschreibung beim Vergleichen eines Strings berücksichtigt:

```
if (args.length == 1 && "chat".equals(subCommand)) {
}
```

Bevor wir uns einen einfacheren Weg ansehen, wollen wir diesen Fall mit einer Zählschleife umsetzen. Das Vorgehen ist dabei genau wie bei Arrays: Wir wollen die Schleife so oft durchlaufen, wie sich Elemente in der Liste befinden. Für jeden Wert der Zählvariable wird anschließend das Element abgerufen, das am entsprechenden *Index* in der Liste liegt. Dafür benötigst du die Anzahl der Elemente, welche sich in der Liste befinden. Während beim Array dafür der Aufruf `.length` dein Freund und Helfer war, wird bei der Liste eine Methode mit dem Namen `size` bereitgestellt.

Der Abruf eines bestimmten Elements über dessen Index erfolgt ebenfalls über eine andere Schreibweise: Während bei einem Array eckige Klammern zum Einsatz kommen (beispielsweise für das erste Element arrayName[0]), stellen Listen für diese Aufgabe ebenfalls eine Methode bereit. Diese trägt den Namen get und bekommt den Index, an dessen Stelle innerhalb der Liste ein Element ausgelesen werden soll, als Parameter übergeben. Da Listen ebenfalls vom Index 0 zählen, würde das erste Element somit über playerIds.get(0) abgerufen werden.

Ein weiterer Zwischenschritt, den du für jede UUID in der Liste durchführen musst, ist das Ermitteln des zugehörigen Spielers. Diesen kannst du, wie du es vom Namen kennst, mit der Methode getPlayer des Servers abrufen, wobei du das jeweilige Element aus der Liste als Parameter übergibst. Paper erkennt automatisch, dass du den jeweiligen Spieler nicht über den Namen, sondern die UUID zu laden versuchst. Das Problem: Du musst überprüfen, ob der gefundene Player existiert und den Server nicht bereits verlassen hat. Ersteres löst du über den bekannten Vergleich mit null, für den zweiten Schritt bietet der Datentyp Player die Methode isOnline an, die nur dann true zurückgibt, wenn sich der Spieler noch auf dem Server befindet. Beide Bedingungen werden durch ein *logisches Und* (&&) verknüpft.

Die gesamte Zählschleife zum Durchlaufen aller Listenelemente sowie der Ausgabe einer vordefinierten Nachricht innerhalb der if-Abfrage an jeden Spieler sieht aus wie im folgenden Listing:

```
for (int i = 0; i < playerIds.size(); i++) {
  Player player = server.getPlayer(playerIds.get(i));
  if (player != null && player.isOnline()) {
    player.sendPlainMessage("Du bist Teil des Teams!");
  }
}
```

Neben dieser Art und Weise zum Durchlaufen aller Elemente werden Listen durch foreach-Schleifen unterstützt. Die Schreibweise ist dabei identisch zum Durchlaufen aller Elemente eines Arrays. Der gerade geschriebene Code der Zählschleife kann somit ebenfalls vereinfacht werden, wobei weder die Methode size, noch die Methode get benötigt werden. Der Rest der Logik innerhalb der Schleife bleibt gleich:

```
for (UUID uuid : playerIds) {
  Player player = server.getPlayer(uuid);
  if (player != null && player.isOnline()) {
    player.sendPlainMessage("Du bist Teil des Teams!");
  }
}
```

Das war eine große Klasse! Damit du den vollen Überblick behältst, siehst du den gesamten Quellcode für das erste Listenbeispiel in Listing 7.1. Dabei sind alle neuen Kenntnisse, die du im Zusammenhang mit Listen verwendet hast, in fetter Schrift hervorgehoben. Außerdem habe ich eine weitere Informationsnachricht hinzugefügt, wenn keine gültige Argument-Kombination verwendet wurde. Beachte, dass dabei teilweise Early Returns eingebaut wurden, damit keine unpassenden Meldungen im Chat erscheinen.

```
package dev.schlosser.bookplugin.commands;

import io.papermc.paper.command.brigadier.BasicCommand;
import io.papermc.paper.command.brigadier.CommandSourceStack;
import org.bukkit.Bukkit;
import org.bukkit.Server;
import org.bukkit.entity.Player;

import java.util.ArrayList;
import java.util.UUID;
import java.util.stream.Collectors;

public class TeamCommand implements BasicCommand {
  public ArrayList<UUID> playerIds = new ArrayList<>();

  @Override
  public void execute(CommandSourceStack stack, String[] args) {
    if (args.length == 0) {
      stack.getSender().sendPlainMessage(
        "Nutzung: /team <add|remove|chat|show> <Spieler>");
      return;
    }

    Server server = stack.getSender().getServer();
    String subCommand = args[0].toLowerCase();

    if (args.length == 2) {
      Player target = server.getPlayer(args[1]);
      if (target == null) {
        stack.getSender().sendPlainMessage(
          "Spieler " + args[1] + " nicht gefunden!");
        return;
```

```
    }

    switch (subCommand) {
      case "add" -> {
        if (playerIds.contains(target.getUniqueId())) {
          stack.getSender().sendPlainMessage(
            "Dieser Spieler ist bereits im Team!");
        } else {
          playerIds.add(target.getUniqueId());
          stack.getSender().sendPlainMessage(
            target.getName() + " wurde hinzugefügt.");
        }
      }
      case "remove" -> {
        if (playerIds.remove(target.getUniqueId())) {
          stack.getSender().sendPlainMessage(
            target.getName() + " wurde entfernt.");
        } else {
          stack.getSender().sendPlainMessage(
            "Dieser Spieler ist nicht im Team!");
        }
      }
      default -> stack.getSender().sendPlainMessage(
        "Nutzung: /team <add|remove|chat|show> <Spieler>");
    }

    return;
  }

  if (args.length == 1 && "chat".equalsIgnoreCase(subCommand)) {
    for (UUID uuid : playerIds) {
      Player player = server.getPlayer(uuid);
      if (player != null && player.isOnline()) {
        player.sendPlainMessage("Du bist Teil des Teams!");
      }
    }
    return;
  }
```

```
    stack.getSender().sendPlainMessage(
      "Nutzung: /team <add|remove|chat|show> <Spieler>");
  }
}
```

Listing 7.1 Quellcode für den Team-Befehl

Registriere den Befehl und spiele das Plugin neu auf den Server. Aus der Konsole heraus teste ich in Abbildung 7.1 alle Argumente, wobei das Entfernen nur funktioniert, wenn der Spieler in der Liste ist und das Hinzufügen nur dann, wenn der angegebene Name noch nicht Teil des Teams ist. Beim Aufruf `/team chat` erscheint außerdem für jedes Mitglied in der Liste die angegebene Nachricht.

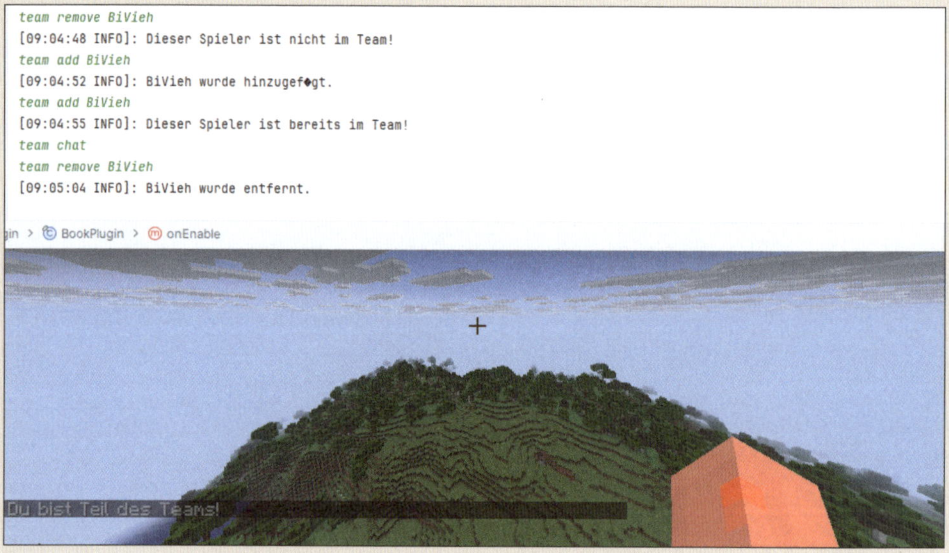

Abbildung 7.1 Das Hinzufügen und Entfernen von Teammitgliedern sowie das Senden einer Chatnachricht an die Teamliste funktionieren.

Damit hast du eine Liste als erste Collection kennengelernt und für deinen Befehl genutzt. Tatsächlich ist für dieses Beispiel eine Liste nicht die beste Lösung, denn wir müssen beim Hinzufügen einer UUID separat überprüfen, ob sie noch nicht enthalten ist. Hier kommt eine andere Collection mit dem Namen *Set* ins Spiel: Ein Set ist grundsätzlich eine Liste, bei der jedes Element aber nur einmal vertreten sein darf. Während in einer Liste also dasselbe Element mehrmals enthalten sein darf, erlaubt ein Set nur exakt einen Eintrag desselben Datensatzes beinhalten. Während sie sich also sonst kaum von einer Liste unterscheiden, sind Sets gleichzeitig ein indirektes Merkmal dafür, dass man sich beim Entwickeln wünscht, dass keine doppelten Einträge innerhalb der Collection vertreten sind.

Für ein Beispiel-Set wollen wir den gerade entwickelten Team-Befehl vereinfachen und verwenden dafür statt der `ArrayList` den gängigen Set-Datentyp `HashSet`. So wie bei einer Liste wird der Datentyp, der in dem Set gespeichert werden darf, in eckigen Klammern bei der Deklaration angegeben, sodass wir die Spieler-UUIDs im Befehl stattdessen so ablegen wollen:

```
public HashSet<UUID> playerIds = new HashSet<>();
```

Die Nutzung eines Sets erlaubt uns die Vereinfachung des Arguments `add`: Bei einem Set gibt die Methode `add`, so wie `remove`, einen `boolean` zurück der angibt, ob das Hinzufügen des angegebenen Elements erfolgreich war. Während das Hinzufügen in einer Liste immer erfolgreich ist, gibt der Aufruf bei einem Set nur dann `true` zurück, wenn das Element nicht bereits im Set enthalten ist. Im Case für das Argument `add` kannst du dir die separate Überprüfung mit der Methode `contains` somit sparen und stattdessen direkt den Rückgabewert von `add` nutzen, um zu überprüfen, ob der angegebene Spieler nicht bereits im Team ist:

```
case "add" -> {
  if (playerIds.add(target.getUniqueId())) {
    stack.getSender().sendPlainMessage(target.getName() + " wurde hinzugefügt.");
  } else {
    stack.getSender().sendPlainMessage("Dieser Spieler ist bereits im Team!");
  }
}
```

Deutlich eleganter, oder? Mit dieser Änderung würde das Beispiel genauso funktionieren wie mit einer `ArrayList`, allerdings hast du die Grundeigenschaft, dass ein Set jedes Element nur exakt einmal enthalten darf, ausgenutzt. Diese Collection ist für das Beispiel somit die elegantere Wahl.

7.1.2 Übung 07.01: Diamantenfinder

Entwickle einen Listener, der das `BlockBreakEvent` nutzt, um zu erfassen, wenn ein Diamant abgebaut wurde (`Material.DIAMOND_ORE`). Innerhalb des Listeners soll eine Liste gepflegt werden, die sich merkt, welche Spieler bereits einen Diamanten gefunden haben.

Nur wenn der erste Diamant abgebaut wurde, soll der jeweilige Finder eine Chatnachricht erhalten, die ihn darüber informiert, dass er nun zu den glücklichen Diamanten-Besitzern gehört.

7.2 Maps

Neben Listen und Sets wollen wir uns einer dritten Collection widmen, die dir neue Möglichkeiten in der Programmierung eröffnet. Dabei handelt es sich um *Maps*. Bevor wir mit dieser Collection ebenfalls ein Beispiel umsetzen, ist wichtig zu verstehen, wie eine Map aufgebaut ist und wofür sie eingesetzt werden kann.

Generell sammelt eine Map immer *Paare von Daten*. Dabei agiert ein Element als *Schlüssel* (Key) und ein zugehöriges Element als *Wert* (Value). Dadurch lassen sich zwei Daten, die zusammengehören, in einen direkten Zusammenhang bringen. Wichtig ist dabei, dass jeder Schlüssel in der Map nur einmal vorkommen darf, während derselbe Wert auch für mehrere unterschiedliche Schlüssel vergeben werden darf. Ein gutes Beispiel, das (vereinfacht) nach dem Prinzip einer Map arbeitet, ist die Geldverwaltung einer Bank. Hier findest du viele Paare, nämlich bestehend aus dem Schlüssel einer Kontonummer und dem Geldbetrag, der sich gerade auf dem jeweiligen Konto befindet. Jede Kontonummer ist in einem solchen System einzigartig, sodass jeder Schlüssel in der Map nur genau einmal vorkommt. Dieser Kontonummer wird wiederum der jeweilige Geldbetrag in Euro zugeordnet. Da es sich beim Geldbetrag um den Wert des Paars handelt und nicht um den Schlüssel, können unterschiedliche Konten den exakt gleichen Geldbetrag verbuchen (alles andere wäre auch nicht sinnvoll!). Dieses Beispiel ist für drei Konten in Abbildung 7.2 abgebildet. Jedes Konto wäre dabei ein eigener Eintrag in der Map, der durch Schlüssel und zugehörigen Wert symbolisiert wird.

	Schlüssel: Kontonummer	**Wert: Geldbetrag in Euro**
Konto 1	*SGFsbG8gTWFtYSE*	5000
Konto 2	*RnJlZW1hbiBpc3Q*	3000
Konto 3	*QnVjaCAzIFNpZWc*	5000

Abbildung 7.2 Beispiel für die Darstellung von drei Konten durch eine Map.

Die Map bietet passende Operationen an, um neue Paare anzulegen oder vorhandene Paare zu entfernen. Außerdem ist es gängig, dass sich der einem Schlüssel zugeordnete Wert nachträglich ändert, denk nur an das Konten-Beispiel: Wenn Geld vom Konto abgebucht wird, muss sich der Betrag ändern. Dabei wird ein Paar in der Map über den Schlüssel (also die Kontonummer) angesteuert und ein neuer Wert hinterlegt. Wie dies in der Praxis funktioniert, sehen wir uns an einem Beispiel in unserem Plugin-Projekt an.

7.2.1 Basics zu Maps: Tode seit dem Login zählen

Um Grundlagen von Maps in der Java-Programmierung kennenzulernen, entwickeln wir eine Funktion, die mitzählt, wie oft ein Spieler gestorben ist, seit er dem Server das letzte Mal beigetreten ist. Dafür eignet sich eine Map optimal: Jede Spieler-UUID stellt einen Schlüssel dar, der eindeutig und einzigartig auf dem Server ist. Der zugehörige Wert ist jeweils die Anzahl der Tode, die seit dem Beitreten gesammelt wurden. Für die eigentliche Logik muss ein Listener zwei Events abfragen: Das Event, das beim Sterben die Tode des Spielers um den Wert eins erhöht und das Event, das beim Verlassen des Servers die Tode wieder zurücksetzt. Bevor es daran geht, setzen wir zunächst die Klasse auf und erstellen die passende Map-Variable.

Erstelle dafür eine neue Klasse `DeathCountListener`. So wie eine `ArrayList` eine bestimmte Form einer Liste ist, so bietet Java mehrere Datentypen an, die als Map verwendet werden können. Die populärste Form ist eine *HashMap*, die wir auch für dieses Beispiel verwenden wollen. Bei der Deklaration ist ein weiterer wichtiger Punkt zu beachten: Während eine Liste genau einen bestimmten Datentyp speichern kann, müssen wir bei einer Map zwei Datentypen hinterlegen, nämlich für die Schlüssel und für Werte. Die Datentypen werden dabei wie bei einer Liste in spitzen Klammern angegeben, allerdings durch ein Komma voneinander getrennt.

Für unsere Idee wollen wir als Schlüssel die UUID jedes Spielers nutzen, während wir die gesammelten Tode durch eine Ganzzahl darstellen. Hier stoßen wir allerdings auf ein Problem: Eine Map kann nicht mit primitiven Datentypen wie `int` oder `boolean` arbeiten, sondern benötigt einen komplexen Datentyp. Die folgende Deklaration würde also zunächst in einem Fehler resultieren:

```
public HashMap<UUID, int> playerDeaths; // Fehler!
```

Das bedeutet allerdings nicht, dass wir das Problem nicht mit einem kleinen Umweg lösen können. Für die verschiedenen primitiven Datentypen stellt Java sogenannte *Wrapper-Klassen* zur Verfügung. Diese sind eine Art »Darstellung« eines primitiven Datentyps in einem komplexen Datentyp: Also genau das, was wir für die Map benötigen. Für den Datentyp `int` heißt der passende komplexe Datentyp *Integer*. Das Hinterlegen eines Zahlenwerts ist dabei identisch wie bei der Initialisierung des primitiven Datentyps:

```
Integer x = 20;
```

Diesen Datentyp können wir für die Darstellung der Werte unserer HashMap nutzen. So wie bei der ArrayList in Listing 7.1 deklariere und initialisiere ich die Map als Variable innerhalb der angelegten Listener-Klasse. Die Grundstruktur der Klasse sieht dann zunächst, mit den notwendigen Imports, aus wie folgt:

```
import org.bukkit.event.Listener;

import java.util.HashMap;
import java.util.UUID;

public class DeathCountListener {
  public HashMap<UUID, Integer> playerDeaths = new HashMap<>();
}
```

Weitere Wrapper-Klassen

Neben der Klasse Integer für den primitiven Datentyp int gibt es weitere Wrapper-Klassen, die du für die Datentypen, die du bisher kennengelernt hast, verwenden kannst:

- **Boolean** für boolean
- **Long** für long
- **Float** für float
- **Double** für double

Für andere primitive Datentypen, die du noch nicht gesehen hast, ist die Benennung identisch: Statt des kleingeschriebenen Datentyps wird der erste Buchstabe großgeschrieben, um die Wrapper-Klasse zu verwenden. So kannst du alle primitiven Datentypen für die Deklaration einer Liste oder Map verwenden.

Nun, da die Map existiert, kann es mit der Logik für das Zählen der Tode losgehen. Als Basis dafür verwenden wir das PlayerDeathEvent, wobei bei jedem Tod der Wert zum zugehörigen UUID-Schlüssel erhöht werden muss. Dafür sehen wir uns zunächst drei Methoden von Maps an, die du zum Umsetzen dieser Logik verwenden kannst:

- **containsKey**: Bekommt einen Schlüsselwert übergeben und überprüft, ob sich bereits ein Paar mit diesem Schlüssel in der Map befindet. Ist der Schlüssel noch nicht enthalten, wird false zurückgegeben, sonst true.
- **put**: Legt ein neues Paar in der Map ab. Dabei werden der Schlüssel und der zugehörige Wert als Parameter übergeben. Ist bereits ein Paar mit diesem Schlüssel enthalten, wird der alte Wert überschrieben.

- **get**: Ruft den Wert ab, der unter einem Schlüssel liegt. Der gefragte Schlüssel wird dabei als Parameter an die Methode übergeben. Ist der angefragte Schlüssel nicht enthalten, wird der Wert `null` zurückgegeben.

Mit diesen Methoden entwickeln wir den Ansatz für die Logik. Die erste Frage ist dabei, ob die Map die UUID des Spielers, der gestorben ist, noch nicht enthält. In diesem Fall wird die UUID als neuer Schlüssel mit dem zugehörigen Wert 1 abgelegt, denn in diesem Fall hat es sich um den ersten erfassten Tod gehandelt. Ist der Schlüssel bereits enthalten, ist die Logik etwas umständlicher: Mithilfe der Methode `get` wird die aktuelle Anzahl der Tode abgerufen. Das Setzen eines neuen Wertes erfolgt ebenfalls über `put`, dabei wird der aktuell geladene Wert mit 1 addiert, sodass der Wert in der Map erhöht wird. Abschließend wird die Anzahl der erfassten Tode an den Unglücksraben ausgegeben, indem der aktualisierte Wert mithilfe der Methode `get` aus der Map geladen wird. Der Quellcode der Listener-Methode sieht dann aus wie folgt:

```
@EventHandler
public void onPlayerDeath(PlayerDeathEvent event) {
  Player player = event.getEntity();
  UUID uuid = player.getUniqueId();

  if (!playerDeaths.containsKey(uuid)) {
    playerDeaths.put(uuid, 1);
  } else {
    int current = playerDeaths.get(uuid);
    playerDeaths.put(uuid, current + 1);
  }

  int count = playerDeaths.get(uuid);
  player.sendPlainMessage("Deine Tode seit Beitritt: " + count);
}
```

Dieser Ansatz lässt sich mithilfe einer weiteren Methode der Map bedeutend vereinfachen: Die Methode `getOrDefault` funktioniert so wie `get`, allerdings kann ihr ein zweiter Parameter übergeben werden. Dieser gibt einen Wert an, der zurückgegeben wird, wenn der angegebene Schlüssel noch nicht in der Map enthalten ist. Ist der Schlüssel bereits mit einem Wert vertreten, so wird wie bei `get` der gefundene Wert zurückgegeben. Der folgende Aufruf sagt somit: »Suche mir die Anzahl der Tode für eine bestimmte UUID und gib, falls die UUID noch nicht als Schlüssel enthalten ist, den Wert 0 zurück«:

```
playerDeaths.getOrDefault(uuid, 0);
```

Durch diesen Aufruf kannst du dir die if-Abfrage, die mithilfe von `contains` überprüft, ob die UUID als Schlüssel vorhanden ist, einsparen. Stattdessen nutzt du den Standardwert 0, falls der Spieler bisher noch keine Tode verzeichnet hat. Auf diese Weise kannst du den gefundenen Wert immer um 1 erhöhen, denn entweder wird die alte Anzahl der Tode so größer oder der Standardwert 0 wird zum gewünschten Startwert 1. Lass dir die aktualisierte Logik für die Listener-Methode ruhig durch den Kopf gehen. Sie funktioniert in der Praxis genau so, wie der erste gezeigte Ansatz:

```
@EventHandler
public void onPlayerDeath(PlayerDeathEvent event) {
  Player player = event.getEntity();
  UUID uuid = player.getUniqueId();

  int count = playerDeaths.getOrDefault(uuid, 0) + 1;
  playerDeaths.put(uuid, count);
  player.sendPlainMessage("Deine Tode seit Beitritt: " + count);
}
```

Das zweite Event, das in der Klasse registriert werden soll, ist deutlich simpler. Hier muss lediglich das Paar des Spielers, der den Server verlassen hat, aus der Map entfernt werden. Für diesen Fall bietet die `HashMap` die Methode `remove`, welche den Schlüssel des Paars, das entfernt werden soll, übergeben bekommt. Dabei ist keine Überprüfung notwendig, ob die Spieler-UUID überhaupt in der Map vertreten ist, da die Methode in diesem Fall einfach nichts macht. Der überschaubare Quellcode sieht damit so aus:

```
@EventHandler
public void onPlayerQuit(PlayerQuitEvent event) {
  UUID uuid = event.getPlayer().getUniqueId();
  playerDeaths.remove(uuid);
}
```

Damit ist die Listener-Klasse vollständig! Listing 7.2 zeigt noch einmal den gesamten Quellcode, wobei ich alle neuen Kenntnisse, die die Verwendung einer Map einbeziehen in fetter Schrift hervorgehoben habe.

```
package dev.schlosser.bookplugin.listeners;

import org.bukkit.entity.Player;
import org.bukkit.event.EventHandler;
import org.bukkit.event.Listener;
import org.bukkit.event.entity.PlayerDeathEvent;
import org.bukkit.event.player.PlayerQuitEvent;
```

```java
import java.util.HashMap;
import java.util.UUID;

public class DeathCountListener implements Listener {
  public HashMap<UUID, Integer> playerDeaths = new HashMap();

  @EventHandler
  public void onPlayerDeath(PlayerDeathEvent event) {
    Player player = event.getEntity();
    UUID uuid = player.getUniqueId();

    int count = playerDeaths.getOrDefault(uuid, 0) + 1;
    playerDeaths.put(uuid, count);
    player.sendPlainMessage("Deine Tode seit Beitritt: " + count);
  }

  @EventHandler
  public void onPlayerQuit(PlayerQuitEvent event) {
    UUID uuid = event.getPlayer().getUniqueId();
    playerDeaths.remove(uuid);
  }
}
```

Listing 7.2 Quellcode für den Todeszähler-Listener

Vergiss nicht den neuen Listener zu registrieren, bevor du den Server neustartest. Nun kannst du testen, ob der Todeszähler funktioniert: Ich habe mich dafür todesmutig zwei Mal von einer Klippe gestürzt: Der Zähler hat beide Tode registriert. Anschließend habe ich den Server verlassen und erneut betreten und mich noch einmal umgebracht. Der Zähler beginnt nun wieder beim Wert 1 zu zählen, das Zurücksetzen des Wertes in der Map hat also funktioniert (siehe Abbildung 7.3).

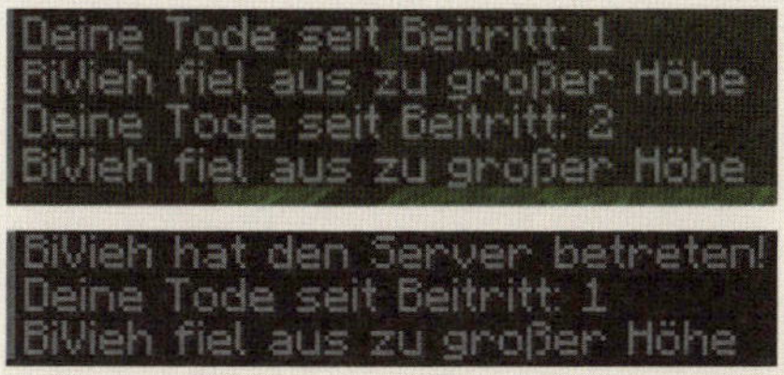

Abbildung 7.3 Nach den ersten zwei Toden (oben) habe ich den Server neu betreten, wobei die Tode auf 0 zurückgesetzt wurden (unten).

7.2.2 Übung 07.02: Trautes Heim, Glück allein

Entwickle einen /home-Befehl, der es erlaubt, eine »Behausung« auf dem Server zu setzen. Es soll danach möglich sein, sich jederzeit zu dieser Behausung zu teleportieren. Dazu werden zwei Argument-Zusammensetzungen unterstützt:

- **/home set**: Setzt den Behausungsort an der Stelle, an der sich der Absender des Befehls gerade befindet.
- **/home tp**: Teleportiert den Absender zur gesetzten Behausung. Wenn kein Ort gesetzt wurde, soll eine entsprechende Meldung im Chat ausgegeben werden.

Verwende zur Umsetzung der Aufgabe eine Map, welche die jeweilige Spieler-UUID und die gesetzte Location der Behausung als Paar speichert. Teste, ob der Befehl auch dann funktioniert, wenn du den Server zwischenzeitlich verlässt und nach dem Beitreten erneut versuchst, dich zu deiner gesetzten Behausung zu teleportieren.

7.2.3 Exkurs: Alle Paare einer Map durchlaufen

Neben den in Abschnitt 7.2.1 gezeigten Methoden der Map gibt es verschiedene Möglichkeiten, alle Paare, die in der Map enthalten sind, zu durchlaufen. Stell dir beispielsweise vor, dass du die Tode aller Spieler für das Beispiel aus Listing 7.2 ausgeben möchtest. Der einfachste Weg ist dabei, alle enthaltenen Keys zu durchlaufen und, wenn der entsprechende Spieler gefunden wurde, eine Ausgabe mit dem zugehörigen Wert vorzunehmen. Der Wert kann dabei wie gewohnt über die Methode get der Map ermittelt werden. Für das Abrufen aller Keys steht die Methode keySet zur Verfügung, sodass eine Ausgabe der Tode für alle Spieler im genannten Beispiel so aussehen könnte:

```
for (UUID uuid : playerDeaths.keySet()) {
  Player target = event.getPlayer().getServer().getPlayer(uuid);
  if (target!= null && target.isOnline()) {
    int deaths = playerDeaths.get(uuid);
    player.sendPlainMessage(target.getName() + ": " + deaths + " Tode");
  }
}
```

Neben keySet kannst du die Methode values verwenden, mit der du jeden einzelnen Wert eines Paars nacheinander durchlaufen kannst. Beachte, dass verschiedene Paare dabei den gleichen Wert aufweisen können. Anhand des bereits entwickelten Beispiels würde der Schleifenkopf einer for-each-Schleife dabei aussehen:

```
for (int deaths : playerDeaths.values())
```

Neben diesen Methoden gibt es auch weitere Möglichkeiten, die verschiedenen Paare zu erstellen und zu durchlaufen. Einige Möglichkeiten stelle ich in Abschnitt 7.3 vor.

7.3 Grundlagen der funktionalen Programmierung

Um diesem Kapitel noch ein gelungenes Ende hinzuzufügen, werfen wir neben den beiden praktischen Collections einen ersten Blick auf das breite Thema der *funktionalen Programmierung*. Allgemein kannst du darunter einen anderen Programmierstil verstehen, der sich von der Art und Weise, wie du bisher Logik entwickelt hast, unterscheidet. Statt Schritt für Schritt genau vorzugeben, *wie* etwas passieren soll, gibst du nur noch an, *was* du erreichen möchtest, den Rest übernimmt das System.

Ein Beispiel, das du bald mithilfe der funktionalen Programmierung umsetzen könntest: Stell dir vor, in deinem Plugin möchtest du mehrere Spieler, die sich in einer Liste befinden, filtern, beispielsweise so, dass nur noch Spieler enthalten sind, die mindestens fünf Herzen haben. Mit deinem aktuellen Wissensstand würdest du die Zielspieler in einer Schleife durchlaufen und bei jedem Element mithilfe einer if-Abfrage überprüfen, ob die Bedingung erfüllt ist. Der funktionale Ansatz denkt anders: Du formulierst direkt, was du willst, nämlich »Gib mir alle Spieler mit mindestens fünf Herzen« und überlässt es Java, wie genau das technisch umgesetzt wird. Um konkreter zu verstehen, wie solche funktionalen Aufrufe zum Einsatz kommen können, sehen wir uns gleich ein paar Beispiele an.

7.3.1 Streams und Lambdaausdrücke

Damit du die Vorteile, die dir die funktionale Schreibweise bieten kann, zunächst mit dem »gewohnten« Programmieransatz vergleichen kannst, wollen wir zuerst das gerade genannte Beispiel umsetzen. Dafür wollen wir einen Befehl entwickeln, der in jeweils einer eigenen Nachricht jeden Spieler ausgibt, der mindestens fünf Herzen hat. Lege dafür zunächst eine neue Klasse mit dem Namen `HighHealthCommand` an, in der du den grundlegenden Aufbau für einen neuen Befehl umsetzt. Eine Überprüfung, ob ein Spieler den Befehl ausgeführt hat, ist nicht notwendig, da das Auslösen auch problemlos über die Konsole möglich wäre.

Kommen wir zunächst zum »intuitiven« Ansatz, wobei alle Spieler, die sich gerade auf dem Server befinden, zunächst mit einer for-each-Schleife durchlaufen werden. Dafür benötigst du einen neuen Methodenaufruf, der dir eine Liste aller `Player`, die sich gerade auf dem Server befinden zurückgibt. Die passende Methode des Servers trägt den Namen `getOnlinePlayers` und kann direkt für das Durchlaufen jedes einzelnen Spielers verwendet werden. Innerhalb des Schleifenkörpers musst du nun die festgelegte Bedingung unterbringen: In unserem Fall handelt es sich um eine if-Abfrage, ob der gerade durchlaufene `Player` mindestens fünf Herzen hat. Da die Angabe in halben Herzen erfolgt, wird somit ein Vergleich mit mindestens zehn halben Herzen notwendig:

```
for (Player player : stack.getSender().getServer().getOnlinePlayers()) {
  if (player.getHealth() >= 10) {
    stack.getSender().sendPlainMessage(player.getName() + " hat genug Herzen.");
  }
}
```

So weit ist außerhalb des neuen Methodenaufrufes, der dir die Liste aller Spieler zurückgibt, in dieser Umsetzung nichts Neues zu sehen. Doch das soll sich nun ändern, da wir nun die gleiche Funktion nun auf dem funktionalen Weg umsetzen wollen. Dafür wenden wir auf die Spielerliste, die wir zuvor in der for-each-Schleife eingesetzt haben, einen sogenannten *Stream* an. In der funktionalen Programmierung kannst du dir einen Stream (zu Deutsch »Strom«) als ein Werkzeug verstehen, mit dem du schnell und gezielt mit Collections arbeiten kannst. Du kannst dir einen Stream dafür vorstellen, wie ein Förderband in einer Fabrik, wobei du entscheidest, welche »Arbeitsstationen« du am Verlauf des Fließbands aufstellst. Bei der Ausführung des Streams wird jedes Element deiner Collection über das Förderband geschickt und durchläuft jede Station, wobei die einzelnen Elemente beispielsweise gefiltert, umgewandelt oder sortiert werden können.

Um zunächst den Stream abzurufen, den eine Collection dir zur Verfügung stellen kann, musst du lediglich den Methodenaufruf `stream` verwenden. Im Beispiel unserer Spielerliste würde das so aussehen:

```
stack.getSender().getServer().getOnlinePlayers().stream()
```

Damit weisen wir den Code (im übertragenden Sinne) an, das Förderband zu »eröffnen«. Nun fehlen nur noch die verschiedenen Stationen, welche die Elemente der Spielerliste durchlaufen. Dabei ist die Herangehensweise etwas anders als bei der Verwendung einer Schleife: Da die Schritte im Stream nacheinander durchlaufen werden und nicht für jedes Element einzeln, müssen wir den Ablauf gedanklich in zwei Schritte zerlegen:

1. Lasse nur die Elemente im Stream, bei denen der Spieler mindestens fünf Herzen hat.
2. Gib für alle übergebliebenen Elemente eine Nachricht an den Absender des Befehls aus.

Das klingt vielleicht ähnlich zu der Logik, die du durch die Schleife umgesetzt hast, doch wenn du sie dir im Detail ansiehst, ist die Reihenfolge nahezu umgekehrt: Statt jedes

Element zu durchlaufen und das Filtern durch eine if-Abfrage zu lösen, werden zuerst nur gültige Elemente weiter betrachtet und das Durchlaufen aller übriggebliebenen Spieler durchläuft im zweiten Schritt.

Kommen wir, damit du dieses Vorgehen in der Praxis siehst, zum ersten Schritt, nämlich dem Filtern der Elemente, die für den zweiten Schritt der Ausgabe in Frage kommen. Das sind also alle Spieler, die mindestens fünf Herzen haben. Dafür lernst du die erste Methode, die du zum Manipulieren eines Streams einsetzen kannst, kennen, nämlich `filter`. Wie es der Name aussagt, *filtert* diese Operation bestimmte Elemente aus dem Stream heraus. Das bedeutet, dass für jeden Spieler in der durchlaufenen Collection entschieden werden muss, ob dieser für den weiteren Prozess des Streams behalten werden soll. Der generelle Aufruf sieht dabei zunächst so aus:

```
stack.getSender().getServer().getOnlinePlayers().stream().filter()
```

Innerhalb der `filter`-Methode müssen wir angeben, mit welcher *Bedingung* jedes Element im Stream gefiltert werden soll. Dabei muss jeder `Player` individuell betrachtet werden, wobei wir weiterhin den Vergleich mit der Methode `getHealth` verwenden wollen. Dafür nutzen wir eine Schreibweise, die zunächst ziemlich ungewöhnlich aussieht: Einen sogenannten *Lambdaausdruck*. Ein solcher Lambdaausdruck ist eine besondere Schreibweise, mit der du Codeblöcke umsetzen kannst. Vereinfacht kannst du dir einen solchen Ausdruck wie eine Kurzschreibweise für eine Methode vorstellen: Der Ausdruck bekommt den (oder die) Parameter zur Verfügung gestellt und definiert anschließend eine (oder mehrere) Anweisung(en), die beim Verwenden des Ausdrucks ausgeführt werden sollen. Parameter und Code werden dabei durch einen besonderen »Lambdapfeil« getrennt, der aus einem Bindestrich und dem Größer-Als-Zeichen bestehen (`->`). Wenn ein Parameter verwendet wird, kann dieser einfach durch seinen Namen festgelegt werden, bei mehreren Parametern müssen die einzelnen Bezeichner in runden Klammern stehen und durch Kommas voneinander getrennt werden. Exemplarische Lambdaausdrücke könnten somit wie folgt aussehen:

```
parameter -> parameter.test() // Mit einem Parameter
(param1, param2) -> param1.test(param2) // Mit zwei Parametern
```

Mehrere Anweisungen für einen Lambdaausdruck

Wenn du mehrere Anweisungen im Lambdaausdruck verwenden möchtest, musst du hinter den Pfeil ein Paar geschweifter Klammern verwenden, so wie bei einer Methode. Der Rückgabewert aus dem Ausdruck wird dann, wenn notwendig, wie gewohnt über das Schlüsselwort `return` zurückgegeben, wie hier angedeutet, mit einem `boolean`-Rückgabewert:

```
parameter -> {
  int x = parameter.test();
  return x > 20;
}
```

Das sieht zunächst verwirrend aus, bleiben wir also bei unserem Filter-Beispiel. Hier können wir einen Lambdaausdruck verwenden, der für jeden Player entscheidet, ob dieser im Stream enthalten bleibt. Das Filtern wird dabei über einen boolean realisiert: Jedes Element, das behalten werden soll, soll aus dem Lambdaausdruck true zurückgeben, während jedem Element, das nicht mehr im Stream behalten werden soll, false zugeordnet wird: Der Lambdaausdruck muss also einen solchen logischen Wert zurückgeben. Somit können wir einen Player-Parameter im Lambdaausdruck einsetzen, den ich beispielsweise player nenne (der Name kann, wie bei jedem Parameter, beliebig gewählt werden). Das Filtern des Streams sieht so aus:

```
stack.getSender().getServer().getOnlinePlayers().stream()
  .filter(player -> player.getHealth() >= 10)
```

Den bisherigen Code kannst du lesen als »Lies alle Spieler auf dem Server in einen Stream ein und filtere anschließend so, dass lediglich die Spieler im Stream enthalten bleiben, die mindestens fünf Herzen haben«. Genau das ist das Ziel, das wir mit dem Code erreichen wollten! Der Name player erhält dabei vollkommen automatisch den Datentyp Player, da Java erkennt, dass der Stream aus Spielern besteht, denn getOnlinePlayers() gibt eine Collection dieses Datentyps zurück.

Predicate

Die Form, bei der wie beim Filtern ein bestimmtes Element in einen boolean ausgewertet wird, wird als *Predicate* bezeichnet. Die ausgeführte Filteroperation hat somit ein Player-Predicate verwendet, um für jedes Element zu entscheiden, ob es im Stream enthalten bleiben soll.

Nun, da alle Elemente mit mindestens fünf Herzen gefiltert wurden, fehlt nur noch der letzte Schritt: Die Ausgabe der Nachricht an den Absender für alle gefundenen Spieler. Hierfür können wir direkt einen weiteren Methodenaufruf an filter anhängen, da diese Methode lediglich einen neuen Stream zurückgibt (in unserem Fall den Stream, der nur noch die Spieler mit mindestens fünf Herzen enthält). Passend zur Schleife, die du zuvor verwendet hast, trägt die Methode den Namen forEach und führt bestimmten Quellcode für jedes Element, das sich im Stream befindet, aus. Im Falle des Beispiels nutzt der Aufruf die gleiche Struktur für den Lambdaausdruck: Ein player wird eingesetzt, um für jedes übriggebliebene Element die Nachricht an den Absender des Befehls zu senden. Der komplette Ablauf für die funktionale Umsetzung der zuvor verwendeten for-each-Schleife sieht somit so aus:

```
stack.getSender().getServer().getOnlinePlayers().stream()
  .filter(player -> player.getHealth() >= 10)
  .forEach(player -> stack.getSender().sendPlainMessage(
    player.getName() + " hat genug Herzen.")
  );
```

> **Zeilenumbrüche beim Schreiben der Anweisungen**
>
> Beim Aneinanderketten mehrerer Anweisungen, die einen Stream beeinflussen, werden die einzelnen Zwischenschritte häufig durch einen Zeilenumbruch voneinander getrennt. So bleibt der Stream-Prozess selbst beim schnellen Überfliegen gut lesbar.

Das waren viele Erklärungen für vergleichsweise wenig Quellcode. Versuch dir an diesem Beispiel klarzumachen, wie einfach erweiterbar die Logik wäre: Stell dir vor, du möchtest alle Spieler nun auch noch nach dem Anfangsbuchstaben ihres Namens sortieren. Während du bei einer normalen Schleife einen großen Logikblock bauen müsstest, würde im Sinne der funktionalen Programmierung lediglich ein weiterer »Baustein« innerhalb der Stream-Abfolge notwendig werden. Diese müsste noch vor `forEach` platziert werden, da die Sortierung durchgeführt werden muss, bevor die Elemente in der richtigen Buchstabenreihenfolge im Chat erscheinen.

> **Consumer**
>
> Die Art von Lambdaausdruck, die für `forEach` zum Einsatz kam, wird als *Consumer* bezeichnet. Ein Consumer für einen bestimmten Datentyp erwartet lediglich, dass du angibst, welche Anweisung für das jeweilige Element ausgeführt werden soll. Im Falle des Beispiels kommt ein `Player`-Consumer zum Einsatz, wobei die Anweisung in der Ausgabe der Chatnachricht an den Absender des Befehls besteht.

Der überschaubare Quellcode für den neuen Befehl unter Verwendung der funktionalen Programmierung ist in Listing 7.3 aufgeführt.

```
package dev.schlosser.bookplugin.commands;

import io.papermc.paper.command.brigadier.BasicCommand;
import io.papermc.paper.command.brigadier.CommandSourceStack;
import org.bukkit.Bukkit;
```

```java
public class HighHealthCommand implements BasicCommand {
  @Override
  public void execute(CommandSourceStack stack, String[] args) {
    stack.getSender().getServer().getOnlinePlayers().stream()
      .filter(player -> player.getHealth() >= 10)
      .forEach(player -> stack.getSender().sendPlainMessage(
        player.getName() + " hat genug Herzen."));
  }
}
```

Listing 7.3 Quellcode für den HighHealth-Befehl

Nach der Registrierung des Befehls geht es ans Testen: Ich habe den Befehl, wie in Abbildung 7.4 zu sehen ist, aus der Konsole ausgelöst. Dabei wird nur eine Nachricht ausgegeben, weil sich lediglich ein Spieler mit mindestens fünf Herzen auf dem Server befindet. Wenn es sich um mehr Spieler handeln würde, wäre pro gefundenem Ziel eine eigene Nachricht zu sehen.

```
highhealth
[09:06:23 INFO]: BiVieh hat genug Herzen.
```

Abbildung 7.4 Der HighHealth-Befehl gibt pro Spieler mit mindestens fünf Herzen eine eigene Nachricht aus.

> **Mehr funktionale Programmierung**
>
> Im Rahmen des Buches kratzen wir lediglich an der Oberfläche all der Dinge, die mit funktionaler Programmierung und Streams in Java umsetzbar sind. Der zielsichere Einsatz erfordert viel Übung, sodass es sich für dich lohnen kann, weitere Details selbstständig zu recherchieren, wenn du sie für deine Plugin-Ideen benötigst.
>
> Nichtsdestotrotz werden dir verschiedene Schreibweisen, in denen beispielsweise Lambdaausdrücke oder Stream-Aufrufe eingesetzt werden, auch noch in anderen Kapiteln im Zusammenhang mit neuen Themen begegnen.

7.3.2 Methodenreferenzen und Collector: Erweiterung der Spielersammlung

Um weitere Kenntnisse rund um Streams zu sammeln, erweitern wir den Befehl `/team` aus Abschnitt 7.1.1 (siehe Listing 7.1). Zur Erinnerung: Wir können bereits bestimmte

Spieler zu einem Team hinzufügen, Einträge entfernen und eine bestimmte Nachricht an alle Teammitglieder ausgeben. Wir erweitern den Befehl nun um den Aufruf `/team show`, mit dem der Name aller Teammitglieder ausgegeben werden soll, und zwar alphabetisch sortiert. Dafür kannst du in der bereits erstellten Klasse `TeamCommand` (ausgehend von Listing 7.1) innerhalb von `execute` eine neue if-Abfrage einbauen, die überprüft, ob genau dieser Aufruf gewünscht ist:

```
if (args.length == 1 && args[0].equalsIgnoreCase("show")) {
}
```

Innerhalb der if-Abfrage kommt nun die erste Hürde, nämlich ausgehend von der Liste aller Spieler-UUIDs den Stream so umzubauen, dass die Namen der zugehörigen Spieler sortiert werden können. Hierfür kommt eine Stream-Operation zum Einsatz, die als *Mapping* bezeichnet wird. Dabei wird jedes Element innerhalb des Streams mithilfe der Methode `map` durch eine vorgeschriebene Regel in ein neues Element umgewandelt. In unserem Fall wollen wir die UUID aus dem Stream in den passenden `Player` umwandeln. Dafür kommt erneut ein Lambdaausdruck zum Einsatz, der die UUID als Parameter erhält und mithilfe der Methode `getPlayer` des Servers den passenden Spieler heraussucht. Der UUID-Stream wird somit zu einem `Player`-Stream. Direkt im Anschluss verwende ich `filter`, um lediglich die Elemente herauszusuchen, die nicht den Wert `null` haben und bei denen der Spieler auf dem Server ist (`isOnline`). Diese Logik, die somit auf die gleiche Weise funktioniert wie die for-each-Schleife mit if-Abfrage für `/team chat` in Listing 7.1, sieht so aus:

```
playerIds.stream()
  .map(uuid -> server.getPlayer(uuid))
  .filter(player -> player != null && player.isOnline())
```

Tatsächlich lässt sich der `map`-Aufruf weiter vereinfachen: Die aufgerufene Methode `getPlayer` des Servers erwartet exakt den UUID-Parameter, den wir durch den Lambdaausdruck übergeben. In diesem Fall können wir eine besondere Technik einsetzen, die als *Methodenreferenz* bezeichnet wird. Dafür wird der Lambdaausdruck durch ein Konstrukt nach dem Schema `Datentyp::Methodenname` ersetzt. `Datentyp` kann dabei eine bestimmte Variable oder eine ganze Klasse sein, welche die gewünschte Methode bereitstellt. Der Stream übergibt, solange Anzahl und Typ der Parameter passend sind, die Daten automatisch. Am Beispiel unseres `map`-Aufrufs würde eine Vereinfachung mit einer Methodenreferenz so aussehen:

```
.map(server::getPlayer)
```

Map für bestimmte Zahlen-Datentypen

Neben der »normalen« `map`-Methode gibt es weitere Aufrufe, womit neue Möglichkeiten für Zahlen-Streams zur Verfügung stehen, beispielsweise für besondere numerische Berechnungen. Die drei wichtigsten Methoden sind:

- **`mapToInt`** für einen Stream aus `int`-Werten
- **`mapToDouble`** für einen Stream aus `double`-Werten
- **`mapToLong`** für einen Stream aus `long`-Werten

Nun, da unser Stream alle passenden `Player` enthält, können wir zum nächsten Schritt kommen, nämlich dem Sortieren aller Namen. Aktuell liegt der Stream noch mit den einzelnen Spielern vor, sodass wir zunächst eine weitere Umwandlung mithilfe der Methode `map` durchführen. Dafür kommt, für die einfachere Schreibweise, erneut eine Methodenreferenz zum Einsatz. Mit der Übergabe von `Player::getName` weiß Java, dass die Methode `getName` auf jeden `Player`, der sich im Stream befindet, ausgeführt werden soll. Somit wird der `Player`-Stream zu einem `String`-Stream. Auf diesen Stream kannst du anschließend die Methode `sorted` ausführen, die den Stream in aufsteigender Reihenfolge sortiert. Das sieht so aus:

```
.map(Player::getName)
.sorted()
```

Comparator

Im Falle unserer `String`-Werte und auch bei Zahlen kann `sorted` vollkommen allein entscheiden, wie die Sortierung vorgenommen wird. Wenn du Einfluss auf die Sortierlogik nehmen möchtest, kommt ein sogenannter *Comparator* zum Einsatz. Dieser wird dem Methodenaufruf übergeben und beschreibt, mit welcher Logik die Sortierung vorgenommen werden soll. Ein Beispiel ist der Aufruf `Comparator.comparing`, der ebenfalls mit der Standard-Sortierreihenfolge arbeitet, allerdings wie `map` einen Consumer erhält, der das Sortier-Kriterium bestimmt. Im Falle der Namenssortierung könntest du die Methodenreferenz `String::toLowerCase` nutzen, mit der Texte in Kleinbuchstaben umgewandelt werden. Damit würde die Groß- und Kleinschreibung für die Sortierung keine Rolle mehr spielen:

```
.sorted(Comparator.comparing(String::toLowerCase))
```

Ein Comparator erlaubt es dir außerdem, die Sortierreihenfolge *umzukehren*. Die standardmäßige Sortierung wird dabei über den Comparator `Comparator.reverseOrder` umgekehrt, sodass die Reihenfolge ab- statt aufsteigend ist:

```
.sorted(Comparator.reverseOrder())
```

Alternativ kannst du die Sortierung umkehren, indem du hinter den Aufruf `Comparator.comparing` die Methode `reversed` anfügst:

```
sorted(Comparator.comparing(...).reversed())
```

Neben diesen Comparator-Ansätzen gibt es zahlreiche weitere Techniken, um Elemente zu vergleichen. Diese werden wir im Rahmen des Buches allerdings nicht näher behandeln.

Im letzten Schritt müssen wir den Stream aus `String`-Werten sinnvoll für die Anzeige im Chat verbinden. Zwar könnten wir jeden Wert einzeln mit `forEach` ausgeben, allerdings nutzen wir einen hübscheren Weg und fügen die einzelnen Namen jeweils mit einem Komma zusammen. Für das Sammeln oder finale Verarbeiten aller Elemente im Stream kommt die Methode `collect` zum Einsatz. Es gibt dabei verschiedene Möglichkeiten, das Sammeln der Elemente zu realisieren, wofür ein sogenannter *Collector* zuständig ist. Um die Namen zusammenzufügen kannst du `Collectors.joining(", ")` an die Methode übergeben, was bedeutet, dass jeder Name durch ein Komma und ein Leerzeichen vom nächsten Namen abgetrennt wird. Der gesamte Aufruf sieht dann so aus:

```
.collect(Collectors.joining(", "));
```

Im Gegensatz zu einem Stream gibt diese Methode nicht mehr die Sammlung aller Werte zurück, sondern einen einzelnen `String`, den wir gleich für die Ausgabe im Chat verwenden können.

Strings joinen

Das Aneinanderketten von Strings durch ein bestimmtes »Verbindungselement« ist ein häufiger Anwendungsfall. Deswegen kann die Technik nicht nur mit einem Collector verwendet werden: Es gibt eine Methode `String.join`, der du den Text, der zwischen jedes Element gesetzt werden soll, sowie eine Sammlung der Strings, die aneinandergekettet werden sollen, übergeben kannst. So kannst du, wie im folgenden Beispiel, schnell mehrere Texte aneinander ketten:

```
String[] strings = {"Hallo", "Moin", "Grüß dich"};
String result = String.join(" + ", strings);
```

Nach diesem Code hätte die Variable `result` den Wert »Hallo + Moin + Grüß dich«.

Der fertige Quellcode für die Erweiterung des Team-Befehls aus Listing 7.1 inklusive der Chatausgabe an den Absender ist in Listing 7.4 zu sehen.

```
if (args.length == 1 && "show".equals(subCommand)) {
  String names = playerIds.stream()
    .map(server::getPlayer)
    .filter(player -> player != null && player.isOnline())
    .map(Player::getName)
    .sorted()
    .collect(Collectors.joining(", "));

  stack.getSender().sendPlainMessage("Teamliste: " + names);
  return;
}
```

Listing 7.4 Erweiterung des Team-Befehls um das Ausgeben aller Namen in alphabetischer Reihenfolge

Collector zu einer Liste oder Map

Alternativ zur Umwandlung der Namen in einen `String` kannst du alle Werte mithilfe eines Collectors mit der Methode `toList` in einer Liste ablegen. In Kombination mit den bereits gesehenen Methoden (hier eingekürzt) würde eine solche Umwandlung so aussehen:

```
List<String> names = playerIds.stream()
  ...
  .sorted()
  .toList();
```

Allerdings Achtung, wenn du `getOnlinePlayers` verwendest: Diese Methode liefert eine `Collection<? extends Player>`, also keine reine `List<Player>`. Das führt dazu, dass `toList` ein Ergebnis zurückgibt, was nicht direkt in eine `List<Player>` konvertiert werden kann. Stattdessen nutzen wir `Collectors.toList` in Kombination mit `collect`, um die `Player`-Liste zu bauen. Das würde beispielsweise so aussehen, um eine Liste aller Spieler mit mindestens 5 Herzen zu erhalten:

```
List<Player> players = server.getOnlinePlayers().stream()
  .filter(player -> player.getHealth() > 10)
  .collect(Collectors.toList());
```

Neben dem Sammeln der Elemente in einer Liste kannst du den Stream auch in eine Map umwandeln. Dafür wird `Collectors.toMap` eingesetzt, wobei der erste Parameter angibt, wie jedes Element in einen Schlüssel umgewandelt wird und der zweite Parameter für die Umwandlung in den zugehörigen Wert steht. Dabei wird der Datentyp `Map` zurückgegeben. Der folgende Quellcode würde eine Map generieren, bei der jeweils die Spieler-UUID als Schlüssel gespeichert wird und der Name des Spielers den Wert bildet:

```
Map<UUID, String> playerIdToName = playerIds.stream()
  .map(server::getPlayer)
  .filter(player -> player != null && player.isOnline())
  .collect(Collectors.toMap(Player::getUniqueId, Player::getName));
```

Starte den Server neu, der Befehl sollte bereits aus Abschnitt 7.1.1 registriert sein. Zum Testen habe ich insgesamt drei Namen zur Teamliste hinzugefügt. Beim Aufruf `/team show` erscheinen alle Teammitglieder in alphabetischer Reihenfolge im Chat (siehe Abbildung 7.5).

```
team show
[09:07:51 INFO]: Teamliste: Aaron, BiVieh, Steve
```

Abbildung 7.5 Der entwickelte Stream zeigt, wie einfach die Listenelemente gefiltert, sortiert und in einer einzigen Nachricht ausgegeben werden können.

Weitere Methoden zum Abschließen eines Streams

Neben dem Collector oder `forEach` gibt es viele weitere »Abschluss-Schritte« (auch »terminal operations« genannt), die du verwenden kannst, wenn du alle übriggebliebenen Elemente deines Streams verwerten möchtest. Dafür im Folgenden ein paar Beispiele für praktische Methoden:

- `findAny`: Gibt irgendein Element, das sich im Stream befindet, zurück.
- `findFirst`: Gibt das erste Element, das sich im Stream befindet, zurück. Der Aufruf ist für geordnete Collections nützlich.
- `count`: Gibt die Anzahl der Elemente, die sich noch im Stream befinden, zurück.
- `sum`: Berechnet die Summe aller Elemente im Stream, wenn es sich um Zahlen-Stream (wie beispielsweise aus `mapToInt`) handelt.
- `anyMatch`: Erwartet wie `filter` ein Predicate und gibt nur dann `true` zurück, wenn irgendein Element im Stream die angegebene Bedingung erfüllt.
- `allMatch`: Erwartet wie `filter` ein Predicate und gibt nur dann `true` zurück, wenn alle Elemente im Stream die angegebene Bedingung erfüllt.
- `noneMatch`: Erwartet wie `filter` ein Predicate und gibt nur dann `true` zurück, wenn kein Element im Stream die angegebene Bedingung erfüllt.

7.3.3 Übung 07.03: Stream-Bändiger

Schreibe die passenden Code-Schnipsel, um die folgenden Operationen mit allen Spielern (daher, mit `getOnlinePlayers`) durchzuführen. Nutze dafür Lambda-Ausdrücke. Bei einigen Punkten musst du die Methoden, die unter Abschnitt 7.3.2 gezeigt wurden, geschickt neu kombinieren. Das ist teilweise gar nicht so leicht, sodass du nach dem Knobeln gern einen Blick in die Lösungen werfen kannst.

1. Generiere eine Liste mit den UUIDs aller Spieler, die aktuell fliegen (Methode: `isFlying`).
2. Generiere die Liste aller Spieler auf dem Server, aber sortiere die Einträge aufsteigend nach Wert der aktuellen X-Koordinate.
3. Ermittle die Summe an Hungerpunkten all der Spieler, die sich mindestens auf Höhe 70 befinden.
4. Generiere eine Map, die den Namen jedes Spielers mit seinem aktuellen Level (Methode: `getLevel`) ablegt.
5. Generiere eine Liste mit dem Namen aller Spieler, die sich aktuell im Kreativmodus befinden (Abfrage: `getGameMode() == GameMode.CREATIVE`), wobei die Einträge umgekehrt nach der Anzahl der Herzen sortiert sein sollen.

7.4 Musterlösungen für die Übungen

7.4.1 Übung 07.01: Diamantenfinder

```
package dev.schlosser.bookplugin.listeners;

import org.bukkit.Material;
import org.bukkit.event.EventHandler;
import org.bukkit.event.Listener;
import org.bukkit.event.block.BlockBreakEvent;
import org.bukkit.entity.Player;

import java.util.ArrayList;
import java.util.UUID;

public class DiamondFindListener implements Listener {
  private final HashSet<UUID> diamondBreakers = new HashSet<>();

  @EventHandler
  public void onBlockBreak(BlockBreakEvent event) {
    if (event.getBlock().getType() == Material.DIAMOND_ORE) {
      Player player = event.getPlayer();
      UUID uuid = player.getUniqueId();
```

```
      if (diamondBreakers.add(uuid)) {
        player.sendPlainMessage("Glückwunsch zu deinem ersten Diamanten!");
      }
    }
  }
}
```

Listing 7.5 Musterlösung für Übung 07.01

7.4.2 Übung 07.02: Trautes Heim, Glück allein

```
package dev.schlosser.bookplugin.commands;

import io.papermc.paper.command.brigadier.BasicCommand;
import io.papermc.paper.command.brigadier.CommandSourceStack;
import org.bukkit.Location;
import org.bukkit.entity.Player;

import java.util.HashMap;
import java.util.UUID;

public class HomeCommand implements BasicCommand {
  public HashMap<UUID, Location> homes = new HashMap();

  @Override
  public void execute(CommandSourceStack stack, String[] args) {
    if (!(stack.getSender() instanceof Player player)) {
      stack.getSender().sendPlainMessage("Nur für Spieler!");
      return;
    }

    if (args.length != 1) {
      player.sendPlainMessage("Nutzung: /home <set|tp>");
      return;
    }

    UUID uuid = player.getUniqueId();

    switch (args[0].toLowerCase()) {
      case "set" -> {
        Location location = player.getLocation();
```

```
          homes.put(uuid, location);
          player.sendPlainMessage("Behausung erfolgreich gesetzt.");
        }
        case "tp" -> {
          Location location = homes.get(uuid);
          if (homes.containsKey(uuid)) {
            player.teleport(location);
            player.sendPlainMessage("Teleportiere zu deiner Behausung...");
          } else {
            player.sendPlainMessage("Du hast noch keine Behausung gesetzt!");
          }
        }
        default -> player.sendPlainMessage("Nutzung: /home <set|tp>");
      }
    }
}
```

Listing 7.6 Musterlösung für Übung 07.02

7.4.3 Übung 07.03: Stream-Bändiger

1. Code-Schnipsel

```
List<UUID> flyingPlayerUUIDs = server.getOnlinePlayers().stream()
  .filter(Player::isFlying)
  .map(Player::getUniqueId)
  .toList();
```

2. Code-Schnipsel

```
List<Player> sortedPlayers = server.getOnlinePlayers().stream()
  .sorted(Comparator.comparing(player -> player.getLocation().getX()))
  .collect(Collectors.toList());
```

3. Code-Schnipsel

```
double foodLevelSum = server.getOnlinePlayers().stream()
  .filter(player -> player.getLocation().getY() >= 70)
  .mapToInt(Player::getFoodLevel)
  .sum();
```

4. Code-Schnipsel

```
Map<String, Integer> playerLevelMap = server.getOnlinePlayers().stream()
  .collect(Collectors.toMap(Player::getName, Player::getLevel));
```

5. Code-Schnipsel

```
List<String> creativePlayersSortedByHealth = server.getOnlinePlayers().stream()
  .filter(player -> player.getGameMode() == GameMode.CREATIVE)
  .sorted(Comparator.comparing(Player::getHealth).reversed())
  .map(Player::getName)
  .toList();
```

Kapitel 8

Befehlshaber: Fortgeschrittene Befehle erstellen

Das spricht für mich.

Befehle waren in den letzten Kapiteln stets dein treuer Begleiter, immerhin sind sie eine der schnellsten Möglichkeiten, neue Dinge auszuprobieren oder Funktionen auf deinem Server bereitzustellen. Damit deine Befehle noch vielseitiger nutzbar werden, lernst du in diesem Kapitel drei weitere praktische Dinge kennen: Zuerst geht es um die *automatische Vervollständigung* der Befehle über den Chat. Anschließend sehen wir uns an, wie du für einen Befehl *Berechtigungen* setzt, sodass bestimmte Funktionen nur von bestimmten Spielern oder Gruppen verwendet werden dürfen. Zum Abschluss lernst du, wie du für Befehle (oder auch andere Funktionen) *Chatnachrichten* noch kreativer gestalten kannst. Hier gibt es keine separaten Übungen, da du alle gezeigten Dinge prinzipiell sofort auf deine Befehle und Chatausgaben anwenden kannst.

Alle Möglichkeiten von Brigadier

Neben den Aspekten, die ich dir auf einem einfachen Weg im Buch zeige, bietet der »Befehls-Werkzeugkasten« von Brigadier viele weitere Möglichkeiten. So können Befehle noch flexibler gestaltet, Argumente dynamisch ausgelesen und Vervollständigungen eingebaut werden. Wir greifen für dieses Kapitel allerdings weiterhin auf den bereits genutzten `BasicCommand` zurück, bei dem die genannten Funktionen in einer abgespeckten Form programmierbar sind.

Wenn du alle Möglichkeiten von Brigadier kennenlernen möchtest, schau in die offizielle Dokumentation: *https://docs.papermc.io/paper/dev/command-api/basics/introduction/*. Beachte dabei, dass viele Funktionen zum Zeitpunkt der Buchveröffentlichung noch als »experimentell« und damit möglicherweise nicht final gelten.

8.1 Tab-Vervollständigung hinzufügen

Besonders wenn ein Befehl mit vielen Argumenten arbeitet, kann es beim Tippen im Chat schnell unübersichtlich werden: An welcher Stelle stand ein bestimmtes Argument noch einmal? Welche Formen von Argumenten werden überhaupt unterstützt? Um solchen Fragen vorzubeugen, unterstützen Befehle Vorschläge und automatische Vervollständigungen. Dabei werden während des Tippens Empfehlungen angezeigt, die an der aktuellen Stelle des Befehls eingesetzt werden können. Das ist ein sehr praktisches Vorgehen, um deine Befehle einfacher bedienbar zu gestalten und so die Chance, dass dein Plugin gern genutzt wird, zu erhöhen.

Damit du an einem Beispiel siehst, wie du Empfehlungen zu einem Befehl hinzufügst, entwickeln wir einen neuen Befehl `/output`, der eine Nachricht an einen Spieler sendet und dafür zwei Argumente erwartet:

- den Namen des Spielers, an den die Nachricht gesendet wird
- entweder `A` oder `B`: Jeder Buchstabe steht dabei für eine vordefinierte Nachricht, die am Ende an das Ziel gesendet wird.

Ein Beispielaufruf wäre somit `/output Name B`. Die Logik des Befehls – die natürlich nicht sehr sinnvoll, aber für das Thema anschaulich ist – lässt sich in einer neuen Klasse `OutputCommand` einfach umsetzen. Meinen Ansatz dafür siehst du ohne die Imports der Klasse in Listing 8.1.

```
public class OutputCommand implements BasicCommand {
  @Override
  public void execute(CommandSourceStack stack, String[] args) {
    if (args.length != 2) {
      stack.getSender().sendPlainMessage("Nutzung: /output <Name> <A|B>");
      return;
    }

    Player target = stack.getSender().getServer().getPlayer(args[0]);
    if (target == null) {
      stack.getSender().sendPlainMessage(args[0] + " wurde nicht gefunden!");
      return;
    }

    if ("A".equalsIgnoreCase(args[1])) {
      target.sendPlainMessage("Das ist ein Output!");
    } else if ("B".equalsIgnoreCase(args[1])) {
      target.sendPlainMessage("Hier ist ein anderer Output!");
```

```
    } else {
      stack.getSender().sendPlainMessage("Nutzung: /output <Name> <A|B>");
    }
  }
}
```

Listing 8.1 Quellcode für die Basis des Output-Befehls

Als Nächstes folgt die Umsetzung der Vorschläge für die Vervollständigung des Befehls. Dafür musst du neben der Methode `execute` eine weitere Methode in deiner `BasicCommand`-Klasse programmieren. So wie `execute` muss diese Methode einem festgelegten Aufbau folgen, damit Paper sie als deinen Ansatz für die Vorschlagsliste erkennt. Um diesen Aufbau automatisch zu generieren, kannst du unterhalb von `execute` beginnen, den Namen der Methode zu tippen, nämlich `suggest`. Wie in Abbildung 8.1 zu sehen, erscheint die Methode beim Tippen und kann durch das Drücken von ↵ generiert werden.

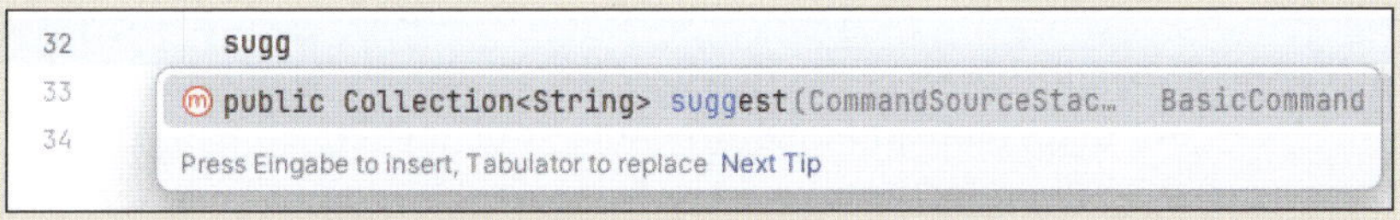

Abbildung 8.1 IntelliSense hilft dir, die Struktur der »suggest«-Methode in deiner Klasse zu generieren.

Nach der automatischen Generierung sieht die Methode zunächst so aus, wobei ich die Namen der Parameter wie in der `execute`-Methode angepasst habe:

```
@Override
public Collection<String> suggest(CommandSourceStack stack, String[] args) {
  return BasicCommand.super.suggest(stack, args);
}
```

Den Quellcode innerhalb der Methode lassen wir zunächst außer Acht und konzentrieren uns auf den Aufbau, der demjenigen der Methode `execute` ähnelt: Es wird auch hier je einen Parameter des Typs `CommandSourceStack` und eines `String`-Arrays verwendet. Der wichtige Unterschied neben dem Namen ist der Rückgabewert der Methode, nämlich `Collection<String>`. Das bedeutet, dass aus der Methode eine Sammlung von Textwerten zurückgegeben werden muss. Diese Liste steht für alle Werte, die vorgeschlagen werden, während man den Befehl im Chat eintippt. Wie du gleich am Beispiel sehen wirst, kannst du praktischerweise durch die Parameter dafür sorgen, dass je nach aktueller Eingabe unterschiedliche Werte erscheinen.

Kümmern wir uns um genau diese Vorschlagslogik; dafür unterscheiden wir drei Fälle:

1. Wenn bisher kein Argument eingegeben wurde, soll eine Liste aller Spieler, die sich auf dem Server befinden, vorgeschlagen werden.
2. Wenn das Spielerargument eingegeben wurde, sollen die Optionen `A` und `B` als Vorschlag angezeigt werden.
3. Wenn bereits alle notwendigen Argumente eingegeben wurden, erscheinen keine weiteren Vorschläge.

Diese Formulierungen müssen wir innerhalb von `suggest` nun in Quellcode umsetzen. Im Falle dieses Befehls wird also je nach gerade verwendeter Argumentanzahl ein anderer Vorschlag gemacht. Der erste Fall trifft zu, wenn `args.length 1` ist, da bereits das Eingeben eines Leerzeichens nach dem Befehlsnamen für das erste Argument des Befehls gilt. In diesem Fall sollen sämtliche Spielernamen auf dem Server angezeigt werden. Wie in Kapitel 7 gezeigt, können wir dafür einen Stream aus allen Spielern auf dem Server (mit der Methode `getOnlinePlayers` des Servers) bilden und mithilfe von `map` und der Methodenreferenz `Player::getName` die passenden Namen extrahieren. Wir wollen allerdings nur Namen anzeigen, die zur aktuellen Eingabe des Absenders passen: Dafür überprüfen wir, ob der jeweilige Name in Kleinbuchstaben mit der aktuellen Argumenteingabe in Kleinbuchstaben übereinstimmt. Der Aufruf `toList` sorgt am Ende für eine Rückgabe aller gefundenen `String`-Werte:

```
Server server = stack.getSender().getServer();
if (args.length == 1) {
  return server.getOnlinePlayers().stream()
    .map(Player::getName)
    .filter(name -> name.toLowerCase().startsWith(args[0].toLowerCase()))
    .toList();
}
```

Ist das erste Argument gegeben, hat `args.length` den Wert `2` und es sollen die beiden Optionen A und B erscheinen. Um eine Liste aus festgelegten Werten zurückzugeben, kannst du den Aufruf `List.of` verwenden. In unserem Fall erfolgt eine Rückgabe der Strings `A` und `B`.

```
if (args.length == 2) {
  return List.of("A", "B");
}
```

Treffen die ersten beiden `if`-Abfragen mit den jeweiligen Early Returns nicht zu, dann weißt du, dass keine gültigen Argumente mehr folgen. In diesem Fall sollen keine weiteren Vorschläge erscheinen, es soll also eine leere Collection zurückgegeben werden. Hierfür gibt es eine praktische Hilfsmethode, die eine solche leere Collection zur Verfügung stellt, nämlich `Collections.emptyList`. Dieser Aufruf wird zurückgegeben, damit außerhalb der ersten beiden Abfragen keine Argumentempfehlungen zu sehen sind.

```
return Collections.emptyList();
```

Der komplette Code für den Befehl mit der `suggest`-Methode für die Vorschläge der Argumente ist in Listing 8.2 abgebildet.

```
package dev.schlosser.bookplugin.commands;

import io.papermc.paper.command.brigadier.BasicCommand;
import io.papermc.paper.command.brigadier.CommandSourceStack;
import org.bukkit.Bukkit;
import org.bukkit.entity.Player;

import java.util.Collection;
import java.util.Collections;
import java.util.List;

public class OutputCommand implements BasicCommand {
  @Override
  public void execute(CommandSourceStack stack, String[] args) {
    if (args.length != 2) {
      stack.getSender().sendPlainMessage("Nutzung: /output <Name> <A|B>");
      return;
    }

    Player target = stack.getSender().getServer().getPlayer(args[0]);
    if (target == null) {
      stack.getSender().sendPlainMessage(args[0] + " wurde nicht gefunden!");
      return;
    }

    if ("A".equalsIgnoreCase(args[1])) {
      target.sendPlainMessage("Das ist ein Output!");
    } else if ("B".equalsIgnoreCase(args[1])) {
      target.sendPlainMessage("Hier ist ein anderer Output!");
    } else {
      stack.getSender().sendPlainMessage("Nutzung: /output <Name> <A|B>");
```

```
    }
  }

  @Override
  public Collection<String> suggest(CommandSourceStack stack, String[] args) {
    Server server = stack.getSender().getServer();
    if (args.length == 1) {
      return server.getOnlinePlayers().stream()
        .map(Player::getName)
        .filter(name -> name.toLowerCase().startsWith(args[0].toLowerCase()))
        .toList();
    }

    if (args.length == 2) {
      return List.of("A", "B");
    }

    return Collections.emptyList();
  }
}
```

Listing 8.2 Quellcode für den Output-Befehl

Nach dem Registrieren des Befehls und dem Kompilieren kannst du den Befehl im Chat eingeben und siehst, dass beim Tippen passende Vorschläge erscheinen (siehe Abbildung 8.2).

Abbildung 8.2 Beim Tippen wird die Liste der passenden Spielernamen angezeigt.

> **Die Methode »suggest« für Vorschläge**
>
> Beachte, dass zu der Zeit, in der ich dieses Buch schreibe, `suggest` noch als »experimentell« gilt und daher bei der Verwendung Fehler auftreten können oder die Methode in der Zukunft geändert wird. Brigadier empfiehlt für die eigene Bibliothek andere Techniken, Vorschläge zu realisieren:
>
> *https://docs.papermc.io/paper/dev/command-api/basics/argument-suggestions/*

8.2 Berechtigungen für Befehle festlegen

Die Befehle, die du bisher entwickelt hast, konnten (sofern sie von Spielern benutzt werden durften) ohne weitere Beschränkungen eingesetzt werden. Das heißt, dass selbst Befehle zum Teleportieren anderer Server-Mitglieder oder das Wechseln des Wetters von jedem eingesetzt werden können. Bei vielen Spielern (und besonders solchen, die du nicht kennst), kann das schnell für großes Chaos auf deinem Server sorgen. Glücklicherweise können wir mit Paper direkt Berechtigungen für Befehle integrieren, sodass du genau festlegen kannst, wer einen bestimmten Befehl auslösen darf.

Berechtigungen unter Brigadier

Wir nutzen auch für diesen Teil des Kapitels den altbekannten `BasicCommand`. Brigadier erlaubt mit eigenen Schreibweisen zusätzliche andere Möglichkeiten, mit denen du bestimmte Voraussetzungen zur Verwendung eines Befehls festlegen kannst. Alle Details dazu findest du in der passenden Dokumentation:

https://docs.papermc.io/paper/dev/command-api/basics/requirements/

Schreiben wir als anschauliches Beispiel einen einfachen Befehl, mit dem man sich selbst oder einem anderen Spieler auf dem Server Schaden zufügen kann. Der Aufruf `/damage` schadet dem Absender, während `/damage <Name>` einem bestimmten Spieler Schaden zufügt. Die Basislogik für den Befehl in `execute` unterscheidet je nach verwendeten Argumenten, wie der passende Methodenaufruf `damage` eingesetzt wird, wobei der Übergabeparameter für die Höhe des Schadens in halben Herzen steht. Die Logik des Befehls habe ich in Listing 8.3 programmiert.

```
@Override
public void execute(CommandSourceStack stack, String[] args) {
  if (!(stack.getSender() instanceof Player player)) {
    stack.getSender().sendPlainMessage("Nur für Spieler!");
    return;
  }

  if (args.length == 0) {
    player.damage(2);
    player.sendPlainMessage("Du hast dir Schaden zugefügt.");
    return;
  }

  if (args.length == 1) {
```

```
      Player target = stack.getSender().getServer().getPlayer(args[0]);
      if (target == null) {
        player.sendPlainMessage(args[0] + " wurde nicht gefunden!");
        return;
      }

      target.damage(2);
      player.sendPlainMessage(
        "Du hast " + target.getName() + " Schaden zugefügt.");
      return;
    }

    player.sendPlainMessage("Nutzung: /damage <Name>");
  }
```

Listing 8.3 Basis für den Damage-Befehl

Starten wir nun mit der Logik, mit der wir eine generelle Berechtigung für den neuen Befehl festlegen. Wir wollen zunächst erreichen, dass der Befehl nur dann ausgelöst werden darf, wenn der Absender eine bestimmte Berechtigung hat. Wie du gleich sehen wirst, gibt es verschiedene Ansätze, dieses Verhalten zu erzielen. Generell kannst du dir merken, dass eine Berechtigung durch eine *Bezeichnung* definiert wird. Diese ist normalerweise nach dem Schema `pluginname.berechtigung` aufgebaut. Manchmal werden für bestimmte Funktionen mehrere Berechtigungen notwendig; dann wird die Bezeichnung weiter unterteilt, beispielsweise so: `pluginname.funktion.berechtigung`.

Berechtigungen vergeben

Für die Vergabe von Berechtigungen, mit denen bestimmte Funktionen eines Plugins verwendet werden können, gibt es eigene Plugins. Da wir im Rahmen dieses Buches kein solches Plugin entwickeln, empfehle ich dir den wohl populärsten Vertreter, *LuckPerms* (*https://luckperms.net/*). Mit diesem Plugin kannst du unter anderem einzelne Gruppen erstellen, die jeweils bestimmte Berechtigungen unterstützen. Nach der Zuordnung eines Spielers zu einer Gruppe kann dieser Funktionen, die davor vielleicht nicht zugänglich waren, verwenden.

Sehen wir uns dies mit einer einzigen Berechtigung für den gesamten Damage-Befehl am Beispiel an. Für den einfachsten Weg kannst du in deiner Befehlsklasse die Methode `permission` integrieren. Tippe dafür, wie du es bei `suggest` in Abbildung 8.1 getan hast, den Methodennamen, und wähle `permission`, sobald es zur Auswahl steht. Für diese Methode wird vor dem Rückgabewert `String` der Code `@Nullable` generiert, was vereinfacht dafür steht, dass permission auch null zurückgeben kann, also keinen Wert für die Berechtigung. Die Methode erwartet die Rückgabe eines String-Wertes, der wiederum der Name für die Berechtigung ist. In unserem Fall wählen wir einfach bookplugin.damage als Bezeichnung für die Berechtigung, sodass die Methode so aussieht:

```
@Override
public @Nullable String permission() {
  return "bookplugin.damage";
}
```

Wenn du den Befehl registrierst und diesen Stand nach einem Neustart austestest, kannst du dem Server beitreten. Wir simulieren nun, dass du nur ein »normaler« Spieler bist, der keine Berechtigung für den Befehl hat. Dafür kannst du dir mit /deop <Dein Name> zunächst Operator-Rechte wegnehmen. Wenn du nun versuchst, /damage im Chat einzugeben, wird dir der Damage-Befehl nicht vorgeschlagen, und beim Auslösen erhältst du die Meldung, dass der Befehl nicht gefunden wurde. Durch die fehlende Berechtigung wird der Befehl sozusagen vor dir versteckt. Gibst du dir mit /op <Dein Name> über die Konsole erneut Operator-Rechte, kannst du den Befehl finden und auslösen.

Die gezeigte Methode permission ist eine »Schnellschreibweise« für eine Berechtigung, die über den Namen festgelegt wird. Du kannst die gesamte Berechtigungslogik allerdings auch an andere Bedingungen knüpfen. Statt der Methode permission nutzt du dafür die Methode canUse. Statt einer Bezeichnung gibt diese Methode einen boolean zurück, der angibt, ob der Absender den Befehl nutzen darf. So kannst du theoretisch völlig flexibel entscheiden, welche Voraussetzungen für das Auslösen notwendig sind, beispielsweise ob der Absender ein bestimmtes Item in seinem Inventar haben muss.

Wir setzen canUse vereinfacht ein und lassen das Auslösen des Befehls nur dann zu, wenn sich der Absender mindestens auf Höhe 100 befindet. Wenn du den Methodennamen eintippst, erscheint in deiner IDE canUse in der Auswahl und kann so wie die Methoden zuvor automatisch für dich angelegt werden. Wie erwähnt nutzt die Methode einen boolean-Rückgabewert und übergibt zusätzlich den Absender des Befehls als Parameter. Diesen kannst du im Methodenkörper direkt als Player-Variable abspeichern, da du durch die Befehlslogik in execute bereits sichergestellt hast, dass nur Spieler den Befehl auslösen dürfen:

```
@Override
public boolean canUse(CommandSender sender) {
  Player player = (Player) sender;
  Location location = player.getLocation();
  return location.getY() >= 100;
}
```

Die Methoden »permission« und »canUse« gleichzeitig verwenden

Mit dem Verwenden der Methode `canUse` wird das Überprüfen durch `permission` deaktiviert. Wenn du beide Methoden kombinieren möchtest, kannst du lediglich im Falle der fehlenden `canUse`-Bedingung `false` zurückgeben. Im anderen Fall kommt eine besondere Anweisung zum Einsatz, die die Überprüfung der Permission einleiten würde:

```
if (location.getY() >= 100) {
  return false;
}
return BasicCommand.super.canUse(sender);
```

Wenn du den Server neu startest, verhält sich die Berechtigung anders, wenn du kein Operator bist: Beim Eingeben im Chat wird `/damage` jederzeit vorgeschlagen. Wenn du dich allerdings auf einer Y-Koordinate unter 100 befindest, schlägt das Auslösen des Befehls weiterhin fehl (siehe Abbildung 8.3). Sobald du dich mindestens auf der Höhe 100 befindest, kannst du den Befehl auch ohne eine bestimmte Berechtigung auslösen.

Abbildung 8.3 Im Beispiel befinde ich mich auf Höhe 94: Der Befehl wird angezeigt, aber ich kann ihn nicht auslösen.

Mithilfe der beiden gezeigten Methoden haben wir den gesamten Befehl hinter einer Berechtigung oder einer Voraussetzung »versteckt«. Doch was ist, wenn wir hier genauer unterscheiden wollen? Stell dir für den gerade entwickelten Damage-Befehl vor, dass der Aufruf /damage, um sich selbst zu schaden, immer ausgelöst werden darf. Für /damage <Name> soll hingegen eine Berechtigung notwendig sein, damit nur bestimmte Gruppen anderen Spielern Schaden zufügen können sollen. Die beiden bisher verwendeten Methoden wären hierfür nicht geeignet, da sie immer den gesamten Befehl einschränken.

Stattdessen kommt die Methode hasPermission des Datentyps Player zum Einsatz, mit der überprüft wird, ob ein Spieler eine bestimmte Berechtigung hat. Mithilfe dieser Methode können wir bei der Verwendung eines Arguments (also wenn ein Zielspieler für den Schaden übergeben wurde) eine entsprechende Überprüfung einbauen. Dafür nutze ich im Folgenden eine neue Berechtigung mit dem Namen bookplugin.damage.other, die es erlaubt, anderen Spielern Schaden zuzufügen. Ist die Berechtigung nicht vorhanden, erhält der Absender eine entsprechende Nachricht, und die Methode wird mithilfe eines Early Returns abgebrochen:

```
if (args.length == 1) {
  if (!player.hasPermission("bookplugin.damage.other")) {
    player.sendPlainMessage("Dazu hast du keine Rechte!");
    return;
  }

  Player target = stack.getSender().getServer().getPlayer(args[0]);
  ...
}
```

Mit dieser Logik entfällt sowohl die Methode permission als auch canUse, die du somit für den Test auskommentieren oder löschen kannst.

Abbildung 8.4 Das Zufügen von Schaden zu sich selbst ist jederzeit möglich, aber beim Verwenden eines anderen Spielernamens als Argument wird der Befehl nicht ausgeführt.

Überprüfen von Berechtigungen in anderen Szenarien

Die gezeigte Methode hasPermission ist beispielsweise auch nutzbar, wenn bestimmte Listener nur dann greifen sollen, wenn der auslösende Spieler eine bestimmte Berechtigung hat. So kannst du beispielsweise einschränken, dass ein `BlockBreakEvent` abgebrochen wird, wenn eine bestimmte Berechtigung fehlt, um das Zerstören deiner Server-Welt standardmäßig zu verhindern.

8.3 Chatnachrichten aufhübschen

Du hast bisher die Methoden `broadcastMessage` des Servers und `sendPlainMessage` für den Datentyp `Player` kennengelernt, die Nachrichten an alle oder bestimmte Spieler senden. All diese Nachrichten sahen (bis auf den Textinhalt) identisch aus. Nun wollen wir beim Absenden solcher Nachrichten weiteres Potenzial ausschöpfen: Mit Paper können wir Chatnachrichten nicht nur einfärben und in bestimmten Stilen ausgeben, sondern auch interaktiv gestalten, beispielsweise indem beim Klicken auf eine Chatnachricht ein Befehl ausgeführt wird oder beim Fahren mit der Maus über einen bestimmten Text weitere Informationen erscheinen. Paper stellt für solche Nachrichten sogenannte *Components* zur Verfügung, die wir nach Belieben kombinieren können, um Nachrichten nach unseren Vorstellungen zu gestalten. Ein paar der wichtigsten Möglichkeiten, die uns Components bieten, lernst du an praktischen Beispielen kennen.

8.3.1 Components erstellen, Text färben und verbinden

Damit du die Basics für die Erstellung von Components sehen kannst, entwickeln wir einen einfachen Befehl `/component`, bei dessen Aufruf Components eingesetzt werden, um Chatausgaben an den Absender zu schicken. So lernst du die wichtigsten Techniken kennen, um mithilfe von Components schönere Nachrichten zu gestalten. Lege dafür eine neue Klasse `ComponentCommand` an. Da Components in der Konsole als einfacher Text angezeigt werden können, brauchst du keine Überprüfung, ob es sich beim Absender des Befehls um einen `Player` handelt.

Für das Anlegen einer neuen Ausgabe-Component wird der passende Datentyp `Component` verwendet. Beginnen wir mit einer einfachen Text-Component, die in der Farbe Grün angezeigt wird. Eine solche Basis-Component kannst du über den Methodenaufruf `Component.text` generieren. Neben dem eigentlichen Text, den du als `String`-Parameter übergibst, kann als zweiter Parameter eine Farbe zugewiesen werden. Als Beispiel verwenden wir eine `NamedTextColor`: Dieser Typ stellt eine Auswahl verschiedener vordefinierter Farben zur Verfügung. Für Grün wird `NamedTextColor.GREEN` eingesetzt. Für das Absenden einer Component an einen Player nutzen wir nicht `sendPlainMessage`: Diese Methode wird nur für Strings ohne weitere Designanpassungen verwendet. Stattdessen kommt für Components die Methode sendMessage zum Einsatz. Anschließend kannst du die neu angelegte Component an die Methode sendMessage übergeben, um die Nachricht an den Absender zu schicken:

```
Component test1 = Component.text("Meine erste Component", NamedTextColor.GREEN);
stack.getSender().sendMessage(test1);
```

Das Ergebnis der Ausgabe, die durch diesen Code erfolgt, siehst du in Abbildung 8.5.

Abbildung 8.5 Die Chatnachricht wird in Grün dargestellt.

> **»Component.text« ohne Formatierung**
>
> Der Aufruf Component.text ist auch ohne eine Farbe nutzbar und ist somit der einfachste Standard, um unformatierten Text zu schicken. Ab sofort werden wir Components immer dann nutzen, wenn es sich anbietet. Ein Beispiel ist die Methode broadcastMessage des Servers, die von Paper langfristig nicht mehr unterstützt werden soll. Stattdessen werden wir ab jetzt die Methode broadcast verwenden, die wiederum Components für die Ausgabe unterstützt, beispielsweise so:
>
> ```
> stack.getSender().getServer().broadcast(Component.text("Hallo Server!"));
> ```

Als Nächstes bauen wir eine Nachricht, die aus mehreren zusammengefügten Components besteht. Dafür kommt die Methode append zum Einsatz, die direkt auf eine Component ausgeführt wird. Dabei wird eine weitere Component übergeben, die durch den Aufruf an die erste Component angehängt wird. Das folgende Beispiel baut eine neue Ausgabe, bei der ein Text in zwei unterschiedlichen Farben dargestellt wird:

```
Component test2 = Component.text("Mit mehreren ", NamedTextColor.RED)
  .append(Component.text("Farben", NamedTextColor.BLUE));
```

Das Zusammenfügen der beiden Components ergibt einen Text, der mehrere Farben enthält, so wie du es in Abbildung 8.6 siehst.

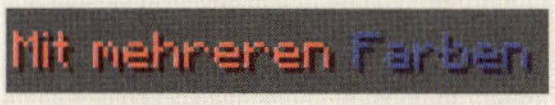

Abbildung 8.6 Die Darstellung funktioniert auch mit mehreren Farben.

Neben der Textfarbe kannst du einen Text »dekorieren«, also den Stil der Darstellung verändern. Die Dekoration kannst du direkt als weiteren Parameter an Component.text übergeben, wenn du auch eine Farbe setzt. Dabei kommt der Typ TextDecoration zum

Einsatz. Willst du nur den Stil festlegen, kannst du stattdessen auf die angelegte Component die Methode `decorate` ausführen, der wiederum ebenfalls eine `TextDecoration` übergeben wird. Für beide Varianten sieht du im Folgenden je einen Aufruf in einer weiteren zusammengefügten Component. Dafür kommen zwei verschiedene Stile zum Einsatz: `TextDecoration.BOLD` stellt einen Text fett dar, während `TextDecoration.UNDERLINED` den Text unterstreicht:

```
Component test3 = Component.text(
    "Unterschiedliche ", NamedTextColor.BLUE, TextDecoration.BOLD)
  .append(Component.text("Deko").decorate(TextDecoration.UNDERLINED));
```

Mehrere Stile anwenden

Beide Varianten erlauben die Kombination mehrerer Stile, indem du mehrere Dekorationen an den jeweiligen Methodenaufruf übergibst.

Die unterschiedlichen Dekorationen, die auf den farbigen Text angewendet werden, ergeben die Darstellung in Abbildung 8.7.

Abbildung 8.7 Die beiden Stile werden auf den Text angewendet.

»MiniMessage«

Das Erstellen »größerer« Nachrichten mit verschiedenen Stilen kann für viel Quellcode sorgen. Aus diesem Grund gibt es eine praktische Technik, mit der Darstellung und Inhalte von Components schnell in einer besonderen Schreibweise bearbeitet werden können. Diese als *MiniMessage* bekannte Technik kann beispielsweise so eingesetzt werden, um eine fette, grüne Nachricht abzubilden:

```
Component component = MiniMessage.miniMessage().deserialize(
  "<bold><green>Hallo, dies ist eine Nachricht!</green></bold>"
);
```

Eine `MiniMessage` muss weiterhin nicht als Component umgewandelt werden, sondern kann direkt als String an die Methode `sendRichMessage` eines Spielers (oder Absenders aus der Konsole) weitergegeben werden, beispielsweise so:

```
stack.getSender().sendRichMessage(
  "<bold><green>Hallo, dies ist eine Nachricht!</green></bold>");
```

Weitere Details zur Verwendung von `MiniMessage` findest du unter *https://docs.papermc.io/paper/dev/component-api/introduction/#minimessage*.

8.3.2 Interaktive Components anlegen

Du weißt nun, wie du einfache Components nutzt, die Inhalt auf eine hübschere Art und Weise darstellen. Als Abschluss sehen wir uns an, wie du interaktive Components anlegst, also Texte, die du mithilfe der Maus ansteuern kannst, um direkt auf andere Funktionen im Plugin zurückzugreifen können. Dafür wird hauptsächlich zwischen zwei Interaktionen unterschieden: dem Anklicken und dem Fahren mit der Maus über eine bestimmte Component. Für beide Arten lernst du einige Beispiele für mögliche Behandlungsmöglichkeiten der jeweiligen Interaktion kennen. Dafür verwende ich weiterhin den in Abschnitt 8.3.1 angelegten Befehl.

Wir beginnen mit dem Einfügen von Operationen, die beim *Anklicken* einer Component ausgeführt werden. Dafür wird auf eine Component die Methode `clickEvent` ausgeführt, die eine neue Klickausführung in Form eines `ClickEvent` erhält. Als erstes Beispiel nutzen wir die Übergabe `ClickEvent.runCommand`, die eine bestimmte Methode im Namen des Spielers, der die Component angeklickt hat, ausführt. Das folgende Beispiel würde beim Anklicken des Textes »Kreativmodus« automatisch den Befehl `/gamemode creative` ausführen:

```
Component test4 = Component.text("Kreativmodus", NamedTextColor.GREEN)
  .clickEvent(ClickEvent.runCommand("/gamemode creative"));
```

Die Darstellung der Nachricht unterscheidet sich nicht von dem farbigen Text aus Abbildung 8.5. Besonders wird es allerdings, wenn du den Text anklickst: Ohne dass du weitere Dinge mitbekommst, führst du im Hintergrund den hinterlegten Befehl aus. Du siehst das in der Konsole (siehe Abbildung 8.8).

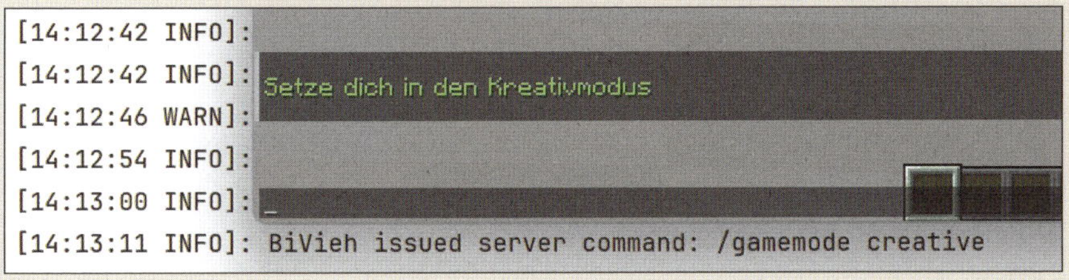

Abbildung 8.8 Beim Anklicken der Nachricht führst du den Befehl aus, was ebenfalls in der Konsole registriert wird.

Als Nächstes versuchen wir uns an einer Textanzeige, wenn der Absender mit der Maus *über eine Component fährt*. Hierfür wird die Methode `hoverEvent` eingesetzt, die ein `HoverEvent` festlegt, das beim Fahren über den zugehörigen Text ausgelöst werden soll. Eine besonders einfache Möglichkeit ist hier der Aufruf `HoverEvent.showText`, der eine neue Component erhält, die beim Fahren über die äußere Component erscheint. Das folgende Beispiel soll einen lilafarbenen Text zeigen, wenn mit der Maus über die Component gefahren wird:

```
Component test5 = Component.text("Schau mich an!", NamedTextColor.GOLD)
  .hoverEvent(HoverEvent.showText(Component.text(
    "Eine versteckte Nachricht", NamedTextColor.LIGHT_PURPLE))
);
```

Das Testen dieser Component zeigt, dass du beim Fahren mit der Maus über die Nachricht eine Box aufdeckst, die die zweite Component mit dem Text zum Vorschein bringt (siehe Abbildung 8.9).

Abbildung 8.9 Das Positionieren der Maus über der Nachricht zeigt die »versteckte« Nachricht.

Beide Varianten lassen sich problemlos kombinieren, damit eine Component sowohl beim Darüberfahren Informationen anzeigt als auch beim Anklicken etwas ausführt. Das folgende Beispiel nutzt diese Technik, damit beim Anklicken einer Component ein vordefinierter Text in den Chat geschrieben wird, in diesem Fall das Wort »Hallo«. Dafür wird `ClickEvent.suggestCommand` verwendet, was einen bestimmten Text (oder Befehl) in den Chat eintippt, diesen aber noch nicht automatisch absendet:

```
Component test6 = Component.text("'Hallo' kopieren", NamedTextColor.RED)
  .clickEvent(ClickEvent.suggestCommand("Hallo"))
  .hoverEvent(HoverEvent.showText(Component.text("Klick mich an")));
```

Das Testen in Abbildung 8.10 zeigt, dass du nicht nur einen kleinen Tipp beim Fahren über die Nachricht erhältst, sondern das Anklicken direkt dafür sorgt, dass der Text »Hallo« in deinen Chat geschrieben wird und du von diesem Stand aus weitertippen könntest.

Abbildung 8.10 Das Anklicken der Nachricht fügt den Text direkt im Chat ein.

Interaktive Components lassen sich auch mit `MiniMessage` umsetzen. So könntest du alle Beispiele aus diesem Abschnitt wie folgt als MiniMessage darstellen und an den Absender schicken, wobei ein mehrzeiliger String durch drei Anführungszeichen (""") verwendet wird und alle Components in einer einzigen großen Nachricht über `sendRichMessage` ausgibt:

```
String message = """
  <green>Meine erste Component

  <red>Mit mehreren <blue>Farben

  <blue><bold>Unterschiedliche </bold><underlined>Dekorationen

  <green><click:run_command:/gamemode creative>Setze dich in den
    Kreativmodus</click>

  <gold><hover:show_text:"<light_purple>Eine versteckte Nachricht">
    Schau mich an!

  <red><click:suggest_command:Hallo><hover:show_text:Klick mich an>
    'Hallo' kopieren</click></hover>
""";
stack.getSender().sendRichMessage(message);
```

Weitere Möglichkeiten von Components

Neben den gezeigten Funktionen können Components beispielsweise in Dateien angelegt und im Plugin geladen werden, mit Übersetzungen in verschiedenen Sprachen glänzen oder andere visuelle und interaktive Elemente einbinden. Die vielen Möglichkeiten würden den Rahmen des Buches sprengen, sodass ich dich für mehr Informationen auf die Dokumentation verweise:

https://docs.papermc.io/paper/dev/component-api/introduction/

Alle detaillierten Informationen zu den Möglichkeiten, die dir Adventure bietet, findest du unter *https://docs.advntr.dev/*.

Im weiteren Verlauf werde ich keine Farben und besonderen Formatierungen für Ausgaben verwenden. Wenn du deine Nachrichten schöner gestalten willst, kannst du das allerdings gern tun.

Kapitel 9
Ausrüstung leicht gemacht: Items und Inventare

Schmieden mit Stil

In diesem Kapitel widmen wir uns einem besonders spannenden Thema, das in der Entwicklung von Plugins für verschiedenste Bereiche Anwendung findet: Items und Inventare. Ein *Item* ist jeder Block, jedes Werkzeug oder jedes Rüstungsteil, das du während des Spielens abbauen, sammeln oder craften kannst. All deine Items werden in deinem *Inventar* abgelegt oder zum Beispiel als Rüstung getragen, wodurch du beeinflusst wirst. Es gibt darüber hinaus andere Formen von Inventaren, beispielsweise Truhen, Öfen oder streng genommen sogar Werkbänke.

Mithilfe deines Plugins kannst du Items künstlich generieren und in den verschiedensten Situationen einem bestimmten Inventar hinzufügen, sie einem Spieler anlegen oder sogar auf natürliche Art und Weise in der Welt fallen lassen. Dabei kannst du nicht nur spezielle Effekte wie einen Namen oder Verzauberungen anwenden, sondern ganz neue Funktionen programmieren. Egal, ob ein Zauberstab, der Feuerbälle schießt, ein Block, der beim Platzieren eine gigantische Explosion erzeugt, oder eine Schneekanone, die Schneebälle verschießt, die die Landschaft in ein Winter-Wunderland verwandeln: Du kannst deiner Kreativität freien Lauf lassen, damit deine Items das Spielen auf deinem Server zu einer einzigartigen Erfahrung machen.

Doch auch Inventare bieten im Zusammenhang mit der Plugin-Entwicklung spannende Möglichkeiten. Du kannst »virtuelle« Inventare vor den Augen eines Spielers öffnen und darin beliebige Items anzeigen, die man sich einfach ins eigene Inventar ziehen kann. Das ist beispielsweise für einen Überlebenskampf, bei dem in Truhen zufällige Items erscheinen sollen, eine praktische Technik. Doch nicht nur das: Durch Inventare kannst du Menüs simulieren. So kannst du beispielsweise verschiedene Items für besondere Orte auf deinem Server hinterlegen, und beim Anklicken eines bestimmten Symbols wird der Spieler sofort zur passenden Position teleportiert.

Du lernst im Folgenden die wichtigsten Ansätze, mit denen du Ideen wie die genannten Beispiele umsetzen kannst.

9.1 Items erstellen und nutzen

Wir starten, indem du deine ersten Items erstellst und sie auf bestimmten Wegen verteilst, beispielsweise durch das Platzieren in das Inventar des Spielers, das Fallenlassen in der Welt oder das Anlegen als Rüstungsteil. Anschließend tasten wir uns in Abschnitt 9.1.1 und Abschnitt 9.1.3 an erweiterte Möglichkeiten heran, mit denen du Items im vollen Umfang »bearbeiten« und für eigene Ideen nutzen kannst.

Starten wir mit den Grundlagen, indem du einen neuen Befehl mit dem Namen `/itemtest` erstellst. Baue dafür in einer neuen Klasse `ItemTestCommand` das Grundgerüst für einen neuen Befehl auf und sorge dafür, dass nur Spieler den Befehl ausführen können (immerhin wollen wir, dass der Absender als Bezug für das Hinzufügen und Fallenlassen der neuen Items verwendet wird). Jedes Item, das du im Rahmen deines Plugins verwenden möchtest, wird in der Programmierung durch den Datentyp *ItemStack* dargestellt. Ein neues Item kannst du am einfachsten über die Methode `ItemStack.of` generieren, wobei du ein Material übergeben musst, das den Typ des neuen Items festlegt. Im folgenden Beispiel erstelle ich einen `ItemStack`, der ein Steinschwert (`Material.STONE_SWORD`) enthält, und speichere ihn in einer Variable ab:

```
ItemStack sword = ItemStack.of(Material.STONE_SWORD);
```

Nun muss das Item nur noch in das Inventar des Absenders. Die einfachste Möglichkeit ist, das Item so hinzuzufügen, als wäre es gerade vom Boden aufgesammelt worden. Dabei wird der erste freie Slot, der im Inventar gefunden wird, verwendet. Dafür musst du das Inventar des Spielers zunächst über die Methode `getInventory` abrufen und den `ItemStack`, der hinzugefügt werden soll, als Parameter an die Methode `addItem` übergeben. Der volle Aufruf für den Beispielbefehl sieht so aus:

```
player.getInventory().addItem(sword);
```

> **Items an bestimmte Positionen setzen**
>
> Im Rahmen von Inventaren lernst du in Abschnitt 9.2, wie du Items an ganz bestimmte Positionen platzieren kannst. So ist es ebenfalls möglich, Items im Inventar eines Spielers zu überschreiben.

Damit ist das erste Beispiel geschafft: Du hast ein Item erstellt und fügst es dem Inventar des Absenders automatisch an einer passenden Stelle hinzu. Bevor wir den Befehl testen, bauen wir zwei weitere Tests für Items hinzu. Wir wollen nämlich außerdem ein paar Goldbarren vor dem Absender in der Welt fallen lassen. Für den ItemStack ist dabei keine große Änderung notwendig, du kannst weiterhin den Aufruf ItemStack.of verwenden, diesmal mit dem passenden Material.GOLD_INGOT. Der wichtige Unterschied: Wir wollen diesmal nicht ein Item generieren, sondern einen Stapel aus 10 Barren. Dafür kannst du der Methode einfach einen zweiten int-Parameter übergeben, der für die Anzahl der Items steht. Der Aufruf für diesen Test sieht so aus:

```
ItemStack gold = ItemStack.of(Material.GOLD_INGOT, 10);
```

Den neuen ItemStack können wir nun direkt in der Welt, in der sich der Spieler befindet, fallenlassen. Wir wollen das Item direkt vor dem Spieler fallen lassen, sodass wir die Blickrichtung einbeziehen. Dafür fügen wir der Position des Spielers wie bereits häufiger verwendet über add einen Abstand hinzu. Die Blickrichtung wird über die Methode getDirection der Location abgerufen. An den Abruf der Richtung ketten wir drei weitere Methodenaufrufe an:

- **setY(0)** sorgt dafür, dass das Blicken nach oben oder unten keinen Einfluss auf die Richtung hat, sondern lediglich die Ausrichtung nach vorn und zur Seite.
- **normalize()** führt eine sogenannte *Normalisierung* aus, was dafür sorgt, dass die Richtung nach ihrer Veränderung auf eine standardisierte Länge von einem Block gebracht wird.
- **multiply(2)** verdoppelt die Richtung. Da die Richtung zuvor auf die Länge von einem Block normalisiert wurde, steht der Ausdruck dafür, dass der finale Abstand zwei Blöcke beträgt.

Die fertige Berechnung der Drop-Position, die sich zwei Blöcke vor dem Spieler befinden soll, sieht so aus:

```
Location loc = player.getLocation().add(
  player.getLocation().getDirection().setY(0).normalize().multiply(2));
```

Das Fallenlassen an dieser Position erfolgt über die Methode dropItemNaturally der Welt, in der sich der Spieler befindet (getWorld). Der Methode werden die zuvor berechnete Position sowie das Item als Parameter übergeben:

```
player.getWorld().dropItemNaturally(loc, gold);
```

Als letztes Beispiel für diesen Befehl sehen wir uns an, wie wir bestimmte Items als Rüstung anlegen können. Dafür stellt das Inventar des Spielers verschiedene Methoden zur Verfügung, die allesamt einen `ItemStack` als Parameter übergeben bekommen:

- **setHelmet** für das Anlegen eines Helms, wobei auch andere Blöcke als Helm getragen werden können
- **setChestplate** für das Anlegen einer Brustplatte
- **setLeggings** für das Anlegen von Beinschienen
- **setBoots** für das Anlegen von Stiefeln

Testen wir als Beispiel zwei dieser Aufrufe: Mithilfe von `setHelmet` setzen wir einen Glasblock (`Material.GLASS`) auf den Kopf des Absenders. Das würde im normalen Spiel nicht ohne Weiteres gehen, da nur bestimmte Items auf den Kopf gesetzt werden können. Über `setChestplate` legen wir außerdem eine Goldbrustplatte (`Material.GOLDEN_CHESTPLATE`) an. Die Items, die für beide Aufrufe erstellt wurden, habe ich diesmal nicht in einer separaten Variable abgelegt, sondern direkt über `ItemStack.of` an die jeweilige Methode übergeben:

```
player.getInventory().setHelmet(ItemStack.of(Material.GLASS));
player.getInventory().setChestplate(ItemStack.of(Material.GOLDEN_CHESTPLATE));
```

Nun, da wir die drei Beispiele für einfache Items umgesetzt haben, wird es Zeit, den Befehl zu testen. Den gesamten Quellcode siehst du in Listing 9.1.

```
package dev.schlosser.bookplugin.commands;

import io.papermc.paper.command.brigadier.BasicCommand;
import io.papermc.paper.command.brigadier.CommandSourceStack;
import org.bukkit.Location;
import org.bukkit.Material;
import org.bukkit.entity.Player;
import org.bukkit.inventory.ItemStack;

public class ItemTestCommand implements BasicCommand {
  @Override
  public void execute(CommandSourceStack stack, String[] args) {
    if (!(stack.getSender() instanceof Player player)) {
      stack.getSender().sendPlainMessage("Nur für Spieler!");
      return;
    }
```

```
      ItemStack sword = ItemStack.of(Material.STONE_SWORD);
      player.getInventory().addItem(sword);

      ItemStack gold = ItemStack.of(Material.GOLD_INGOT, 10);
      Location loc = player.getLocation().add(0, 1.5, 3);
      player.getWorld().dropItemNaturally(loc, gold);

      player.getInventory().setHelmet(ItemStack.of(Material.GLASS));
      player.getInventory().setChestplate(
        ItemStack.of(Material.GOLDEN_CHESTPLATE));
    }
  }
```

Listing 9.1 Quellcode für den ItemTest-Befehl

Nach dem Registrieren des Befehls und dem Übertragen des Plugins auf den Server kannst du `/itemtest` ausführen: Wie in Abbildung 9.1 zu sehen ist, erhältst du das Steinschwert direkt in dein Inventar. Zudem landen die Goldbarren unmittelbar vor dir. Außerdem wird dir ein schicker Glasblock über den Kopf gezogen und eine Goldbrustplatte angelegt.

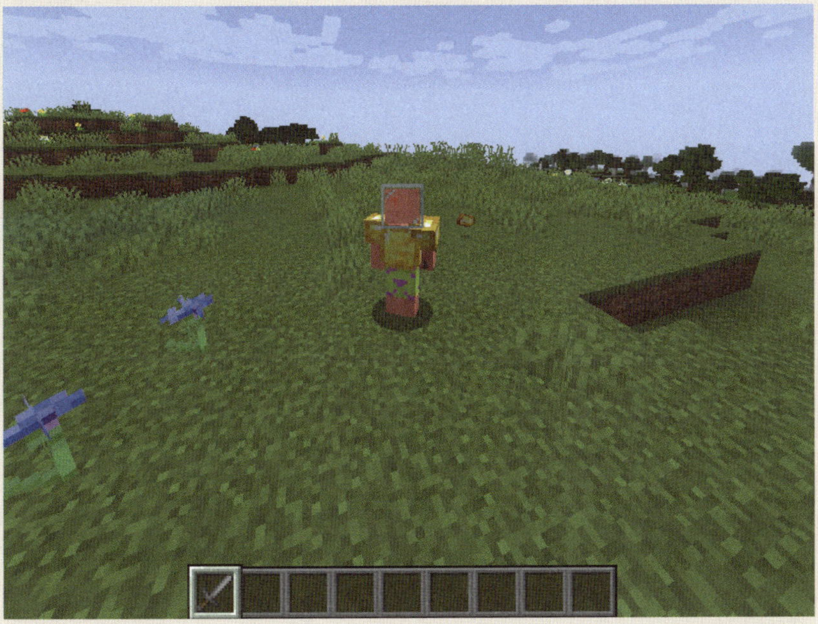

Abbildung 9.1 Der Befehl fügt alle Items so hinzu, wie wir es beabsichtigt haben.

9.1.1 Die »ItemMeta«-Daten ausnutzen

Items zu verteilen ist nicht schwer, doch nun wollen wir weiteres Potenzial aus der Erstellung eines Items herausholen. Dafür nutzen wir die *ItemMeta*-Daten: Diese kannst du dir wie ein »Extrapaket« vorstellen, das bestimmte Daten für dein Item ablegt und dieses verändert. Dazu gehören beispielsweise der Anzeigename, eine Beschreibung, Verzauberungen oder andere Daten, wie die Abnutzung eines Werkzeugs. Wir sehen uns in einem neuen Befehl an, wie wir einige dieser Dinge zu einem besonderen Schwert hinzufügen, das dem Absender anschließend in das Inventar gelegt wird. Lege dafür eine neue Klasse `GiveSwordCommand` an und lege die Basis für den Befehl an, sodass nur Spieler diesen nutzen können.

Das generelle Prozedere für das Manipulieren der `ItemMeta`-Daten besteht darin, die standardmäßigen Daten, die das Item dafür bereitstellt, abzurufen und im Anschluss nach unseren Vorstellungen zu verändern. Genau diesen Ablauf setzen wir ein, um ein Diamantschwert zu verändern. Dafür erstellen wir zunächst wie gewohnt einen neuen `ItemStack` für das Schwert (`Material.DIAMON_SWORD`). Die `ItemMeta`-Daten kannst du über verschiedene Wege bearbeiten, der einfachste ist jedoch die Methode `editMeta`. Dieser kannst du einen Lambdaausdruck übergeben, der einen Parameter für die Meta-Daten erhält. Die folgende Quellcodevorlage würde es dir somit erlauben, alle Änderungen an den `ItemMeta`-Daten innerhalb der geschweiften Klammern auf der Variable `meta` auszuführen:

```
ItemStack sword = ItemStack.of(Material.DIAMOND_SWORD);
sword.editMeta(meta -> {

});
```

Nun können wir verschiedene Veränderungen an den `ItemMeta`-Daten vornehmen! Beginnen wir, indem wir den Namen des Schwertes anpassen. Dabei wird eine Component verwendet, die wie in Kapitel 8 gezeigt beispielsweise Farben und Textdekorationen enthalten kann. Zur Anschaulichkeit lege ich einen goldenen Namen an, den ich mithilfe der Methode `displayName` für die `ItemMeta`-Daten einsetze:

```
Component name = Component.text("Legendenschwert", NamedTextColor.GOLD);
meta.displayName(name);
```

Als Nächstes wollen wir eine Beschreibung für das Schwert festlegen. Dafür verwenden wir die sogenannte *Lore*, die mehrere Textzeilen unter dem Namen anzeigen kann. Dafür müssen wir die gewünschten Zeilen als Liste an die Methode `lore` übergeben. Ein einfacher Weg ist das Anlegen der Einträge über die Hilfsmethode `List.of`, die mehrere übergebene Werte in solch eine Liste umwandelt. Für das Hinterlegen von Texten nutzen wir erneut Components, die du bei Bedarf ebenfalls einfärben und formatieren könntest, hier nutzen wir allerdings einfachen Text ohne weitere Anpassungen:

```
meta.lore(List.of(
  Component.text("Ein Schwert, das seit vielen Generationen existiert."),
  Component.text("Du hast es von einem begnadeten Schmied erhalten.")
));
```

Nun wird es magisch, denn das Schwert wird verzaubert! Du kannst eine neue Verzauberung über die Methode `addEnchant` hinzufügen, wobei der Methode drei Parameter übergeben werden:

- die Art der Verzauberung über den Datentyp `Enchantment`
- die Stärke der Verzauberung
- ein `boolean`, der angibt, ob das von Minecraft vorgegebene Maximallevel der Verzauberung überschritten werden darf

In diesem Fall übertreibe ich es: Als ersten Effekt füge ich Schärfe (`Enchantment.SHARPNESS`) auf Level 10 hinzu. Beachte, dass das von Minecraft vorgegebene Maximallevel 5 wäre, sodass der dritte Parameter `true` sein muss, damit das Level tatsächlich angewendet wird. Außerdem füge ich den Haltbarkeitseffekt (`Enchantment.UNBREAKING`) auf Stufe 3 hinzu. Hier ist der dritte Parameter eigentlich irrelevant, da das maximale Level nicht überschritten wird. Die beiden Verzauberungen sehen dann so aus:

```
meta.addEnchant(Enchantment.SHARPNESS, 10, true);
meta.addEnchant(Enchantment.UNBREAKING, 3, true);
```

Die `ItemMeta`-Daten sind nun fertig bearbeitet! Abschließend kannst du den `ItemStack` wie gewohnt in das Inventar des Absenders hinzufügen. Den gesamten Quellcode für das Beispiel mit einer kleinen Chatausgabe am Ende siehst du in Listing 9.2.

```
package dev.schlosser.bookplugin.commands;

import io.papermc.paper.command.brigadier.BasicCommand;
import io.papermc.paper.command.brigadier.CommandSourceStack;
import net.kyori.adventure.text.Component;
import net.kyori.adventure.text.format.NamedTextColor;
import org.bukkit.Material;
import org.bukkit.enchantments.Enchantment;
import org.bukkit.entity.Player;
import org.bukkit.inventory.ItemStack;
```

```
import java.util.List;

public class GiveSwordCommand implements BasicCommand {
  @Override
  public void execute(CommandSourceStack stack, String[] args) {
    if (!(stack.getSender() instanceof Player player)) {
      stack.getSender().sendPlainMessage("Nur für Spieler!");
      return;
    }

    ItemStack sword = ItemStack.of(Material.DIAMOND_SWORD);
    sword.editMeta(meta -> {
      Component name = Component.text("Legendenschwert", NamedTextColor.GOLD);
      meta.displayName(name);

      meta.lore(List.of(
        Component.text("Ein Schwert, das seit vielen Generationen existiert."),
        Component.text("Du hast es von einem begnadeten Schmied erhalten.")
      ));
      meta.addEnchant(Enchantment.SHARPNESS, 10, true);
      meta.addEnchant(Enchantment.UNBREAKING, 3, true);
    });

    player.getInventory().addItem(sword);
    player.sendPlainMessage("Du hast das Legendenschwert erhalten.");
  }
}
```

Listing 9.2 Quellcode für den GiveSword-Befehl

Rufst du den Befehl nach dem Registrieren auf, wird dir das Schwert in dein Inventar gelegt (siehe Abbildung 9.2). Name, Beschreibung und Verzauberungen werden dabei erfolgreich gesetzt. Die Lore wird dabei standardmäßig in der Schriftfarbe Lila angezeigt.

Abbildung 9.2 Das Legendenschwert lässt sich wirklich sehen!

9.1.2 Übung 09.01: Heu zu Gold spinnen

Dein Plugin soll Heu eine besondere Bedeutung zukommen lassen: Wird ein Strohballen (`Material.HAY_BLOCK`) abgebaut, so soll nicht das Standardmaterial fallen gelassen werden, sondern zehn besondere Goldnuggets (`Material.GOLD_INGOT`). Das Goldnugget soll den unterstrichenen goldenen Namen »Gold-Heu« haben (mit `NamedTextColor.GOLD`) und mit der Verzauberung »Verbrennung« (`Enchantment.FIRE_ASPECT`) auf niedrigster Stufe ausgestattet sein.

Nutze für die Umsetzung das `BlockBreakEvent`. Mithilfe des Event-Parameters kannst du über den Aufruf `setDropItems(false)` zunächst festgelegen, dass das »Standard-Item« beim Abbauen nicht fallen gelassen wird. Anschließend kannst du an der Position des abgebauten Heublocks das Gold so fallen lassen wie in Listing 9.1.

9.1.3 Informationen über Persistent Data Container austauschen

Als Nächstes sehen wir uns ein praktisches Werkzeug an, das es erlaubt, an ein Item Daten »anzuhängen«, die du zu einem späteren Zeitpunkt wieder auslesen kannst. Die Technik trägt den Namen *Persistent Data Container* (kurz PDC) und ermöglicht es, Daten so zu speichern, dass nur dein Plugin sie sehen kann. PDC können dabei nicht nur an Items angehängt werden, sondern beispielsweise auch an Monster. In diesem Kapitel konzentrieren wir uns auf die Basics und lernen PDC bei Items kennen, die Kenntnisse lassen sich aber auf die anderen Bereiche übertragen.

Generell arbeitet die Technik nach einem Prinzip, das einer `HashMap` ähnelt: Daten werden unter einem bestimmten Schlüssel abgelegt, der nachträglich eingesetzt wird, um den entsprechenden Wert wieder zu laden. Der Datentyp eines Wertes muss dabei bereits beim Speichern angegeben werden, wobei PDC auf bestimmte Datentypen limitiert sind.

Für ein erstes Beispiel setzen wir eine neue Funktion für das Plugin um: Wir speichern zu jedem gecrafteten Item, welcher Spieler das Item gebaut hat. Wenn mit einem Item ein Rechtsklick gemacht wird und ein Spieler als »Crafter« gespeichert ist, dann wird der Name des ursprünglichen Herstellers im Chat ausgegeben. Dafür speichern wir mithilfe eines PDC die UUID eines Spielers auf einem Item, sobald es gecraftet wird. Leg dafür eine neue Klasse mit dem Namen `CraftNameListener` an. Bevor es an eine Event-Methode geht, legen wir eine Variable innerhalb der Klasse an: Wir benötigen wie bei einer `HashMap` einen *Schlüssel*, unter dem die Daten gesichert werden. Dafür kommt ein `NamespacedKey` zum Einsatz. Dieser besteht aus zwei Komponenten:

1. einem »Namespace«, also eine Bezeichnung für einen Bereich, in dem dieser Schlüssel aktiv ist. Hier wird im Regelfall eine einheitliche Bezeichnung für alle Schlüssel eines Plugins verwendet.
2. dem Namen für den Schlüssel

Legen wir einen neuen Schlüssel an, unter dem wir anschließend die UUID des »Crafters« ablegen. Als Namespace verwende ich dabei einheitlich den Namen meines Plugins, `bookplugin`, für den Bezeichner `crafter_uuid`. Beide Daten werden als Parameter an den Aufruf `new NamespacedKey` übergeben, den Schlüssel speichere ich in einer passenden Instanzvariable:

```
public class CraftNameListener implements Listener {
  NamespacedKey key = new NamespacedKey("bookplugin", "crafter_uuid");
}
```

Nun folgt das erste Event, das beim Craften eines Items ausgelöst wird und somit die UUID im PDC speichert. Dazu dient das `CraftItemEvent`, das beim Bauen eines Items ausgelöst wird. Im Event überprüfen wir, ähnlich wie beim Auslösen eines Befehls, ob ein Spieler das Crafting durchgeführt hat. Dafür kannst du die `instanceof`-Überprüfung auf die Methode `getWhoClicked` des Event-Parameters durchführen. Anschließend laden wir uns den neu gecrafteten `ItemStack` über `getResult` des Rezeptes, was über `getRecipe` abgerufen wird. Da der PDC über die `ItemMeta`-Daten angelegt wird, bearbeiten wir diese mit der gewohnten Methode `editMeta`:

```
public void onItemCraft(CraftItemEvent event) {
  if (!(event.getWhoClicked() instanceof Player player)) {
    return;
  }

  ItemStack result = event.getRecipe().getResult();
  result.editMeta(meta -> {

  });
}
```

Als Nächstes müssen wir unter dem zu Beginn angelegten Schlüssel (`NamespacedKey`) neue Daten in den PDC setzen, den wir wiederum in den `ItemMeta`-Daten finden. Dafür nutzen wir unter dem Methodenaufruf `getPersistentDataContainer` die Methode `set`. Der Methode wird als erster Parameter der gerade angelegte Schlüssel übergeben. Als zweiter Parameter folgt der Datentyp der gespeicherten Daten. Wir speichern die UUID als Text, was `PersistentDataType.STRING` entspricht. Andere verfügbare Datentypen sind beispielsweise BOOLEAN, INTEGER, FLOAT oder DOUBLE. Als letzter Parameter folgt danach der Wert, der gespeichert werden soll. Wir verwenden den Aufruf toString auf die UUID des Spielers, was den UUID-Datentyp passenderweise in einen String umwandelt:

```
meta.getPersistentDataContainer().set(
  key, PersistentDataType.STRING, player.getUniqueId().toString());
```

Um das Item schlussendlich als »Ergebnis« des Craftings zu übernehmen, benötigst du für den event-Parameter die Methode setCurrentItem, die im Hintergrund das Item, das gerade gecraftet wurde, mit deinem veränderten ItemStack austauscht:

```
event.setCurrentItem(result);
```

Nun fehlt noch der zweite Listener: Bei ihm überprüfen wir, ob ein Item rechtsgeklickt wurde, und versuchen in diesem Fall, den PDC zu laden. Dafür kommt das PlayerInteractEvent zum Einsatz, das beim Klicken mit der Maus ausgelöst wird. Als erste Abfrage überprüfen wir, ob ein Rechtsklick durchgeführt wurde. Dafür sind zwei Vergleiche mit der Methode getAction des Event-Parameters notwendig, nämlich mit Action.RIGHT_CLICK_BLOCK und Action.RIGHT_CLICK_AIR. Während erstere Aktion überprüft, ob der Rechtklick auf einen Block in Blickrichtung des Spielers durchgeführt wurde, steht die zweite Abfrage für das Rechtsklicken in der Luft. Der ItemStack, mit dem geklickt wurde, wird über die Methode getItem des Events abgerufen. Im ersten Schritt überprüfen wir, ob ein Item gefunden wurde (also ob dieser Abruf nicht null zurückgibt) und ob ItemMeta-Daten gefunden werden, die im Anschluss auf den PDC überprüft werden können. Für letztere Überprüfung kommt die Methode hasItemMeta zum Einsatz, die nur dann true zurückgibt, wenn der ItemStack ItemMeta-Daten verwendet. Die ItemMeta-Daten selbst rufst du dann über getItemMeta ab:

```
public void onRightClick(PlayerInteractEvent event) {
  if (event.getAction() != Action.RIGHT_CLICK_BLOCK
    && event.getAction() != Action.RIGHT_CLICK_AIR) {
    return;
  }

  ItemStack item = event.getItem();
  if (item == null || !item.hasItemMeta()) {
    return;
  }
  ItemMeta meta = item.getItemMeta();
}
```

Aus den ItemMeta-Daten heraus kannst du nun den PDC erneut über getPersistentDataContainer in einer Variable zwischenspeichern. Zunächst überprüfen wir für den PDC, ob Daten unter dem anfangs angelegten Schlüssel abgelegt sind. Dafür wird der Methode has des PDC der Schlüssel sowie der Datentyp, den die gesuchten Daten haben, angegeben. In unserem Fall suchen wir nach einem PersistentDataType.STRING, da wir diesen Typ zum Speichern der Daten verwendet haben:

```
PersistentDataContainer container = meta.getPersistentDataContainer();
if (container.has(key, PersistentDataType.STRING)) {
}
```

Innerhalb der if-Abfrage kannst du die Daten nun aus dem PDC laden, da du weißt, dass der String unter dem entsprechenden Schlüssel gespeichert wurde. Dafür verwenden wir die Methode get und die gleichen Parameter wie bei has. Um den String in eine UUID zu verwandeln, nutzen wir die Methode UUID.fromString:

```
String uuidStr = container.get(key, PersistentDataType.STRING);
UUID crafterUUID = UUID.fromString(uuidStr);
```

Im letzten Schritt musst du aus der UUID nur noch zum passenden Spieler kommen. Da es für dieses Beispiel egal ist, ob sich der Zielspieler gerade auf dem Server befindet, verwenden wir erstmalig nicht getOnlinePlayer. Stattdessen nutzen wir den Datentyp OfflinePlayer, der einen Spieler repräsentieren kann, der gerade nicht zwingend auf dem Server ist. Über die Methode getOfflinePlayer des Servers kannst du aus der UUID eine passende Variable ableiten und die bekannte Methode getName einsetzen, um den Namen des Crafters schlussendlich an den Spieler zu senden, der mit dem Item in der Hand geklickt hat.

```
OfflinePlayer crafter = event.getPlayer().getServer()
  .getOfflinePlayer(crafterUUID);
event.getPlayer().sendPlainMessage("Item von " + crafter.getName());
```

Das war eine Menge Stoff, doch nun ist es geschafft. Nimm dir einen Moment Zeit, um zu verstehen, wie der PDC genutzt wird, um Daten zu speichern und nachträglich abzurufen. Der vollständige Quellcode für die Listener-Klasse mit den beiden Event-Behandlungen ist in Listing 9.3 zu sehen. Dabei habe ich die Imports eingekürzt, da es wirklich viele importierte Klassen für die Logik benötigt.

```
package dev.schlosser.bookplugin.listeners;

// Imports...
```

```java
public class CraftNameListener implements Listener {
  NamespacedKey key = new NamespacedKey("bookplugin", "crafter_uuid");

  @EventHandler
  public void onItemCraft(CraftItemEvent event) {
    if (!(event.getWhoClicked() instanceof Player player)) {
      return;
    }

    ItemStack result = event.getRecipe().getResult();
    ItemMeta meta = result.getItemMeta();

    result.editMeta(meta -> {
      meta.getPersistentDataContainer().set(
        key, PersistentDataType.STRING, player.getUniqueId().toString());
    });
    event.setCurrentItem(result);
  }

  @EventHandler
  public void onRightClick(PlayerInteractEvent event) {
    if (event.getAction() != Action.RIGHT_CLICK_BLOCK &&
      event.getAction() != Action.RIGHT_CLICK_AIR) {
      return;
    }

    ItemStack item = event.getItem();
    if (item == null || !item.hasItemMeta()) {
      return;
    }

    ItemMeta meta = item.getItemMeta();

    PersistentDataContainer container = meta.getPersistentDataContainer();
    if (container.has(key, PersistentDataType.STRING)) {
      String uuidStr = container.get(key, PersistentDataType.STRING);
      UUID crafterUUID = UUID.fromString(uuidStr);

      OfflinePlayer crafter = event.getPlayer().getServer()
        .getOfflinePlayer(crafterUUID);
```

```
        event.getPlayer().sendPlainMessage("Item von " + crafter.getName());
      }
    }
  }
```

Listing 9.3 Quellcode für die Crafting-Anzeige

Registriere den neuen Listener und lade das Plugin erneut auf den Server. Nun wird es spannend: Wenn du ein neues Item craftest, kannst du es rechtsklicken und siehst (hoffentlich) wie in Abbildung 9.3 deinen eigenen Namen. Dies funktioniert genauso, wenn du das Item eines anderen Spielers anschaut, selbst wenn sich dieser gerade nicht auf dem Server befindet.

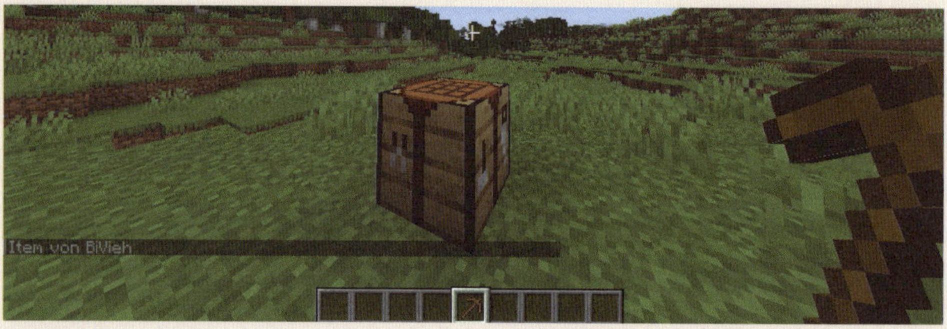

Abbildung 9.3 Beim Rechtsklicken mit der gecrafteten Spitzhacke erscheint die gewünschte Ausgabe im Chat.

> **Weitere Verwendungen von PDC**
>
> Im Laufe des Buches werde ich an passenden Stellen Empfehlungen oder Beispiele geben, wenn PDC eingesetzt werden könnten. Es handelt sich um eine praktische Technik, mit der du viele komplexe Ideen umsetzen kannst. Immerhin kannst du für verschiedenste Dinge Daten »verstecken«, die nur dein Plugin abrufen kann.

9.2 Virtuelle Inventare erstellen

Nun wird es Zeit, nicht nur künstlich Items zu erstellen, sondern auch Inventare. Da kannst du beispielsweise Mitgliedern deines Servers erlauben, sich Items aus einem solchen Inventar zu nehmen. Außerdem kannst du virtuelle Inventare einsetzen, um vereinfachte Menüs anzubieten, durch die man sich durch das Anklicken von Items navigieren kann. Für beide Fälle entwickeln wir in diesem Abschnitt je ein Beispiel, wobei wir mit den Grundlagen zur Erstellung eines Inventars starten, indem wir auf Befehl mehrere Items bereitstellen. Diese kann sich der Absender dann einfach nehmen, wie in einem Schlaraffenland. Erstelle dafür eine neue Klasse `LootCommand`, in der du die Basis für den Befehl, der nur von Spielern ausgeführt werden darf, umsetzt.

Für die Logik starten wir mit der Erstellung eines Inventars, das anschließend dem Absender präsentiert werden soll. Dafür verwenden wir die Methode `createInventory` des Servers. Dieser Methode werden zwei Parameter übergeben:

- Der erste Parameter steht für einen »Besitzer« des Inventars, was sinnvoll ist, wenn das Inventar einem bestimmten Monster, einer Truhe oder einem Spieler zugeordnet werden soll. Wenn es keinen bestimmten Besitzer für das Inventar geben soll, kann einfach `null` eingesetzt werden.
- Der zweite Parameter legt die Größe des Inventars fest. Bei diesem »Standardinventar« besteht jede Reihe aus 9 Slots, sodass ein Vielfaches von 9 als Zahl verwendet werden sollte.

Für das Beispiel benötigen wir keinen Besitzer, sodass der erste Parameter `null` ist. Außerdem wollen wir zwei Reihen von Slots, sodass wir insgesamt 18 Plätze benötigen. Besonders praktisch: Wir können einfach die Rechnung `9*2` in den Aufruf einsetzen, sodass die Zahl 18 automatisch berechnet wird und wir beim Berechnen keinen Fehler verursachen:

```
Inventory inv = stack.getSender().getServer().createInventory(null, 9*2);
```

Maximale Größe

Beachte, dass eine Truhe maximal 54 Slots, also sechs Reihen, enthalten kann.

Das Inventar können wir etwas weiter verschönern, indem wir einen farbigen Titel verwenden. Dafür wird ein dritter Parameter in Form einer Component angehangen. Für das Beispiel verwende ich einen grünen Text, den ich an die Methode weitergebe:

```
Component title = Component.text("Ausbeute", NamedTextColor.GREEN);
Inventory inv = stack.getSender().getServer().createInventory(null, 9*2, title);
```

Andere Formen von Inventaren

Der gezeigte Aufruf erzeugt eine »Standard-Inventaransicht«, die neben den Inventar-Slots ziemlich unspektakulär wirkt. Möchtest du einen bestimmten Inventartyp verwenden, kannst du dafür nach dem ersten Parameter des »Besitzers« einen `InventoryType` übergeben. Paper stellt für verschiedene Arten wie Werkbänke, Öfen oder besondere

Truhen sowie viele weitere Anwendungsfälle eigene Typen bereit. Der folgende Code würde mit `InventoryType.ANVIL` die Ansicht eines Amboss-Inventars erzeugen:

```
Inventory anvil = stack.getSender().getServer()
  .createInventory(null, InventoryType.ANVIL);
```

Der zuvor gezeigte Standardweg setzt automatisch `InventoryType.CHEST` ein, was eine Truhenansicht erzeugt.

Bevor wir das Inventar öffnen, müssen wir noch die Beute für den Absender hinzufügen. Dafür legen wir drei einfache Items ab: Den ersten `ItemStack`, 20 Goldbarren, fügen wir wie zuvor über die Methode `addItem` des Inventars hinzu. Damit wird das Item an die erste freie Stelle, also in den ersten Slot, platziert. Für das zweite Item verwenden wir die Methode `setItem`, womit das Item in einen festen Slot gesetzt wird. Wie in einem Array hat jeder Slot einen festen Index, wobei der erste Slot ganz oben links den Index 0 hat und von da an aufsteigend gezählt wird. Der erste Slot der zweiten Reihe hätte somit den Index 9, da das letzte Element der ersten Reihe den Index 8 zugewiesen bekommt. Für zwei Reihen, wie in diesem Beispiel, siehst du die Slot-Indizes in Abbildung 9.4.

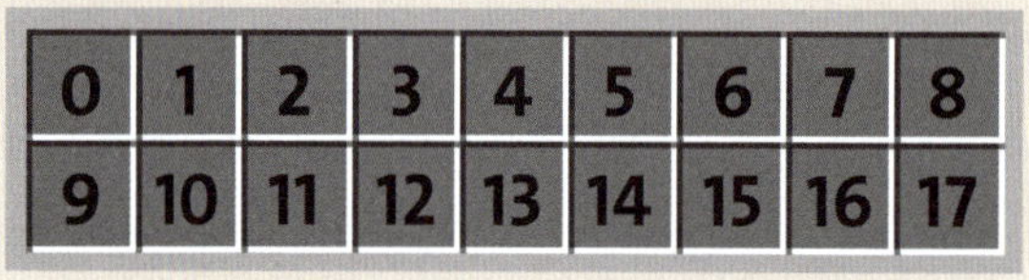

Abbildung 9.4 Slot-Indizes für ein virtuelles Inventar mit zwei Zeilen

Das dritte Item wird wieder über `setItem` gesetzt, diesmal wählen wir den Slot aber zufällig. Dafür wird mit `new Random().nextInt` eine Zufallszahl zwischen 0 (dem ersten Slot-Index) und 17 (dem größten Slot-Index) bestimmt. Beachte, dass der Diamant, den wir setzen, dabei ein anderes Item überschreiben kann. Wird beispielsweise zufällig der Index 6 berechnet, werden die zuvor eingesetzten Items auf dem Slot mit dem Index 6 überschrieben. Der Quellcode zum Hinzufügen der Items sieht so aus, wobei ich verschiedene Materialien für die Ausbeute eingesetzt habe:

```
inv.addItem(ItemStack.of(Material.GOLD_INGOT, 20));
inv.setItem(6, ItemStack.of(Material.EMERALD, 5));
int randomIndex = new Random().nextInt(9*2);
inv.setItem(randomIndex, ItemStack.of(Material.DIAMOND));
```

Im letzten Schritt musst du das Inventar nur noch für den Absender öffnen. Dafür kommt die Methode `openInventory` zum Einsatz, der das virtuelle Inventar, das wir gerade erstellt und befüllt haben, übergeben wird:

```
player.openInventory(inv);
```

Der gesamte Quellcode für das Beispiel deines ersten virtuellen Inventars, das durch einen Befehl geöffnet wird, siehst du in Listing 9.4.

```
package dev.schlosser.bookplugin.commands;

import io.papermc.paper.command.brigadier.BasicCommand;
import io.papermc.paper.command.brigadier.CommandSourceStack;
import net.kyori.adventure.text.Component;
import net.kyori.adventure.text.format.NamedTextColor;
import org.bukkit.Bukkit;
import org.bukkit.Material;
import org.bukkit.entity.Player;
import org.bukkit.inventory.Inventory;
import org.bukkit.inventory.ItemStack;

import java.util.Random;

public class LootCommand implements BasicCommand {
  @Override
  public void execute(CommandSourceStack stack, String[] args) {
    if (!(stack.getSender() instanceof Player player)) {
      stack.getSender().sendPlainMessage("Nur für Spieler!");
      return;
    }

    Component title = Component.text("Ausbeute", NamedTextColor.GREEN);
    Inventory inv = stack.getSender().getServer()
      .createInventory(null, 9*2, title);

    inv.addItem(ItemStack.of(Material.GOLD_INGOT, 20));
    inv.setItem(6, ItemStack.of(Material.EMERALD, 5));
    int randomIndex = new Random().nextInt(9*2);
    inv.setItem(randomIndex, ItemStack.of(Material.DIAMOND));
    player.openInventory(inv);
  }
}
```

Listing 9.4 Quellcode für den Loot-Befehl

Das Beuteinventar kannst du nach dem Registrieren des Befehls mit /loot öffnen. Das Ergebnis siehst du in Abbildung 9.5: Während Goldbarren und Smaragde immer im gleichen Slot liegen, wird der Diamant auf einen zufälligen Slot gelegt. Die Beute kannst du dir nun in dein eigenes Inventar ziehen.

Abbildung 9.5 Das Beuteinventar enthält die seltenen Items.

9.2.1 Auf Interaktionen mit virtuellen Inventaren reagieren

Eine weitere Schokoladenseite virtueller Inventare kommt zum Vorschein, wenn du ein Inventar als »Menü«, mit dem Spieler interagieren können, gestaltest. Dafür werden einzelnen Items, die sich im Menü befinden, beim Klicken Aktionen zugewiesen. Wie so oft gibt es kaum Grenzen für deine Kreativität, sodass ein Klick vom Teleportieren bis hin zum automatischen Bauen eines Gebäudes alles auslösen kann. Wir realisieren ein einfaches Beispiel, bei dem ein Befehl ein Inventar mit verschiedenen »Aktions-Items« öffnet. Jedes Item erfüllt dabei eine eigene Aktion, nämlich das Auffüllen der Herzen, das Hinzufügen einiger Erfahrungspunkte und das Teleportieren zum Spawn-Punkt. Die Aktionen erfassen wir über die in Abschnitt 9.1.3 vorgestellten Persistent Data Container. Die Logik teilen wir in zwei Bereiche: Ein Befehl öffnet lediglich das Inventar und fügt darin die Items mit den PDC hinzu. Die Abfrage des Menüklicks erfolgt anschließend über einen separaten Listener, der versucht, die Daten aus den Items im Menü zu laden und die zugehörige Aktion auszuführen.

> **Andere Wege zur Umsetzung eines Menüs**
>
> Der hier verwendete Weg eines PDC ist nur eine von verschiedenen Möglichkeiten, auf das Klicken in Inventarmenüs zu reagieren. Simplere Wege, wie das Überprüfen des angeklickten Item-Materials oder des gesetzten Namens in den `ItemMeta`-Daten, sind fehleranfälliger, weswegen ich sie im Buch nicht näher behandle.

Starten wir mit dem Befehl, den ich in einer neuen Klasse ActionInvCommand anlege. In der Klasse benötigen wir einen NamespacedKey, der für die Item-Einträge des PDC gelten soll. Ich lege ihn unter dem gewohnten Namespace mit einem neuen Namen an:

```
public NamespacedKey actionKey = new NamespacedKey("bookplugin", "action");
```

Im Anschluss geht es an die execute-Methode. Baue hier das Grundgerüst, damit lediglich Spieler den Befehl ausführen dürfen. Im Anschluss erstellen wir ein neues virtuelles Inventar ohne Besitzer, das diesmal die Form eines Trichters (InventoryType.HOPPER) erhalten soll. Außerdem setze ich einen Titel, der am oberen Menürand angezeigt wird:

```
Inventory inv = stack.getSender().getServer().createInventory(
  null, InventoryType.HOPPER, Component.text("Wähle eine Aktion"));
```

Gleich erstellen wir die drei Items, die jeweils beim Anklicken eine bestimmte Aktion auslösen sollen. Damit das leichter von der Hand geht, schreibe ich eine kleine Hilfsmethode, die einen ItemStack mit einem bestimmten Material sowie einem Anzeigenamen zurückgibt. Als dritten Parameter akzeptiert die Methode zudem einen String, der als PersistentDataType.STRING auf den PDC des neuen Items gesetzt wird:

```
public ItemStack createItem(Material material, String displayName,
    String actionValue) {
  ItemStack item = ItemStack.of(material);
  item.editMeta(meta -> {
      meta.displayName(Component.text(displayName));
      meta.getPersistentDataContainer().set(
        actionKey, PersistentDataType.STRING, actionValue);
    });
  return item;
}
```

Die neue Methode können wir nun einsetzen, um drei Items in das Inventar zu setzen. Dafür verwende ich den ersten, den dritten und den fünften Slot (mit den Indizes 0, 2 und 4) und weise jeweils passende Item-Typen und Namen zu. Besonders wichtig ist der letzte Parameter: Die hier übergebenen String-Werte (fett markiert) benötigst du später beim Listener, um zu überprüfen, welches Item angeklickt wurde, und so die passende Aktion auszuführen:

```
inv.setItem(0, createItem(Material.GOLDEN_APPLE, "Heilen", "heal"));
inv.setItem(2, createItem(Material.EXPERIENCE_BOTTLE, "Erfahrung", "exp"));
inv.setItem(4, createItem(Material.ENDER_PEARL, "Zum Spawn", "teleport"));
```

Das Inventar ist nun fertig befüllt und kann dem Absender des Befehls angezeigt werden. Dazu kommt, wie gewohnt, die Methode `openInventory` zum Einsatz:

```
player.openInventory(inv);
```

Den gesamten Quellcode für den ersten Teil des Menüs, nämlich den gerade entwickelten Befehl, siehst du in Listing 9.5.

```
package dev.schlosser.bookplugin.commands;

import io.papermc.paper.command.brigadier.BasicCommand;
import io.papermc.paper.command.brigadier.CommandSourceStack;
import net.kyori.adventure.text.Component;
import org.bukkit.Bukkit;
import org.bukkit.Material;
import org.bukkit.NamespacedKey;
import org.bukkit.entity.Player;
import org.bukkit.event.inventory.InventoryType;
import org.bukkit.inventory.Inventory;
import org.bukkit.inventory.ItemStack;
import org.bukkit.inventory.meta.ItemMeta;
import org.bukkit.persistence.PersistentDataType;

public class ActionInvCommand implements BasicCommand {
  public NamespacedKey actionKey = new NamespacedKey("bookplugin", "action");

  @Override
  public void execute(CommandSourceStack stack, String[] args) {
    if (!(stack.getSender() instanceof Player player)) {
      stack.getSender().sendPlainMessage("Nur für Spieler!");
      return;
    }

    Inventory inv = stack.getSender().getServer().createInventory(
      null, InventoryType.HOPPER, Component.text("Wähle eine Aktion"));

    inv.setItem(0, createItem(Material.GOLDEN_APPLE, "Heilen", "heal"));
    inv.setItem(2, createItem(Material.EXPERIENCE_BOTTLE, "Erfahrung", "exp"));
    inv.setItem(4, createItem(Material.ENDER_PEARL, "Zum Spawn", "teleport"));
```

```
    player.openInventory(inv);
  }

  private ItemStack createItem(Material material, String displayName,
    String actionValue) {
    ItemStack item = ItemStack.of(material);
    item.editMeta(meta -> {
      meta.displayName(Component.text(displayName));
      meta.getPersistentDataContainer().set(
        actionKey, PersistentDataType.STRING, actionValue);
    });
    return item;
  }
}
```

Listing 9.5 Quellcode für den »ActionInv«-Befehl

Weiter geht es mit dem zweiten Teil des Beispiels, in dem wir auf Klicks im Menü reagieren. Lege dafür eine neue Klasse `ActionInvListener` an. Um die im PDC gesetzten Daten abzurufen, benötigen wir in diesem Listener den gleichen `NamespacedKey` wie in Listing 9.5. Diesen lege ich als Variable in der Listener-Klasse an:

```
public NamespacedKey actionKey = new NamespacedKey("bookplugin", "action");
```

Es folgt die Methode, mit der wir auf das Anklicken eines Items reagieren: Dafür verwenden wir das `InventoryClickEvent`, das immer dann ausgelöst wird, wenn mit einem Inventar interagiert wird. Im ersten Schritt überprüfen wir, ob die Interaktion tatsächlich durch einen Spieler vorgenommen wurde, alle anderen Aufrufe sind nicht relevant. Den Aufruf `getWhoClicked` des Event-Parameters kannst du dabei mit `instanceof` wieder einmal so überprüfen wie bei anderen Beispielen. Handelt es sich um einen Spieler, wird er in der Variable `player` abgelegt, andernfalls erfolgt ein Abbruch der Methode durch Early Return:

```
public void onInventoryClick(InventoryClickEvent event) {
  if (!(event.getWhoClicked() instanceof Player player)) {
    return;
  }
}
```

Nun geht es an das Item, das angeklickt wurde und für das wir versuchen, die PDC-Daten auszulesen, die nur dann gesetzt sind, wenn es sich um das Menü aus dem Befehl

(Listing 9.5) handelt. Das angeklickte Item rufst du zunächst über die Methode getCurrentItem des Event-Parameters ab. In der ersten Überprüfung stellen wir fest, dass das Item nicht null ist und ein ItemMeta-Datum (das potenziell den passenden PDC enthält) besitzt. Ist eine der Bedingungen nicht gegeben, wird die Methode abgebrochen:

```
ItemStack clicked = event.getCurrentItem();
if (clicked == null || !clicked.hasItemMeta()) {
  return;
}
```

Über die ItemMeta-Daten versuchen wir nun, unter dem angegebenen NamespacedKey eine Aktion herauszufinden. Statt einer Überprüfung mit der Methode has des PDC wählen wir diesmal einen anderen Weg und vergleichen, ob die geladene Aktion den Wert null hat. Ist dies der Fall, wird die Methode abgebrochen. Wurde ein Wert geladen, wissen wir, dass ein Item in unserem Menü angeklickt wurde. In diesem Fall ist zunächst wichtig, dass wir das Event mittels setCancelled abbrechen, damit der angeklickte Eintrag nicht versetzt oder ins eigene Inventar verschoben werden kann:

```
ItemMeta meta = clicked.getItemMeta();
String action = meta.getPersistentDataContainer().get(
  actionKey, PersistentDataType.STRING);
if (action == null) {
  return;
}
event.setCancelled(true);
```

Nun muss nur noch, je nach angeklicktem Aktionsschlüssel, die passende Aktion ausgeführt werden. Dafür muss die zuvor angelegte Variable action mit jedem möglichen String, der in Listing 9.5 verwendet wurde, verglichen werden, wofür wir ein switch-Statement verwenden. Beim Schlüssel heal heilen wir exakt zehn Herzen, während bei exp 50 Erfahrungspunkte über die Methode giveExp vergeben werden. Das Teleportations-Item teleportiert den Spieler an die Standard-Spawn-Position, die du über die Methode getSpawnLocation der zugehörigen Welt abrufen kannst. Außerdem werden für alle Fälle passende Nachrichten ausgegeben:

```
switch (action) {
  case "heal" -> {
    player.setHealth(20);
    player.sendPlainMessage("Du wurdest geheilt!");
  }
  case "exp" -> {
```

```
    player.giveExp(50);
    player.sendPlainMessage("Du hast Erfahrung erhalten!");
  }
  case "teleport" -> {
    player.teleport(player.getWorld().getSpawnLocation());
    player.sendPlainMessage("Du bist nun am Spawn!");
  }
}
```

Nachdem eine Aktion gewählt wurde, ist der Befehl abgeschlossen, und du kannst das offene Inventar über die Methode `closeInventory` schließen:

```
player.closeInventory();
```

Der vollständige Quellcode für die Listener-Klasse des zugehörigen ActionInv-Befehls aus Listing 9.5 ist in Listing 9.6 aufgeführt.

```
package dev.schlosser.bookplugin.listeners;

import org.bukkit.NamespacedKey;
import org.bukkit.entity.Player;
import org.bukkit.event.EventHandler;
import org.bukkit.event.Listener;
import org.bukkit.event.inventory.InventoryClickEvent;
import org.bukkit.inventory.ItemStack;
import org.bukkit.inventory.meta.ItemMeta;
import org.bukkit.persistence.PersistentDataType;

import java.util.List;

public class ActionInvListener implements Listener {
  public NamespacedKey actionKey = new NamespacedKey("bookplugin", "action");

  @EventHandler
  public void onInventoryClick(InventoryClickEvent event) {
    if (!(event.getWhoClicked() instanceof Player player)) {
      return;
    }

    ItemStack clicked = event.getCurrentItem();
    if (clicked == null || !clicked.hasItemMeta()) {
```

```
            return;
        }

        ItemMeta meta = clicked.getItemMeta();
        String action = meta.getPersistentDataContainer().get(
            actionKey, PersistentDataType.STRING);
        if (action == null) {
            return;
        }
        event.setCancelled(true);

        switch (action) {
            case "heal" -> {
                player.setHealth(20);
                player.sendPlainMessage("Du wurdest geheilt!");
            }
            case "exp" -> {
                player.giveExp(50);
                player.sendPlainMessage("Du hast Erfahrung erhalten!");
            }
            case "teleport" -> {
                player.teleport(player.getWorld().getSpawnLocation());
                player.sendPlainMessage("Du bist nun am Spawn!");
            }
        }

        player.closeInventory();
    }
}
```

Listing 9.6 Quellcode für den ActionInv-Listener

Anlegen von plugin-internen »Inventarbesitzern«

Statt der direkten Verwendung des angeklickten Items erfolgt häufig eine Überprüfung des Inventars. So kannst du den Item-Klick nur dann behandeln, wenn du weißt, dass sich der Spieler tatsächlich in deinem Menü befindet. Einfache Ansätze verwenden beispielsweise einen Vergleich des Inventarnamens. Dieser Ansatz ist allerdings nicht empfehlenswert, da beispielsweise andere Plugins den exakt gleichen Namen verwenden können und die Menüs somit als identisch erkannt werden, obwohl lediglich der Name zufällig übereinstimmt. Stattdessen bietet Paper die Möglichkeit, eigene »Inventarbesitzer« anzulegen, mit denen du einen solchen Vergleich anstellen kannst.

Dieser Ansatz ist allerdings etwas fortgeschrittener, sodass ich ihn hier zunächst nicht näher beleuchte. Alle Informationen findest du zur eigenen Recherche unter *https://docs.papermc.io/paper/dev/custom-inventory-holder/*.

Sobald du alle Bestandteile des Beispiels registriert hast, also Befehl und Listener, kannst du das Menü ausprobieren: Bei der Verwendung von `/actioninv` öffnet sich das Inventar wie in Abbildung 9.6. Sobald du einen der drei Einträge wählst, wird die passende Aktion ausgeführt.

Abbildung 9.6 Das Aktionsinventar erfüllt seinen Zweck und kann mithilfe der PDC genau zuordnen, welche Aktion du gerade gewählt hast.

9.2.2 Übung 09.02: Glückseliger Goldblock

Programmiere einen Listener, der beim Rechtsklicken eines Goldblocks reagiert. Dabei soll ein virtuelles Inventar mit sechs Zeilen geöffnet werden, wobei in jedem Slot eine bestimmte Anzahl von Goldblöcken liegt. Im ersten Slot soll es genau ein Goldblock sein, im zweiten Slot zwei Blöcke und so weiter. Beim Anklicken eines Goldblocks soll der Spieler so viele Goldbarren erhalten, wie es der Anzahl der Goldblöcke im Menü entspricht.

Einen angeklickten Block kannst du im `PlayerInteractEvent` über die Methode `getClickedBlock` des Event-Parameters abrufen, wobei `null` zurückgegeben wird, wenn kein Block geklickt wurde.

9.3 Musterlösungen für die Übungen

9.3.1 Übung 09.01: Heu zu Gold spinnen

```
package dev.schlosser.bookplugin.listeners;

import net.kyori.adventure.text.Component;
import net.kyori.adventure.text.format.NamedTextColor;
import net.kyori.adventure.text.format.TextDecoration;
import org.bukkit.Location;
import org.bukkit.Material;
import org.bukkit.enchantments.Enchantment;
import org.bukkit.event.EventHandler;
import org.bukkit.event.Listener;
import org.bukkit.event.block.BlockBreakEvent;
import org.bukkit.inventory.ItemStack;

public class GoldHayListener implements Listener {
  @EventHandler
  public void onBreakHay(BlockBreakEvent event) {
    if (event.getBlock().getType() != Material.HAY_BLOCK) {
      return;
    }

    ItemStack gold = ItemStack.of(Material.GOLD_INGOT, 10);
    gold.editMeta(meta -> {
      meta.displayName(Component.text(
       "Gold-Heu", NamedTextColor.GOLD, TextDecoration.UNDERLINED));
      meta.addEnchant(Enchantment.FIRE_ASPECT, 1, true);
    });

    event.setDropItems(false);
    Location dropLocation = event.getBlock().getLocation();
    event.getBlock().getWorld().dropItemNaturally(dropLocation, gold);
  }
}
```

Listing 9.7 Musterlösung für Übung 09.01

9.3.2 Übung 09.02: Glückseliger Goldblock

```
package dev.schlosser.bookplugin.listeners;

import org.bukkit.Bukkit;
import org.bukkit.Material;
import org.bukkit.NamespacedKey;
import org.bukkit.entity.Player;
import org.bukkit.event.EventHandler;
import org.bukkit.event.Listener;
import org.bukkit.event.block.Action;
import org.bukkit.event.inventory.InventoryClickEvent;
import org.bukkit.event.player.PlayerInteractEvent;
import org.bukkit.inventory.Inventory;
import org.bukkit.inventory.ItemStack;
import org.bukkit.inventory.meta.ItemMeta;
import org.bukkit.persistence.PersistentDataType;

public class GoldBlockMenuListener implements Listener {
  public NamespacedKey blockKey = new NamespacedKey(
    "bookplugin", "goldblock_amount");

  @EventHandler
  public void onPlayerRightClickGoldBlock(PlayerInteractEvent event) {
    if (event.getAction() != Action.RIGHT_CLICK_BLOCK) {
      return;
    }
    if (event.getClickedBlock() == null ||
      event.getClickedBlock().getType() != Material.GOLD_BLOCK) {
      return;
    }

    Inventory inv = event.getPlayer().getServer()
      .createInventory(null, 6*9, Component.text("Goldblock-Menü"));
    for (int i = 0; i < 6*9; i++) {
      ItemStack block = ItemStack.of(Material.GOLD_BLOCK, i + 1);
      block.editMeta(meta -> meta.getPersistentDataContainer()
        .set(blockKey, PersistentDataType.BOOLEAN, true));
      inv.setItem(i, block);
    }
```

```
    event.getPlayer().openInventory(inv);
  }

  @EventHandler
  public void onInventoryClick(InventoryClickEvent event) {
    if (!(event.getWhoClicked() instanceof Player player)) {
      return;
    }

    ItemStack clicked = event.getCurrentItem();
    if (clicked == null || !clicked.hasItemMeta()) {
      return;
    }

    ItemMeta meta = clicked.getItemMeta();
    if (!meta.getPersistentDataContainer().has(blockKey)) {
      return;
    }

    event.setCancelled(true);
    ItemStack goldIngots = new ItemStack(
      Material.GOLD_INGOT, clicked.getAmount());
    player.getInventory().addItem(goldIngots);
    player.closeInventory();
  }
}
```

Listing 9.8 Musterlösung für Übung 09.02

Hinweis: Der verwendete PDC dient hier nur als Identifikation dafür, dass ein Item im Menüinventar liegt. Die eigentliche Anzahl wird einfach aus der Anzahl der Goldblöcke ausgelesen und auf die Goldbarren übertragen.

Kapitel 10

Daten und Einstellungen speichern: Configs

Bibliothekar

Ein großer Nachteil, den Variablen in deinem Quellcode haben, ist, dass sie nur so lange existieren, wie dein Plugin läuft. Wenn der Server neu gestartet wird oder beispielsweise versehentlich abstürzt, gehen Variablen allerdings verloren, sodass es andere Wege benötigt, um Daten dauerhaft zu speichern. In diesem Kapitel lernst du eine einfache Möglichkeit kennen, Daten in Textdateien direkt auf deinem Server abzuspeichern, sodass sie nachträglich wieder abgerufen werden können. Diese Dateien werden als *Configurations* (oder kurz *Configs*) bezeichnet.

Wie du gleich sehen wirst, ist das Speichern und Laden von Daten aus einer Config nicht schwierig. Gleichzeitig können Configs für verschiedene Anwendungsfälle verwendet werden: So ist es nicht nur möglich, Statistiken eines bestimmten Spielers, für sich selbst gesetzte Einstellungen oder andere Daten dauerhaft zu speichern. Du kannst eine Config beispielsweise mit Nachrichten füllen, die für bestimmte Funktionen deines Plugins im Chat ausgegeben werden. So können Server-Admins diese Ausgaben problemlos ändern, beispielsweise wenn sie sich den Text in einer anderen Sprache wünschen. Das macht dein Plugin wiederum interessanter und besser für verschiedene Zwecke einsetzbar.

Andere Techniken zur Datenspeicherung

Neben dieser einfachen Speicherung in einer Textdatei gibt es beim Entwickeln auch andere Möglichkeiten, Daten strukturiert zu speichern und zu laden. Der bedeutendste Ansatz beruht auf *Datenbanken*. Das sind vereinfacht gesagt Programme, die speziell dazu entwickelt wurden, große Datenmengen abzulegen. Da Datenbanken allerdings ein eigenes Themengebiet darstellen, werde ich sie in diesem Buch nicht behandeln.

10.1 Daten in einer Config speichern und laden

Damit du die Basics zum Speichern und Laden von Daten in einer Config kennenlernst, entwickeln wir einen neuen Befehl `/warp`, der zwei Argumentzusammensetzungen unterstützen soll:

- `/warp <Name>`: Teleportiert den Absender zu einem bereits gesetzten Warp-Punkt.
- `/warp <Name> set`: Setzt einen neuen Warp-Punkt mit dem angegebenen Namen an die Position, an der sich der Absender gerade befindet.

Damit Warp-Punkte beim Neustart des Servers nicht verloren gehen, speichern wir jeden Punkt in der Config ab. Starte, indem du eine neue Klasse `WarpCommand` anlegst. Darin kannst du zunächst das Grundgerüst für einen neuen Befehl umsetzen und sicherstellen, dass nur Spieler ihn ausführen dürfen. Anschließend holen wir uns eine Standard-Config, die für das Plugin generiert werden kann. Dafür nutzen wir zunächst den Methodenaufruf `getPluginManager` des Servers, um den sogenannten *PluginManager* zu erhalten, der verschiedene zentrale Operationen für Plugins des Servers bereitstellt. Um ein bestimmtes Plugin zu laden, wird auf dem PluginManager die Methode `getPlugin` aufgerufen, wobei der Name des entsprechenden Plugins übergeben wird. Ich übergebe den Namen, den ich in der *plugin.yml*-Datei festgelegt habe, also `BookPlugin`. Aus diesem Aufruf kann eine `Plugin`-Variable gespeichert werden, die wir später noch benötigen. Daran angekettet rufen wir die Methode `getConfig` auf, wobei eine `FileConfiguration` zurückgegeben wird. Diese stellt verschiedene Methoden zum Schreiben und Lesen der Config bereit und kann wie folgt in einer Variable abgelegt werden:

```
Plugin plugin = stack.getSender().getServer().getPlugin("BookPlugin");
FileConfiguration config = plugin.getConfig();
```

> **Alternative zur Methode »getPlugin«**
>
> Anstatt das Plugin über den Namen mithilfe der Methode `getPlugin` des `PluginManagers` zu laden, lernst du in Kapitel 16, »Eine Klasse für sich: Grundlagen der objektorientierten Programmierung«, wie du deine Hauptklasse direkt an Befehle oder Listener »weiterleiten« kannst. Dieser Weg ist weniger fehleranfällig (immerhin könntest du dich beim Namen verschreiben!), allerdings fehlen dir noch einige Kenntnisse, damit du diese Herangehensweise nutzen kannst. Bis dahin kannst du dich erst einmal auf die Methode `getPlugin` verlassen.

Im nächsten Schritt fangen wir den Fall ab, dass keine Argumente verwendet wurden. Gibt es mindestens ein Argument, so enthält immer das erste Argument den Namen des Ziel-Warps. Diesen lege ich mir in eine eigene `String`-Variable:

```
if (args.length == 0) {
  player.sendPlainMessage("Nutzung: /warp <Name> [set]");
  return;
}
String warpName = args[0];
```

Kümmern wir uns zunächst um den Fall, dass der Absender den angegebenen Warp neu setzen oder überschreiben möchte, also wenn der Befehl nach dem Muster `/warp <Name> set` aufgerufen wurde. In diesem Fall speichern wir die Location, an der sich der Spieler gerade befindet, wobei die Methode `set` der `FileConfiguration` zum Einsatz kommt. Als erster Parameter wird dabei wie bei einer `HashMap` ein Schlüssel übergeben, unter dem der neue Eintrag in der Config gespeichert werden soll. Es handelt sich dabei um einen String, der einen *Pfad* angibt. Ein solcher Pfad kann Punkte enthalten, was in der Formatierung der Konfiguration für Einrückungen und somit besser lesbare Unterpunkte sorgt. Wir wollen, dass jeder Warp eine eigene Einrückung unter dem Titel `warps` erhält, sodass der Warp »home« den Schlüssel `warps.home` nutzt. Als zweiten Parameter übergeben wir die Location, die gespeichert werden soll. Außerdem rufen wir die Methode `saveConfig` auf der `Plugin`-Variable von zuvor auf, womit alle geänderten Daten in der Config gespeichert werden. Eine schöne Nachricht, die das Setzen des Warps bestätigt, rundet diesen Fall ab:

```
if (args.length == 2 && "set".equalsIgnoreCase(args[1])) {
  Location location = player.getLocation();
  config.set("warps." + warpName, player.getLocation());
  plugin.saveConfig();

  player.sendPlainMessage("Der Warp " + warpName + " wurde gesetzt.");
  return;
}
```

Welche Daten können in einer Config gespeichert werden?

Die Methode `set` unterstützt verschiedene Datentypen: Neben allen klassischen primitiven Datentypen (`int`, `long`, `float`, `double`, `boolean`, `String`) können allerdings auch einige Typen, die von Paper angeboten werden, direkt gespeichert werden. Neben der hier verwendeten `Location` sind das beispielsweise `ItemStack` oder `OfflinePlayer`.

Nun zum zweiten Fall, dem Teleportieren zu einem Warp. Diese Logik soll eintreten, wenn genau ein Argument verwendet wird. In diesem Fall überprüfen wir zunächst, ob der Warp tatsächlich existiert. Dafür findet die Methode `contains` der `FileConfiguration`

Verwendung: Es wird nur dann true zurückgegeben, wenn der übergebene Pfad in der Config hinterlegt ist. In unserem Fall übergeben wir den zuvor verwendeten Pfad und brechen die Methode ab, falls kein entsprechender Warp gefunden wurde:

```
if (args.length == 1) {
  if (!config.contains("warps." + warpName)) {
    player.sendPlainMessage("Der Warp " + warpName + " existiert nicht.");
    return;
  }
}
```

Gibt es den Warp, dann besteht der nächste Schritt darin, die Location auszulesen, die in der Config gesetzt wurde. Dafür stellt die FileConfiguration eine weitere Methode zur Verfügung, nämlich getLocation. Auch dieser Methode wird der Pfad, unter dem die gewünschte Position liegt, als Parameter übergeben. Anschließend wird der Spieler, der den Befehl abgesendet hat, an die Location teleportiert und erhält eine Meldung:

```
Location warpLocation = config.getLocation("warps." + warpName);
player.teleport(warpLocation);
player.sendPlainMessage("Du wurdest zu " + warpName + " teleportiert.");
```

Andere Datentypen aus der Config auslesen

Für andere Datentypen, die du in einer Config speichern kannst, stehen ebenfalls passende Methoden zum Auslesen von Werten zur Verfügung. Für primitive Datentypen stehen dabei Aufrufe wie getInt, getString oder getBoolean bereit. Für andere Minecraft-spezifische Datentypen gibt es ebenfalls Methoden, so unter anderem getItemStack oder getOfflinePlayer. Für primitive Datentypen gibt es praktischerweise direkte Möglichkeiten, Daten, die als Liste gespeichert wurden, abzurufen (zum Beispiel getIntList oder getItemStackList). Primitive Datentypen können außerdem direkt als Liste gespeichert werden. Außerdem ist das Speichern einer Map mit String-Schlüsseln möglich, wobei jeder Schlüssel zu einem Pfad in der Config wird.

In Kapitel 16, »Eine Klasse für sich: Grundlagen der objektorientierten Programmierung«, lernst du außerdem, wie du eigene Datentypen verwenden kannst, um eine direkte Speichermöglichkeit in einer Config zu bieten. Dafür benötigst du allerdings weitere Vorkenntnisse, die du erst in diesem Kapitel erlernst.

Eine Übersicht über alle Methoden zum Laden findest du unter *https://jd.papermc.io/paper/org/bukkit/configuration/ConfigurationSection.html*.

Du kannst den einzelnen get-Methoden jeweils optional einen zweiten Parameter übergeben, der als Standardwert zurückgegeben wird, falls kein Eintrag in der Config vorhanden ist. Der folgende Aufruf würde versuchen, einen int unter dem Schlüssel number zu laden. Wenn ein Wert gefunden wird, wird er anschließend in der Variable x gespeichert. Ist number nicht in der Config enthalten, wird x der hinterlegte Standardwert 10 zugewiesen:

```
int x = config.getInt("number", 10);
```

Der Quellcode für das erste Beispiel, das Warps in der Standard-Config des Plugins speichert, ist in Listing 10.1 ausgeführt.

```
package dev.schlosser.bookplugin.commands;

import io.papermc.paper.command.brigadier.BasicCommand;
import io.papermc.paper.command.brigadier.CommandSourceStack;
import org.bukkit.Bukkit;
import org.bukkit.Location;
import org.bukkit.configuration.file.FileConfiguration;
import org.bukkit.entity.Player;
import org.bukkit.plugin.Plugin;

public class WarpCommand implements BasicCommand {
  @Override
  public void execute(CommandSourceStack stack, String[] args) {
    Plugin plugin = Bukkit.getPluginManager().getPlugin("BookPlugin");
    FileConfiguration config = plugin.getConfig();

    if (!(stack.getSender() instanceof Player player)) {
      stack.getSender().sendPlainMessage("Nur für Spieler!");
      return;
    }

    if (args.length == 0) {
      player.sendPlainMessage("Nutzung: /warp <Name> [set]");
      return;
    }

    String warpName = args[0];

    if (args.length == 2 && "set".equalsIgnoreCase(args[1])) {
      config.set("warps." + warpName, player.getLocation());
      plugin.saveConfig();
```

```
      player.sendPlainMessage("Der Warp " + warpName + " wurde gesetzt.");
      return;
    }

    if (args.length == 1) {
      if (!config.contains("warps." + warpName)) {
        player.sendPlainMessage("Der Warp " + warpName + " existiert nicht.");
        return;
      }

      Location warpLocation = config.getLocation("warps." + warpName);
      player.teleport(warpLocation);
      player.sendPlainMessage("Du wurdest zu " + warpName + " teleportiert.");
      return;
    }

    player.sendPlainMessage("Nutzung: /warp <Name> [set]");
  }
}
```

Listing 10.1 Quellcode für den Warp-Befehl

Du kannst den neuen Befehl registrieren und das Plugin neu auf den Server übertragen. Anschließend wird es Zeit, zu testen: Ich habe einen Pillager-Turm gefunden und habe den Befehl `/warp turm set` genutzt, um zunächst einen neuen Warp zu erstellen (siehe Abbildung 10.1). Danach kann ich mich mit `/warp turm` jederzeit wieder zu der angelegten Position teleportieren, wobei sogar die Blickrichtung übernommen wird.

Abbildung 10.1 Das Setzen eines Warps und das Teleportieren funktionieren reibungslos. Hier entsteht ein neuer Warp für einen Pillager-Turm.

Sehen wir uns an, was im Hintergrund passiert ist. In dem Ordner deines Servers (*run*) navigieren wir zunächst zu dem Verzeichnis, in dem die neue Config automatisch für dich angelegt wurde. Klicke dafür in den Ordner *plugins*: Dort befindet sich ein Ordner, der nach dem Namen deines Plugins benannt ist, in meinem Fall also *BookPlugin*. Darin befindet sich die neu generierte *config.yml*-Datei. Öffnest du diese Datei, siehst du einen Aufbau, der an die Datei *paper-plugin.yml* erinnert (siehe Abbildung 10.2). Die erste Ebene bietet aktuell lediglich der von uns geplante Abschnitt `warps`, wobei der neue Eintrag `turm` enthalten ist. Das Speicherformat des Warps selbst sieht zunächst etwas komisch aus: Unter == wird der Datentyp angegeben, was für Paper nachträglich wichtig ist, um die `Location` aus dem Speicherformat wiederherstellen zu können. Außerdem werden die Welt sowie X-, Y- und Z-Koordinate gespeichert. Zuletzt siehst du die Eigenschaften `pitch` und `yaw`, die die Kopfrotation an der Position angeben.

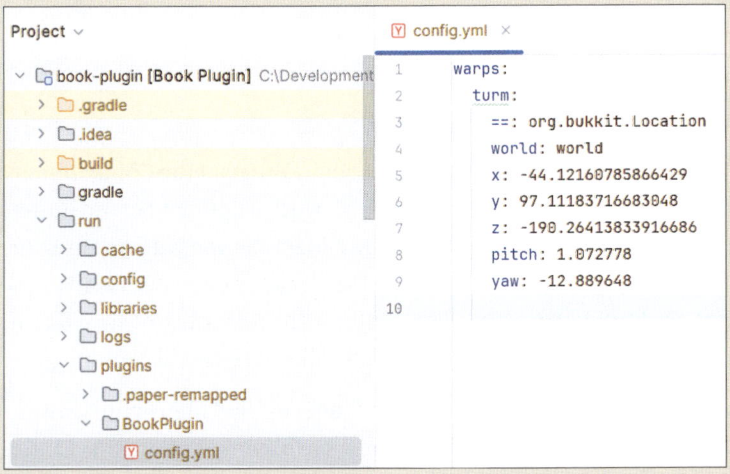

Abbildung 10.2 Die neue »config.yml«-Datei enthält die Location eines ersten Warps.

An diesem kleinen Beispiel hast du gesehen, wie praktisch Configs genutzt werden können, um schnell Daten aus deinem Plugin zu speichern und abzurufen.

Bereiche aus der Config löschen

Auch wenn ich diesen Part im Beispiel nicht gezeigt habe, ist es ebenfalls möglich, erstellte Pfade und Werte aus einer Config zu *löschen*. Dafür kannst du an die Methode `set` für einen bestimmten Pfad den Wert `null` übergeben. Der folgende Aufruf würde den `warps`-Bereich in der Config entfernen:

```
config.set("warps.", null);
```

Du möchtest das Löschen von Config-Daten üben? Versuch zusätzlich, den Aufruf `/warp <Name> delete` zu programmieren, der einen Warp mit dem angegebenen Namen aus der Config entfernt.

10.1.1 Übung 10.01: Traue keiner Statistik ...

Entwickle einen »Todeszähler«, der in der Standard-Config des Plugins speichert, wie viele Tode du bisher gesammelt hast. Bei jedem Tod soll die Anzahl der bisherigen Tode im Chat ausgegeben werden.

Nutze für die Umsetzung das `PlayerDeathEvent`. Für die Ausgabe der bisherigen Tode und das Berechnen der neuen Zahl musst du vor dem Setzen die Zahl der aktuellen Tode auslesen.

10.1.2 Daten aus einer Standard-Config laden

Wir sehen uns zusätzlich an, wie du direkt in deinem Plugin-Projekt eine Config hinterlegen kannst, die standardmäßig für dein Plugin erstellt wird, wenn der Server startet. So ist es einfach möglich, sofort Einstellungen für die Nutzer deines Plugins bereitzustellen. Testweise entwickeln wir einen Befehl, der eine Nachricht aus der Config ausliest. Damit das sofort funktioniert und wir die Config nicht selbst erstellen müssen, laden wir eine Standardkonfiguration, die einen Wert für diese Nachricht hinterlegt.

Um eine Standardkonfiguration zu erstellen, die dein Plugin direkt laden kann, verwenden wir den Ordner *resources*, der sich im Oberordner *src/main* befindet (zur Erinnerung: Dort hast du auch die *paper-plugin.yml*-Datei erstellt). Wähle nach einem Rechtsklick auf diesen Ordner die Option NEW • FILE und vergib als Dateinamen beispielsweise den zuvor gesehenen Standardnamen *config.yml*. In dieser Datei kannst du nun eine neue Eigenschaft hinterlegen, beispielsweise mit dem Namen `message`. Einen Text hinterlegst du, so wie in Java selbst, in Anführungszeichen:

```
message: "Das ist eine Config-Nachricht!"
```

In deiner Hauptklasse musst du nun anweisen, dass die angelegte Config standardmäßig für dein Plugin geladen und verwendet wird. Damit diese Anweisung beim Laden des Plugins gegeben wird, wenden wir uns der altbekannten `onEnable`-Methode zu: In der Hauptklasse kannst du die Methode `saveResource` verwenden, die eine Datei in dem Ordner deines Plugins speichert. Als ersten Parameter erwartet diese Methode den

Namen der Datei, die ins Plugin »überführt« werden soll, also in meinem Fall `config.yml`. Der zweite Parameter ist ein `boolean` und gibt an, ob die Datei, wenn sie bereits im Plugins-Ordner enthalten ist, überschreiben soll. Damit unsere vorhandene Config, wenn sie beispielsweise Warps aus Abschnitt 10.1 enthält, nicht überschrieben wird, setze ich diese Einstellung auf `false`:

```
@Override
public void onEnable() {
  getLogger().info("Das Plugin wurde geladen.");
  saveResource("config.yml", false);
  ...
}
```

Für die Datei mit dem Namen *config.yml* gibt es einen besonderen Methodenaufruf, der automatisch die im Projekt gefundene Datei mit diesem Namen als Konfiguration festlegt. Würdest du diese Methode in `onEnable` aufrufen, erzielst du also mit dem Dateinamen *config.yml* dasselbe Ergebnis wie der zuvor gezeigte Weg:

```
saveDefaultConfig();
```

Zunächst kannst du das Plugin nun neu kompilieren und den Server neu starten. Wenn sich (beispielsweise wegen der Warps aus Abschnitt 10.1) bereits eine *config.yml*-Datei im Ordner deines Plugins befindet, so wird sie unverändert sein. Wenn du die Datei allerdings löschst und anschließend den Server noch einmal neu startest, so befindet sich in der *config.yml*-Datei der gleiche Inhalt wie in der Datei, die du im *resources*-Ordner angelegt hast.

Um zu testen, ob die Nachricht aus der Config-Datei ausgelesen werden kann, habe ich in Listing 10.2 einen einfachen Befehl `/config` angelegt. Der Quellcode sollte, in Anlehnung an Listing 10.1, leicht verständlich sein: Es wird der entsprechende `String`-Wert aus der Standardkonfiguration des Plugins ausgelesen.

```
package dev.schlosser.bookplugin.commands;

import io.papermc.paper.command.brigadier.BasicCommand;
import io.papermc.paper.command.brigadier.CommandSourceStack;
import org.bukkit.Bukkit;
import org.bukkit.configuration.file.FileConfiguration;

public class ConfigCommand implements BasicCommand {
  @Override
```

```
  public void execute(CommandSourceStack stack, String[] args) {
    FileConfiguration config = stack.getSender().getServer()
      .getPluginManager().getPlugin("BookPlugin").getConfig();
    String message = config.getString("message");
    stack.getSender().sendPlainMessage(message);
  }
}
```

Listing 10.2 Quellcode für den Config-Befehl

Du kannst diesen Befehl ebenfalls in dein Plugin einbauen und registrieren. Wenn du den Befehl auslöst, erscheint die Nachricht, die aktuell in der Config gesetzt ist (siehe Abbildung 10.3).

Abbildung 10.3 Die Nachricht, die in der Config hinterlegt ist, wird beim Aufruf des Befehls ausgegeben.

Das Schreiben in eine Standardkonfiguration kann sehr praktisch sein, wenn du bestimmte Einstellungen für dein Plugin bereits »mit der Auslieferung« mitgeben möchtest. Jeder, der dein Plugin nutzt, kann dann einfach Werte in der Config überschreiben, um das Plugin nach den eigenen Vorstellungen zu verändern. Es kann sehr praktisch sein, möglichst viele Dinge in deinem Plugin frei einstellbar zu gestalten. So stellst du sicher, dass dein Plugin für möglichst viele Fälle gut verwendbar ist, und steigerst gleichzeitig die Chance, dass viele Menschen auf dein Plugin aufmerksam werden.

Werkzeuge für komplexere Daten

Für das Speichern komplexerer Daten gibt es viele Bibliotheken, die den Prozess zum Schreiben und Lesen erleichtern. Wenn du für dein Plugin planst, komplexere Daten abzuspeichern, könnte sich die Verwendung eines solchen Frameworks lohnen.

10.2 Musterlösungen für die Übung

10.2.1 Übung 10.01: Traue keiner Statistik ...

```
package dev.schlosser.bookplugin.listeners;

import org.bukkit.Bukkit;
import org.bukkit.configuration.file.FileConfiguration;
import org.bukkit.entity.Player;
import org.bukkit.event.EventHandler;
import org.bukkit.event.Listener;
import org.bukkit.event.entity.PlayerDeathEvent;
import org.bukkit.plugin.Plugin;

import java.util.UUID;

public class ConfigDeathCounterListener implements Listener {
  @EventHandler
  public void onPlayerDeath(PlayerDeathEvent event) {
    Player player = event.getEntity();
    UUID uuid = player.getUniqueId();

    Plugin plugin = event.getPlayer().getServer()
      .getPluginManager().getPlugin("BookPlugin");
    FileConfiguration config = plugin.getConfig();
    int deaths = config.getInt("deaths." + uuid, 0);
    deaths++;

    config.set("deaths." + uuid, deaths);
    plugin.saveConfig();

    player.sendPlainMessage("Du bist gestorben! Anzahl deiner Tode: " + deaths);
  }
}
```

Listing 10.3 Musterlösung für Übung 10.01

Kapitel 11
Gut Ding will Weile haben: Asynchrone Prozesse

Wie die Zeit vergeht

Du lernst immer mehr praktische Werkzeuge kennen, die dir helfen, deine Plugins so zu gestalten, wie du es dir vorstellst. Alle bisher verwendeten Funktionen haben allerdings eine Sache gemeinsam: Sie laufen sofort ab. Dabei kann es so wichtig sein, dass dein Plugin *Verzögerungen* unterstützt. Denk zum Beispiel an einen besonderen Block, der exakt alle zehn Sekunden ein besonderes Monster erscheinen lassen soll. Oder wie wäre es mit einem Befehl, der nur einmal in der Minute ausgeführt werden darf? In diesem Kapitel lernst du, wie du Verzögerungen wie diese in dein Plugin integrierst.

Außerdem kannst du durch diese Technik *asynchrone Aufgaben* ausführen. Das bedeutet, dass mehrere Prozesse deines Plugins gleichzeitig ablaufen können, was in der Regel für nebenläufige Aktivitäten genutzt werden kann. So kannst du in einem asynchronen Prozess beispielsweise Dateien auslesen, in eine Datenbank schreiben oder große Berechnungen durchführen. All diese Dinge sind für die Plugins in diesem Buch allerdings nicht relevant, sodass wir uns auf Verzögerungen konzentrieren wollen.

11.1 Nutzung von BukkitTasks

An einem praktischen Beispiel lernst du, wie du Verzögerungen in deinem Plugin verwendest. Dazu bauen wir einen neuen Befehl `/apple`, der dem Absender einen goldenen Apfel ins Inventar legt. So ein goldener Apfel ist allerdings ziemlich selten, sodass wir verhindern wollen, dass der Befehl zu häufig genutzt wird. Aus diesem Grund nutzen wir eine Verzögerung, damit der Befehl nur alle 30 Sekunden ausgeführt werden kann. Beginne mit einer neuen Klasse `AppleCommand`, in der du das Grundgerüst für den Befehl aufbaust und sicherstellst, dass nur Spieler ihn ausführen dürfen.

Um zu verwalten, wer den Befehl aktuell nicht ausführen darf, führen wir die Liste der gesperrten Spieler in einem Set, sodass doppelte UUID-Einträge nicht möglich sind. Dafür speichern wir die einzelnen UUIDs in einer `HashSet`-Variable innerhalb der Klasse:

```
public HashSet<UUID> cooldowns = new HashSet<>();
```

Nun können wir uns um die Befehlslogik in der `execute`-Methode kümmern: Zunächst überprüfen wir, ob der aktuelle Absender noch gesperrt ist, was wir daran erkennen, ob das Hinzufügen in das angelegte Set über die Methode `add` möglich ist. Ist das Hinzufügen nicht erfolgreich, ist die UUID bereits in dem gerade angelegten Set enthalten. In diesem Fall brechen wir die Methode mit einem Early Return ab und informieren den Absender in einer Nachricht, dass er sich für die nächste Ausführung noch ein wenig gedulden muss:

```
if (!cooldowns.add(player.getUniqueId())) {
  player.sendPlainMessage(
    "Du kannst diesen Befehl nur alle 30 Sekunden nutzen!");
  return;
}
```

Ist der Spieler nicht gesperrt, kann er einen neuen Apfel erhalten. Dafür fügen wir über `addItem` einen neuen `ItemStack` zum Inventar hinzu, wobei `Material.GOLDEN_APPLE` für einen Goldapfel verwendet wird:

```
player.getInventory().addItem(ItemStack.of(Material.GOLDEN_APPLE));
player.sendPlainMessage("Ein Apfel pro Tag tut gut!");
```

Nun zum spannenden Teil: Die UUID liegt in der Liste, und der Spieler bliebe somit für den Befehl gesperrt, bis der Server neu gestartet wird. Das wollen wir natürlich nicht, stattdessen wollen wir einen Countdown von 30 Sekunden starten, nach dem die Absender-UUID wieder aus dem Set entfernt wird und der Spieler den Befehl erneut nutzen darf. Für das Anlegen einer Verzögerung benötigen wir eine Verknüpfung zu unserem Plugin, wobei wir wie beim Abruf der Standard-Config im letzten Kapitel die Methode `getPlugin` des `PluginManagers` nutzen. Den Server legen wir dabei in einer Variable ab, die wir im Anschluss benötigen werden:

```
Server server = stack.getSender().getServer();
Plugin plugin = server.getPluginManager().getPlugin("BookPlugin");
```

Abrufen des Plugins über die Hauptklasse

So wie ich es bereits im vergangenen Kapitel bei Configs gesagt habe, kannst du das hier verwendete `Plugin` nicht nur über den Namen (hier `BookPlugin`) abrufen, sondern auch über die Hauptklasse. Die Kenntnisse für diesen Weg lernst du in Kapitel 16, »Eine Klasse für sich: Grundlagen der objektorientierten Programmierung«.

Das Verwalten der Verzögerungen und asynchronen Prozesse übernimmt ein sogenannter *Scheduler*. Du kannst mithilfe der Methode `getScheduler` des Servers einen `BukkitScheduler` holen, den du im Anschluss zum Verwalten deiner ersten Verzögerung nutzt. Dafür kommt die Methode `runTaskLater` zum Einsatz, die insgesamt drei Parameter übergeben bekommt:

- das `Plugin`, über das die Ausführung dieser Verzögerung geregelt wird
- Eine sogenannte *Runnable*, die den Code enthält, der nach der Verzögerung ausgeführt werden soll. Wir nutzen einen vereinfachten Ansatz, bei dem du einfach einen Lambdaausdruck für diesen Quellcode einsetzen kannst.
- die Verzögerung in Ticks, wobei eine Sekunde aus 20 Ticks besteht

Für unser Beispiel nutzen wir diesen Aufbau, um den Spieler nach der gegebenen Zeit aus der UUID-Liste zu entfernen und ihm eine Nachricht zu senden, die darüber informiert, dass der Befehl wieder genutzt werden kann. Als ersten Parameter übergeben wir dafür das Plugin, das wir bereits zuvor in einer Variable abgelegt haben. Für den Quellcode verwenden wir einen Lambdaausdruck, der eine einfache Darstellung der benötigten `Runnable` ist. Um mehrere Quellcodezeilen anzulegen, arbeite ich mit einem Block geschweifter Klammern. Es wäre ebenso möglich, eine einzelne Anweisung direkt hinter den Pfeil (`->`) zu schreiben. Für die Verzögerung möchte ich 30 Sekunden nutzen, sodass ich 20 mal 30 Ticks warte. Diese Multiplikationsrechnung trage ich direkt als Parameter ein, sodass der gesamte Aufruf aussieht wie folgt:

```
server.getScheduler().runTaskLater(plugin, () -> {
  cooldowns.remove(player.getUniqueId());
  player.sendPlainMessage("Du kannst /apple nun wieder nutzen!");
}, 30 * 20);
```

Komplexere Runnables anlegen

Wenn du Aufgaben für den Scheduler wiederverwerten willst oder den Quellcode generell anders aufteilen möchtest, kannst du einzelne Klassen als `Runnable` gestalten.

Grundlagen dafür findest du unter der folgenden Website der Dokumentation: *https://docs.papermc.io/paper/dev/scheduler/*.

Für diese Thematik benötigst du Kenntnisse aus Kapitel 16, »Eine Klasse für sich: Grundlagen der objektorientierten Programmierung«.

Den gesamten Quellcode für das Beispiel siehst du in Listing 11.1.

```
package dev.schlosser.bookplugin.commands;

import io.papermc.paper.command.brigadier.BasicCommand;
import io.papermc.paper.command.brigadier.CommandSourceStack;
import org.bukkit.Material;
import org.bukkit.Server;
import org.bukkit.entity.Player;
import org.bukkit.inventory.ItemStack;
import org.bukkit.plugin.Plugin;

import java.util.HashSet;
import java.util.UUID;

public class AppleCommand implements BasicCommand {
  public HashSet<UUID> cooldowns = new HashSet<>();

  @Override
  public void execute(CommandSourceStack stack, String[] args) {
    if (!(stack.getSender() instanceof Player player)) {
      stack.getSender().sendPlainMessage("Nur für Spieler!");
      return;
    }

    if (!cooldowns.add(player.getUniqueId())) {
      player.sendPlainMessage(
        "Du kannst diesen Befehl nur alle 30 Sekunden nutzen!");
      return;
    }

    player.getInventory().addItem(ItemStack.of(Material.GOLDEN_APPLE));
    player.sendPlainMessage("Ein Apfel pro Tag tut gut!");
```

```
    Server server = stack.getSender().getServer();
    Plugin plugin = server.getPluginManager().getPlugin("BookPlugin");
    server.getScheduler().runTaskLater(plugin, () -> {
      cooldowns.remove(player.getUniqueId());
      player.sendPlainMessage("Du kannst /apple nun wieder nutzen!");
    }, 30 * 20);
  }
}
```

Listing 11.1 Quellcode für den Apple-Befehl

Teste deine erste Verzögerung, indem du den Befehl registrierst und den Befehl auf deinem Server ausführst. Wie in Abbildung 11.1 zu sehen ist, erhältst du die Meldung, dass der Befehl noch gesperrt ist, wenn du ihn zweimal unmittelbar hintereinander einsetzt. Wenn der Befehl wieder eingesetzt werden kann, wirst du informiert und kannst dir den nächsten Goldapfel holen.

Abbildung 11.1 Der Apple-Befehl wird nach der Nutzung für 30 Sekunden gesperrt. Sobald er wieder verfügbar wird, erhältst du eine Nachricht.

11.1.1 Übung 11.01: Gut Ding will Weile haben

Das ist eine *Knobelaufgabe*: Im `/apple`-Befehl aus Listing 11.1 siehst du zwar beim mehrfachen Ausführen, dass du den Befehl nicht nutzen kannst, aber du hast keine Ahnung, wie lange der Befehl noch gesperrt ist. Deine Aufgabe ist somit, im Chat nicht nur auszugeben, ob der Befehl aktuell nicht genutzt werden kann, sondern auch, wie lange es noch dauert, bis die nächste Ausführung erlaubt ist.

Ein Tipp: Statt eines Sets kannst du eine Map verwenden, bei der du zu jedem Spieler speicherst, wann der Befehl ausgeführt wurde. Um den aktuellen »Zeitstempel« zu ermitteln, nutze die Methode `System.currentTimeMillis`, die die aktuelle Zeitangabe in Millisekunden als `long` zurückgibt. Ein Countdown von 30 Sekunden entspricht 30.000 Millisekunden.

11.1.2 Eine Task mehrfach wiederholen und abbrechen

Neben der einmaligen Ausführung kannst du bestimmten Quellcode über einen Scheduler *mehrfach hintereinander* in einer bestimmten Frequenz ausführen lassen. Das ist nützlich, wenn du beispielsweise in einem festgelegten Rhythmus bestimmte Dinge auf deinem Server manipulieren möchtest oder du einen Countdown benötigst. Wir entwickeln einen weiteren Befehl `/repeat start`, der alle fünf Sekunden eine Nachricht an den gesamten Server sendet. Mit `/repeat stop` kann diese Nachrichtenflut wieder abgebrochen werden. Starte mit einer neuen Klasse `RepeatCommand`, wobei du die Basisstruktur für einen Befehl einbaust. Dieser Befehl kann von allen möglichen Absendern ausgelöst werden, also auch von der Konsole.

Neben der Methode `execute` benötigen wir eine Instanzvariable des Datentyps `BukkitTask`. Dieser Datentyp steht für eine Aufgabe, die von einem Scheduler gestartet wurde, und kann genutzt werden, um diese Aufgabe jederzeit wieder abzubrechen. Wir nutzen eine solche `BukkitTask`-Variable, um die aktuell laufende Wiederholung der Ausgabe abzuspeichern. Wenn aktuell keine wiederholende Ausgabe gestartet wurde, hat die Variable den Wert `null`.

```
public BukkitTask repeatTask;
```

Nun zur `execute`-Methode: Wir nutzen den `CommandSender`, um Nachrichten an den Absender des Befehls zu schicken. Im ersten Schritt überprüfen wir, ob der Befehl mit genau einem Argument (also hoffentlich `start` oder `stop`) aufgerufen wurde, und brechen die Methode sonst ab:

```
CommandSender sender = stack.getSender();
if (args.length != 1) {
  sender.sendPlainMessage("Nutzung: /repeat <start|stop>");
  return;
}
```

Für das Überprüfen der Argumente verwenden wir ein `switch`-Statement. Falls für das erste Argument `start` gewählt wurde, müssen wir zunächst überprüfen, dass aktuell keine Wiederholung läuft, denn sonst würde die dreisekündige Ausführung erneut starten, und unser Chat würde langsam überflutet. Dafür brechen wir die Methode ab, falls die `BukkitTask`-Variable aktuell einen Wert führt, also wenn sie nicht `null` ist:

```
switch (args[0].toLowerCase()) {
  case "start" -> {
    if (repeatTask != null) {
      sender.sendPlainMessage(
```

```
        "Eine Wiederholung läuft bereits. Abbruch mit /repeat stop");
      return;
    }
  }
```

Tritt diese Bedingung nicht ein, können wir die wiederholende Ausführung starten. Dafür benötigen wir erneut die Plugin-Variable, wofür ich unser Plugin über den Namen ermittle. Die Methode trägt den Namen runTaskTimer und unterscheidet sich nur durch ein Detail von runTaskLater: Wir benötigen als dritten und vierten Parameter zwei Zeitangaben. Der dritte Parameter steht für die Verzögerung, mit der die Aktion ausgelöst wird. Damit die Ausgabe sofort startet, setze ich hier 0 Ticks ein. Die letzte Zahl steht hingegen für den Zeitabstand, der zwischen zwei Ausführungen liegen soll. Damit die Nachricht alle fünf Sekunden ausgegeben wird, nutze ich die Rechnung von 5 * 20 Ticks, denn eine Sekunde besteht aus 20 Ticks. Für die Ausgabe selbst verwende ich erneut einen Lambdaausdruck, der mit broadcast eine Nachrichten-Component in den Chat stellt. Ein weiteres wichtiges Detail: Wir wollen die neu entstandene BukkitTask unserer am Anfang erstellten Variable zuweisen. Das ist einfach, denn die Methode runTaskTimer gibt direkt eine BukkitTask zurück, die ich der Variable repeatTask zuordne:

```
Server server = stack.getSender().getServer();
Plugin plugin = server.getPluginManager().getPlugin("BookPlugin");
repeatTask = server.getScheduler().runTaskTimer(plugin, () -> {
  server.broadcast(Component.text("Dies ist eine wiederholte Nachricht!"));
}, 0, 5 * 20);
sender.sendPlainMessage("Wiederholung gestartet.");
```

Zuweisung einer »BukkitTask« bei »runTaskLater«

Die Methode runTaskLater gibt ebenfalls eine BukkitTask zurück, sodass du die Ausführung einer einmalig verzögerten Aufgabe ebenfalls über den Scheduler abbrechen kannst.

Der letzte Schritt ist die Umsetzung von /repeat stop, womit die Ausgabe wieder abgebrochen werden soll. Wird dieses Argument verwendet, muss zunächst überprüft werden, ob aktuell überhaupt eine wiederholende Ausgabe läuft. Dafür vergleichen wir, ob die BukkitTask-Variable aktuell den Wert null hat. Wenn ja, dann wird der Absender informiert, dass aktuell keine Wiederholung im Gange ist, und die Methode wird abgebrochen:

```
case "stop" -> {
  if (repeatTask == null) {
    sender.sendPlainMessage("Es läuft derzeit keine Wiederholung.");
```

```
    return;
  }
}
```

Tritt die Bedingung nicht ein, dann können wir die BukkitTask abbrechen. Dafür kommt die Methode cancel zum Einsatz. Damit unser Quellcode erkennt, dass keine Wiederholung mehr läuft, setzen wir außerdem die zugehörige Variable nach dem Abbruch auf null. Der Absender des Befehls wird außerdem durch eine Ausgabe informiert, dass der Abbruch erfolgreich war:

```
repeatTask.cancel();
repeatTask = null;
sender.sendPlainMessage("Wiederholung gestoppt.");
```

Eine »BukkitTask« über den Scheduler abbrechen

Du kannst auch den Scheduler einsetzen, um eine von ihm verwaltete Aufgabe abzubrechen. Dafür kommt die Methode cancelTask zum Einsatz, der ein int für die ID der Task übergeben wird. Diese Task-ID kannst du bei der BukkitTask über die Methode getTaskId ermitteln, sodass der folgende Aufruf über den Server-Scheduler ebenfalls für einen Abbruch der wiederholenden Ausgabe sorgen würde:

```
server.getScheduler().cancelTask(repeatTask.getTaskId());
```

Das war eine Menge Code, der in seiner Gesamtheit in Listing 11.2 aufgeführt ist. Dabei habe ich eine weitere Ausgabe hinzugefügt für den Fall, dass keine passenden Argumente verwendet wurden:

```
package dev.schlosser.bookplugin.commands;

import io.papermc.paper.command.brigadier.BasicCommand;
import io.papermc.paper.command.brigadier.CommandSourceStack;
import net.kyori.adventure.text.Component;
import org.bukkit.Server;
import org.bukkit.command.CommandSender;
import org.bukkit.plugin.Plugin;
import org.bukkit.scheduler.BukkitTask;

public class RepeatCommand implements BasicCommand {
  public BukkitTask repeatTask;
```

```
  @Override
  public void execute(CommandSourceStack stack, String[] args) {
    CommandSender sender = stack.getSender();
    if (args.length != 1) {
      sender.sendPlainMessage("Nutzung: /repeat [start|stop]");
      return;
    }

    switch (args[0].toLowerCase()) {
      case "start" -> {
        if (repeatTask != null) {
          sender.sendPlainMessage(
            "Eine Wiederholung läuft bereits. Abbruch mit /repeat stop");
          return;
        }

        Server server = stack.getSender().getServer();
        Plugin plugin = server.getPluginManager().getPlugin("BookPlugin");
        repeatTask = server.getScheduler().runTaskTimer(plugin, () -> {
          server.broadcast(Component.text(
            "Dies ist eine wiederholte Nachricht!"));
        }, 0L, 5 * 20);
        sender.sendPlainMessage("Wiederholung gestartet.");
      }
      case "stop" -> {
        if (repeatTask == null) {
          sender.sendPlainMessage("Es läuft derzeit keine Wiederholung.");
          return;
        }

        repeatTask.cancel();
        repeatTask = null;
        sender.sendPlainMessage("Wiederholung gestoppt.");
      }
      default -> sender.sendPlainMessage("Nutzung: /repeat [start|stop]");
    }
  }
}
```

Listing 11.2 Quellcode für den Repeat-Befehl

Registriere den Befehl und teste die wiederholte Ausgabe im Spiel oder (wie ich in Abbildung 11.2) über die Konsole: Wenn du die Ausgabe startest, erscheint exakt alle fünf Sekunden die hinterlegte Nachricht. Über `/repeat stop` kannst du diese Wiederholung sofort stoppen, wobei dieser Befehl nur dann funktioniert, wenn tatsächlich eine Wiederholung läuft.

```
repeat start
[09:26:01 INFO]: Wiederholung gestartet.
[09:26:01 INFO]: Dies ist eine wiederholte Nachricht!
[09:26:06 INFO]: Dies ist eine wiederholte Nachricht!
[09:26:11 INFO]: Dies ist eine wiederholte Nachricht!
repeat stop
[09:26:14 INFO]: Wiederholung gestoppt.
repeat stop
[09:26:16 INFO]: Es l�uft derzeit keine Wiederholung.
```

Abbildung 11.2 Über die Konsole kannst du die Wiederholung starten und jederzeit stoppen.

11.1.3 Übung 11.02: Radioaktiver Smaragd?

Smaragde sollen auf deinem Server eine besondere Bedeutung erhalten: Wenn ein Smaragd (`Material.EMERALD`) aufgehoben wird, soll der entsprechende Spieler für fünf Sekunden leuchten. Nach jeder Sekunde soll eine Ausgabe erscheinen, wie lange der Leuchteffekt noch andauert. Wenn der Leuchteffekt bereits aktiv ist, soll kein neuer Effekt gestartet werden.

Nutze für die Aufgabe das `PlayerPickupItemEvent` und für das Leuchten die Methode `setGlowing` des Spielers, wobei ein `boolean` übergeben wird, der angibt, ob der jeweilige `Player` leuchten soll.

11.2 Musterlösungen für die Übungen

11.2.1 Übung 11.01: Gut Ding will Weile haben

```
package dev.schlosser.bookplugin.commands;

import io.papermc.paper.command.brigadier.BasicCommand;
import io.papermc.paper.command.brigadier.CommandSourceStack;
import org.bukkit.Bukkit;
import org.bukkit.Material;
import org.bukkit.Server;
```

```java
import org.bukkit.entity.Player;
import org.bukkit.inventory.ItemStack;
import org.bukkit.plugin.Plugin;

import java.util.HashMap;
import java.util.Map;
import java.util.UUID;

public class AppleExtendedCommand implements BasicCommand {
  public Map<UUID, Long> cooldowns = new HashMap<>();

  @Override
  public void execute(CommandSourceStack stack, String[] args) {
    if (!(stack.getSender() instanceof Player player)) {
      stack.getSender().sendPlainMessage("Nur für Spieler!");
      return;
    }

    long currentTime = System.currentTimeMillis();
    long cooldownTime = cooldowns.getOrDefault(player.getUniqueId(), 0L);

    if (cooldownTime > currentTime) {
      long secondsLeft = (cooldownTime - currentTime) / 1000;
      player.sendPlainMessage(
        "Der Befehl ist noch " + secondsLeft + " Sekunden gesperrt!");
      return;
    }

    player.getInventory().addItem(new ItemStack(Material.GOLDEN_APPLE));
    player.sendPlainMessage("Ein Apfel pro Tag tut gut!");
    cooldowns.put(player.getUniqueId(), currentTime + 30000L);

    Server server = stack.getSender().getServer();
    Plugin plugin = server.getPluginManager().getPlugin("BookPlugin");
    server.getScheduler().runTaskLater(plugin, () -> {
      player.sendPlainMessage("Du kannst /apple nun wieder nutzen!");
    }, 30 * 20);
  }
}
```

Listing 11.3 Musterlösung für Übung 11.01

11.2.2 Übung 11.02: Radioaktiver Smaragd?

```
package dev.schlosser.bookplugin.listeners;

import org.bukkit.Bukkit;
import org.bukkit.Material;
import org.bukkit.Server;
import org.bukkit.entity.Player;
import org.bukkit.event.EventHandler;
import org.bukkit.event.Listener;
import org.bukkit.event.player.PlayerPickupItemEvent;
import org.bukkit.inventory.ItemStack;
import org.bukkit.plugin.Plugin;

import java.util.HashMap;
import java.util.UUID;

public class EmeraldPickupListener implements Listener {
  public HashMap<UUID, Integer> glowingTasks = new HashMap<>();

  @EventHandler
  public void onDiamondPickup(PlayerPickupItemEvent event) {
    ItemStack item = event.getItem().getItemStack();
    if (item.getType() != Material.EMERALD) {
      return;
    }

    Player player = event.getPlayer();
    if (glowingTasks.containsKey(player.getUniqueId())) {
      return;
    }

    player.sendPlainMessage("Ein Smaragd! Du leuchtest nun.");
    player.setGlowing(true);
    glowingTasks.put(player.getUniqueId(), 5);

    Server server = event.getPlayer().getServer();
    Plugin plugin = server.getPluginManager().getPlugin("BookPlugin");
    server.getScheduler().runTaskTimer(plugin, () -> {
      int seconds = glowingTasks.get(player.getUniqueId()) - 1;
      player.sendPlainMessage("Du leuchtest noch " + seconds + " Sekunden.");
```

```
        glowingTasks.put(player.getUniqueId(), seconds - 1);
        if (seconds == 0) {
          glowingTasks.remove(player.getUniqueId());
          player.setGlowing(false);
          player.sendPlainMessage("Du leuchtest nicht mehr.");
        }
      }, 20, 20);
    }
  }
```

Listing 11.4 Musterlösung für Übung 11.02

Kapitel 12

Grausame Monster und schwebende Hologramme: Entities manipulieren

Wenn Schweine fliegen

Eine Minecraft-Welt ist bunt, aufregend und nicht zuletzt durch viele Monster und Tiere lebendig. Für den zuletzt genannten Punkt bieten sich für ein Plugin zahlreiche Möglichkeiten, die Welt auf den Kopf zu stellen, denn du kannst jedes lebendige Wesen mit den Dingen, die Minecraft dir bietet, verändern. Aus einem normalen Zombie kann so schnell ein voll ausgerüsteter Krieger werden, der nicht nur ein besonderes Schwert mit Feuereffekt in der Hand hält, sondern sich zusätzlich doppelt so schnell bewegt wie ein normaler Zombie. Oder wie wäre es mit einem Creeper, der statt einer normalen Explosion deine halbe Welt in Stücke reißt? Oder ein Schaf, das den Boden, über den es läuft, mit Wolle ausstattet? Es wird Zeit, kreativ zu werden!

Das Thema in diesem Kapitel ist allerdings noch ein bisschen breiter als nur besondere Monster und Tiere. In Minecraft sprechen wir nämlich insgesamt von sogenannten *Entities*. Darunter werden verschiedene dynamische Objekte, die sich in Minecraft tummeln können, verstanden. Neben den genannten Lebewesen gelten beispielsweise auch ein Projektil wie ein fliegender Pfeil, ein Fahrzeug wie Boote oder Loren, fallengelassene Items sowie bestimmte andere Objekte (darunter Rüstungsständer, Gemälde, angezündetes TNT oder fallende Blöcke) als Entity. Doch nicht nur das: Die Entity-Schnittstelle von Paper erlaubt es, durch kleine Tricks beispielsweise schwebende Blöcke, Items oder sogar Text-Hologramme erscheinen zu lassen. Verschiedene Grundlagen zeige ich dir in diesem Kapitel an (wie immer) schönen Beispielen.

12.1 Entities erstellen und verändern

Als erstes Beispiel sehen wir uns an, wie du mithilfe eines neuen Befehls einen besonderen Zombie in die Welt setzt. Der Zombie soll dabei einen Goldhelm auf den Kopf bekommen, ein Flammenschwert bei sich tragen und doppelt so schnell laufen wie ein normaler Zombie. Außerdem soll ein besonderer Name über seinem Kopf angezeigt werden. Erstelle dafür eine neue Klasse `ZombieCommand`, bei der du das Grundgerüst so programmierst, dass nur Spieler den Befehl ausführen können.

Nun beginnen wir, indem wir den Zombie erschaffen. Dafür brauchen wir zunächst die `Location`, an der die neue Entity erscheinen soll, wobei wir einfach einen Abstand ausgehend vom Absender des Befehls berechnen:

```
Location loc = player.getLocation().add(5, 0, 5);
```

Das eigentliche Erschaffen wird über die Welt vorgenommen, wobei die Methode `spawn` zum Einsatz kommt. Als erster Parameter wird die `Location`, an der der Zombie erscheinen soll, übergeben. Der zweite Parameter beschreibt den Typ von Entity, der erscheinen soll. Die Schreibweise ist hier besonders: Es gibt verschiedene Entity-Typen, die von der Methode `spawn` unterstützt werden. Damit der Datentyp der gewünschten Entity automatisch erkannt wird, muss an den jeweiligen Datentyp `.class` angehängt werden. Im Falle eines Zombies wird somit `Zombie.class` übergeben. Um die Entity dann verändern zu können, kann optional die neue Entity als dritter Parameter verarbeitet werden. Das geht am einfachsten über einen Lambdaausdruck, dem wir die neu erschaffene Entity übergeben. Der folgende Ausdruck würde unter der Variable `zombie` eine direkte Möglichkeit bereitstellen, den neu erschaffenen Zombie weiter zu bearbeiten:

```
loc.getWorld().spawn(loc, Zombie.class, zombie -> {

});
```

Die neue Entity in einer Variable speichern

Statt des Lambdaausdrucks (oder auch parallel dazu) wird die neue Entity aus dem Aufruf der Methode `spawn` zurückgegeben. Du kannst den als `.class` übergebenen Datentyp also zusätzlich nutzen, um die neu erschaffene Entity wie folgt in einer Variable abzulegen und später im Code zu nutzen:

```
Zombie zombie = loc.getWorld().spawn(loc, Zombie.class);
```

Innerhalb der geschweiften Klammern des Lambdaausdrucks können wir den Zombie mit Ausrüstung und anderen Manipulationen ausstatten. Beginnen wir mit dem Goldhelm und dem Schwert. Ausrüstungsdetails werden bei Entities, die solche Ausrüstung tragen können, über die Methode `getEquipment` abgerufen. Wie beim Inventar eines Spielers wird der Helm über die Methode `setHelmet` gesetzt (bei anderen Rüstungsteilen funktioniert das ebenfalls über angelehnte Methodennamen). Hier setze ich einen einfachen, neuen `ItemStack` als Goldhelm (`Material.GOLDEN_HELMET`). Damit das Diamantschwert einen Verbrennungseffekt erhält, lege ich den zweiten `ItemStack` separat an. Anschließend füge ich über `editMeta` die Feuerverzauberung (`Enchantment.FLAME`) hinzu. Das in der Hand getragene Item wird anschließend über `setItemInMainHand` gesetzt. Der gesamte Code zum Zuweisen des Goldhelms und des Diamantschwertes mit Verzauberung sieht so aus:

```
zombie.getEquipment().setHelmet(ItemStack.of(Material.GOLDEN_HELMET));
ItemStack sword = ItemStack.of(Material.DIAMOND_SWORD);
sword.editMeta(meta -> meta.addEnchant(Enchantment.FLAME, 2, true));
zombie.getEquipment().setItemInMainHand(sword);
```

Weiter geht es mit der veränderten Geschwindigkeit des Zombies. Dafür können wir bei einer Entity sogenannte *Attribute* abrufen und verändern, was nichts anderes als bestimmte Grunddaten der Entity meint. Ein Attribut wird über die Methode `getAttribute` abgerufen und gibt den Datentyp `AttributeInstance` zurück. Der Methode wird dabei übergeben, um welche Form von `Attribute` es sich handeln soll. Die folgende Zeile ruft das Attribut für die allgemeine Bewegungsgeschwindigkeit (`Attribute.MOVEMENT_SPEED`) ab und legt die passende `AttributeInstance` in einer Variable ab:

```
AttributeInstance attribute = zombie.getAttribute(Attribute.MOVEMENT_SPEED);
```

Achtung beim Import!

Beim Datentyp `Attribute` gibt es viele verschiedene Packages, die einen Import mit diesem Namen bereitstellen. Achte darauf, dass du den folgenden Import verwendest:

```
import org.bukkit.attribute.Attribute;
```

Um den Wert des Attributs zu verändern, kommt die Methode `setBaseValue` zum Einsatz. Bevor wir diese Methode einsetzen, lohnt es sich zu überprüfen, ob das gesuchte Attribut auf der Entity gefunden werden konnte. Das passiert, indem du überprüfst, ob die `AttributeInstance` nicht den Wert `null` hat. Ist das Attribut vorhanden, verdoppeln wir den Ausgangswert des Attributs, der über `getBaseValue` abgerufen werden kann:

```
if (attribute != null) {
  attribute.setBaseValue(attribute.getBaseValue() * 2);
}
```

Abschließend setzen wir den Namen, der über dem Zombie zu sehen ist. Dieser wird als Component an die Methode customName übergeben. Außerdem wird mit dem Aufruf setCustomNameVisible angegeben, ob der gesetzte Name sichtbar ist; hier übergeben wir den Wert true, damit der erste Methodenaufruf seine Wirkung entfaltet:

```
zombie.customName(Component.text("Horror-Zombie"));
zombie.setCustomNameVisible(true);
```

Damit der Zombie nicht automatisch entfernt wird, wenn er sich weit weg von potenziellen Opfern befindet, kommt die Methode setRemoveWhenFarAway zum Einsatz. Hier übergebe ich false, damit der Zombie möglichst lang erhalten bleibt und nicht automatisch entfernt wird:

```
zombie.setRemoveWhenFarAway(false);
```

Persistent Data Container einer Entity verwalten

So wie du es bei Items in Kapitel 9 gelernt hast, kannst du auch bei Entities Daten in einem PDC hinterlegen. Das kann es dir nicht nur erlauben, von dir erschaffene Entities zu identifizieren, sondern bestimmte Werte dauerhaft mitzuführen. Stell dir einen Virus vor, der sich nach und nach auf andere Lebewesen übertragen kann: Ein Zombie könnte die aktuelle Virusstärke als int-PDC mit sich führen und bei jeder Übertragung auf noch nicht infizierte Lebewesen den PDC mit einer größeren Stärke setzen. Auch hier ist deiner Kreativität praktisch keine Grenze gesetzt! Den PDC einer Entity rufst du wie bei einem ItemStack über die Methode getPersistentDataContainer ab:

```
zombie.getPersistentDataContainer()
```

Damit sind alle Daten auf dem Zombie gesetzt! Um den Befehl abzurunden, richte ich ein, dass der Absender automatisch auf die Position des Zombies schaut. Dafür kannst du die Methode lookAt des Spielers verwenden. Als erster Parameter wird die soeben eingerichtete Entity übergeben. Außerdem werden zwei Parameter des Typs LookAnchor erwartet. Ein solcher LookAnchor gibt an, ob die Augen (LookAnchor.EYES) oder die Füße (LookAnchor.FEET) fokussiert werden sollen. Der erste Parameter dieser Art beschreibt die Position, von der aus das Anschauen beim Spieler berechnet wird, während der zweite Parameter angibt, welcher Teil der Entity fokussiert werden soll. In unserem Fall nutzen wir den folgenden Aufruf, damit ausgehend von den Augen des Spielers der Kopf des Zombies in den Blick gefasst wird:

```
player.lookAt(zombie, LookAnchor.EYES, LookAnchor.EYES);
```

Damit ist der Befehl perfekt! Verknüpft mit einer Nachricht an den Spieler siehst du den gesamten Quellcode in Listing 12.1.

```
package dev.schlosser.bookplugin.commands;

import io.papermc.paper.command.brigadier.BasicCommand;
import io.papermc.paper.command.brigadier.CommandSourceStack;
import io.papermc.paper.entity.LookAnchor;
import net.kyori.adventure.text.Component;
import org.bukkit.Location;
import org.bukkit.Material;
import org.bukkit.attribute.Attribute;
import org.bukkit.attribute.AttributeInstance;
import org.bukkit.enchantments.Enchantment;
import org.bukkit.entity.Player;
import org.bukkit.entity.Zombie;
import org.bukkit.inventory.ItemStack;

public class ZombieCommand implements BasicCommand {
  @Override
  public void execute(CommandSourceStack stack, String[] args) {
    if (!(stack.getSender() instanceof Player player)) {
      stack.getSender().sendPlainMessage("Nur für Spieler!");
      return;
    }

    Location loc = player.getLocation().add(5, 0, 5);

    loc.getWorld().spawn(loc, Zombie.class, zombie -> {
      zombie.getEquipment().setHelmet(ItemStack.of(Material.GOLDEN_HELMET));
      ItemStack sword = ItemStack.of(Material.DIAMOND_SWORD);
      sword.editMeta(meta -> meta.addEnchant(Enchantment.FLAME, 2, true));
      zombie.getEquipment().setItemInMainHand(sword);

      AttributeInstance attribute = zombie.getAttribute(
        Attribute.MOVEMENT_SPEED);
```

```
      if (attribute != null) {
        attribute.setBaseValue(attribute.getBaseValue() * 2);
      }

      zombie.customName(Component.text("Horror-Zombie"));
      zombie.setCustomNameVisible(true);
      zombie.setRemoveWhenFarAway(false);

      player.lookAt(zombie, LookAnchor.EYES, LookAnchor.EYES);
    });

    player.sendPlainMessage("Ein Zombie erscheint!");
  }
}
```

Listing 12.1 Quellcode für den Zombie-Befehl

Registriere den Befehl und teste /zombie auf deinem Server: Der konfigurierte »Horror-Zombie« erscheint, wie in Abbildung 12.1 gezeigt, mit seiner gesamten Ausrüstung und bewegt sich wahnsinnig schnell! Das wird eine spannende Herausforderung für die stärksten Kämpfer deines Servers.

Abbildung 12.1 Der Befehl lässt einen neuen Zombie erscheinen und wird automatisch vom Auslöser fokussiert.

12.1.1 Übung 12.01: Da wird der Hund in der Pfanne verrückt!

Entwickle eine Funktion, durch die ein »Höllenhund« erscheint, sobald du einen Knochen fallen lässt. Der Hund soll einen passenden Namen tragen, brennen und wütend sein. Gib außerdem eine kleine Nachricht aus und lasse den Höllenhund auf den Spieler losgehen.

Nutze das PlayerDropItemEvent und den Entity-Datentyp Wolf. Die Methode, mit der du einstellen kannst, ob der Wolf wütend ist, lautet setAngry, die Methode erwartet einen boolean-Parameter. Feuer, das zu sehen ist, aber keinen Schaden verursacht, richtest du über setVisualFire ein, wobei du für das Deaktivieren TriState.FALSE übergeben musst. Den Spieler setzt du mithilfe der Methode setTarget als Ziel, wobei du den Player der Methode als Parameter übergibst.

12.1.2 Feuerbälle in der Welt verschießen

Im nächsten Beispiel verändern wir Lohenruten im Spiel, sie sollen nämlich zu einem magischen Feuerstab werden, wobei bei jedem Rechtsklick ein riesiger Feuerball geschossen wird. Dieser fliegt in die Richtung, in die der Spieler gerade schaut. Starte dafür mit einer neuen Klasse FireStickListener und ergänze einen Listener für das PlayerInteractEvent. Im ersten Schritt überprüfen wir, ob ein Rechtsklick in die Luft ausgeführt wurde und es sich bei dem Item, das rechtsgeklickt wurde, um eine Lohenrute (Material.BLAZE_ROD) handelt. Ist das nicht der Fall, wird die Methode jeweils durch ein Early Return abgebrochen:

```
@EventHandler
public void onRightClick(PlayerInteractEvent event) {
  if (event.getAction() != Action.RIGHT_CLICK_AIR) {
    return;
  }

  if (event.getItem().getType() != Material.BLAZE_ROD) {
    return;
  }
}
```

Wurde eine bestimmte Lohenrute geklickt?

Wenn du möchtest, dass nur bestimmte Lohenruten Feuerbälle verschießen (beispielsweise, wenn sie durch einen Befehl vergeben wurden), kannst du, wie in Abschnitt 9.1.3, »Informationen über Persistent Data Container austauschen«, gezeigt, einen PDC vergeben und an dieser Stelle im Quellcode eine weitere Abfrage hinzufügen.

Im nächsten Schritt müssen wir die Position, an der der Feuerball erscheint, sowie die Bewegungsrichtung berechnen. Die Richtung wird dabei als Datentyp Vector angegeben, wobei der Aufruf getEyeLocation().getDirection() verwendet wird. Diese Richtung können wir gleichzeitig verwenden, um den Punkt, an dem der Feuerball erscheint, ein Stück vor den Spieler zu setzen. Dafür nutzen wir die Methode add an der Position der Augen, um mithilfe der Methode multiply das Doppelte der Richtung zur Position hinzuzufügen. Mit anderen Worten berechnet der folgende Quellcode eine Position, die den neuen Feuerball zwei Blöcke in Blickrichtung des Spielers versetzt:

```
Player player = event.getPlayer();
Vector direction = player.getEyeLocation().getDirection();
Location location = player.getEyeLocation().add(direction.multiply(2));
```

An genau dieser Position kann nun ein neuer Feuerball (Fireball) erschaffen werden, wobei die bereits kennengelernte Aufrufstruktur verwendet wird, um den neuen Feuerball in einer Lambdavariable fireball abzulegen:

```
player.getWorld().spawn(location, Fireball.class, fireball -> {

});
```

Innerhalb der geschweiften Klammern wollen wir nun einige Daten für den Feuerball festlegen. Mithilfe der Methode setShooter kannst du den Spieler, der die Lohe ausgelöst hat, als Auslöser für das Feuerball-Projektil festlegen. Das kann es später vereinfachen, den Spieler beispielsweise als »Mörder« für ein Lebewesen, das durch die Explosion des Feuerballs getötet wurde, zu identifizieren. Damit der Ball in die richtige Richtung fliegt, ist es außerdem wichtig, die zuvor vom Spieler ermittelte Blickrichtung an die Methode setDirection zu übergeben. Durch die Methode setYield kannst du die Explosionskraft festlegen, die beim Aufprall des Feuerballs erzeugt wird. Ich wähle hier eine Stärke von drei. Der Aufruf setIsIncendiary(false) sorgt zuletzt dafür, dass die Explosion nichts in Brand setzt.

```
fireball.setShooter(player);
fireball.setDirection(direction);
fireball.setYield(3);
fireball.setIsIncendiary(false);
```

Der gesamte Code für den Feuerstab-Listener ist in Listing 12.2 zusammengefasst. Dabei habe ich zusätzlich eingebaut, dass bei jedem abgesetzten Schuss ein Lohen-Schussgeräusch für den Spieler, der den Rechtsklick mit der Lohenrute durchgeführt hat, zu hören ist.

```java
package dev.schlosser.bookplugin.listeners;

import org.bukkit.Location;
import org.bukkit.Material;
import org.bukkit.Sound;
import org.bukkit.entity.Fireball;
import org.bukkit.entity.Player;
import org.bukkit.event.EventHandler;
import org.bukkit.event.Listener;
import org.bukkit.event.block.Action;
import org.bukkit.event.player.PlayerInteractEvent;
import org.bukkit.util.Vector;

public class FireStickListener implements Listener {
  @EventHandler
  public void onRightClick(PlayerInteractEvent event) {
    if (event.getAction() != Action.RIGHT_CLICK_AIR) {
      return;
    }

    if (event.getItem().getType() != Material.BLAZE_ROD) {
      return;
    }

    Player player = event.getPlayer();
    Vector direction = player.getEyeLocation().getDirection();
    Location location = player.getEyeLocation().add(direction.multiply(2));

    player.getWorld().spawn(location, Fireball.class, fireball -> {
      fireball.setShooter(player);
      fireball.setDirection(direction);
      fireball.setYield(3);
      fireball.setIsIncendiary(false);
    });

    player.playSound(player, Sound.ENTITY_BLAZE_SHOOT, 1f, 1f);
  }
}
```

Listing 12.2 Quellcode für den Feuerstab-Listener

Nach der Registrierung kannst du in den zerstörerischen Genuss des neuen Listeners kommen: Wie in Abbildung 12.2 zu sehen, schießt jeder Rechtsklick mit einer Lohenrute einen Feuerball in deine Blickrichtung. Damit kann man seinen Gewaltfantasien wunderbar Luft machen!

Abbildung 12.2 Lohenruten gelten nun als magische Stäbe, die Feuerbälle in deiner Welt verschießen können.

12.1.3 Übung 12.02: Eine Armbrust für Arme

Wenn mit einer Armbrust (`Material.CROSSBOW`) in der Hand geschlagen wird (also wenn ein Linksklick ausgeführt wird), sollen drei Pfeile nach vorn fliegen. Gib für jeden abgegebenen Schuss ein Geräusch an den Spieler aus.

Nutze für das Erkennen des Schlagens das `PlayerInteractEvent`. Der passende Entity-Typ für einen Pfeil trägt den Namen `Arrow`. Bei der Berechnung der Richtung kannst du dich an Listing 12.2 orientieren. Ein weiterer sinnvoller Aufruf ist `setPickupStatus(Arrow.PickupStatus.DISALLOWED)`, mit dem abgeschossene Pfeile der Armbrust nicht aufgesammelt werden können.

12.1.4 Ein wilder Ritt auf einer Feuerwerksrakete

Im nächsten Beispiel wird es noch lustiger: Wir erstellen einen kleinen Befehl `/fireride`, der eine Feuerwerksrakete in die Luft steigen lässt. Doch nicht nur das: Der Absender des Befehls »reitet« die Rakete und steigt somit mit ihr in die Lüfte! Erstelle dafür eine neue `FireRideCommand`-Klasse, in der du die Basis für einen neuen Befehl einbaust. Diesen Befehl sollen logischerweise nur Spieler ausführen dürfen (wie soll eine Konsole auch auf einer Rakete fliegen?). Anschließend geht es mit dem Erschaffen der Rakete los, das den passenden Datentyp `Firework` nutzt:

```
player.getWorld().spawn(player.getLocation(), Firework.class, firework -> {

});
```

Sehen wir uns zunächst an, wie wir der Rakete ein paar coole Effekte beim Fliegen sowie eine hübsche Explosion zuweisen. Ähnlich wie ein `ItemStack` wird Feuerwerk mit einem separaten Datentyp mit solchen Daten versehen, nämlich mit `FireworkMeta`-Daten, die du wie folgt mit der Methode `getFireworkMeta` abrufst:

```
FireworkMeta meta = firework.getFireworkMeta();
```

Die Metadaten können wir nun bearbeiten. Der erste Aufruf lautet `setPower` und bestimmt die Kraft und somit die Flugdauer der Rakete, hier wähle ich den Wert `2`. Mithilfe von `addEffect` wird der Rakete ein neuer Effekt hinzugefügt. Da sich ein Effekt aus verschiedensten Teilen zusammensetzen kann, bietet Paper ein flexibles System zur Auswahl der verschiedenen Effekte. Dafür setzt du den Aufruf `FireworkEffect.builder()` ein, hinter dem verschiedene Aufrufe aneinandergekettet werden können, um den Effekt zu verändern. Ich verwende für das Beispiel die folgenden Methoden:

- **`with(FireworkEffect.Type.STAR)`**, um die Explosion in der Form eines Sterns auszulösen
- **`withColor(Color.RED)`**, um die Explosion rot einzufärben
- **`withFade(Color.YELLOW)`**, um die Explosion in einem Gelbton verblassen zu lassen
- **`flicker(true)`**, um die Explosion flackern zu lassen.
- **`trail(true)`**, um dem Feuerwerk beim Aufsteigen in die Luft eine glitzernde Spur folgen zu lassen

Abgeschlossen wird der Bauprozess des Effektes mit der Methode `build`. Alle Anweisungen, die das Feuerwerk mithilfe der Metra beispielhaft zu gestalten, sehen so aus:

```
meta.setPower(2);
meta.addEffect(FireworkEffect.builder()
  .with(FireworkEffect.Type.STAR)
  .withColor(Color.RED)
  .withFade(Color.YELLOW)
  .flicker(true)
  .trail(true)
  .build());
```

Nach dem Bearbeiten der Metadaten müssen diese dem Feuerwerk mithilfe der Methode `setFireworkMeta` neu zugewiesen werden:

```
firework.setFireworkMeta(meta);
```

Der lustigste Schritt zuletzt: Wir lassen den Absender auf der Rakete reiten! Dafür dient die Methode `addPassenger`, die eine übergebene Entity als Passagier auf die Ursprungs-Entity platziert. Während wir hier unseren Spieler übergeben, wäre es ebenso möglich, eine andere Entity, wie beispielsweise einen Zombie, auf dem Feuerwerk reiten zu lassen. Die Anweisung sieht in unserem Fall so aus:

```
firework.addPassenger(player);
```

Ganz schön wenig Code für eine so einfache, aber dennoch geniale Idee! Die gesamte Klasse für den Befehl siehst du in Listing 12.3.

```
package dev.schlosser.bookplugin.commands;

import io.papermc.paper.command.brigadier.BasicCommand;
import io.papermc.paper.command.brigadier.CommandSourceStack;
import org.bukkit.Color;
import org.bukkit.FireworkEffect;
import org.bukkit.Location;
import org.bukkit.entity.EntityType;
import org.bukkit.entity.Firework;
import org.bukkit.entity.Player;
import org.bukkit.inventory.meta.FireworkMeta;

public class FireRideCommand implements BasicCommand {
  @Override
  public void execute(CommandSourceStack stack, String[] args) {
    if (!(stack.getSender() instanceof Player player)) {
      stack.getSender().sendPlainMessage("Nur für Spieler!");
      return;
    }

    player.getWorld().spawn(player.getLocation(), Firework.class, firework -> {
      FireworkMeta meta = firework.getFireworkMeta();
      meta.setPower(2);
      meta.addEffect(FireworkEffect.builder()
        .with(FireworkEffect.Type.STAR)
        .withColor(Color.RED)
```

```
        .withFade(Color.YELLOW)
        .flicker(true)
        .trail(true)
        .build());
      firework.setFireworkMeta(meta);

      firework.addPassenger(player);
    });
  }
}
```

Listing 12.3 Quellcode für den FireRide-Befehl

Teste den /fireride-Befehl nach der Registrierung und einem Neustart des Servers: Du wirst auf einer Rakete in den Himmel steigen, wo der im Befehl konfigurierte Explosionseffekt erscheint (siehe Abbildung 12.3). Achtung nur im Überlebensmodus, wenn du nach dem Explodieren der Rakete ungebremst nach unten fällst.

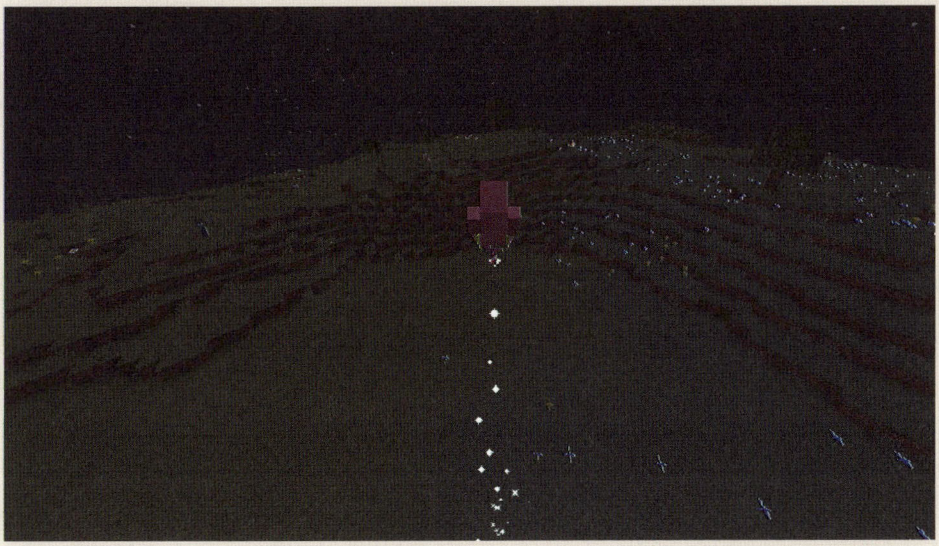

Abbildung 12.3 Huuuuui: Beim Auslösen des Befehls gibt es einen wilden Ritt auf der Feuerwerksrakete!

12.1.5 Ein Text-Hologramm erstellen

Wenn du an Entities denkst, kommt dir nach den bisherigen Beispielen wohl kaum in den Sinn, dass wir mithilfe dieser Technik auch einen coolen, schwebenden Text generieren lassen können. Wie du gleich siehst, eignet sich ein weiterer Entity-Typ aber ausgezeichnet, um besondere Texte mitten in deiner Server-Welt erscheinen zu lassen. Das ist häufig deutlich praktischer als Chatausgaben. Denk zum Beispiel an einen Marktplatz, bei dem die einzelnen Stände durch ein modernes Text-Hologramm kenntlich gemacht werden.

Wir entwickeln einen neuen Befehl, mit dem du einen beliebigen Text als Hologramm in deine Welt setzen kannst. Dabei soll der Aufruf `/holo Das ist ein Test` ein Text-Hologramm mit »Das ist ein Test« in die Welt setzen. Erstelle dafür eine neue Klasse `HoloCommand` und baue die Basis für einen neuen Befehl ein, der nur von Spielern ausgeführt werden darf. Anschließend folgt eine Überprüfung, die sicherstellt, dass mindestens ein Argument vorhanden ist, das als Text für das neue Hologramm genutzt werden kann:

```
if (args.length == 0) {
  player.sendPlainMessage("Nutzung: /holo <Text>");
  return;
}
```

Schon kann es mit dem Erschaffen der Hologram-Entity weitergehen, wobei bei dieser Form der Datentyp `TextDisplay` zum Einsatz kommt. Die Entity soll dabei auf der Augenhöhe des Absenders erscheinen. Wie immer nutze ich einen Lambdaausdruck, um das neue Element zu gestalten:

```
player.getWorld().spawn(player.getEyeLocation(), TextDisplay.class, holo -> {

});
```

Der wichtigste Aufruf ist dabei die Methode `text`, die den anzuzeigenden Text als `Component` übergeben bekommt. Zur Einfachheit verwende ich hier mithilfe des `Component.text`-Aufrufs eine einfache Text-Component. Diese kann, wie du es von Chatnachrichten kennst, aber ebenfalls gestaltet werden, beispielsweise mit Textfarben oder -stilen (siehe Abschnitt 8.3, »Chatnachrichten aufhübschen«). Als Text wollen wir alle Argumente, die der Spieler an den Aufruf des Befehls übergeben hat, aneinanderketten. Dafür kommt die Methode `String.join` zum Einsatz, wobei als erster Parameter ein Leerzeichen übergeben wird, sodass jedes Argument durch ein Leerzeichen vom vorhergehenden getrennt wird. Als zweiter Parameter an diese Methode wird das Array aller Argumente übergeben:

```
holo.text(Component.text(String.join(" ", args)));
```

Nun kann es an die Gestaltung des Hologramms gehen. Beachte, dass sich die Designelemente hier auf die Darstellung in der Welt sowie den Hintergrund des Textes beschränken, da der Text selbst über die an `text` übergebene Component gestaltet werden kann. Mithilfe von setBillboard wird der Modus festgelegt, mit dem sich das Hologramm in der Welt zu Spielern dreht. Die Einstellung Display.Billboard.CENTER bedeutet, dass der Text immer zentriert zu lesen ist und sich somit automatisch dreht. Der Standardmodus wäre FIXED, womit der Text überhaupt nicht rotiert und immer nur in eine bestimmte Richtung schaut. Mithilfe von setShadowed(true) wird dem Text ein Schatten hinzugefügt, was besonders bei hellen Hintergründen für eine bessere Lesbarkeit sorgt. Durch setBackgroundColor wird eine Farbe für den Hintergrund des dargestellten Textes festgelegt. Hier verwende ich Grün (Color.GREEN). Der letzte Aufruf, setPersistent(true), legt fest, dass das Hologramm standardmäßig nicht entfernt wird und in der Welt bestehen bleibt. Alle Aufrufe sehen so aus:

```
holo.setBillboard(Display.Billboard.CENTER);
holo.setShadowed(true);
holo.setBackgroundColor(Color.GREEN);
holo.setPersistent(true);
```

Weitere Möglichkeiten zum Einrichten eines »TextDisplay«-Elements

So wie alle Entities kannst du auch ein TextDisplay mit vielen weiteren Methoden nach deinen Vorstellungen gestalten. Hier ist besonders die Dokumentation hilfreich, um weitere Möglichkeiten zur Gestaltung dieser Entity-Art kennenzulernen:

https://jd.papermc.io/paper/org/bukkit/entity/TextDisplay.html

Das gesamte Beispiel zum Erstellen eines Text-Hologramms mit beliebigem Inhalt ist in Listing 12.4 zu sehen. Ich habe eine Bestätigungsnachricht ergänzt, die erscheint, wenn das Erschaffen der Entity erfolgreich war.

```
package dev.schlosser.bookplugin.commands;

import io.papermc.paper.command.brigadier.BasicCommand;
import io.papermc.paper.command.brigadier.CommandSourceStack;
import net.kyori.adventure.text.Component;
import org.bukkit.entity.Display;
import org.bukkit.entity.Player;
import org.bukkit.entity.TextDisplay;

public class HoloCommand implements BasicCommand {
  @Override
  public void execute(CommandSourceStack stack, String[] args) {
    if (!(stack.getSender() instanceof Player player)) {
      stack.getSender().sendPlainMessage("Nur für Spieler!");
```

```
    return;
  }

  if (args.length == 0) {
    player.sendPlainMessage("Nutzung: /holo <Text>");
    return;
  }

  player.getWorld().spawn(player.getEyeLocation(), TextDisplay.class, holo
    -> {
    holo.text(Component.text(String.join(" ", args)));
    holo.setBillboard(Display.Billboard.CENTER);
    holo.setShadowed(true);
    holo.setBackgroundColor(Color.GREEN);
    holo.setPersistent(true);
  });

  player.sendPlainMessage("Dein Hologramm wurde gesetzt!");
 }
}
```

Listing 12.4 Quellcode für den Holo-Befehl

Das Ausführen des Befehls nach der Registrierung lässt das Hologramm erscheinen. Abbildung 12.4 zeigt das Beispiel für `/holo Mein erstes Hologramm`, wobei der Text leicht umrandet und mit grüner Hintergrundfarbe erscheint und sich immer in deine Richtung dreht.

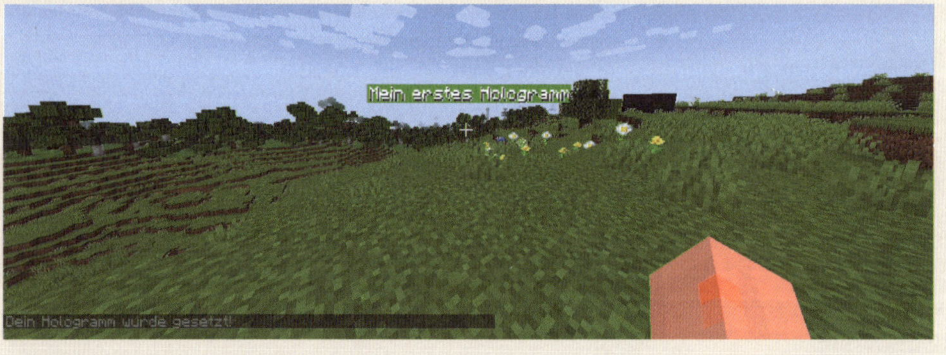

Abbildung 12.4 Das Hologramm dreht sich immer in deine Richtung und stellt den schattierten Text auf grünem Hintergrund dar.

Text-Hologramme über beliebigen Entities

Ein praktischer Trick: Du kannst ein `TextDisplay` mithilfe der Methode `addPassenger` auf einer anderen Entity »reiten lassen«. So sieht es aus, als würde der Text der jeweiligen Entity folgen, was dir mehr Möglichkeiten zur Gestaltung gibt als die normale »Namensanzeige« mit `setCustomName`.

12.1.6 Ein schwebendes Item

Im letzten Beispiel, das wir gemeinsam umsetzen, geht es um eine weitere Art von Entity, nämlich ein schwebendes Item. Durch die Entity-Bibliothek ist es nämlich möglich, virtuelle Items oder Blöcke anzuzeigen, die Spieler zwar nicht aufnehmen (oder zerstören), aber sehen können. Das kann für viele lustige Szenarien eingesetzt werden, beispielsweise das Anzeigen eines virtuellen Blocks bei einem Jump-and-Run, um Spieler hereinzulegen, oder die Darstellung eines virtuellen Items, das als Symbol für eine bestimmte Aktion deines Plugins im Spiel angezeigt wird. Wir programmieren ein passendes Beispiel, in dem das Zerstören eines Eisenblocks eine besondere Bedeutung bekommt. Der Block soll beim Zerstören nicht fallen gelassen werden, stattdessen soll an der Stelle des Blocks ein virtuelles Eisenblock-Item mit einer kleinen Animation erscheinen. Erstelle dafür eine neue Klasse `IronBlockDisplayListener` und starte mit der passenden Listener-Methode für das bereits mehrfach verwendete `BlockBreakEvent`. Hier überprüfen wir zunächst, ob tatsächlich ein Eisenblock (`Material.IRON_BLOCK`), auf den dieser Listener ja abzielt, zerstört wurde:

```
@EventHandler
public void onIronBlockBreak(BlockBreakEvent event) {
  if (event.getBlock().getType() != Material.IRON_BLOCK) {
    return;
  }
}
```

Im nächsten Schritt verhindern wir, dass der zerstörte Block fallen gelassen wird. Dabei wird der Methode `setDropItems` des Event-Parameters der Wert `false` übergeben. Dieser Aufruf ist nicht mit der Methode `setCancelled` zu verwechseln, die gänzlich verhindern würde, dass der Block zerstört wird, sodass die Anweisung für das Beispiel so aussieht:

```
event.setDropItems(false);
```

Anschließend ist der Ablauf zum Erschaffen der Entity so wie in allen vorangegangenen Beispielen. Über das Event kannst du den Ort, an dem der Block zerstört wurde, ermitteln und die zugehörige Welt für das Bauen der Entity verwenden. Für ein virtuelles Item verwenden wir an dieser Stelle den Datentyp ItemDisplay, sodass der Aufruf mit Lambdaausdruck für die Veränderung der neuen Entity aussieht wie folgt:

```
Location location = event.getBlock().getLocation();
location.getWorld().spawn(location, ItemDisplay.class, display -> {

});
```

Entity-Typ für Blöcke

Für die Anzeige virtueller Blöcke käme an dieser Stelle der Entity-Typ BlockDisplay zum Einsatz.

Nun fehlen nur noch die Änderungen, die wir am neuen virtuellen Item vornehmen. Der wichtigste Aufruf zu Beginn ist setItemStack, da somit festgelegt wird, welches Item durch die Entity angezeigt wird. Der Aufruf für unser Beispiel soll einen weiteren Eisenblock erscheinen lassen:

```
display.setItemStack(ItemStack.of(Material.IRON_BLOCK));
```

Wir verwenden ein paar weitere Methodenaufrufe, um die Anzeige aufzuhübschen. So wie bei einem TextDisplay in Abschnitt 12.1.5 unterstützt ein ItemDisplay die Methode setBillboard, um festzulegen, in welche Richtung die Entity zeigen soll. Mithilfe der Übergabe Display.Billboard.CENTER legen wir fest, dass das Item immer in die Richtung der Spieler in der Umgebung zeigt. Die Methode setViewRange legt fest, von wie weit entfernt Spieler diese Entity erblicken. Hier wähle ich einen großzügigen Abstand von mindestens 64 Blöcken. Beide Aufrufe sehen so aus:

```
display.setBillboard(Display.Billboard.CENTER);
display.setViewRange(64);
```

Der gesamte Quellcode, mit dem beim Zerstören eines Eisenblocks eine ItemDisplay-Entity erscheint, ist in Listing 12.5 zusammengefasst.

```
package dev.schlosser.bookplugin.listeners;

import org.bukkit.Location;
import org.bukkit.Material;
import org.bukkit.entity.Display;
import org.bukkit.entity.ItemDisplay;
import org.bukkit.event.EventHandler;
```

```
import org.bukkit.event.Listener;
import org.bukkit.event.block.BlockBreakEvent;
import org.bukkit.inventory.ItemStack;

public class IronBlockDisplayListener implements Listener {
  @EventHandler
  public void onIronBlockBreak(BlockBreakEvent event) {
    if (event.getBlock().getType() != Material.IRON_BLOCK) {
      return;
    }

    event.setDropItems(false);
    Location location = event.getBlock().getLocation();

    location.getWorld().spawn(location ItemDisplay.class, display -> {
      display.setItemStack(ItemStack.of(Material.IRON_BLOCK));
      display.setBillboard(Display.Billboard.CENTER);
      display.setViewRange(64);
    });
  }
}
```

Listing 12.5 Quellcode für den schwebenden Eisenblock

> **Schwebende Items und Blöcke verändern**
> Neben den hier gezeigten einfachen Funktionen zum Generieren eines schwebenden Items bietet Paper viele weitere Werkzeuge an, mit denen schwebende virtuelle Items oder Blöcke verändert werden können. Dabei ist es beispielsweise möglich, angezeigte Entities dieser Art zu verschieben, zu rotieren und sogar größer oder kleiner anzuzeigen. Um solche Änderungen zu erzielen und zusätzlich mit Animationen zu versehen, sind allerdings komplexere Anweisungen im Code notwendig, auf die ich im Buch nicht näher eingehe. Einen ersten Einstieg in die angesprochenen Möglichkeiten erhältst du in der Dokumentation unter *https://docs.papermc.io/paper/dev/display-entities*.

Nach dem Registrieren des Listeners kannst du einen Eisenblock setzen und anschließend zerstören. Sofort erscheint ein neuer virtueller Eisenblock, der zwar nicht mehr zerstört werden kann, sich aber immer wieder in deine Richtung dreht (siehe Abbildung 12.5). Ein wahres Schauspiel der Natur, das für viele lustige Experimente zum Einsatz kommen kann.

Abbildung 12.5 Zum Verwechseln ähnlich: Jeder zerstörte Eisenblock lässt von nun an einen virtuellen Block erscheinen, der sich immer in die Richtung des Spielers dreht.

12.1.7 Übung 12.03: Auch Blöcke haben Namen

Entwickle einen Befehl `/blockname`, bei dem ein Argument übergeben werden muss. Beim Ausführen des Befehls soll eine virtuelle Grasblock-Entity erscheinen, über dem der übergebene Name angezeigt wird. Die Eingabe `/blockname Grasi` soll beispielsweise »Grasi« über dem virtuellen Block anzeigen.

Nutze für den virtuellen Block den Datentyp `BlockDisplay`. Für einen Grasblock legst du beim Bearbeiten der Entity den dargestellten Block fest wie folgt: `setBlock(Material.GRASS_BLOCK.createBlockData())`. Nutze für den Namen ein `TextDisplay`, wobei du darauf achtest, dieses ein Stück über dem Block erscheinen zu lassen. Führe bei der Berechnung der Location außerdem die Methode `setRotation(0,0)` aus, womit die Rotation des Absenders nicht berücksichtigt wird (so wird der virtuelle Block außerdem nicht komisch rotiert). Setze außerdem für beide `setPersistent(false)`, damit sie später wieder verschwinden.

12.2 Musterlösungen für die Übungen

12.2.1 Übung 12.01: Da wird der Hund in der Pfanne verrückt!

```
package dev.schlosser.bookplugin.listeners;

import org.bukkit.Material;
import org.bukkit.entity.Player;
import org.bukkit.entity.Wolf;
import org.bukkit.event.EventHandler;
import org.bukkit.event.Listener;
import org.bukkit.event.player.PlayerDropItemEvent;

public class CrazyDogListener implements Listener {
  @EventHandler
  public void onDropBone(PlayerDropItemEvent event) {
    if (event.getItemDrop().getItemStack().getType() != Material.BONE) {
      return;
    }

    Player player = event.getPlayer();
    event.getItemDrop().getWorld().spawn(
      event.getItemDrop().getLocation(), Wolf.class, wolf -> {
      wolf.setAngry(true);
      wolf.setTarget(player);
      wolf.setVisualFire(TriState.FALSE);
      wolf.customName(Component.text("Höllenhund"));
      wolf.setCustomNameVisible(true);
      wolf.setRemoveWhenFarAway(false);
    });

    player.sendPlainMessage("Ein feuriger Hund erscheint!");
  }
}
```

Listing 12.6 Musterlösung für Übung 12.01

12.2.2 Übung 12.02: Eine Armbrust für Arme

```
package dev.schlosser.bookplugin.listeners;

import org.bukkit.Location;
import org.bukkit.Material;
import org.bukkit.Sound;
import org.bukkit.entity.Arrow;
import org.bukkit.entity.Player;
import org.bukkit.event.EventHandler;
import org.bukkit.event.Listener;
import org.bukkit.event.block.Action;
import org.bukkit.event.player.PlayerInteractEvent;
import org.bukkit.util.Vector;

public class TripleArrowListener implements Listener {
  @EventHandler
  public void onLeftClickWithBow(PlayerInteractEvent event) {
    if (event.getAction() != Action.LEFT_CLICK_AIR) {
      return;
    }

    if (event.getItem() == null || event.getItem().getType() != Material.BOW) {
      return;
    }

    Player player = event.getPlayer();
    Vector direction = player.getEyeLocation().getDirection();

    Location baseLoc = player.getEyeLocation().add(direction);
    for (int i = 0; i < 3; i++) {
      player.getWorld().spawn(baseLoc, Arrow.class, arrow -> {
        arrow.setShooter(player);
        arrow.setVelocity(direction.multiply(2.5));
        arrow.setPickupStatus(Arrow.PickupStatus.DISALLOWED);
      });
    }
```

```
    player.playSound(player, Sound.ENTITY_ARROW_SHOOT, 1f, 1f);
  }
}
```

Listing 12.7 Musterlösung für Übung 12.02

12.2.3 Übung 12.03: Auch Blöcke haben Namen

```
package dev.schlosser.bookplugin.commands;

import io.papermc.paper.command.brigadier.BasicCommand;
import io.papermc.paper.command.brigadier.CommandSourceStack;
import net.kyori.adventure.text.Component;
import org.bukkit.Location;
import org.bukkit.Material;
import org.bukkit.entity.BlockDisplay;
import org.bukkit.entity.Display;
import org.bukkit.entity.Player;
import org.bukkit.entity.TextDisplay;

public class BlocknameCommand implements BasicCommand {
  @Override
  public void execute(CommandSourceStack stack, String[] args) {
    if (!(stack.getSender() instanceof Player player)) {
      stack.getSender().sendPlainMessage("Nur für Spieler!");
      return;
    }
    if (args.length != 1) {
      player.sendPlainMessage("Nutzung: /blockname [Name]");
      return;
    }

    Location loc = player.getLocation().setRotation(0,0);

    loc.getWorld().spawn(loc, BlockDisplay.class, display -> {
      display.setBlock(Material.GRASS_BLOCK.createBlockData());
      display.setViewRange(64);
      display.setPersistent(false);
    });

    loc.getWorld().spawn(loc.add(0, 1, 0), TextDisplay.class, display -> {
```

```
        display.text(Component.text(args[0]));
        display.setBillboard(Display.Billboard.CENTER);
        display.setPersistent(false);
      });

      player.sendPlainMessage("Ein benannter Block erscheint.");
    }
  }
```

Listing 12.8 Quellcode für Übung 12.03

Kapitel 13
Komplexbeispiele 1

Konjunktur

Es wird Zeit für das erste Komplexbeispiel-Kapitel! Hier entwickeln wir mit deinem bisherigen Wissen drei zusammenhängende Beispiele. Versuche, wie bei den Übungen aus den Kapiteln zuvor, zunächst selbstständig an der Lösung zu arbeiten, bevor du zu meiner Musterlösung greifst. Dafür gebe ich dir in jeder Aufgabenstellung ein paar Tipps, welche Ansätze du verwenden könntest. Stürzen wir uns ins Geschehen!

13.1 Aufgaben

13.1.1 Komplexbeispiel 12.01: Kaltes Kanonenfutter

Gib dem Absender beim Ausführen von `/snowcanon` eine Schneekanone in Form einer Eisenfeldhacke. Beim Rechtsklicken mit diesem Item soll ein Schneeball geschossen werden. Wenn dieser auf einen Block trifft, soll sich der Block nach einer Sekunde Verzögerung in einen Schneeblock verwandeln. Der Clou: Für jeden Schuss wird Munition in Form eines Schneeballs im Inventar benötigt. Beim Schießen wird ein Schneeball entfernt. Ist keine Munition mehr vorhanden, kann die Schneekanone nicht abgefeuert werden.

Tipps

- Weise dem `ItemStack` im Befehl einen passenden PDC zu, damit du die Schneekanone später eindeutig erkennen kannst.
- Überprüfe beim Rechtsklicken im `PlayerInteractEvent`, ob das Item den im Befehl gesetzten PDC nutzt. Wenn ja, handelt es sich um deine Schneekanone, und du kannst überprüfen, ob Munition vorhanden ist.

- Das Entfernen eines Schneeballs kannst du über die Methode `removeItem` vornehmen, die eine `Map` der nicht gefundenen Items mit jeweiliger Anzahl zurückgibt. Diese `Map` ist somit leer, wenn das Entfernen erfolgreich war.
- Schieße anschließend eine Schneeball-Entity, die du vor dem Spieler erscheinen lässt und deren Richtung du mittels `setVelocity` setzt. Weise der Entity ebenfalls einen PDC zu, damit du den Aufprall auf Blöcke später deiner Schneekanone zuordnen kannst.
- Nutze das `ProjectileHitEvent`, um den Aufprall deiner Schneeball-Entity auf einen Block abzufangen. Verwende den PDC, um zu überprüfen, ob das Projektil (`getEntity` auf dem Event-Parameter) von deiner Schneekanone stammt. Die Methode `getHitBlock` gibt `null` zurück, wenn kein Block getroffen wurde. Existiert der Block, nutze einen Scheduler mit `runTaskLater`, um ihn verzögert in Schnee zu verwandeln.

13.1.2 Komplexbeispiel 12.02: Monsterarena der Mutigen

Die Mutigsten deines Servers sollen sich mit der sogenannten »Monsterarena« selbst herausfordern können. Der Arena-Spielmodus wird gestartet, indem man mit Schwarzpulver einen Rechtsklick auf einen Block durchführt. Die Arena läuft dann wie folgt ab:

- In sogenannten »Wellen« erscheinen jeweils zufällig verschiedene Monster (darunter Zombies, Creeper, Spinnen und Skelette). Jedes Monster erscheint dabei an einer zufälligen Position, die mindestens 5 und maximal 15 Blöcke in die X- und Z-Richtung entfernt liegt. Jedes Monster, das Rüstung tragen kann, trägt eine Goldbrustplatte.
- Eine Welle endet, wenn alle Monster aus der Welle getötet wurden.
- Nach jeder Welle erscheinen mehr Monster, die zudem immer stärker werden. Dabei kommen die folgenden Formeln zum Einsatz:
  - `Anzahl Monster = Welle * 4`
  - `Anzahl Lebenspunkte = Basislebenspunkte * (1 + Welle * 0.1)`
- Nach zehn Wellen hat der Spieler die Monsterarena gewonnen.
- Stirbt der Spieler oder verlässt den Server, werden alle Monster, die noch verbleiben, getötet, und das Spiel ist beendet.

Tipps

- Nutze für die Logik zwei `HashMaps`, die zur UUID eines Spielers speichern, auf welchem Wellenlevel sich der Spieler befindet und welche Monster in der aktuellen Welle noch bekämpft werden.

- Wenn die Arena gestartet wird, lege den Spieler mit dem Level 1 in der Level-Map ab, wenn er noch nicht spielt.
- Schreibe eine Methode, die ein Monster für die Welle erscheinen lässt. Der schwierigste Part ist hier die zufällige Monster-Art, wobei du (neben anderen Lösungsmöglichkeiten) den folgenden Code für ein Array aller Klassen nutzen kannst:

  ```
  Class[] monsterClasses = {Zombie.class, Creeper.class, ...};
  ```

  Nutze für die Veränderung der Lebenspunkte das Attribut `MAX_HEALTH`.
- Rufe die Methode beim Starten einer neuen Welle in einer Zählschleife so oft auf wie notwendig. Achte darauf, jedes neue Monster in deiner Map mit allen lebendigen Monstern zu registrieren.
- Nutze das `EntityDeathEvent`, um für alle Listenwerte in dieser Map zu überprüfen, ob die getötete Entity Teil einer Monsterarena war. Wenn ja, entferne den entsprechenden Eintrag und überprüfe, ob alle Monster aus der Welle tot sind (also ob die Liste leer ist).
- Überprüfe im Falle des `PlayerDeathEvent` oder `PlayerQuitEvent`, ob der betroffene Spieler gerade die Monsterarena gespielt hat. Wenn ja, beende die Arena, indem du die UUID aus beiden Maps entfernst. Achte darauf, alle noch lebenden Monster mit der Methode `remove` zu töten.

13.1.3 Komplexbeispiel 12.03: Die Wirtschaft ankurbeln

Entwickle für deinen Server ein Wirtschaftssystem, bei dem die Münzen eines jeden Spielers in der Config gespeichert werden. Man verdient Münzen durch das Abbauen von Erzen, wobei für Kohle-, Eisen-, Gold- und Diamanterz von dir gewählte Belohnungen vergeben werden. Außerdem soll ein /money-Befehl erlauben:

- mit /money das eigene Geld abzufragen.
- mit /money give <Name> <Wert> Geld an einen anderen Spieler zu überweisen
- mit /money add <Name> <Wert> Geld zu einem Konto »hinzuzuschummeln«, wobei dies nur mit einer bestimmten Berechtigung erlaubt ist
- mit /money shop ein Shop-Inventar zu öffnen. Darin sollen verschiedene Items angeboten werden, wobei der Preis eines Items in der Lore zu sehen ist. Beim Anklicken soll das Item gekauft werden, wenn der Spieler genügend Münzen besitzt.
- **Bonus**: mit /money top die fünf reichsten Spieler des Servers anzuzeigen

Bei den Argumenten, bei denen du eine Zahl auslesen musst, kannst du die Methode `Integer.parseInt` nutzen, die einen `int` aus einem `String` ausliest. Dabei lassen wir den

Fehlerfall, dass jemand eine ungültige Zahl eingibt, der Einfachheit halber außer Acht.

Tipps

- Speichere jeden Kontostand in der Config in einem Unterbereich mit der UUID des jeweiligen Spielers. Den jeweiligen Wert kannst du bei der Ausführung von `/money` auslesen, wobei du als Standardrückgabe `0` verwenden kannst, falls das Konto in der Config nicht existiert.
- Achte bei `add` auf die passende Berechtigung und bei `give` darauf, dass der Absender genügend Geld auf dem eigenen Konto hat.
- Sorge im `BlockBreakEvent` dafür, dass bestimmte Materialien dem Spieler ein paar Münzen zu seinem Konto hinzufügen. Dafür eignet sich beispielsweise eine Map oder ein `switch`-Statement.
- Setze beim Shop für jedes Item einen Integer-PDC-Eintrag, der den Preis des Items widerspiegelt. Wird ein solches Item im passenden Event angeklickt, kannst du den Preis über den PDC auslesen und, wenn der Spieler noch genug Geld hat, den Kaufvorgang starten.
- Für `/money top` kannst du den folgenden Aufruf auf deiner Config nutzen, um eine Map mit allen UUID-Einträgen und den entsprechenden Kontoständen abzurufen:

  ```
  getConfigurationSection("dein_key").getValues(false)
  ```

  Das Filtern und Sortieren der Top 5 der reichsten Spieler kannst du beispielsweise über Stream-Operationen vornehmen.

13.2 Musterlösungen

Bei den Musterlösungen habe ich das jeweilige Package und die Imports (einige Klassen benötigen wirklich viele ...) weggelassen.

13.2.1 Komplexbeispiel 12.01: Kaltes Kanonenfutter

```
public class SnowCanonCommand implements BasicCommand {
  @Override
  public void execute(CommandSourceStack stack, String[] args) {
    if (!(stack.getSender() instanceof Player player)) {
      stack.getSender().sendPlainMessage("Nur für Spieler!");
      return;
    }
```

```
    NamespacedKey key = new NamespacedKey("bookplugin", "snowcanon");
    ItemStack snowCanon = ItemStack.of(Material.IRON_HOE);
    snowCanon.editMeta(meta -> {
      meta.displayName(Component.text("Schneekanone"));
      meta.getPersistentDataContainer().set(
        key, PersistentDataType.BOOLEAN, true);
    });

    player.getInventory().addItem(snowCanon);
    player.sendPlainMessage("Du hast die Schneekanone erhalten.");
  }
}
```

Listing 13.1 Quellcode für den Befehl aus Komplexbeispiel 12.01

```
public class SnowCanonListener implements Listener {
  public NamespacedKey key = new NamespacedKey("bookplugin", "snowcanon");

  @EventHandler
  public void onRightClick(PlayerInteractEvent event) {
    if (event.getAction() != Action.RIGHT_CLICK_AIR) {
      return;
    }

    ItemStack item = event.getItem();
    if (item == null) {
      return;
    }

    if (!item.getPersistentDataContainer()
      .has(key, PersistentDataType.BOOLEAN)) {
      return;
    }

    Player player = event.getPlayer();

    if (removeSnowball(player.getInventory())) {
      shootSnowball(player);
    }
  }
```

```
  public boolean removeSnowball(Inventory inventory) {
    return inventory.removeItem(ItemStack.of(Material.SNOWBALL)).isEmpty();
  }

  public void shootSnowball(Player player) {
    Vector direction = player.getLocation().getDirection();
    player.getWorld().spawn(player.getEyeLocation().add(direction),
      Snowball.class, snowball -> {
      snowball.setVelocity(direction.multiply(3));
      snowball.getPersistentDataContainer()
        .set(key, PersistentDataType.BOOLEAN, true);
    });
  }

  @EventHandler
  public void onBlockHit(ProjectileHitEvent event) {
    if (event.getHitBlock() == null) {
      return;
    }

    if (!event.getEntity().getPersistentDataContainer()
      .has(key, PersistentDataType.BOOLEAN)) {
      return;
    }

    delayedTransformToSnow(event.getHitBlock(), event.getEntity().getServer());
  }

  public void delayedTransformToSnow(Block block, Server server) {
    Plugin plugin = server.getPluginManager().getPlugin("BookPlugin");
    server.getScheduler().runTaskLater(plugin, () ->
      block.setType(Material.SNOW_BLOCK), 20);
  }
}
```

Listing 13.2 Quellcode für den Listener aus Komplexbeispiel 12.01

13.2.2 Komplexbeispiel 12.02: Monsterarena der Mutigen

```
public class MonsterArenaListener implements Listener {
  public HashMap<UUID, Integer> arenaLevel = new HashMap<>();
  public HashMap<UUID, HashSet<Entity>> monstersPerPlayer = new HashMap<>();

  @EventHandler
  public void onRightClickBlock(PlayerInteractEvent event) {
    if (event.getAction() != Action.RIGHT_CLICK_BLOCK) {
      return;
    }

    ItemStack item = event.getItem();
    if (item == null || item.getType() != Material.GUNPOWDER) {
      return;
    }

    Player player = event.getPlayer();
    startMonsterArena(player);
    player.sendPlainMessage("Die Monsterarena startet!");
  }

  public void startMonsterArena(Player player) {
    if (isPlayingMonsterArena(player)) {
      return;
    }

    arenaLevel.put(player.getUniqueId(), 1);
    spawnMonsters(player);
  }

  public boolean isPlayingMonsterArena(Player player) {
    return arenaLevel.containsKey(player.getUniqueId());
  }

  public void spawnMonsters(Player player) {
    Integer level = arenaLevel.get(player.getUniqueId());
    HashSet<Entity> monsters = new HashSet<>();
    for (int i = 0; i < level * 4; i++) {
      monsters.add(spawnRandomMonster(player, level));
    }
```

```
    monstersPerPlayer.put(player.getUniqueId(), monsters);
  }

  public Entity spawnRandomMonster(Player player, int level) {
    Class[] monsterClasses = {
      Zombie.class, Creeper.class, Spider.class, Skeleton.class};
    Random random = new Random();

    Location randomLocation = player.getLocation().add(
      random.nextDouble(5, 16), 0, random.nextDouble(5, 16)
    ).toHighestLocation();

    int randomMonster = random.nextInt(monsterClasses.length);
    return player.getWorld().spawn(randomLocation, monsterClasses[randomMonster],
      entity -> {
        Monster monster = (Monster) entity;
        AttributeInstance attribute = monster.getAttribute(
          Attribute.MAX_HEALTH);
        double value = attribute.getBaseValue() * (1 + level * 0.1f);
        attribute.setBaseValue(value);
        monster.setHealth(value);
        monster.getEquipment().setChestplate(
          ItemStack.of(Material.GOLDEN_CHESTPLATE));
        monster.setTarget(player);
      });
  }

  @EventHandler
  public void onEntityDeath(EntityDeathEvent event) {
    monstersPerPlayer.entrySet().forEach(pair -> {
      HashSet<Entity> entities = pair.getValue();
      UUID playerUuid = pair.getKey();
      if (entities.remove(event.getEntity()) && entities.isEmpty()) {
        int newLevel = arenaLevel.get(playerUuid) + 1;
        arenaLevel.put(playerUuid, newLevel);
        Player player = event.getEntity().getServer().getPlayer(playerUuid);
        spawnMonsters(player);
        player.sendPlainMessage("Neues Level: " + newLevel);
      }
    });
```

```
  }

  @EventHandler
  public void onPlayerDeath(PlayerDeathEvent event) {
    Player player = event.getPlayer();
    if (isPlayingMonsterArena(event.getPlayer())) {
      endMonsterArena(player);
      player.sendPlainMessage("Die Monsterarena ist beendet!");
    }
  }

  @EventHandler
  public void onPlayerQuit(PlayerQuitEvent event) {
    Player player = event.getPlayer();
    if (isPlayingMonsterArena(event.getPlayer())) {
      endMonsterArena(player);
    }
  }

  public void endMonsterArena(Player player) {
    arenaLevel.remove(player.getUniqueId());
    monstersPerPlayer.remove(player.getUniqueId()).forEach(Entity::remove);
  }
}
```

Listing 13.3 Quellcode für den Monsterarena-Listener

13.2.3 Komplexbeispiel 12.03: Die Wirtschaft ankurbeln

```
public class MoneyCommand implements BasicCommand {
  @Override
  public void execute(CommandSourceStack stack, String[] args) {
    Plugin plugin = stack.getSender().getServer().getPluginManager()
      .getPlugin("BookPlugin");
    FileConfiguration config = plugin.getConfig();
    Server server = stack.getSender().getServer();

    if (args.length == 3 && "add".equalsIgnoreCase(args[0])) {
      if (!stack.getSender().hasPermission("bookplugin.money.add")) {
        stack.getSender().sendPlainMessage("Keine Rechte!");
        return;
```

```
  }

  OfflinePlayer target = server.getOfflinePlayer(args[1]);
  if (!target.hasPlayedBefore()) {
    stack.getSender().sendPlainMessage(
      "Spieler " + args[1] + " nicht gefunden!");
    return;
  }

  int amount = Integer.parseInt(args[2]);
  int newMoney = getMoney(target.getUniqueId(), plugin) + amount;
  setMoney(target.getUniqueId(), newMoney, plugin);
  stack.getSender().sendPlainMessage(
    target.getName() + " hat nun " + newMoney + " Münzen.");
  return;
}

if (args.length == 1 && "top".equalsIgnoreCase(args[0])) {
  Map<String, Object> entries = config.getConfigurationSection("money")
    .getValues(false);
  stack.getSender().sendPlainMessage("Die fünf reichsten Spieler:");

  entries.entrySet().stream()
         .map(entry -> Map.entry(
           UUID.fromString(entry.getKey()), (int) entry.getValue()))
         .sorted((e1, e2) -> Integer.compare(e2.getValue(), e1.getValue()))
         .limit(5)
         .forEachOrdered(entry -> {
           OfflinePlayer player = server.getOfflinePlayer(entry.getKey());
           stack.getSender().sendPlainMessage(
             player.getName() + ": " + entry.getValue() + " Münzen");
         });

  return;
}

if (!(stack.getSender() instanceof Player player)) {
  stack.getSender().sendPlainMessage("Nur für Spieler!");
  return;
}
```

```java
if (args.length == 0) {
  int money = getMoney(player.getUniqueId(), plugin);
  player.sendPlainMessage("Kontostand: " + money + " Münzen");
  return;
}

if (args.length == 3 && "give".equalsIgnoreCase(args[0])) {
  OfflinePlayer target = server.getOfflinePlayer(args[1]);
  if (!player.hasPlayedBefore() ||
    !config.contains("money." + target.getUniqueId())) {
    player.sendPlainMessage("Spieler " + args[1] + " nicht gefunden!");
    return;
  }

  if (target.getUniqueId().equals(player.getUniqueId())) {
    player.sendPlainMessage("Du kannst dir nicht selbst Geld überweisen!");
    return;
  }

  int amount = Integer.parseInt(args[2]);
  if (amount <= 0) {
    player.sendPlainMessage("Gib einen Betrag > 0 an!");
    return;
  }

  int senderMoney = getMoney(player.getUniqueId(), plugin);
  if (senderMoney < amount) {
    player.sendPlainMessage("Du hast nicht genug Münzen!");
    return;
  }

  setMoney(player.getUniqueId(), senderMoney - amount, plugin);
  int targetMoney = getMoney(target.getUniqueId(), plugin);
  setMoney(target.getUniqueId(), targetMoney + amount, plugin);

  stack.getSender().sendPlainMessage(
    "Du hast " + amount + " Münzen an " + target.getName() + " gesendet.");
  return;
}
```

```
    if (args.length == 1 && "shop".equalsIgnoreCase(args[0])) {
      openShop(player);
      return;
    }

    stack.getSender().sendPlainMessage(
      "Nutzung: /money [give|top|shop] [Name] [Wert]");
  }

  public void openShop(Player player) {
    NamespacedKey key = new NamespacedKey("bookplugin", "shop");
    Inventory inv = player.getServer().createInventory(
      null, 9, Component.text("Shop"));
    inv.addItem(
      createShopItem(Material.QUARTZ_BLOCK, 100, key),
      createShopItem(Material.BOOKSHELF, 250, key),
      createShopItem(Material.DIAMOND_BLOCK, 500, key)
    );
    player.openInventory(inv);
  }

  public ItemStack createShopItem(Material material, int costs,
    NamespacedKey namespacedKey) {
    ItemStack item = ItemStack.of(material);
    item.editMeta(meta -> {
      meta.lore(List.of(Component.text(costs + " Münzen")));
      meta.getPersistentDataContainer()
        .set(namespacedKey, PersistentDataType.INTEGER, costs);
    });
    return item;
  }

  public int getMoney(UUID uuid, Plugin plugin) {
    return plugin.getConfig().getInt("money." + uuid.toString(), 0);
  }

  public void setMoney(UUID uuid, int money, Plugin plugin) {
    plugin.getConfig().set("money." + uuid.toString(), money);
```

```
    plugin.saveConfig();
  }
}
```

Listing 13.4 Quellcode für den Money-Befehl

```
public class MoneyListener implements Listener {
  public Map<Material, Integer> moneyMaterials = Map.of(
    Material.COAL_ORE, 2,
    Material.IRON_ORE, 5,
    Material.GOLD_ORE, 15,
    Material.DIAMOND_ORE, 30
  );

  @EventHandler
  public void onBlockBreak(BlockBreakEvent event) {
    Material material = event.getBlock().getType();
    if (!moneyMaterials.containsKey(material)) {
      return;
    }

    Player player = event.getPlayer();
    Plugin plugin = player.getServer().getPluginManager()
      .getPlugin("BookPlugin");
    int reward = moneyMaterials.get(material);
    int currentMoney = getMoney(player.getUniqueId(), plugin);
    setMoney(player.getUniqueId(), currentMoney + reward, plugin);
    player.sendPlainMessage("Belohnung: +" + reward + " Münzen");
  }

  @EventHandler
  public void onInventoryClick(InventoryClickEvent event) {
    if (!(event.getWhoClicked() instanceof Player player)) {
      return;
    }

    ItemStack clicked = event.getCurrentItem();
    if (clicked == null || !clicked.hasItemMeta()) {
      return;
    }
```

```
        NamespacedKey key = new NamespacedKey("bookplugin", "shop");
        ItemMeta meta = clicked.getItemMeta();
        if (!meta.getPersistentDataContainer()
          .has(key, PersistentDataType.INTEGER)) {
          return;
        }

        Plugin plugin = player.getServer().getPluginManager()
          .getPlugin("BookPlugin");

        int price = meta.getPersistentDataContainer()
          .get(key, PersistentDataType.INTEGER);
        int money = getMoney(player.getUniqueId(), plugin);
        player.closeInventory();

        if (money < price) {
          player.sendPlainMessage("Zu wenig Geld!");
          return;
        }

        setMoney(player.getUniqueId(), money - price, plugin);
        player.getInventory().addItem(ItemStack.of(clicked.getType()));
        player.sendPlainMessage("Gekauft für " + price + " Münzen.");
      }

      public int getMoney(UUID uuid, Plugin plugin) {
        return plugin.getConfig().getInt("money." + uuid.toString(), 0);
      }

      public void setMoney(UUID uuid, int money, Plugin plugin) {
        plugin.getConfig().set("money." + uuid.toString(), money);
        plugin.saveConfig();
      }
    }
```

Listing 13.5 Quellcode für den Listener des Wirtschaftssystems

Kapitel 14
Werkbänke mit Kniff: Eigene Crafting-Rezepte erstellen

Werkbank bauen

Crafting ist nicht ohne Grund eines der Hauptelemente von Minecraft (immerhin steht das Wort ja quasi im Spielnamen): Die zahllosen Rezepte, die dir das Spiel zur Verfügung stellt, machen dich nach und nach stärker, lassen dich neue Werkzeuge und Einrichtungsgegenstände bauen oder Blöcke weiterverarbeiten. Doch auch für deine Plugins können *Crafting-Rezepte* eine ganz besondere Bedeutung bekommen: Du kannst neue Rezepte zu deinem Server hinzufügen, die beliebige Items produzieren! Dadurch kannst du völlig neue Rezepte einführen und diese wiederum mit den Dingen, die du aus den bisherigen Kapiteln kennst, verknüpfen. Stell dir zum Beispiel ein Rezept vor, das mit bestimmten Items, die auch als *Zutaten* eines Rezeptes bezeichnet werden, einen Zauberstab hervorbringt. Beim Crafting kann für das neue Item ein Persistent Data Container gesetzt werden, den du wiederum in einem Listener verwenden kannst, um mit dem Zauberstab magische Dinge zu tun. Stürzen wir uns in das Erstellen solcher Rezepte.

14.1 Neue Rezepte anlegen

Generell wird zwischen zwei Arten von Rezepten unterschieden. Während sich beide im generellen Aufbau ähneln, ist es bei der ersten Art egal, in welcher Anordnung die Bestandteile des Rezeptes auf der Werkbank liegen. Die zweite Art von Rezept ähnelt hingegen den meisten Rezepten im Spiel, indem sie einer festgelegten Anordnung folgen. Wir sehen uns für beide Typen von Rezept jeweils ein Beispiel an.

14.1.1 Rezepte mit beliebiger Anordnung

Wir beginnen mit dem einfacheren Fall, nämlich einem Rezept, bei dem die Zutaten in einer beliebigen Anordnung im Crafting-Menü platziert werden können, um ein bestimmtes Item zu craften. Wir wollen dafür ein Rezept für »magische Kekse« gestalten, die aus einem normalen Keks sowie zwei Leuchtstaub hergestellt werden sollen.

Da der Registrierungsvorgang für das Rezept zentral beim Starten des Plugins passiert und nicht im Zusammenhang mit einem bestimmten Befehl oder Listener, schreiben wir den Quellcode dafür direkt in die Hauptklasse des Plugins (bei mir `BookPlugin`). Zur Registrierung des Befehls lege ich eine neue Methode ohne Rückgabewert in der Klasse an, was vereinfacht so aussieht:

```
public class BookPlugin extends JavaPlugin {
  ...
  public void registerCookieRecipe() {

  }
}
```

Nun füllen wir die Methode, die das neue Rezept definiert und anschließend registriert. Jedes Rezept sollte mit einem `NamespacedKey` ausgestattet werden, damit Paper die verschiedenen Rezepte eindeutig auseinanderhalten kann. Beginnen wir also, indem wir einen solchen Schlüssel für das Rezept anlegen. Dabei siehst du zum ersten Mal eine Besonderheit, die du aus der Hauptklasse nutzen kannst: Anstatt als ersten Parameter manuell den `String "bookplugin"` einzutragen, kannst du das Schlüsselwort **`this`** verwenden, was vereinfacht gesagt die Hauptklasse direkt einsetzt und dem Schlüssel so eindeutig sagt, zu welchem Plugin er gehört. Außerdem wird wie immer ein Name für den Schlüssel definiert, wobei ich (passend zum Rezept) »magic_cookie« wähle:

```
NamespacedKey key = new NamespacedKey(this, "magic_cookie");
```

Der »NamespacedKey« außerhalb der Hauptklasse

Dich verwirrt die Nutzung mit `this`? Eine Registrierung wäre in der Hauptklasse selbst oder auch in jeder anderen Klasse wie immer auch so möglich:

```
NamespacedKey key = new NamespacedKey("bookplugin", "magic_cookie");
```

Mehr Details zum Verständnis, wie du die Hauptklasse für Schlüssel oder andere Bestandteile deines Plugins verwenden kannst, lernst du in Kapitel 16, »Eine Klasse für sich: Grundlagen der objektorientierten Programmierung«.

Als Nächstes legen wir nun fest, wie das Item aussehen soll, das als Ergebnis aus dem Rezept hervorgeht. Dafür verwende ich einen Keks (Material.COOKIE), der durch die Bearbeitung der ItemMeta-Daten einen besonderen Namen sowie spaßeshalber eine Effizienzverzauberung (Enchantment.EFFICIENCY) erhält:

```
ItemStack cookie = ItemStack.of(Material.COOKIE);
cookie.editMeta(meta -> {
  meta.setDisplayName("Magischer Keks");
  meta.addEnchant(Enchantment.EFFICIENCY, 1, true);
});
```

Nun zum spannenden Teil, nämlich dem Anlegen des Rezeptes. Da uns die Anordnung der Items egal ist, verwenden wir für dieses Beispiel ein *ShapelessRecipe* (also ein Rezept »ohne Form«). Über die Anweisung new ShapelessRecipe übergeben wir anschließend den zuerst angelegten NamespacedKey sowie das Keks-Item, das als Ergebnis aus dem Rezept entsteht:

```
ShapelessRecipe recipe = new ShapelessRecipe(key, cookie);
```

Um das Rezept fertigzustellen, legen wir nun noch die Zutaten fest. Das ist für ein solches Rezept ziemlich einfach: Über addIngredient kannst du ein Material übergeben, das im Rezept enthalten sein muss. Wenn die Zutat mehr als einmal enthalten sein soll, kannst du die jeweilige Zahl vor dem Material als int übergeben. Die Aufrufe, die festlegen, dass genau ein Keks (Material.COOKIE) sowie zwei Leuchtsteinstaub (Material.GLOWSTONE_DUST) im Rezept enthalten sein sollen, sehen so aus:

```
recipe.addIngredient(Material.COOKIE);
recipe.addIngredient(2, Material.GLOWSTONE_DUST);
```

Der letzte Aufruf ist der wichtigste: Mit der Methode addRecipe deines Servers wird das neue Rezept im Plugin registriert und steht ab dann zum Craften zur Verfügung. In der Hauptklasse kannst du direkt auf die Methode getServer zugreifen, um den Server abzurufen:

```
getServer().addRecipe(recipe);
```

Der gesamte Quellcode für die Methode, die das Rezept anlegt und registriert, ist in Listing 14.1 zu sehen.

```
public void registerCookieRecipe() {
  NamespacedKey key = new NamespacedKey(this, "magic_cookie");
```

```
    ItemStack cookie = ItemStack.of(Material.COOKIE);
    cookie.editMeta(meta -> {
      meta.setDisplayName("Magischer Keks");
      meta.addEnchant(Enchantment.EFFICIENCY, 1, true);
    });

    ShapelessRecipe recipe = new ShapelessRecipe(key, cookie);

    recipe.addIngredient(Material.COOKIE);
    recipe.addIngredient(2, Material.GLOWSTONE_DUST);
    getServer().addRecipe(recipe);
}
```

Listing 14.1 Quellcode für das Registrieren des neuen Rezeptes für einen magischen Keks

Damit die Registrierung beim Laden des Plugins geschieht, musst du die Methode nun noch innerhalb der Methode onEnable ausführen. Füge also den Aufruf der gerade entwickelten Methode irgendwo in onEnable ein:

```
@Override
public void onEnable() {
    ...
    registerCookieRecipe();
}
```

Wann registriere ich ein neues Crafting-Rezept?

Prinzipiell kannst du ein neues Rezept mit registerRecipe jederzeit registrieren, beispielsweise wenn ein bestimmter Befehl ausgeführt wird. Da aber im Regelfall jedes Rezept sofort mit dem Start des Plugins verfügbar sein soll, ist die onEnable-Methode meist die beste Wahl.

Starte den Server neu und gib dir im Kreativmodus die passenden Items zum Craften (oder such die Items im Überlebensmodus, wenn du zu viel Zeit hast). Du kannst einen Keks und zwei Leuchtsteinstaub in beliebiger Anordnung in einer Werkbank oder im Crafting-Feld deines Inventars ablegen, um einen magischen Keks zu erhalten (siehe Abbildung 14.1). Lecker!

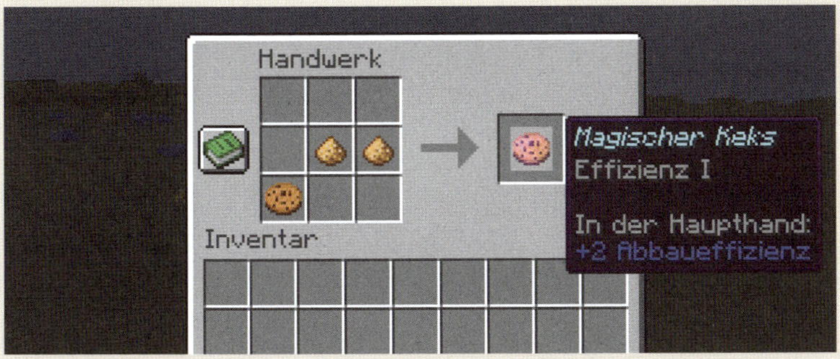

Abbildung 14.1 Das neue Rezept craftet den von dir festgelegten Keks mit besonderem Namen und Effizienzverzauberung.

14.1.2 Rezepte mit einer festen Anordnung

Neben einem `ShapelessRecipe`, das keine feste Anordnung der Items festlegt, gibt es auch eine Rezeptform, bei der die Anordnung genau definiert wird. Wir wollen ein solches Rezept festlegen, nämlich Dosensuppe (ein wahrhaftig edles Essen), das in einer Werkbank aus einer mittig platzierten Suppe, die mit acht Eisenbarren umrahmt wird, bestehen soll. Lege dafür, so wie in Abschnitt 14.1.1, eine neue Methode in der Hauptklasse an, in der du zunächst einen passenden `NamespacedKey` und das Ergebnis des Rezeptes (hier vereinfacht ein klobiger Eisenblock) definierst, so wie du es bereits kennengelernt hast:

```
public void registerCannedSoupRecipe() {
  NamespacedKey key = new NamespacedKey(this, "canned_soup");
  ItemStack cannedSoup = ItemStack.of(Material.IRON_BLOCK);
  cannedSoup.editMeta(meta -> meta.displayName(Component.text("Dosensuppe")));
}
```

Von hier an unterscheidet sich die Vorgehensweise zum Anlegen des Rezeptes. Für ein Rezept mit festgelegter Anordnung kommt der Datentyp *ShapedRecipe* zum Einsatz, wobei wie zuvor bei der Anweisung `new ShapedRecipe` der `NamespacedKey` und das Ergebnis des Rezepts übergeben werden:

```
ShapedRecipe recipe = new ShapedRecipe(key, cannedSoup);
```

Nun legen wir fest, in welcher Form das Rezept angeordnet ist. Dafür kommt die Methode `shape` zum Einsatz, der du symbolisch mehrere `String`-Werte übergibst, wobei jeder Eintrag einer Zeile in einer Werkbank (oder einem anderen Crafting-Menü) entspricht. Jeder Buchstabe steht dabei für eine bestimmte Zutat im Rezept. In meinem Fall lege ich fest, dass der Buchstabe I für einen Eisenbarren steht, während S die Suppe in der Mitte des Rezepts symbolisieren soll. Die Anordnung in einem 3×3-Werkbank-Menü sieht dann so aus:

```
recipe.shape(
  "III",
  "ISI",
  "III"
);
```

Sieh dir zum besseren Verständnis dieser Schreibweise Abbildung 14.2 an: Jeder Buchstabe steht für genau einen Slot in der Anordnung des Menüs, sodass du durch shape die Grundlage für die exakte Form des Rezeptes angibst.

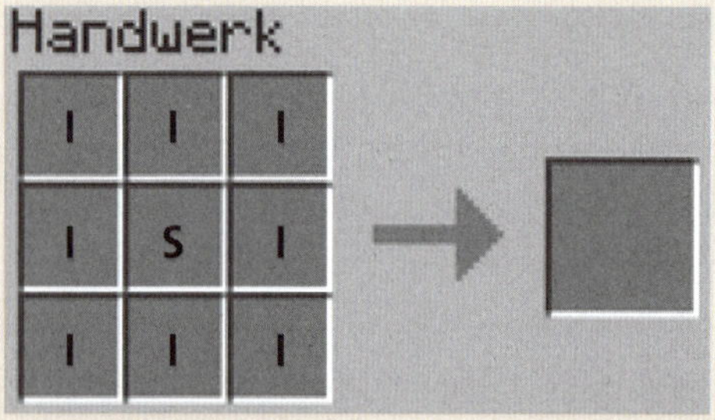

Abbildung 14.2 Jeder String im Aufruf der Methode »shape« steht für eine einzelne Zeile in der Werkbank. So wird das neue Rezept zunächst symbolisch dargestellt.

Nun musst du Paper nur noch beibringen, welcher Buchstabe für welches Material steht. Ein einzelner Buchstabe wird dabei in einzelnen Anführungszeichen (') dargestellt, wie du im folgenden Listing siehst.

> **Der Datentyp »char«**
>
> Zwar kann auch ein String aus genau einem Zeichen bestehen, doch hier wird ein bestimmter primitiver Datentyp mit dem Namen *char* verwendet. Dieser besteht immer aus genau einem Zeichen, das zur besseren Unterscheidung in einfache Anführungszeichen geschrieben wird. Die Initialisierung einer char-Variable sieht beispielsweise so aus:
>
> ```
> char myChar = 'M';
> ```

Für die beiden verwendeten char-Zutaten sieht die Festlegung aus wie folgt:

```
recipe.setIngredient('I', Material.IRON_INGOT);
recipe.setIngredient('S', Material.MUSHROOM_STEW);
```

Damit ist das Rezept komplett. Die gesamte Methode, die das Rezept abschließend wieder mit `addRecipe` im Plugin registriert, ist in Listing 14.2 aufgeführt. Dabei habe ich die Registrierung weiter vereinfacht, indem ich die einzelnen Aufrufe, die das Rezept verändern, einfach aneinandergekettet habe. So wird der Code etwas kompakter, und du musst nicht immer wieder auf die `Recipe`-Variable zugreifen.

```
public void registerCannedSoupRecipe() {
  NamespacedKey key = new NamespacedKey(this, "canned_soup");
  ItemStack cannedSoup = ItemStack.of(Material.IRON_BLOCK);
  cannedSoup.editMeta(meta -> meta.displayName(Component.text("Dosensuppe")));

  ShapedRecipe recipe = new ShapedRecipe(key, cannedSoup)
    .shape(
      "III",
      "ISI",
      "III")
    .setIngredient('I', Material.IRON_INGOT)
    .setIngredient('S', Material.MUSHROOM_STEW);

  getServer().addRecipe(recipe);
}
```

Listing 14.2 Quellcode für das Registrieren des neuen Dosensuppen-Rezepts

Vergiss wie beim ersten Rezept nicht, die neue Methode innerhalb von `onEnable` aufzurufen, beispielsweise so:

```
@Override
public void onEnable() {
  ...
  registerCookieRecipe();
  registerCannedSoupRecipe();
}
```

Nach einem Server-Neustart kannst du das Rezept austesten: Nur wenn du Eisenbarren und eine Pilzsuppe exakt so anordnest wie im Rezept festgelegt, erhältst du die in Abbildung 14.3 gezeigte Dosensuppe (wenn du keine Dosensuppe magst, kannst du das Rezept alternativ mit allseits bekanntem *Brot in der Dose* umsetzen).

Abbildung 14.3 Dein Plugin lässt dich das neue Genussprodukt ganz einfach craften.

14.1.3 Übung 14.01: Eine Rezeptur für die Götter

Erstelle ein Rezept, bei dem fünf Goldblöcke (`Material.GOLD_BLOCK`) in der in Abbildung 14.4 gezeigten Anordnung zu einem goldenen Kessel (`Material.CAULDRON`) gecraftet werden. Wenn mit einem solchen gecrafteten Kessel ein Rechtsklick ausgeführt wird, soll an der Stelle des Spielers ein Blitz einschlagen und der Kessel automatisch verschwinden. Nutze für diese Überprüfung einen PDC.

Tipp

Deine Lösung muss aus zwei Teilen bestehen. Der erste Teil ist die Registrierung des Rezeptes, wobei beim gecrafteten Item der PDC gesetzt wird. Der zweite Teil ist der Listener, der über das `PlayerInteractEvent` überprüft, ob mit dem »goldenen Kessel« geklickt wurde, was einen Blitz einschlagen lässt und das Item aus dem Inventar entfernt.

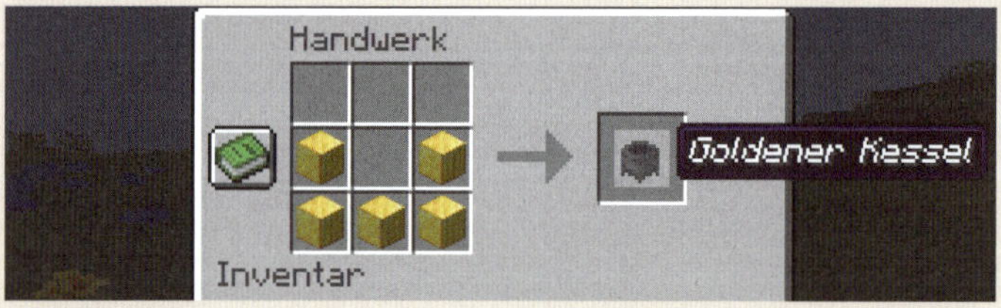

Abbildung 14.4 So soll das Crafting-Rezept für den »goldenen Kessel« aussehen.

14.2 Bestimmte Items für dein Rezept voraussetzen

Wir wollen uns nun noch einen Sonderfall anschauen, der für besondere Plugins aber wirklich coole Möglichkeiten bietet: Die Rezepte, die du bisher erstellt hast, haben lediglich bestimmte Item-Typen festgelegt, die für das Crafting verwendet werden müssen.

Was aber, wenn du das ganz spezifisch machen möchtest, beispielsweise indem lediglich verrottetes Fleisch von einem ganz besonderen Zombie deines Plugins für das Rezept eines kuriosen Zaubertranks verwendet werden darf? Dann wird es etwas komplizierter, doch wir sehen uns genau diesen Sonderfall an einem Beispiel an. Dafür erstellst du einen Befehl /crafttoken, der dir einen besonderen Goldklumpen ins Inventar legt. Drei dieser Goldklumpen dürfen in beliebiger Anordnung zu einem neuen Item gecraftet werden. Werden allerdings normale Goldklumpen, die nicht durch den Befehl gesammelt wurden, verwendet, soll das Rezept nicht funktionieren.

Starte mit der neuen Klasse für den Befehl, der die Craft-Tokens vergibt, nämlich CraftTokenCommand. In dieser Klasse beginnen wir zunächst mit einer Methode, die ein Craft-Token zurückgibt. Diese Methode ist wichtig, da unser Rezept sie später nutzt, um zu wissen, wie das Item, das für das Rezept benötigt wird, aussieht. Um das Item mit einem besonderen Kriterium auszustatten, vergebe ich einen einfachen boolean-Wert im PDC des Items:

```
public ItemStack getTokenItem() {
  NamespacedKey key = new NamespacedKey("bookplugin", "craft_token");
  ItemStack token = ItemStack.of(Material.GOLD_NUGGET);
  token.editMeta(meta -> {
    meta.displayName(Component.text("Craft-Token"));
    meta.getPersistentDataContainer().set(key, PersistentDataType.BOOLEAN, true);
  });

  return token;
}
```

Nun zur execute-Methode für die eigentliche Befehlslogik: Neben der Überprüfung, ob es sich beim Absender um einen Spieler handelt, kannst du ein neues Craft-Token einfach in das Inventar hinzufügen. Das sieht so aus:

```
player.getInventory().addItem(getTokenItem());
```

Den gesamten Quellcode für den neuen Befehl siehst du in Listing 14.3, wobei ich zusätzlich eine Nachricht an den Absender ausgebe.

```
package dev.schlosser.bookplugin.commands;

import io.papermc.paper.command.brigadier.BasicCommand;
import io.papermc.paper.command.brigadier.CommandSourceStack;
import org.bukkit.Material;
import org.bukkit.NamespacedKey;
```

```
import org.bukkit.entity.Player;
import org.bukkit.inventory.ItemStack;
import org.bukkit.persistence.PersistentDataType;

public class CraftTokenCommand implements BasicCommand {
  @Override
  public void execute(CommandSourceStack stack, String[] args) {
    if (!(stack.getSender() instanceof Player player)) {
      stack.getSender().sendPlainMessage("Nur für Spieler!");
      return;
    }

    player.getInventory().addItem(getTokenItem());
    player.sendPlainMessage("Du hast ein Craft-Token erhalten.");
  }

  public ItemStack getTokenItem() {
    NamespacedKey key = new NamespacedKey("bookplugin", "craft_token");
    ItemStack token = ItemStack.of(Material.GOLD_NUGGET);
    token.editMeta(meta -> {
      meta.displayName(Component.text("Craft-Token"));
      meta.getPersistentDataContainer().set(
        key, PersistentDataType.BOOLEAN, true);
    });

    return token;
  }
}
```

Listing 14.3 Quellcode für den CraftToken-Befehl

Doch das war nur der erste Teil, denn nun folgt noch das Rezept. Hier wird es etwas komplizierter, doch wir gehen es Schritt für Schritt an. Starten wir in der Hauptklasse des Plugins mit einer weiteren Methode zur Registrierung des neuen Rezeptes. Hier zunächst eine Besonderheit: Wir übergeben an die Methode einen ItemStack. Dieser steht für das Craft-Token, das der Spieler aus dem Befehl erhält. Dieses benötigen wir gleich, damit unser Rezept weiß, dass dieses Item Voraussetzung für das neue Rezept ist. Zusätzlich lege ich wie immer das Ergebnis des Rezepts an, wobei ich ein Stück Papier mit besonderem Namen wähle:

```
public void registerTokenPaperRecipe(ItemStack tokenItem) {
  NamespacedKey key = new NamespacedKey(this, "token_paper");
  ItemStack paper = ItemStack.of(Material.PAPER);
  paper.editMeta(meta -> meta.setDisplayName("Token-Papier"));
}
```

Damit die drei Craft-Tokens in beliebiger Reihenfolge angeordnet werden können, verwende ich ein ShapelessRecipe. Die einzige Zutat des Rezepts sollen drei Craft-Tokens sein. Statt der Verwendung eines Item-Materials übergeben wir den Methodenparameter, der für das Craft-Token steht. Das heißt, dass das Rezept nicht irgendeinen Goldklumpen für das Crafting erwartet, sondern einen ganz bestimmten ItemStack:

```
ShapelessRecipe recipe = new ShapelessRecipe(key, paper);
recipe.addIngredient(3, tokenItem);
```

Besondere Zutaten bei einem »ShapedRecipe«

Die Angabe eines Items statt eines Item-Typs funktioniert ebenso für die Methode setIngredient eines ShapedRecipes.

Die volle Methode für die Registrierung des Rezeptes mit dem passenden Aufruf siehst du in Listing 14.4.

```
public void registerTokenPaperRecipe(ItemStack tokenItem) {
  NamespacedKey key = new NamespacedKey(this, "token_paper");
  ItemStack paper = ItemStack.of(Material.PAPER);
  paper.editMeta(meta -> meta.setDisplayName("Token-Papier"));
  ShapelessRecipe recipe = new ShapelessRecipe(key, paper);
  recipe.addIngredient(3, tokenItem);

  getServer().addRecipe(recipe);
}
```

Listing 14.4 Quellcode für das Registrieren des CraftToken-Papier-Rezeptes

Doch nun zur wichtigen Frage: Wie bekommen wir den ItemStack aus dem Befehl in die gerade angelegte Methode registerTokenPaperRecipe? Ich zeige es dir! Gehe dafür wie immer in die onEnable-Methode, diesmal in den Block, in dem du deine Befehle registrierst. Den Aufruf new CraftTokenCommand(), der den Befehl zunächst anlegt, speichern wir in einer CraftTokenCommand-Variable zwischen:

```
@Override
public void onEnable() {
  ...
  getLifecycleManager().registerEventHandler(
    ...
    LifecycleEvents.COMMANDS, commands -> {
    CraftTokenCommand craftTokenCommand = new CraftTokenCommand();
  });
}
```

Diese Variable verwenden wir direkt danach an gleich zwei Stellen: Zunächst übergibst du sie der `register`-Methode, damit dein Befehl unter dem Namen `crafttoken` registriert werden kann. Abschließend rufst du deine Methode zur Registrierung des Rezepts auf, wobei du die `getTokenItem`-Methode deines Befehls nutzt, um das Craft-Token-Item zu übergeben:

```
commands.registrar().register("crafttoken", craftTokenCommand);
registerTokenPaperRecipe(craftTokenCommand.getTokenItem());
```

Deine Registrierungsmethode weiß so genau, wie das Item, das der Befehl an den Spieler gibt, aussieht, und legt es als Bedingung für das Rezept fest.

Aufrufen der »ItemStack«-Methode in der Hauptklasse

Zugegeben: Diese Logik zu verstehen, ist nicht ganz einfach. Im Grunde genommen machst du aber nichts anderes, als wie gerade beschrieben deinem Rezept beizubringen, welche Zutat genau für das Craften erforderlich ist. Dafür hast du die Methode in deinem Befehl entwickelt, die den passenden `ItemStack` zurückgibt.

Du könntest diese Methode ebenso gut in deine Hauptklasse kopieren und das Item so bei der Registrierung verknüpfen. Kopierter Quellcode sorgt allerdings schnell für Fehler in deinem Plugin (beispielsweise, wenn du dich dafür entscheidest, das Item im Befehl doch noch einmal abzuändern, du aber vergisst, die Änderung auch in der Hauptklasse zu übernehmen), weshalb der hier gezeigte Ansatz auf jeden Fall sauberer ist.

Nun kannst du das neue Rezept nach einem Neustart des Servers testen. Dafür habe ich zunächst dreimal den `/crafttoken`-Befehl ausgeführt, um drei Tokens für das Craften zu bekommen. In Abbildung 14.5 siehst du, dass das Rezept nur mit diesem Token funktioniert: Verwendest du drei normale Goldklumpen (links), wird das Rezept nicht erkannt. Setzt du allerdings drei Tokens, die du durch den Befehl erhalten hast, ein, erhältst du das Papier!

Abbildung 14.5 Nur wenn du drei der besonderen Craft-Tokens verwendest, kannst du das neue Papier craften.

14.2.1 Übung 14.02: Das Phantom der Opfer

Entwickle eine Funktion, mit der Phantome mit einer Wahrscheinlichkeit von 30 % ein Item deiner Wahl mit dem Namen »Phantom-Musiknote« fallen lassen, wenn sie getötet werden. Mit vier dieser Items, die um einen Plattenspieler (`Material.JUKEBOX`) angeordnet werden, wie in Abbildung 14.6 zu sehen, soll ein neues Item gecraftet werden können, nämlich eine Schallplatte (zum Beispiel `Material.MUSIC_DISC_13`) mit dem Namen »Das Phantom der Oper«.

Abbildung 14.6 Dies ist das Rezept für »Das Phantom der Oper«. Achte darauf, dass sich in den Ecken lediglich »Phantom-Musiknoten« befinden.

Tipp

Bei der Registrierung des Rezeptes mit einem bestimmten Item kannst du dich an Listing 14.4 orientieren, indem du die Listener-Klasse in einer eigenen Variable zwischenspeicherst und sie anschließend registrierst und eine separate Methode zur Erstellung des Phantom-Musiknoten-Items nutzt. Die Überprüfung, ob es sich bei einer getöteten Entity im `EntityDeathEvent` um ein Phantom handelt, nimmst du wie folgt vor:

```
event.getEntity().getType() == EntityType.PHANTOM
```

Ein neues Item fügst du mit der Methode `getDrops().add` des Event-Parameters zu den Drops des Phantoms hinzu.

14.3 Musterlösungen für die Übungen

14.3.1 Übung 14.01: Eine Rezeptur für die Götter

```
public void registerGoldCauldronRecipe() {
  NamespacedKey recipeKey = new NamespacedKey(this, "golden_cauldron_recipe");
  NamespacedKey cauldronKey = new NamespacedKey(this, "golden_cauldron");

  ItemStack goldenCauldron = ItemStack.of(Material.CAULDRON);
  goldenCauldron.editMeta(meta -> {
    meta.displayName(Component.text("Goldener Kessel"));
    meta.getPersistentDataContainer()
      .set(cauldronKey, PersistentDataType.BOOLEAN, true);
  });

  ShapedRecipe recipe = new ShapedRecipe(recipeKey, goldenCauldron)
    .shape(
      "   ",
      "G G",
      "GGG")
  .setIngredient('G', Material.GOLD_BLOCK);

  getServer().addRecipe(recipe);
}
```

Listing 14.5 Musterlösung für die Registrierungsmethode für das neue Rezept für Übung 14.01

```
package dev.schlosser.bookplugin.listeners;

import org.bukkit.Material;
import org.bukkit.NamespacedKey;
import org.bukkit.entity.Player;
import org.bukkit.event.EventHandler;
import org.bukkit.event.Listener;
import org.bukkit.event.block.Action;
import org.bukkit.event.player.PlayerInteractEvent;
import org.bukkit.inventory.ItemStack;
import org.bukkit.inventory.meta.ItemMeta;

public class GoldenCauldronListener implements Listener {
  @EventHandler
```

```java
  public void onPlayerInteract(PlayerInteractEvent event) {
    if (event.getAction() != Action.RIGHT_CLICK_AIR) {
      return;
    }

    ItemStack item = event.getItem();
    if (item == null || item.getType() != Material.CAULDRON) {
      return;
    }

    ItemMeta meta = item.getItemMeta();
    NamespacedKey cauldronKey = new NamespacedKey(
      "bookplugin", "golden_cauldron");
    if (!meta.getPersistentDataContainer().has(cauldronKey)) {
      return;
    }

    Player player = event.getPlayer();
    player.getWorld().strikeLightning(player.getLocation());
  }
}
```

Listing 14.6 Musterlösung für den Blitz-Listener für Übung 14.01

14.3.2 Übung 14.02: Das Phantom der Opfer

```java
package dev.schlosser.bookplugin.listeners;

import net.kyori.adventure.text.Component;
import org.bukkit.Material;
import org.bukkit.NamespacedKey;
import org.bukkit.entity.EntityType;
import org.bukkit.event.EventHandler;
import org.bukkit.event.Listener;
import org.bukkit.event.entity.EntityDeathEvent;
import org.bukkit.inventory.ItemStack;
import org.bukkit.persistence.PersistentDataType;

import java.util.Random;
```

```java
public class PhantomDropListener implements Listener {
  @EventHandler
  public void onPhantomDeath(EntityDeathEvent event) {
    if (event.getEntity().getType() != EntityType.PHANTOM) {
      return;
    }

    if (new Random().nextDouble() > 0.30) {
      return;
    }

    event.getDrops().add(getPhantomNote());
  }

  public ItemStack getPhantomNote() {
    NamespacedKey key = new NamespacedKey("bookplugin", "phantom_note");
    ItemStack note = ItemStack.of(Material.PAPER);
    note.editMeta(meta -> {
      meta.displayName(Component.text("Phantom-Musiknote"));
      meta.getPersistentDataContainer().set(
        key, PersistentDataType.BOOLEAN, true);
    });
    return note;
  }
}
```

Listing 14.7 Musterlösung für den Phantomnoten-Listener aus Übung 14.02

```java
public void registerPhantomDiscRecipe(ItemStack noteItem) {
  ItemStack record = ItemStack.of(Material.MUSIC_DISC_13);
  record.editMeta(meta -> {
    meta.displayName(Component.text("Das Phantom der Oper"));
  });

  NamespacedKey key = new NamespacedKey(this, "phantom_disc");
  ShapedRecipe recipe = new ShapedRecipe(key, record)
    .shape(
      "N N",
      " J ",
      "N N")
```

```
    .setIngredient('N', noteItem)
    .setIngredient('J', Material.JUKEBOX);

  getServer().addRecipe(recipe);
}
```

Listing 14.8 Musterlösung für die Registrierungsmethode für das neue Rezept für Übung 14.02

Den Listener und das Rezept in `onEnable` könntest du beispielsweise so registrieren:

```
PhantomDropListener phantomDropListener = new PhantomDropListener();
pluginManager.registerEvents(phantomDropListener, this);
registerPhantomDiscRecipe(phantomDropListener.getPhantomNote());
```

Kapitel 15
Informationen übersichtlich darstellen: Scoreboards

Zurück zum Absender

Du bist im letzten Kapitel, das sich komplett um neue »Minecraft-Funktionen« für dein Plugin dreht, angekommen. Dafür habe ich mir ein kleines, aber feines Thema aufgehoben, mit dem du Informationen auf deinem Server auf einem anderen Weg darstellen kannst. Dabei handelt es sich um *Scoreboards*, in denen Text am Rand des Bildschirms und anderen Orten dargestellt werden kann, damit deine Spieler Informationen möglichst übersichtlich einsehen können. Doch nicht nur das: Im ersten Schritt sehen wir uns an, wie die *Tabliste* verändert werden kann. Unter ihr werden, wenn man die Taste ⭾ drückt, alle Spieler angezeigt, die sich aktuell auf dem Server befinden. Darüber hinaus können innerhalb dieser Liste aber ebenfalls dynamisch Texte angezeigt werden, beispielsweise um deine Community mit einer besonderen Nachricht zu begrüßen oder um individuelle Statistiken anzuzeigen. Wir sehen uns für beide Fälle Wege an, Texte anzuzeigen.

15.1 Die Tabliste verändern

Wir beginnen mit der einfachen Anwendung von Texten, die in die Tabliste gesetzt werden. Dafür entwickeln wir eine neue Klasse `JoinTablistListener`, die beim Betreten des Servers einfachen Text in die Liste setzt, der für alle Spieler identisch sein soll. Lege dafür in der Klasse eine neue Listener-Methode an, die für das `PlayerJoinEvent` zuständig ist. Insgesamt können in der Tabliste zwei Daten gesetzt werden: der *Header* (also die Kopfzeile am oberen Rand) und der *Footer* (die Fußzeile, die sich ganz unten befindet). Das Event bietet sich perfekt dafür an, beim Betreten des Servers jeweils einen Text festzulegen. Beginnen wir mit dem Header, der für einen `Player` über die Methode `sendPlayerListHeader` gesetzt wird. Dafür wird eine `Component` übergeben, die den Text zusätzlich einfärben oder stylen kann. Wir zeigen aber einfach einen Text an, wobei ich den Spieler, der den Server betritt, unter der Variable player abgelegt habe:

```
player.sendPlayerListHeader(Component.text("Willkommen auf dem Server!"));
```

Auf dem gleichen Weg wird über die Methode sendPlayerListFooter ein Text für die Fußzeile festgelegt:

```
player.sendPlayerListFooter(Component.text("Hier wird Spaß großgeschrieben."));
```

Schon sind beide Einträge in der Tabliste mit festen Texten gesetzt, die nun beim Betreten des Servers für alle Spieler übermittelt werden.

Header und Footer gleichzeitig setzen

Wenn du beide Komponenten der Tabliste setzen möchtest, kannst du die kombinierte Methode sendPlayerListHeaderAndFooter verwenden. Diese erwartet zwei Components als Parameter, wobei der erste Parameter für den Header steht und der zweite für den Footer.

Der gesamte Quellcode für diesen beschaulichen Listener ist in Listing 15.1 aufgeführt.

```
package dev.schlosser.bookplugin.listeners;

import net.kyori.adventure.text.Component;
import org.bukkit.entity.Player;
import org.bukkit.event.EventHandler;
import org.bukkit.event.Listener;
import org.bukkit.event.player.PlayerJoinEvent;

public class JoinTablistListener implements Listener {
  @EventHandler
  public void onJoin(PlayerJoinEvent event) {
    Player player = event.getPlayer();
    player.sendPlayerListHeader(Component.text("Willkommen auf dem Server!"));
    player.sendPlayerListFooter(
      Component.text("Hier wird Spaß großgeschrieben."));
  }
}
```

Listing 15.1 Quellcode für den Listener zum einfachen Setzen der Daten innerhalb der Tabliste

Teste deinen Listener nach der Registrierung, indem du deinem Server beitrittst. Wenn du nun [⇆] gedrückt hältst, siehst du die gesetzten Nachrichten im Header und Footer deines Scoreboards (siehe Abbildung 15.1).

Abbildung 15.1 Mit zwei Codeanweisungen werden beitretende Spieler in der Tabliste begrüßt.

15.1.1 Die Tabliste dynamisch aktualisieren

In einem zweiten Beispiel sehen wir uns an, wie du die Tabliste für jeden Spieler unterschiedlich aktualisieren kannst. Dafür zählen wir, wie viele Sprünge ausgeführt wurden, seit der Server zum letzten Mal gestartet wurde. Die Anzahl der gezählten Sprünge soll dann im Footer der Tabliste zu sehen sein.

Die Tabliste an mehreren Stellen setzen

Wenn du den neuen Listener parallel zu dem Beispiel aus Abschnitt 15.1 einsetzt, wird der Footer, den du beim Betreten des Servers setzt, überschrieben. Das bedeutet, dass du dir beim Programmieren deines Plugins überlegen musst, von welchen Stellen aus die Tabliste gesetzt wird, da nur die zuletzt aufgerufene Methode zum Setzen des Headers oder Footers Änderungen vornimmt.

Lege für dieses Beispiel eine Listener-Klasse mit dem Namen `JumpTablistListener` an. Um für jeden Spieler individuell zu zählen, wie viele Sprünge bereits durchgeführt wurden, nutzen wir eine `HashMap`, die die jeweilige Anzahl als `Integer`-Wert zum `UUID`-Schlüssel des zugehörigen Spielers speichert. Diese `HashMap` legen wir als Variable innerhalb der Klasse an:

```
public HashMap<UUID, Integer> jumpMap = new HashMap<>();
```

Nun kann es an den Listener gehen, wobei wir das `PlayerJumpEvent`, das bei jedem Sprung ausgeführt wird, erwarten. Im ersten Schritt innerhalb der Event-Methode berechnen wir die Anzahl der durchgeführten Sprünge, wobei zunächst der aktuelle Wert (oder der Standardwert `0`) für den Spieler, der gesprungen ist, geladen wird. Anschließend wird dieser Wert um `1` erhöht und in der `HashMap` abgelegt:

```
int jumps = jumpMap.getOrDefault(event.getPlayer().getUniqueId(), 0);
jumpMap.put(event.getPlayer().getUniqueId(), jumps + 1);
```

Der interessante Teil für unseren Anwendungsfall ist das Aktualisieren der Tabliste, wobei die neue Sprunganzahl in den Footer geschrieben wird:

```
event.getPlayer().sendPlayerListFooter(
  Component.text("Deine Sprünge: " + (jumps + 1)));
```

Eine Tabliste dauerhaft aktualisieren

Du kannst das Setzen der Tabliste nicht nur an ein Event hängen, sondern auch immer wieder durchführen. Stell dir zum Beispiel vor, dass du die Zeit seit dem Beitritt auf den Server angeben möchtest: Du könntest einen Scheduler (siehe Kapitel 11, »Gut Ding will Weile haben: Asynchrone Prozesse«) verwenden, der im Sekundentakt die angezeigten Daten aktualisiert.

Den Quellcode für dieses Beispiel siehst du in Listing 15.2.

```
package dev.schlosser.bookplugin.listeners;

import com.destroystokyo.paper.event.player.PlayerJumpEvent;
import net.kyori.adventure.text.Component;
import org.bukkit.event.EventHandler;
import org.bukkit.event.Listener;

import java.util.HashMap;
import java.util.UUID;

public class JumpTablistListener implements Listener {
  public HashMap<UUID, Integer> jumpMap = new HashMap<>();

  @EventHandler
  public void onPlayerJump(PlayerJumpEvent event) {
    int jumps = jumpMap.getOrDefault(event.getPlayer().getUniqueId(), 0);
    jumpMap.put(event.getPlayer().getUniqueId(), jumps + 1);

    event.getPlayer().sendPlayerListFooter(
      Component.text("Deine Sprünge: " + (jumps + 1)));
  }
}
```

Listing 15.2 Quellcode für den Listener zum Zählen der Sprünge in der Tabliste

Registriere auch diesen Listener und teste, ob alles klappt. Wenn du auf deinem Server springst, kannst du wie in Abbildung 15.2 parallel beobachten, dass sich die Anzahl im Footer der Tabliste aktualisiert.

Abbildung 15.2 Endlich vergisst du nicht mehr, wie oft du seit dem letzten Beitritt gesprungen bist.

15.1.2 Übung 15.01: Zählen muss nicht gelernt sein

Entwickle eine Funktion, die die Anzahl der aktuellen Spieler auf dem Server im Header der Tabliste anzeigt. Die Anzeige muss sich somit immer dann aktualisieren, wenn ein neuer Spieler den Server betritt (`PlayerJoinEvent`) oder ein bereits beigetretener Spieler den Server wieder verlässt (`PlayerQuitEvent`).

Eine identische Aktualisierung der Tabliste für alle Spieler kannst du über die Methode `sendPlayerListHeader` des Servers vornehmen.

Kollision mit dem Listener aus Abschnitt 15.1

Damit es nicht zur Überschneidung mit dem in Abschnitt 15.1 gesetzten Header kommt, kannst du die Registrierung der Listener-Klasse zeitweise einfach auskommentieren (indem du // vor die Zeile schreibst) oder löschen.

15.2 Sidebar-Scoreboards anlegen und nutzen

Im zweiten Teil dieses Kapitels sehen wir uns die gängigste Form an, Informationen in einem Scoreboard darzustellen, nämlich indem das Scoreboard am Bildschirmrand angezeigt wird. Man spricht dabei von einem *Sidebar-Scoreboard*, das besonders nützlich für Informationen ist, die Spieler dauerhaft sehen sollen. Für einen ersten Test entwickeln wir, so wie bei der Tabliste in Abschnitt 15.1, einen Listener, der ein Standard-Scoreboard mit einer Begrüßungsnachricht beim Betreten des Servers setzt. Erstelle dafür eine neue Klasse `JoinScoreboardListener` und lege eine Listener-Methode für das `PlayerJoinEvent` an.

Im ersten Schritt legen wir dafür ein neues Scoreboard an, das im Anschluss bearbeitet werden soll. Dafür kommt der `ScoreboardManager` zum Einsatz, den du über die Methode `getScoreboardManager` des Servers laden kannst. Über die Methode `getNewScoreboard` wird ein neues Scoreboard zur Anzeige vorbereitet. Damit wir dieses gleich manipulieren können, legen wir es in einer passenden Scoreboard-Variable ab:

```
Player player = event.getPlayer();
Scoreboard board = player.getServer()
  .getScoreboardManager().getNewScoreboard();
```

Innerhalb eines Scoreboards müssen wir ein sogenanntes *Objective* registrieren, das eine Art Container für Daten im Scoreboard darstellt. Dafür nutzt du die Methode registerNewObjective des neuen Scoreboards. Die Methode erwartet insgesamt drei Parameter:

- den Namen des Objectives. Er wird nicht direkt angezeigt, ordnet das Scoreboard allerdings eindeutig zu.
- ein sogenanntes *Kriterium*, mit dem sich die Punktzahlen im Scoreboard verändern. Wenn es gesetzt ist, kann von Minecraft automatisch die Scoreboard-Punktzahl aktualisieren.
- die Component für den Anzeigenamen des Objectives

Für das Beispiel lege ich das neue Objective unter dem Namen »greeting« an und verwende das Kriterium Criteria.DUMMY, was dafür sorgt, dass kein automatisches Kriterium zum Zählen der Punktzahlen verwendet wird. Außerdem lege ich einen farbigen Component-Text mit »Willkommen!« als Titel für das Scoreboard fest. Das neue Objective speichere ich in einer eigenen Variable zwischen:

```
Objective objective = board.registerNewObjective("greeting", Criteria.DUMMY,
  Component.text("Willkommen!", NamedTextColor.GOLD));
```

Damit das neue Objective und somit das Scoreboard angezeigt wird, müssen wir abschließend festlegen, wo genau die Daten angezeigt werden sollen. Dafür kommt die Methode setDisplaySlot des neuen Objectives zum Einsatz, wobei ein DisplaySlot für den Zielort übergeben wird. In unserem Fall verwende ich DisplaySlot.SIDEBAR, was für ein Scoreboard am rechten Bildschirmrand steht:

```
objective.setDisplaySlot(DisplaySlot.SIDEBAR);
```

Weitere »DisplaySlot«-Typen

Neben der generellen Darstellung in der Sidebar können auch bestimmte Scoreboard-Teams angesprochen werden. Außerdem gibt es eigene DisplaySlot-Einträge für die Anzeige in der Tabliste oder zur direkten Darstellung unter dem Spielernamen.

Auch wenn das Scoreboard damit existiert und bereits mit einem Titel versehen ist, wollen wir noch Daten setzen und das Scoreboard abschließend dem Spieler, der den Server betreten hat, anzeigen. Dafür setzen wir innerhalb eines Objectives sogenannte *Scores*. Ein Score besteht dabei aus einem Namen sowie einer zugehörigen Punktzahl und wird über die Methode getScore des Objectives geladen. Dabei wird der gewünschte Anzeigename des Scores als Parameter übergeben. Anschließend wird über die Methode setScore des neuen Scores die Punktzahl, die im Scoreboard anzeigt werden soll, übergeben. Beachte dabei, dass höhere Scores standardmäßig oben im Scoreboard erscheinen. Auf diese Weise registriere ich zunächst eine beispielhafte Nachricht für das Objective des neuen Scoreboards:

```
Score line1 = objective.getScore("Viel Spaß auf dem Server!");
line1.setScore(3);
```

Solange der Score nicht nachträglich verändert werden muss, kannst du die Anweisung auch wie folgt vereinfachen:

```
objective.getScore("Viel Spaß auf dem Server!").setScore(3);
```

Neben dieser Textzeile registriere ich eine weitere, die durch einen niedrigeren Score weiter unten erscheinen soll:

```
objective.getScore("Schreib uns bei Fragen.").setScore(2);
```

Nun fehlt nur noch ein letzter Schritt, nämlich das Anzeigen des fertigen Scoreboards. Dafür wird das Scoreboard an die Methode setScoreboard des Spielers, der den Server betreten hat, übergeben:

```
player.setScoreboard(board);
```

Den fertigen Listener zum Setzen eines Willkommens-Scoreboards für beitretende Spieler siehst du in Listing 15.3.

```
package dev.schlosser.bookplugin.listeners;

import net.kyori.adventure.text.Component;
import net.kyori.adventure.text.format.NamedTextColor;
import org.bukkit.event.EventHandler;
import org.bukkit.event.Listener;
import org.bukkit.event.player.PlayerJoinEvent;
import org.bukkit.scoreboard.DisplaySlot;
import org.bukkit.scoreboard.Objective;
```

```
import org.bukkit.scoreboard.Score;
import org.bukkit.scoreboard.Scoreboard;

public class JoinScoreboardListener implements Listener {
  @EventHandler
  public void onJoin(PlayerJoinEvent event) {
    Player player = event.getPlayer();
    Scoreboard board = player.getServer()
      .getScoreboardManager().getNewScoreboard();
    Objective objective = board.registerNewObjective("greeting", Criteria.DUMMY,
        Component.text("Willkommen!", NamedTextColor.GOLD));
    objective.setDisplaySlot(DisplaySlot.SIDEBAR);

    objective.getScore("Viel Spaß auf dem Server!").setScore(3);
    objective.getScore("Schreib uns bei Fragen.").setScore(2);

    player.setScoreboard(board);
  }
}
```

Listing 15.3 Quellcode für den Listener zum einfachen Setzen der Daten innerhalb eines Sidebar-Scoreboards

Registriere den Listener und lade das Plugin erneut auf deinen Server. Wenn du beitrittst, siehst du in der Sidebar das neue Scoreboard, wobei die beiden Einträge genau so sortiert sind, wie wir es geplant haben (siehe Abbildung 15.3). Dabei ist der Titel durch die Verwendung einer Farbe in der Component sogar eingefärbt.

Abbildung 15.3 Gibt es ein wärmeres Willkommen als ein so schönes Scoreboard in der Sidebar?

15.2.1 Einen Countdown im Scoreboard darstellen

Auch für das Sidebar-Scoreboard wollen wir testen, wie eine dynamische Aktualisierung aussehen kann. Dafür entwickeln wir einen neuen Befehl /scoreboardcount, der für alle Spieler auf dem Server einen Countdown von zehn Sekunden im Scoreboard startet.

Nach Ablauf der Zeit verschwindet das Scoreboard. Erstelle dafür zunächst eine neue Klasse ScoreboardCountCommand und lege die Grundstruktur für den Befehl an, den nur Spieler ausführen dürfen. Außerhalb der execute-Methode benötigen wir außerdem zwei Variablen: Eine BukkitTask, die den Countdown beim Ausführen verwaltet, sowie einen int für die aktuelle Anzahl der verbleibenden Sekunden:

```
public BukkitTask countdownTask;
public int seconds;
```

Innerhalb des Befehls ergänzen wir zunächst die Logik, dass der Countdown nicht erneut ausgeführt werden kann, wenn er bereits läuft. Dafür nutzen wir die BukkitTask-Variable und brechen die Methode ab, falls diese aktuell gesetzt ist (also wenn sie nicht den Wert null hat):

```
if (countdownTask != null) {
  player.sendPlainMessage("Der Countdown läuft bereits!");
  return;
}
```

Nun kann es mit der Erstellung des Scoreboards weitergehen. Wie gewohnt wird zunächst ein neues Scoreboard mit passendem Objective registriert. Den Score für die Anzahl der verbleibenden Sekunden speichern wir in einer Variable, da die Punktzahl anschließend im Sekundenrhythmus aktualisiert werden muss. Außerdem weisen wir das Scoreboard nicht nur dem Absender zu, sondern jedem Spieler auf dem Server. Dafür rufen wir die Spielerliste des Servers mit getOnlinePlayers ab und nutzen die praktische Methode forEach, um das Scoreboard für jeden Spieler zuzuweisen:

```
Server server = player.getServer();
Scoreboard board = server.getScoreboardManager().getNewScoreboard();
Objective objective = board.registerNewObjective(
  "countdown", Criteria.DUMMY, Component.text("Countdown"));
objective.setDisplaySlot(DisplaySlot.SIDEBAR);
Score score = objective.getScore("Verbleibend:");
server.getOnlinePlayers().forEach(p -> p.setScoreboard(board));
```

Jetzt fehlt nur noch die Logik, die den Countdown nach und nach verringert. Dafür setzen wir zunächst die Sekunden-Variable auf den Wert 11. Auf diese Weise wird, wenn sofort eine Verringerung der Sekunden erfolgt, am Anfang die Zahl 10 angezeigt. Außerdem laden wir wie gewohnt das Plugin über den PluginManager, um im Anschluss eine sich wiederholende Scheduler-Aufgabe zu starten. Diese startet ohne Verzögerung und läuft im Sekundentakt, also alle 20 Ticks. Achte darauf, den Rückgabewert von run-

TaskTimer der BukkitTask-Variable zuzuweisen, damit der Befehl weiß, dass bereits ein Countdown läuft:

```
seconds = 11;
Plugin plugin = server.getPluginManager().getPlugin("BookPlugin");
countdownTask = server.getScheduler().runTaskTimer(plugin, () -> {

}, 0L, 20L);
```

Innerhalb der Ausführung des Schedulers verringern wir zunächst immer die Anzahl der Sekunden und weisen den neuen Wert dem Score zu. So wird die Zahl im Scoreboard für alle Spieler, die das Scoreboard sehen, aktualisiert:

```
seconds--;
score.setScore(seconds);
```

Abschließend müssen wir uns nur noch darum kümmern, dass das Scoreboard bei Ablauf des Countdowns entfernt wird und die sekundenweise Ausführung stoppt. Dafür fällt eine Abfrage in dem Scheduler an, wobei im ersten Schritt die BukkitTask abgebrochen und auf den Wert null zurückgesetzt wird. So erkennt der Befehl, dass kein Countdown mehr läuft, und könnte somit erneut ausgeführt werden:

```
if (seconds <= 0) {
  countdownTask.cancel();
  countdownTask = null;
}
```

In der Abfrage muss außerdem das Scoreboard zurückgesetzt werden. Dafür verwenden wir das »Standard-Scoreboard«, das über den ScoreboardManager über die Methode getMainScoreboard abgerufen wird. Standardmäßig ist dieses Scoreboard leer, sodass es sich gut zum Zurücksetzen des zuvor gesetzten Scoreboards eignet. So wie beim Setzen des Countdown-Scoreboards verwende ich die gesamte Spielerliste, um dieses Scoreboard allen Spielern auf dem Server zuzuweisen. Neben dem Setzen über setScoreboard gebe ich an jeden Spieler eine kleine Nachricht aus:

```
Scoreboard mainScoreboard =server.getScoreboardManager().getMainScoreboard();
server.getOnlinePlayers().forEach(p -> {
  p.setScoreboard(mainScoreboard);
  p.sendPlainMessage("Countdown beendet.");
});
```

Der gesamte Quellcode für dieses Beispiel ist in Listing 15.4 zu sehen.

```
package dev.schlosser.bookplugin.commands;

import io.papermc.paper.command.brigadier.BasicCommand;
import io.papermc.paper.command.brigadier.CommandSourceStack;
import net.kyori.adventure.text.Component;
import org.bukkit.Server;
import org.bukkit.entity.Player;
import org.bukkit.plugin.Plugin;
import org.bukkit.scheduler.BukkitTask;
import org.bukkit.scoreboard.Criteria;
import org.bukkit.scoreboard.DisplaySlot;
import org.bukkit.scoreboard.Objective;
import org.bukkit.scoreboard.Score;
import org.bukkit.scoreboard.Scoreboard;

public class ScoreboardCountCommand implements BasicCommand {
  public BukkitTask countdownTask;
  public int seconds;

  @Override
  public void execute(CommandSourceStack stack, String[] args) {
    if (!(stack.getSender() instanceof Player player)) {
      stack.getSender().sendPlainMessage("Nur für Spieler!");
      return;
    }

    if (countdownTask != null) {
      player.sendPlainMessage("Der Countdown läuft bereits!");
      return;
    }
    Server server = player.getServer();
    Scoreboard board = server.getScoreboardManager().getNewScoreboard();
    Objective objective = board.registerNewObjective(
      "countdown", Criteria.DUMMY, Component.text("Countdown"));
    objective.setDisplaySlot(DisplaySlot.SIDEBAR);
    Score score = objective.getScore("Verbleibend:");
    server.getOnlinePlayers().forEach(p -> p.setScoreboard(board));

    seconds = 11;
```

```
    Plugin plugin = server.getPluginManager().getPlugin("BookPlugin");

    countdownTask = server.getScheduler().runTaskTimer(plugin, () -> {
      seconds--;
      score.setScore(seconds);

      if (seconds <= 0) {
        countdownTask.cancel();
        countdownTask = null;

        Scoreboard mainScoreboard = server.getScoreboardManager()
          .getMainScoreboard();
        server.getOnlinePlayers().forEach(p -> {
          p.setScoreboard(mainScoreboard);
          p.sendPlainMessage("Countdown beendet.");
        });
      }
    }, 0L, 20L);
  }
}
```

Listing 15.4 Quellcode für den ScoreboardCount-Befehl

Registriere den neuen Befehl und teste dein Countdown-Scoreboard nach einem Neustart aus: Beim Ausführen von `/scoreboardcount` erscheint das Scoreboard mit dem Countdown für alle Spieler (siehe Abbildung 15.4). Nach Ablauf der Zeit erhält jeder Spieler die Info-Nachricht, dass der Countdown abgelaufen ist. Den Befehl kannst du erst im Anschluss erneut nutzen.

Abbildung 15.4 Das Scoreboard stellt den zehnsekündigen Countdown direkt über die Punktzahl dar.

15.2.2 Übung 15.02: Zeig her, deine Leben!

Entwickle den Befehl `/showhealth`, mit dem du das Leben unter dem Namen aller anderen Spieler für dich anzeigen lassen kannst. Nutze dafür:

- `Criteria.HEALTH` als Kriterium für den Wert des Scoreboards
- `DisplaySlot.BELOW_NAME` als `DisplaySlot`, damit der Text unter dem Namen anderer Spieler erscheint

15.3 Musterlösung für die Übungen

15.3.1 Übung 15.01: Zählen muss nicht gelernt sein

```
package dev.schlosser.bookplugin.listeners;

import net.kyori.adventure.text.Component;
import org.bukkit.entity.Player;
import org.bukkit.event.EventHandler;
import org.bukkit.event.Listener;
import org.bukkit.event.player.PlayerJoinEvent;
import org.bukkit.event.player.PlayerQuitEvent;

public class TablistPlayerCountListener implements Listener {
  @EventHandler
  public void onPlayerJoin(PlayerJoinEvent event) {
    refreshTablist(event.getPlayer());
  }

  @EventHandler
  public void onPlayerQuit(PlayerQuitEvent event) {
    refreshTablist(event.getPlayer());
  }

  public void refreshTablist(Player player) {
    int playerCount = player.getServer().getOnlinePlayers().size();
    Component text = Component.text("Anzahl Spieler: " + playerCount);
    player.getServer().sendPlayerListHeader(text);
  }
}
```

Listing 15.5 Musterlösung für Übung 15.01

15.3.2 Übung 15.02: Zeig her, deine Leben!

```
package dev.schlosser.bookplugin.commands;

import io.papermc.paper.command.brigadier.BasicCommand;
import io.papermc.paper.command.brigadier.CommandSourceStack;
import net.kyori.adventure.text.Component;
import net.kyori.adventure.text.format.NamedTextColor;
import org.bukkit.Server;
import org.bukkit.entity.Player;
import org.bukkit.scoreboard.Criteria;
import org.bukkit.scoreboard.DisplaySlot;
import org.bukkit.scoreboard.Objective;
import org.bukkit.scoreboard.Scoreboard;

public class ShowHealthCommand implements BasicCommand {
  @Override
  public void execute(CommandSourceStack stack, String[] args) {
    if(!(stack.getSender() instanceof Player player)){
      return;
    }

    Server server = stack.getSender().getServer();
    Scoreboard scoreboard = server.getScoreboardManager().getNewScoreboard();
    Objective hp = scoreboard.registerNewObjective(
      "hp", Criteria.HEALTH, Component.text("HP", NamedTextColor.DARK_RED));
    hp.setDisplaySlot(DisplaySlot.BELOW_NAME);
    player.setScoreboard(scoreboard);
  }
}
```

Listing 15.6 Musterlösung für Übung 15.02

Kapitel 16

Eine Klasse für sich: Grundlagen der objektorientierten Programmierung

Bestens ausgerüstet

Im letzten Kapitel vor dem finalen Übungskomplex widmen wir uns einem Thema, das sich eigentlich schon durch das gesamte Buch gezogen hat, ohne dass du es wusstest. Es geht dabei um die *objektorientierte Programmierung* (kurz *OOP*), worunter eine ganze Menge zusammenhängender Konzepte, mit denen du programmierst, verstanden wird. Dieser Begriff ist für Java so wichtig, dass die Sprache oft auch als *objektorientierte Programmiersprache* bezeichnet wird. In diesem Kapitel drehen wir die Zeit im Buch ein wenig zurück, indem ich viele bisher offengebliebene Fragen, die mit der OOP zusammenhängen, beantworte. Gleichzeitig lernst du anhand praktischer Beispiele, wie du die Objektorientierung für deine Plugins einsetzen kannst.

Details zur objektorientierten Programmierung

Das Thema OOP ist äußerst umfangreich. Diese Art der Programmierung ermöglicht es, Programme (oder auch Plugins) vollkommen neu zu strukturieren. Nicht ohne Grund gibt es also ganze Bücher, die sich diesem Thema widmen.

Ziel dieses Kapitels ist also **nicht**, dass du ein Experte für die OOP wirst. Stattdessen lernst du die wichtigsten Basics, teilweise auch ein wenig vereinfacht, die dir beim Programmieren deiner Plugins helfen können.

16.1 Einführung Klassen

Im Laufe der letzten Kapitel hast du zahlreiche Klassen erstellt und mit Leben befüllt, sodass sie beispielsweise als Befehl oder Listener Aufgaben in deinem Plugin übernommen haben. Zu Beginn habe ich dir Klassen vereinfacht als Behälter für Variablen und Methoden vorgestellt, und im Grunde genommen ist das auch richtig. Dennoch tragen Klassen im Sinne der OOP eine besondere Bedeutung, die ich dir in diesem Abschnitt näher vorstellen werde. Dafür entwickeln wir im Folgenden zunächst ein objektorientiertes Beispiel, das sich durch diesen ersten Abschnitt 16.1 zieht.

16.1.1 Grundidee der Objektmodellierung

Nachdem deine Klassen im übertragenden Sinne bisher eher »Mittel zum Zweck« waren, wirst du sie nun zum ersten Mal verwenden, um eine »Vorlage« für Dinge in deinem Quellcode zu bauen. Diese Blaupause kannst du im Anschluss nutzen, um verschiedene Exemplare mit unterschiedlichen Ausprägungen zu erstellen. Denk beispielsweise an einen Bauplan für ein Auto: Mit der Vorlage kannst du grundlegend immer ein Auto bauen, allerdings könntest du bei jedem Auto verschiedene Details, wie die Farbe oder die Anzahl der Sitzplätze, anpassen. Nach diesem Prinzip können wir uns in der OOP eigene Vorlagen ausdenken und die Daten von Exemplaren, die wir auf Basis der Vorlage generieren, verändern.

Damit du dieses Grundprinzip in der Praxis kennenlernst, entwickeln wir eine solche Vorlage für Tiere. Anhand der Blaupause erstellen wir im Plugin-Projekt mehrere Tiere, die sich in ihren Details unterscheiden.

Die Beispielklasse als anschauliches Beispiel

Bedenke, dass ich die Klasse, die wir gemeinsam programmieren, eher als anschauliches Beispiel vorstelle, damit du den Grundgedanken hinter der Modellierung von Klassen verstehst. In der Praxis wird Objektorientierung meist für technischere Zwecke verwendet, doch die Grundidee bleibt die gleiche, sodass du mit dem Beispiel deine ersten »OOP-Schritte« gehen kannst.

Für das Beispiel benötigen wir eine neue Klasse, die passenderweise den Namen `Animal` erhält. Es ist dabei egal, in welchem Package die Klasse liegt, ich habe ein neues Package für die OOP-Tests aus diesem Kapitel erstellt. Im Gegensatz zu den bisher erstellten Klassen brauchst du hinter den Klassennamen keinen Code zu schreiben, der die Klasse zum Beispiel als Befehl oder Listener ausweist. Stattdessen arbeiten wir wie gewohnt mit Variablen und Methoden, die im Sinne der OOP eine besondere Bedeutung haben:

- **Instanzvariablen** (auch **Felder** genannt) stellen Eigenschaften der Klasse dar. Sie sind somit die Details, die sich für jedes Tier-Exemplar, das wir aus der Vorlage erstellen, unterscheiden.
- **Methoden** repräsentieren das Verhalten, das Exemplare aus dieser Vorlage verwenden können. Methoden können dabei neben übergebenen Parametern die Eigenschaftsvariablen der Klasse nutzen.

Im Falle unserer Tiervorlage wollen wir zwei Felder für Eigenschaften anlegen, nämlich den Namen des Tiers sowie die Anzahl der Lebenspunkte, die das imaginäre Wesen hat. Hierfür eignet sich je eine Variable des Typs `String` und `int`. Außerdem erhält die Vorlage zwei »Verhaltensmethoden«. Die erste Methode, `damage`, dient dazu, das Leben des Tiers zu verringern, wobei die Anzahl des Schadens als Parameter übergeben wird. Innerhalb der Methode wird sichergestellt, dass das Leben eines Tiers nie kleiner als 0 sein kann. Eine zweite Methode, `printInfo`, gibt die aktuellen Daten des Tiers über einen `Logger` aus, der als Parameter an die Methode übergeben wird. Zur Erinnerung: Ein solcher Logger steht in der Hauptklasse des Plugins zur Verfügung, um Nachrichten in die Konsole zu schicken. Den gesamten Quellcode für das tierische Beispiel siehst du im folgenden Listing 16.1.

```
import java.util.logging.Logger;

public class Animal {
  public String name;
  public int health;

  public void damage(int amount) {
    health -= amount;
    if (health <= 0) {
      health = 0;
    }
  }

  public void printInfo(Logger logger) {
    logger.info(name + " hat noch " + health + " Lebenspunkte.");
  }
}
```

Listing 16.1 Quellcode für die neue Animal-Klasse

Nun wird es Zeit, die neu erstellte Klassenvorlage auszuprobieren.

Tests für die OOP-Codebeispiele

Ich lege die folgenden Tests, mit denen ich die neu erstellte Klasse ausprobiere, in der `onEnable`-Methode der Hauptklasse an. Wenn du lediglich die Wirkungsweise hinter dem Code verstehen möchtest, musst du diesen Quellcode nicht mitschreiben, sondern kannst das Ergebnis im Buch nachvollziehen.

Der erste Schritt besteht darin, mithilfe der »Vorlage« ein neues Tier zu erstellen. Immerhin reicht die Vorlage allein nicht aus, damit du Eigenschaften nutzen kannst (schließlich müsstest du auch ein konkretes Auto bauen, bevor du die Farbe für das Auto festlegst). Bei dem Vorgang, aus der Klasse eine konkrete Ausprägung zu erstellen, sprechen wir vom *Instanziieren* der Klasse. Das Instanziieren wird über das Schlüsselwort `new`, das du bereits häufig verwendet hast, vorgenommen. Das Tier, das aus der Vorlage entsteht, wird auch als *Instanz* oder *Objekt* der Klasse bezeichnet. Instanziieren wir ein neues Tier, eine Katze, unter dem Variablennamen `cat`. Dein Klassenname `Animal` kann dabei als Datentyp für die Instanz verwendet werden:

```
Animal cat = new Animal();
```

Das Instanziieren beim Plugin

Erinnere dich an Zeilen, die du in der Hauptklasse geschrieben hast, zurück:

```
commands.registrar().register("hello", new HelloCommand());
pluginManager.registerEvents(new JoinMessageListener(), this);
```

Wie du siehst, hast du mithilfe von `new` in jedem Fall deine Befehls- oder Listener-Klassen instanziiert, damit sie für dein Plugin nutzbar wurden.

Deine Katze existiert nun, allerdings müssen wir noch die Eigenschaften der neuen Instanz festlegen. Dafür kommen die beiden Variablen der Klasse ins Spiel, auf die wir über einen Punkt hinter dem Variablennamen zugreifen. Über den folgenden Code setze ich einen passenden Namen und die Lebenspunkte der Tier-Instanz:

```
cat.name = "Katze";
cat.health = 20;
```

Außerdem führe ich die Methode `printInfo` aus, mit der ich die Details der Katze testweise in der Konsole ausgeben möchte. Dabei übergebe ich `getLogger()`, womit der Logger aus der Hauptklasse an die Methode weitergeleitet wird, sodass die Ausgabe in der Server-Konsole erfolgt:

```
cat.printInfo(getLogger()); // Ausgabe: Katze hat noch 20 Lebenspunkte.
```

Neben der Katze erstelle ich ein weiteres Tier-Objekt, nämlich einen Hund. Bei diesem Tier setze ich andere Eigenschaften und teste außerdem die zweite Methode `damage`, die die Lebenspunkte verringert:

```
Animal dog = new Animal();
dog.name = "Hund";
dog.health = 25;
dog.damage(20);
dog.printInfo(getLogger()); // Ausgabe: Hund hat noch 5 Lebenspunkte.
```

Aus diesem Beispiel erkennst du, dass beide Tiere unabhängig voneinander als Instanzen existieren. Du kannst ihre Eigenschaften losgelöst bearbeiten, und das Ausführen der Methoden bezieht sich jeweils nur auf das zugehörige Objekt. Dieser Grundgedanke ist wichtig für die Objektorientierung!

16.1.2 Übung 16.01: Würfelhusten

Erstelle eine Klasse `Cube`, die einen Würfel repräsentiert. Jeder Würfel hat dabei eine Kantenlänge. Schreibe außerdem eine Methode `calculateVolume`, die das Volumen des Würfels berechnet. Dieses erhältst du, indem du die Kantenlänge dreimal mit sich selbst multiplizierst. Wähle passende Datentypen für die Kantenlänge und den Rückgabewert der Methode.

16.1.3 Werte- und Referenztypen

Bevor wir uns weiter ansehen, welche Möglichkeiten sich mit einer objektorientierten Klasse bieten, widmen wir uns einem Thema, das bei der Unterscheidung von Klassen und primitiven Datentypen äußerst wichtig ist. Dabei geht es darum, wie sich Werte von Variablen verhalten, wenn eine Variable einer anderen Variable zugewiesen wird. Klingt verwirrend? Starten wir mit einem einfachen Beispiel, bei dem wir eine `int`-Variable `x` erstellen und sie einer anderen Variable `y` zuweisen:

```
int x = 5;
int y = x;
x = 10;
```

In der Hauptklasse kannst du den Standard-Logger über `getLogger` nutzen, um den Wert beider Variablen in der Konsole auszugeben:

```java
getLogger().info("x: " + x); // Ausgabe: x: 10
getLogger().info("y: " + y); // Ausgabe: y: 5
```

Durch die Ausgabe erkennst du, dass die Variable y am Anfang den Wert 5 von x *kopiert* hat. Auch wenn du x nachträglich auf 10 setzt, bleibt y davon unberührt und hat weiterhin den kopierten Wert. Dadurch, dass sich primitive Datentypen ihre Werte direkt speichern, sprechen wir bei ihnen von *Wertetypen*. Doch wie sieht dieses Beispiel aus, wenn wir stattdessen den in Listing 16.1 entwickelten Klassentyp `Animal` verwenden, um ein ähnliches Szenario zu entwickeln? Probieren wir es aus, indem wir nach dem gleichen Muster ein Tier erstellen, diesem Lebenspunkte setzen und die Variable abschließend einer neuen Variable zuweisen:

```java
Animal a = new Animal();
a.health = 5;
Animal b = a;
a.health = 10;
getLogger().info("a: " + a.health); // Ausgabe: a: 10
getLogger().info("b: " + b.health); // Ausgabe: b: 10
```

Obwohl du das gleiche Vorgehen wie zuvor bei den primitiven Wertetypen verwendet hast, ist das Ergebnis anders: Als du die Variable b auf den Wert von a gesetzt hast, hatte das Leben den Wert 5. Das Leben von a wird erst danach auf 10 gesetzt, dennoch zeigen in der Ausgabe sowohl a als auch b an, dass ihr Leben 10 beträgt. Die Ursache liegt darin, dass durch Klassen instanziierte Objekte keine Wertetypen sind, sondern sogenannte *Referenztypen* (bisher im Buch auch als »komplexe Datentypen« bezeichnet). Der wichtige Unterschied besteht darin, dass eine Variable bei solchen Datentypen die Daten nicht kopiert, sondern mithilfe einer sogenannten *Referenz* speichert. Das siehst du bildlich in Abbildung 16.1: Das erstellte Animal liegt irgendwo im Speicher des Plugins. Die Variable a merkt sich lediglich, wo dieser Speicher ist, und kann somit immer wieder auf das Tier zugreifen. Das ist so, als würdest du dir merken, wo ein Kumpel wohnt. Du merkst dir schließlich nicht das gesamte Haus, sondern lediglich die *Adresse*. Genauso verhält sich Variable b: Indem du b auf a setzt, wird zwar nicht das `Animal`-Objekt in die Variable kopiert, aber die Referenz. Somit haben beide Variablen am Ende eine Referenz auf dasselbe Objekt. Das erklärt auch, warum das Auslesen von `health` am Ende zum gleichen Wert führt: Schließlich wird die Änderung auf die Referenz angewendet, auf die beide Variablen zeigen.

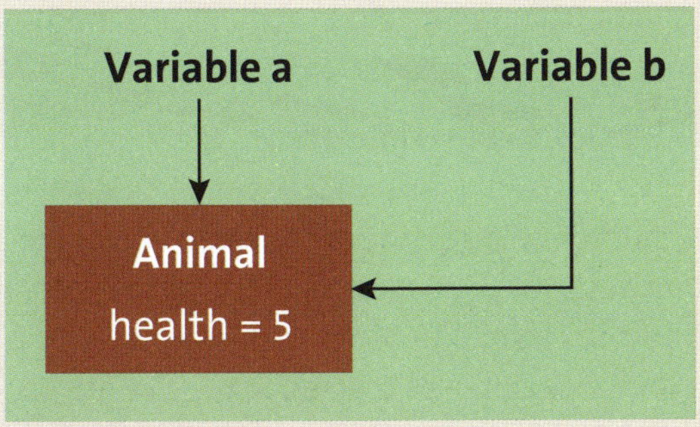

Abbildung 16.1 Zwei Variablen, ein Ziel: »a« und »b« merken sich lediglich einen »Zeiger« auf dieselbe Tier-Referenz. Wenn sich das Tier verändert, wirkt sich die Änderung somit auf beide Variablen aus.

Die Unterscheidung von Werte- und Referenztypen ist auch dann wichtig, wenn es darum geht, veränderte Daten im Programmverlauf zu nutzen. Denk beispielsweise an eine `Location`, bei der du die Y-Koordinate modifizierst und den Spieler anschließend teleportierst:

```
Location loc = player.getLocation();
loc.setY(loc.getY() + 10);
player.teleport(loc);
```

Zwar würde der Code funktionieren, dennoch veränderst du im Hintergrund die `Location`-Instanz, an der sich der Spieler befindet. Für Fälle wie diesen unterstützen manche Referenzdatentypen, besonders unter Paper, die Methode `clone`. Damit wird ein Objekt »geklont«, sodass für die Variable eine Kopie des Objektes hinterlegt wird:

```
Location loc = player.getLocation().clone();
```

Paper übernimmt das Kopieren oft für uns

Viele Methoden, die Paper bereitstellt, geben direkt eine Kopie zurück, so auch in diesem Fall. Ob eine Methode einen Klon des Originalobjektes zurückgibt, steht in der Regel immer in der Dokumentation.

16.1.4 Konstruktor und die Arbeit mit privatem Zugriffsmodifikator

Du hast in Abschnitt 16.1.1 die Klasse `Animal` erstellt, um möglichst simpel ein Tier darzustellen. Anhand dieses Beispiels wollen wir die Thematik der OOP vertiefen und eine neue Klasse `BetterAnimal` programmieren, die sich grundlegend an die Klasse aus Listing 16.1 anlehnt, aber dir verschiedene weitere Basics zu Klassen näherbringt.

Die erste wichtige Änderung, die wir im Vergleich zur ursprünglichen Klasse vornehmen, bezieht sich auf den Zugriff der Instanzvariablen `name` und `health`. Bisher haben alle Variablen und Methoden, die du programmiert hast, den Zugriff `public` verwendet. Zur Erinnerung: Dieses Schlüsselwort sorgt dafür, dass jede andere Klasse auf die Variablen oder Methoden der Instanz zugreifen kann. Besonders bei Variablen kann das aber Nachteile haben: Wenn jede Klasse die Daten direkt ändern kann, macht das deinen Code anfälliger für »Fehler von außerhalb«. Am Beispiel deines Tiers hast du die Lebenspunkte als `public` festgelegt, sodass du von anderen Klassen aus jederzeit Änderungen vornehmen kannst. Das könnte für potenzielle logische Fehler sorgen, beispielsweise, indem du die Lebenspunkte auf einen Wert unter 0 setzt:

```
animal.health = -10; // Gültiger Code, aber logischer Fehler!
```

Damit du mehr Kontrolle darüber hast, ob und wie andere Klassen auf deine Klasse zugreifen dürfen, lernst du zunächst einen neuen *Zugriffsmodifikator* kennen. Das ist das Fachwort für Schlüsselwörter wie `public`, die angeben, welche Klassen auf Variablen und Methoden zugreifen dürfen. Der erste neue Zugriffsmodifikator, den du kennenlernst, trägt den Namen *private* und bewirkt das Gegenteil von `public`. Sobald eine Variable oder Methode diesen Zugriffsmodifikator nutzt, kann nur noch die Klasse selbst darauf zugreifen. In der neuen Klasse `BetterAnimal` wollen wir `private` für die beiden Instanzvariablen einsetzen, damit es nicht länger möglich ist, die Werte ohne Weiteres von anderen Klassen aus zu überschreiben oder auszulesen. Legen wir die Variablen also wie folgt in der Klasse an:

```
private String name;
private int health;
```

Von diesem Stand aus könntest du eine neue Instanz der Klasse erstellen. Versuchst du in `onEnable`, eine der beiden Variablen zu überschreiben oder auszulesen, würdest du einen Fehler erhalten. Immerhin hast du gerade festgelegt, dass nur noch die Klasse selbst Zugriff erhält:

```
BetterAnimal animal = new BetterAnimal();
getLogger().info(animal.name); // Fehler!
animal.health = 20; // Fehler!
```

Das ist natürlich keine gute Lösung, denn so wird deine Klasse quasi nicht mehr nutzbar, immerhin hast du keine Möglichkeit mehr, um die notwendigen Daten an die jeweilige Instanz weiterzugeben. Doch hier kommt die nächste praktische Technik ins Spiel, nämlich der *Konstruktor*. Ihn kannst du dir wie eine Methode vorstellen, die beim Instanziieren einer Klasse aufgerufen wird. Mit anderen Worten kannst du genau festlegen, was in dem Moment passiert, wenn aus der Vorlage einer Klasse eine Instanz erstellt wird. Auf diese Weise kannst du beispielsweise bestimmen, welche Daten für die Instanzvariablen gesetzt werden sollen.

Bevor es aber so weit ist, sehen wir uns den Aufbau eines Konstruktors an. Der Konstruktor sieht aus wie eine Methode, bei der der Name weggelassen und als Rückgabewert der Klassenname eingesetzt wird. Ein vollkommen leerer Konstruktor, der beim Instanziieren der Klasse gar nichts macht, sieht für unsere Beispielklasse somit aus wie im folgenden Listing:

```
public BetterAnimal() {
}
```

Der leere Standardkonstruktor

Dieser Konstruktor wird im Hintergrund für jede neue Klasse verwendet, wenn du keinen eigenen Konstruktor anlegst.

Wir wollen den Konstruktor verwenden, um die beiden Instanzvariablen für den Namen des Tiers und die Lebenspunkte zu setzen. Dafür werden beide Werte als Parameter an den Konstruktor übergeben, so wie du es von einer normalen Methode gewohnt bist. Wenn du, wie ich, dieselben Namen für die Parameter verwendest wie für die Variablen, kommt es allerdings zu einem Problem: Der Konstruktor kann nicht wissen, dass du die Werte für die Instanzvariablen setzen willst und bezieht sich beim Namen immer auf die Parameter! Doch dafür gibt es eine Lösung, nämlich das Schlüsselwort *this*. Damit beziehst du dich immer auf die aktuelle Klasse und kannst beispielsweise über `this.name` die Variable der Instanz ansteuern, selbst wenn der Parameter ebenfalls `name` heißt. Programmieren wir also einen Konstruktor, mit dem wir beide Instanzvariablen über die Parameter zuweisen:

```
public BetterAnimal(String name, int health) {
  this.name = name;
  this.health = health;
}
```

Den Konstruktor mit IntelliJ generieren

Dieses Muster, mit dem du über den Konstruktor Werte für die Instanzvariablen einer Klasse setzt, kommt sehr häufig vor. Aus diesem Grund bietet dir IntelliJ eine Möglichkeit, den passenden Konstruktor zum Setzen der Variablenwerte zu generieren. Wenn du innerhalb der Klasse gleichzeitig `Alt`+`Einfg` drückst und anschließend CONSTRUCTOR wählst, öffnet sich wie in Abbildung 16.2 der Dialog zur automatischen Generierung. Hier kannst du die Variablen, die über den Konstruktor gesetzt werden sollen, auswählen und erhältst im Anschluss das gerade manuell programmierte Ergebnis.

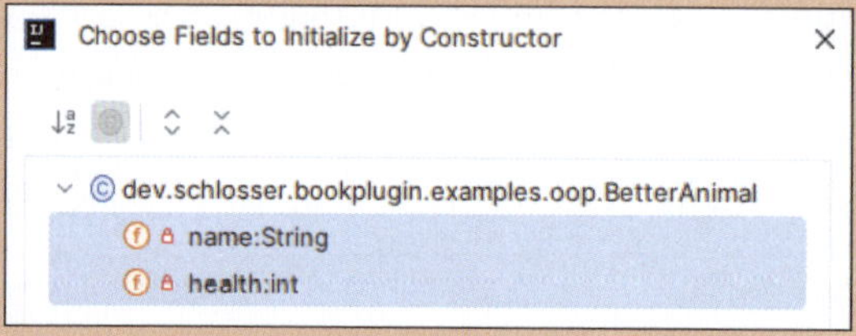

Abbildung 16.2 IntelliJ kann den Konstruktor automatisch generieren.

Mit diesem Konstruktor wäre das erste Problem gelöst, denn nun kannst du eine neue Instanz für die Klasse ins Leben rufen und gleichzeitig die beiden Variablen über den Konstruktor setzen. Den Konstruktor rufst du immer im Zusammenhang mit dem Schlüsselwort `new` auf, wobei die runden Klammern hinter dem Klassennamen für den »Methodenaufruf« des Konstruktors stehen. Daran siehst du, dass deine erste Klasse `Animal` einen leeren Standardkonstruktor verwendet hat, denn bei dieser Klasse sind die beiden Klammern beim Instanziieren leer geblieben:

```
Animal animal = new Animal();
```

Im Falle der neuen Klasse erwartet der Konstruktor, dass die beiden Parameter gesetzt werden. Deshalb geben wir beim Aufruf einen passenden Namen sowie eine Anzahl an Standard-Lebenspunkten mit:

```
BetterAnimal cat = new BetterAnimal("Katze", 20);
```

Damit existiert die Instanz mit ihren passenden Variablen! Da diese allerdings den Zugriffsmodifikator `private` verwenden, könnten wir sie weder abrufen noch nachträglich ändern. Doch an dieser Stelle kommt eine weitere neue Technik ins Spiel, die genau für diesen Problemfall gedacht ist, nämlich *Getter und Setter*. Dabei handelt es sich um Methoden, die Daten aus der Klasse abrufen (»getten«, also »holen«) oder überschreiben (»setten«, also »setzen«). Sie sind darum perfekt geeignet, um einzuschränken, wie genau das Lesen und Schreiben eigentlich »versteckter« Variablen geregelt werden soll.

Da den Methoden so eine besondere Rolle zukommt, kann IntelliSense sie beim Tippen generieren: Starten wir mit einem *Getter*, der genutzt werden kann, um versteckte Variablen von außen zu lesen. Wenn du innerhalb deiner Klasse `get` tippst, schlägt IntelliJ dir (neben einer anderen Kurzschreibweise) die Getter `getHealth` und `getName` vor (siehe Abbildung 16.3).

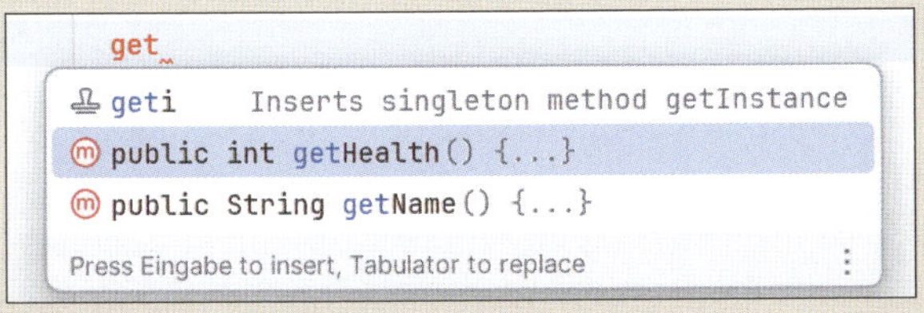

Abbildung 16.3 Beim Tippen von »get« erscheinen IntelliSense-Vorschläge für Getter, die zu den Instanzvariablen der Klasse passen.

Bestätige zum Test den Getter `getHealth` mit dem Drücken von [↵]. IntelliJ generiert daraufhin die passende Getter-Methode für uns:

```
public int getHealth() {
  return health;
}
```

Der Getter folgt einer einfachen Struktur, die den Wert der Variable, die eigentlich `private` ist, zurückgibt. So sehen die meisten Getter aus. Anders verhält es sich bei *Settern*, die genutzt werden, um einen Wert für eine Instanzvariable zu setzen. Vor dem Setzen wird hier häufig Logik eingebaut, die nur das Festlegen bestimmter Werte erlaubt. Das wollen wir am Beispiel unserer Variable `health` austesten, indem wir lediglich Werte erlauben, die größer als oder gleich 0 sind. Zuvor generieren wir uns allerdings einen »Standard-Setter«. Wie beim Getter in Abbildung 16.3 geht das über IntelliSense, indem du innerhalb der Klasse `set` tippst: Hier werden dir, wie in Abbildung 16.4, passende Vorschläge für die Setter einer Klasse gemacht.

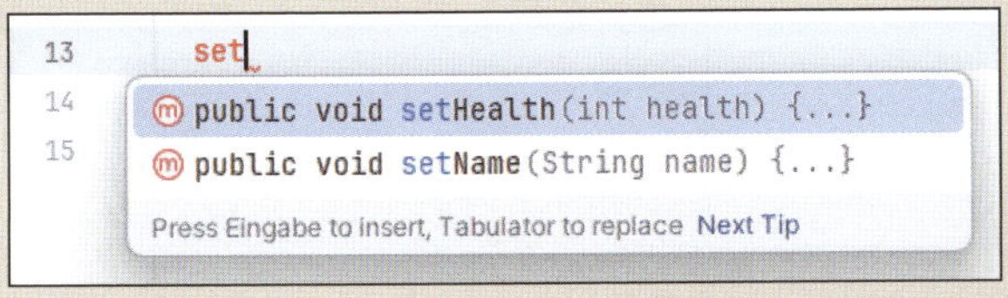

Abbildung 16.4 Auch Setter können über IntelliSense generiert werden.

Wählen wir zunächst den Setter `setHealth`, sehen wir den typischen Standardaufbau eines Setters: Die Methode erwartet einen passenden Parameter für die Variable, die überschrieben werden soll, und weist den Wert der Instanzvariable zu. Beachte, dass hier ebenfalls das Schlüsselwort `this` zum Einsatz kommt, damit zwischen dem Parameter und der Instanzvariable, die denselben Namen tragen, unterschieden werden kann:

```
public void setHealth(int health) {
  this.health = health;
}
```

Beim Setter ergänzen wir eine Abfrage, die dafür sorgt, dass `health` nur mit einem Wert überschrieben werden darf, der größer als oder gleich 0 ist. Das zeigt einen indirekten Vorteil, den du durch das Nutzen von Settern hast: Du verhinderst, dass du den Lebenswert von einer anderen Klasse versehentlich mit einem Wert überschreibst, der für das Leben gar nicht in Frage kommt.

```
public void setHealth(int health) {
  if (health >= 0) {
    this.health = health;
  }
}
```

Standard-Getter und -Setter mit IntelliJ generieren

Wie beim Konstruktor gibt es ein separates Menü, mit dem du Getter und Setter direkt generieren kannst. Du rufst es entweder über die Tastenkombination `Alt`+`Einfg` oder das Menü am oberen Bildschirmrand und CODE • GENERATE... auf und wählst dann die Option GETTER AND SETTER. Es öffnet sich das in Abbildung 16.5 gezeigte Menü, in dem du die Instanzvariablen, für die Getter und Setter generiert werden sollen, selektieren kannst.

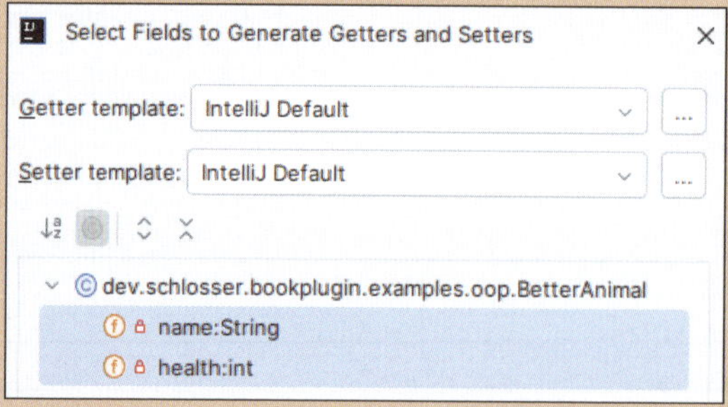

Abbildung 16.5 IntelliJ stellt ein Menü für die Generierung von Gettern und Settern zur Verfügung.

Meine fertige Version für die Klasse `BetterAnimal` siehst du in Listing 16.2. Für die Variable `name` habe ich Standard-Getter und -Setter generiert, da ich das Auslesen und Überschreiben dieser Variable in jedem Fall erlauben möchte. Außerdem habe ich die Methode `printInfo` aus Listing 16.1 übernommen, um die Daten der Klasse gebündelt auszugeben. Beachte, dass diese Methode ohne Weiteres auf die Instanzvariablen zugreifen kann, da sie sich in derselben Klasse befindet und somit auch `private`-Variablen und -Methoden sehen kann.

```
import java.util.logging.Logger;

public class BetterAnimal {
  private String name;
  private int health;

  public BetterAnimal(String name, int health) {
    this.name = name;
    this.health = health;
  }

  public void printInfo(Logger logger) {
    logger.info(name + " hat noch " + health + " Lebenspunkte.");
  }

  public String getName() {
    return name;
  }

  public void setName(String name) {
    this.name = name;
  }

  public int getHealth() {
    return health;
  }

  public void setHealth(int health) {
    if (health >= 0) {
      this.health = health;
    }
  }
}
```

Listing 16.2 Quellcode für die erweiterte »BetterAnimal«-Klasse

Zeit zu testen! Mithilfe des Konstruktors instanziieren wir eine Katze und testen die Methode printInfo sowie den Getter getName, um verschiedene Daten über den Logger auszugeben. Den Testcode habe ich dafür wieder einmal in die Methode onEnable der Hauptklasse geschrieben:

```
BetterAnimal cat = new BetterAnimal("Katze", 20);
cat.printInfo(getLogger()); // Ausgabe: Katze hat noch 20 Lebenspunkte.
getLogger().info(cat.getName()); // Ausgabe: Katze
```

Nun noch zum besonderen Setter setHealth: Wenn ich versuche, einen ungültigen Wert -10 zu setzen, so verändert sich die Ausgabe von printInfo zunächst nicht, da der alte Wert von 20 Lebenspunkten erhalten bleibt. Das Überschreiben mit einem gültigen Wert von 100 funktioniert wiederum:

```
cat.setHealth(-10);
cat.printInfo(getLogger()); // Ausgabe: Katze hat noch 20 Lebenspunkte.
cat.setHealth(100);
cat.printInfo(getLogger()); // Ausgabe: Katze hat noch 100 Lebenspunkte.
```

In diesem Abschnitt hast du den Konstruktor sowie Getter und Setter als praktisches Mittel kennengelernt, Instanzvariablen innerhalb deiner Klasse einzuschränken und gleichzeitig Möglichkeiten zu bieten, um ihren Zugriff auch für außerhalb zu organisieren. Das nutzen wir im nächsten Abschnitt im Zusammenhang mit unserem Plugin für eine Technik, die es uns erlaubt, Daten zwischen Klassen hin und her zu reichen.

16.1.5 Beispiel: Dependency Injection

Passend zum letzten Abschnitt sehen wir uns an, wie du mithilfe des Konstruktors Daten von einer Klasse zur nächsten geben kannst. Das kann für dein Plugin sehr praktisch sein: Erinnere dich beispielsweise an diesen Ausschnitt einer Zeile zurück, die du im Rahmen von Configs in Kapitel 10 geschrieben hast:

```
getPluginManager().getPlugin("BookPlugin").getConfig();
```

Du hast den Namen deines Plugins genutzt, um deine Config abzurufen. Das ist fehleranfällig und geht mithilfe der Grundlagen aus diesem Kapitel deutlich besser! Wir wollen uns eine Referenz der Hauptklasse per *Dependency Injection* in eine andere Klasse bringen. Darunter wird verstanden, dass eine Abhängigkeit (Dependency) so an eine andere Klasse weitergegeben wird, dass diese damit arbeiten kann. In unserem Fall ist die Abhängigkeit unsere Hauptklasse, denn sie kann direkt auf die Config zugreifen. Wir entwickeln testweise einen Befehl /setconfig, mit dem wir einen Schlüssel samt Wert direkt in die Config eintragen können. Der Aufruf /setconfig Test Wert soll dabei unter dem Schlüssel »Test« den Eintrag »Wert« abspeichern. Erstelle dafür eine neue Klasse SetConfigCommand.

In der Klasse legen wir zunächst eine Instanzvariable an, die als Datentyp Plugin nutzt und den Zugriffsmodifikator private erhält (immerhin soll nur diese Klasse Zugriff auf die Variable erhalten):

```
private Plugin plugin;
```

Alternative Nutzung des Klassennamens

Statt Plugin könntest du als Datentyp auch den Namen deiner Hauptklasse (bei mir BookPlugin) verwenden. Warum beide Varianten zum Ziel führen, liegt den Inhalten zur *Vererbung* aus Abschnitt 16.2 zugrunde.

Um das Plugin nun an die Klasse weiterzugeben, benötigt es einen Konstruktor, bei dem der passende Datentyp als Parameter übergeben und für die Variable eingesetzt wird:

```
public SetConfigCommand(Plugin plugin) {
  this.plugin = plugin;
}
```

Nun kann es an den Befehl selbst gehen. Innerhalb von execute überprüfen wir zunächst, ob die passende Kombination an Argumenten verwendet wurde:

```
if (args.length != 2) {
  stack.getSender().sendPlainMessage("Nutzung: /setconfig <Key> <Wert>");
  return;
}
```

Direkt danach kannst du die plugin-Variable verwenden, um mithilfe von getConfig auf die FileConfiguration zuzugreifen und wie gewohnt Daten über set zu setzen. Dafür kommen die beiden Argumente, die beim Befehl eingesetzt wurden, zum Einsatz. Zuletzt rufe ich, ebenfalls auf dem Plugin, die Methode saveConfig auf, um die Änderungen zu speichern:

```
plugin.getConfig().set(args[0], args[1]);
plugin.saveConfig();
```

Der gesamte Code ist in Listing 16.3 abgebildet, wobei ich eine weitere Nachricht ergänzt habe, die angezeigt wird, wenn die Ausführung erfolgreich war.

```
package dev.schlosser.bookplugin.commands;

import io.papermc.paper.command.brigadier.BasicCommand;
import io.papermc.paper.command.brigadier.CommandSourceStack;
import org.bukkit.plugin.Plugin;

public class SetConfigCommand implements BasicCommand {
  private Plugin plugin;

  public SetConfigCommand(Plugin plugin) {
    this.plugin = plugin;
  }

  @Override
  public void execute(CommandSourceStack stack, String[] args) {
    if (args.length != 2) {
      stack.getSender().sendPlainMessage("Nutzung: /setconfig <Key> <Wert>");
      return;
    }

    plugin.getConfig().set(args[0], args[1]);
    plugin.saveConfig();
    stack.getSender().sendPlainMessage(args[1] + " wurde gesetzt.");
  }
}
```

Listing 16.3 Quellcode für den SetConfig-Befehl

Nun fehlt nur noch das »Injecten« der Dependency bei der Registrierung des Befehls. Der passenden Zeile wird dabei als Parameter für den Konstruktor `this` übergeben, was im Kontext der Hauptklasse dafür sorgt, dass das Plugin selbst übergeben wird.

```
commands.registrar().register("setconfig", new SetConfigCommand(this));
```

Das Ergebnis siehst du in Abbildung 16.6: Der Befehl kann aus der Konsole heraus ausgelöst werden und sorgt dafür, dass der eingegebene Text unter dem Schlüssel-Argument abgespeichert wird.

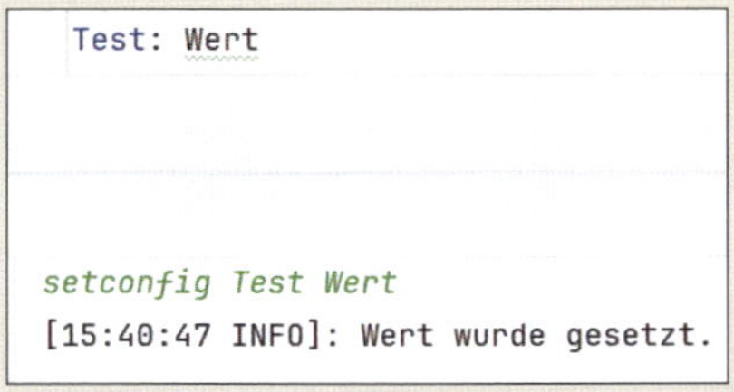

Abbildung 16.6 Über den SetConfig-Befehl lassen sich neue Einträge in der Config einfach anlegen.

Mit derselben Technik könnten wir auch `NamespacedKey`s, die beispielsweise wie in Abschnitt 9.2.1 zwischen mehreren Klassen geteilt werden, direkt über die Hauptklasse instanziieren und weitergeben. Ein kleines Beispiel, wie der Aufbau einer solchen Klasse für einen Listener aussehen könnte, siehst du in Listing 16.4.

```
package dev.schlosser.bookplugin.listeners;

import org.bukkit.NamespacedKey;
import org.bukkit.event.Listener;

public class DummyPdcListener implements Listener {
  private NamespacedKey key;

  public DummyPdcListener(NamespacedKey key) {
    this.key = key;
  }
}
```

Listing 16.4 Beispiel für einen Listener mit »NamespacedKey«-Referenz

Zurück zur Hauptklasse: Hier kannst du einen `NamespacedKey` nun zentral anlegen, wobei du keine »ID« für das Plugin verwenden musst, sondern einfach mit `this` die Referenz für die Hauptklasse übergibst. Der angelegte Schlüssel wird dann per Dependency Injection an den Listener weitergegeben:

```
NamespacedKey dummyKey = new NamespacedKey(this, "dummy");
pluginManager.registerEvents(new DummyPdcListener(dummyKey), this);
```

Auf diese Weise kannst du schnell denselben `NamespacedKey` zwischen verschiedenen Befehlen und Listenern austauschen, ohne ihn in jeder Klasse separat anzulegen. Teste es doch mal aus, indem du das Beispiel aus Abschnitt 9.2.1 mit der gezeigten Technik umprogrammierst!

Weitere Formen der Dependency Injection

Es gibt ganze Frameworks, die für Dependency Injection verwendet werden können. Der hier gezeigte Weg ist aber für die bisher gezeigten Ideen vollkommen ausreichend.

16.1.6 Übung 16.02: Kopfgeldjäger

Erstelle einen Befehl `/headhunt <Name>`, mit dem ein Kopfgeld auf einen bestimmten Spieler ausgesetzt wird. Wenn dieser Spieler von einem anderen Spieler umgebracht wird, soll eine Nachricht für alle erscheinen und die Kopfgeldjagd beendet sein.

Nutze für die Umsetzung ein Set, das du im Befehl pflegst, und gib die Befehlsklasse per Dependency Injection an einen passenden Listener weiter, damit dieser das Opfer aus der Kopfgeld-Liste entfernen kann. Beim passenden `PlayerDeathEvent` kannst du den Mörder des Spielers über die Methode `getKiller` der Klasse `Player` auslesen. Sie gibt `null` zurück, wenn kein anderer Spieler das Opfer umgebracht hat.

16.2 Vererbung

Als Nächstes sehen wir uns die Grundlagen der *Vererbung* an. Was zunächst nach Biologie klingt, hat viel mehr damit zu tun, dass Klassen andere Klassen als Vorlage nutzen und erweitern. Das kann sehr nützlich sein, damit du dir zunächst Code sparst, denn wenn eine Klasse an eine andere *vererbt* wird, dann stehen dieser Klasse die Instanzvariablen und Methoden der vererbten Klasse zur Verfügung. Gleichzeitig können wir durch die Vererbung »Hierarchien« zwischen Klassen aufbauen, was besonders für umfangreichere Szenarien von Vorteil sein kann.

Die Basics des Themas lernst du an einem Beispiel kennen, indem wir eine Vererbungsstruktur zwischen zwei Klassen aufbauen. Dafür stellen wir uns vor, dass wir für unseren Server Kämpfe austragen und dafür mehrere »Kämpferklassen« anbieten wollen, aus denen unsere Spieler auswählen können. Dafür wollen wir eine Basis-Kämpferklasse erstellen, sowie eine besondere Magierklasse, die auf Fernkampf ausgerichtet ist. In Listing 16.5 siehst du meinen Entwurf für die Kämpferklasse, die eine Variable für die Kraftpunkte enthält, die über den Konstruktor gesetzt wird, und eine Methode `printInfo` zur Verfügung stellt, die die Daten über einen `Logger` ausgibt.

```
package dev.schlosser.bookplugin.examples.oop.fighter;

import java.util.logging.Logger;
```

```
public class Fighter {
  private int powerPoints;

  public Fighter(int powerPoints) {
    this.powerPoints = powerPoints;
  }

  public void printInfo(Logger logger) {
    logger.info("Ich habe " + powerPoints + " Kraftpunkte!");
  }
}
```

Listing 16.5 Quellcode für die Fighter-Klasse

Erstelle nun eine weitere Klasse `Mage`, die für einen Magier steht und von der Klasse `Fighter` erben soll, damit sie die Variable und die Methode übernimmt. Für das Einleiten der Vererbung kommt das Schlüsselwort *extends* zum Einsatz und dahinter die Klasse, von der geerbt werden soll. Endlich schließt sich der Kreis bei unserer Hauptklasse, bei der wir ganz zu Beginn des Buches über `extends JavaPlugin` festgelegt haben, dass sie von der Klasse `JavaPlugin` erbt und somit als Hauptklasse genutzt werden kann. Im Falle der neuen Klasse sieht die Vererbung so aus:

```
public class Mage extends Fighter {
}
```

> **Erben von einer Klasse**
>
> Eine Klasse kann nur von genau einer anderen Klasse erben.

Man spricht nun davon, dass `Fighter` die *Elternklasse* von `Mage` ist, während `Mage` als *Kindklasse* von `Fighter` gilt. Nach dem Einleiten zeigt IntelliJ in der Klasse einen Fehler (siehe Abbildung 16.7). Das liegt daran, dass die Kindklasse den Konstruktor der Elternklasse aufrufen muss, schließlich muss der Variable aus `Fighter` ein Wert zugewiesen werden.

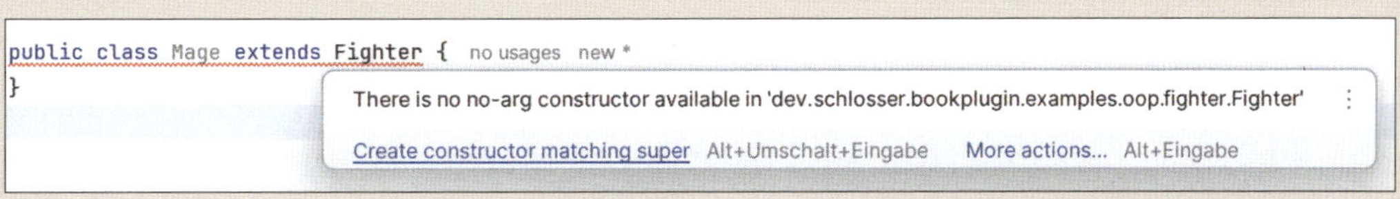

Abbildung 16.7 Die Klasse »Mage« erwartet einen passenden Konstruktor für die Elternklasse.

Mit einem Klick auf die Option CREATE CONSTRUCTOR MATCHING SUPER generierst du den Konstruktor, der standardmäßig so aussieht:

```
public Mage(int powerPoints) {
  super(powerPoints);
}
```

Der Parameter entspricht dabei exakt dem der Elternklasse, besonders ist allerdings der Aufruf mit dem Schlüsselwort *super*: Dieses steht immer für die Elternklasse und bedeutet mit runden Klammern, dass der Konstruktor der Elternklasse (im Englischen auch *superclass*) aufgerufen wird. Das ist perfekt, damit der Fehler zunächst verschwindet! Nun wollen wir allerdings noch dafür sorgen, dass die Kindklasse `Mage` eine weitere Variable bekommt und sich somit von der Elternklasse abhebt. Ich entscheide mich für `range`, eine Fließkommazahl, die dafür steht, wie weit entfernte Gegner unser Magier angreifen kann. Passenderweise wird dieser Variable ebenfalls über den Konstruktor ein Wert zugewiesen, sodass der Klassenkörper anschließend aussieht wie folgt:

```
private float range;

public Mage(int powerPoints, float range) {
  super(powerPoints);
  this.range = range;
}
```

Als Nächstes wollen wir etwas Besonderes tun: Ich möchte, dass sich die Methode `printInfo` beim `Mage` anders verhält als in der Elternklasse. Dafür müssen wir zunächst eine Änderung in `Fighter` vornehmen, denn im Moment könnte die Kindklasse nicht auf `powerPoints` zugreifen, denn die Variable ist `private`. Hier lernst du den neuen Zugriffsmodifikator *protected* kennen. Wird er für eine Variable oder Methode verwendet, bedeutet das, dass lediglich die Klasse selbst und alle Kindklassen Zugriff erhalten. Das ist perfekt für die Variable geeignet:

```
public class Fighter {
  protected int powerPoints;
  ...
}
```

Nun können wir dafür sorgen, dass die Methode `printInfo` in der Kindklasse anders funktioniert als in der Elternklasse. Dafür *überschreiben* wir die Methode! Das bedeutet, dass `Mage` selbst festlegt, wie die Methode funktioniert, und nicht länger gilt, was in der Elternklasse definiert wurde. Der einfachste Weg, eine überschriebene Variante in der

Kindklasse einzufügen, ist, den Methodennamen in der Klasse einzutippen. Wie in Abbildung 16.8 bestätigst du mit [↵], dass du die Methode aus der Elternklasse `Fighter` überschreiben willst.

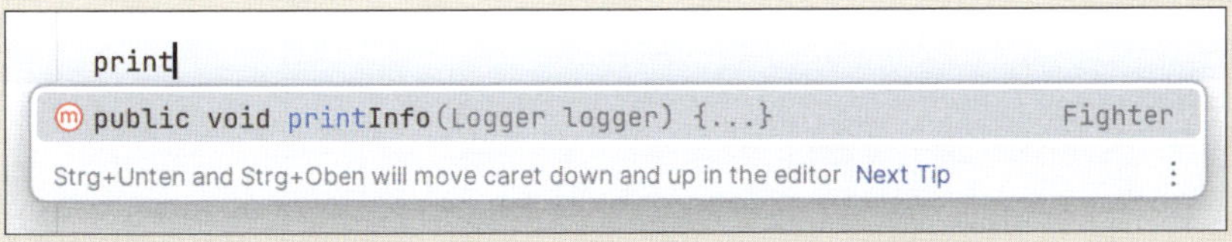

Abbildung 16.8 IntelliSense erkennt die überschreibbare Methode.

> **Alle überschreibbaren Methoden anzeigen**
> Mit der Tastenkombination [Strg]+[O] öffnest du ein Menü, das alle Methoden zeigt, die du innerhalb der Klasse überschreiben kannst.

Zunächst sieht die überschriebe Variante so aus:

```
@Override
public void printInfo(Logger logger) {
  super.printInfo(logger);
}
```

Besonders markant ist *@Override* über der Methode, was kenntlich macht, dass das Überschreiben gewünscht ist. Der standardmäßig hinterlegte Aufruf `super.printInfo(logger)` bezieht sich erneut auf die Elternklasse: Er bedeutet nichts anderes, als dass die Methode aus der Kindklasse einfach die Methode aus der Elternklasse aufruft. Das war nicht unser Ziel, immerhin wollen wir beim Magier eine andere Anzeige der Daten. Also ersetze ich diese Anweisung durch eine neue Logger-Ausgabe, wobei ich `range` und die `protected`-Variable aus der Elternklasse einbeziehe:

```
logger.info("Magier mit "+ powerPoints + " Kraft und der Weite " + range);
```

Den gesamten Quellcode für die Kindklasse siehst du in Listing 16.6. Dabei habe ich zusätzlich einen Getter für die neue Instanzvariable ergänzt.

```
package dev.schlosser.bookplugin.examples.oop.fighter;

import java.util.logging.Logger;

public class Mage extends Fighter {
  private float range;
```

```
  public Mage(int powerPoints, float range) {
    super(powerPoints);
    this.range = range;
  }

  @Override
  public void printInfo(Logger logger) {
    logger.info("Magier mit "+ powerPoints + " Kraft und der Weite " + range);
  }

  public float getRange() {
    return range;
  }
}
```

Listing 16.6 Quellcode für die Mage-Klasse

> **Die Klassenhierarchie erweitern**
>
> Du könntest von hier aus die Hierarchie erweitern, indem du beispielsweise eine neue Klasse für einen dunklen Magier programmierst. Diese könnte von `Mage` erben und neue Variablen, beispielsweise für die »dunkle Kraft«, enthalten.
>
> Auf diese Weise können regelrechte »Klassenbäume« entstehen, bei denen sich eine Vererbung durch zahlreiche Klassen zieht.

Nun kommt der spannende Teil: Wir wollen die programmierten Klassen testen. Beginnen wir dabei mit der Elternklasse, die wie gewohnt instanziiert und mit der Logger-Methode aufgerufen werden kann:

```
Fighter fighter = new Fighter(10);
fighter.printInfo(getLogger()); // Ausgabe: Ich habe 10 Kraftpunkte!
```

Genauso klappt es mit der Kindklasse. Hier können wir nicht nur sehen, dass die Methode `printInfo` unsere überschriebene Variante verwendet, sondern zusätzlich vom Getter `getRange` Gebrauch machen, der nur innerhalb der neuen Klasse `Mage` zur Verfügung steht:

```
Mage mage =  new Mage(7, 10.5f);
mage.printInfo(getLogger()); // Ausgabe: Magier mit 7 Kraft und 10.5 Weite
getLogger().info("Weite: " + mage.getRange()); // Ausgabe: Weite: 10.5
```

Doch jetzt kommen wir zu einem besonders spannenden Konzept, das mit der Vererbung einhergeht. Es ist nämlich durch die Vererbung zwischen den Klassen möglich, die Datentypen *implizit* ineinander zu *konvertieren*, wobei vom *impliziten Casting* die Rede ist (man spricht auch von *impliziter Typumwandlung*, auch wenn dieser Begriff etwas irreführend ist, da wir nicht direkt etwas »umwandeln«, sondern nur anders interpretieren). Dabei wird eine Kindklassen-Instanz im Datentyp der Elternklasse abgelegt. Das heißt in unserem Anwendungsfall, dass wir einen `Mage` ohne Weiteres in einer `Fighter`-Variable ablegen können. Das ist möglich, immerhin ist laut unserer Vererbung jeder Magier gleichzeitig ein Kämpfer, sodass wir im Code diese Zuweisung für eine implizite Typkonvertierung nutzen können:

```
Fighter fighterMage = mage;
```

Obwohl wir nun die Elternklasse für die Variable verwenden, erzeugt der Aufruf von `printInfo` die Ausgabe, die in der überschriebenen Version der Kindklasse festgelegt wurde:

```
fighterMage.printInfo(getLogger()); // Ausgabe: Magier mit 7 Kraft
                                    // und der Weite 10.5
```

Allerdings wäre es mit der interpretierten Instanz nicht möglich, `getRange` aufzurufen, immerhin bietet die Elternklasse diesen Getter nicht an:

```
getLogger().info("Weite: " + fighterMage.getRange()); // Fehler!
```

Implizites Casting kann sehr praktisch sein, wenn beispielsweise eine Methode mit allen Instanzen einer Elternklasse umgehen können soll. Stell dir vor, dass in der Hauptklasse diese Methode ist, die einen Parameter des Elterntyps erwartet und für ihn die Methode `printInfo` nutzt:

```
private void printFighterInfo(Fighter fighter) {
  fighter.printInfo(getLogger());
}
```

Die Methode könntest du sowohl für einen `Fighter` als auch für einen `Mage` nutzen, da das implizite Casting den passenden Typ auswählt. Im folgenden Beispiel mit dieser Methode entspräche die Ausgabe der Umsetzung der Methode `printInfo` in der jeweiligen Klasse:

```
printFighterInfo(new Fighter(10)); // Ausgabe: Ich habe 10 Kraftpunkte!
printFighterInfo(
  new Mage(100, 7.5f)); // Ausgabe: Magier mit 100 Kraft und der Weite 7.5
```

Doch wie sieht es umgekehrt aus, nämlich wenn wir versuchen, die Instanz einer Elternklasse als eine spezifische Kindklasse zu lesen? Versuchen wir es mit der gerade verwendeten impliziten Typkonvertierung, erscheint ein Fehler, wenn wir versuchen, einen Fighter in einer Mage-Variable abzulegen:

```
Mage anotherMage = fighterMage; // Fehler!
```

Abhilfe schafft hier das *explizite Casting*, das auch als *explizite Typumwandlung* bezeichnet wird. Dabei wird angewiesen, dass die Instanz einer Elternklasse als bestimmte Kindklasse interpretiert werden soll. Dafür wird der Name der Zielklasse in runden Klammern vor die entsprechende Instanz geschrieben, beispielsweise wie im folgenden Beispiel, in dem du die Methode getRange verwenden kannst, da du die Instanz als Mage ausliest:

```
Mage anotherMage = (Mage) fighterMage;
getLogger().info("Weite: " + anotherMage.getRange()); // Ausgabe: Weite: 10.5
```

Vielleicht erinnert dich das an die zahlreichen Beispiele vom Anfang des Buches, bei denen wir den Absender eines Befehls in einen Player gecastet haben. Von damals bleibt eine wichtige Grundregel gleich: Das explizite Casten funktioniert nur dann, wenn die Instanz tatsächlich dem angegebenen Klassentyp entspricht, sonst entsteht ein Fehler. Abhilfe schafft die ebenfalls bereits bekannte instanceof-Abfrage. Durch diese alternative Abfrage wird im folgenden Beispiel nur dann true zurückgegeben und die Variable anotherMage bereitgestellt, wenn es sich bei fighterMage tatsächlich um einen Magier handelt:

```
if (fighterMage instanceof Mage anotherMage) {
}
```

Damit kennst du die wichtigsten Vererbungs-Basics und Techniken zum impliziten und expliziten Casting. Das wollen wir im Folgenden noch einmal an einem kleinen Plugin-Beispiel erforschen.

Mehr zur Vererbung

Beachte außerdem, dass noch viel mehr zur Vererbung gehört. Wenn du ein wenig recherchieren möchtest, starte am besten mit den folgenden Themen:

- abstrakte Klassen
- Polymorphie
- Designprinzipien und Designpatterns

16.2.1 Übung 16.03: Kriegen wir einen Krieger?

Entwickle eine neue Klasse `Warrior`, die für einen Schwertkämpfer steht. Führe eine neue Variable für die Länge des Schwertes ein. Eine neue Methode `sharpenSword` soll das Schwert schärfen, wobei ein übergebener Logger eine Nachricht ausgibt, die die Länge einbezieht. `printInfo` soll in dieser Klasse hingegen nicht überschrieben werden.

16.2.2 Beispiel: Entity-Vererbung

Zum Testen, wie Typumwandlung im Plugin aussehen kann, gehen wir zu unseren Entities zurück. Zwischen ihnen gibt es ebenfalls Vererbungsstrukturen, an denen wir das Konzept des Castings nachvollziehen können.

Ist das Klassenvererbung?

Streng genommen bedienen sich die Vererbungsstrukturen von Entities, die ich hier verwende, nicht einer Klasse, sondern eines *Interface*, das du in Abschnitt 16.3 kurz kennenlernst. Das Konzept des Castings bleibt dennoch gleich.

Ich habe als Beispiel eine Klasse `EntityTestCommand` erstellt, in der ich einen Zombie in die Welt setze. Diesen speichere ich mir in einer Variable ab, wobei ich als Datentyp nicht `Zombie` verwende, sondern `Monster`. Dies ist ein Elterntyp von `Zombie`, sodass ich an dieser Stelle implizit caste (immerhin ist jeder Zombie gleichzeitig ein Monster):

```
Monster monster = player.getWorld().spawn(player.getLocation(), Zombie.class);
```

Ein Monster bietet verschiedene Methoden, so zum Beispiel `getName`, womit ich in diesem Beispiel den Namen des Monsters an den Spieler ausgebe:

```
player.sendPlainMessage("Name: " + monster.getName());
```

Umgekehrt kann die Monster-Instanz nun zurück in einen Zombie gecastet werden. Hier müssen wir explizit casten, immerhin ist nicht jedes Monster gleichzeitig ein Zombie! Wir wissen an dieser Stelle, dass das Casting keinen Fehler verursachen kann, da es sich um einen Zombie handelt. Der Datentyp `Zombie` bietet Methoden, die `Monster` nicht hatte, beispielsweise `shouldBurnInDay` für die Ausgabe, ob der Zombie im Tageslicht brennt oder nicht:

```
Zombie zombie = (Zombie) monster;
player.sendPlainMessage("Kann brennen am Tag: " + zombie.shouldBurnInDay());
```

Dieses kompakte Beispiel, das lediglich zur Veranschaulichung des Castings gilt und sonst keinen wirklichen Mehrwert hat, siehst du in Listing 16.7.

```
package dev.schlosser.bookplugin.commands;

import io.papermc.paper.command.brigadier.BasicCommand;
import io.papermc.paper.command.brigadier.CommandSourceStack;
import org.bukkit.entity.Monster;
import org.bukkit.entity.Player;
import org.bukkit.entity.Zombie;

public class EntityTestCommand implements BasicCommand {
  @Override
  public void execute(CommandSourceStack stack, String[] args) {
    if (!(stack.getSender() instanceof Player player)) {
      stack.getSender().sendPlainMessage("Nur für Spieler!");
      return;
    }

    Monster monster = player.getWorld().spawn(
      player.getLocation(), Zombie.class);
    player.sendPlainMessage("Name: " + monster.getName());

    Zombie zombie = (Zombie) monster;
    player.sendPlainMessage("Kann brennen am Tag: "
       + zombie.shouldBurnInDay());
  }
}
```

Listing 16.7 Quellcode für den EntityTest-Befehl

Startest du nach der Registrierung den Server neu und testest den Befehl, siehst du wie in Abbildung 16.9 den Zombie mit den Ausgaben im Chat.

Während der erste Methodenabruf vom impliziten Casting in `Monster` stammt, wird für die Ausgabe der Lebenspunkte das explizite Casting in `Zombie` verwendet.

Abbildung 16.9 Gestatten: Zombie. Wir erhalten zwei gültige Ausgaben, auch wenn sie von unterschiedlichen Klassen stammen.

16.3 Exkurs: Exceptions mit »try ... catch« behandeln

Schon in Kapitel 2 hast du zum ersten Mal Exceptions kennengelernt. Bisher hast du versucht, diese durch Abfragen zu »umgehen«, doch manchmal sind sie nicht vermeidbar, beispielsweise wenn unser Plugin auf Nutzereingaben angewiesen ist. Das wollen wir am Beispiel des Befehls `/calc` kennenlernen, der eine als Argument übergebene Zahl mit 100 multipliziert. Dafür müssen wir den Argument-`String` in eine Zahl umwandeln, was zu einer Exception führt, wenn der eingegebene Text keine Zahl ist, beispielsweise beim Aufruf `/calc Hallo`. Dafür lernst du eine Technik kennen, mit der du bestimmte Exceptions erwarten und auf sie reagieren kannst, ohne dass dein Plugin einen Fehler auslöst.

Starten wir allerdings zunächst mit dem Befehl in der neuen Klasse `CalcCommand`. Überprüfe, ob genau ein Argument verwendet wird. Das Umwandeln eines Textes zu einer Zahl funktioniert über die Methode *Integer.parseInt*, der wir das Argument als Parameter übergeben:

```
int number = Integer.parseInt(args[0]);
```

Wird ein Text statt einer Zahl übergeben, löst die Methode eine `NumberFormatException` aus. Um dieser zu begegnen, nutzen wir ein *try-catch-Statement*. Dieses beinhaltet einen `try`-Block, in dem Code steht, der ausgeführt werden soll. Ein weiterer `catch`-Block gibt an, welche Exception beim Ausführen erwartet wird, und enthält Code, der ausgeführt wird, wenn die Exception ausgelöst wird. In unserem Beispiel habe ich »ungueltig« ausnahmsweise mit »ue« statt »ü« geschrieben, damit die Ausgabe der Umlaute in der Konsole nicht fehlerhaft ist. Damit sieht der Code so aus:

```
try {
  int number = Integer.parseInt(args[0]);
  stack.getSender().sendPlainMessage(number + " * 100 = " + (number * 100));
} catch (NumberFormatException e) {
  stack.getSender().sendPlainMessage("Ungueltige Zahl!");
}
```

Der gesamte Quellcode für das Beispiel ist in Listing 16.8 aufgeführt.

```
package dev.schlosser.bookplugin.commands;

import io.papermc.paper.command.brigadier.BasicCommand;
import io.papermc.paper.command.brigadier.CommandSourceStack;

public class CalcCommand implements BasicCommand {
  @Override
  public void execute(CommandSourceStack stack, String[] args) {
    if (args.length != 1) {
      stack.getSender().sendPlainMessage("Nutzung: /calc <Zahl>");
      return;
    }

    try {
      int number = Integer.parseInt(args[0]);
      stack.getSender().sendPlainMessage(number + " * 100 = " + (number * 100));
    } catch (NumberFormatException e) {
      stack.getSender().sendPlainMessage("Ungueltige Zahl!");
    }
  }
}
```

Listing 16.8 Quellcode für den Calc-Befehl

Beim Testen kannst du wie in Abbildung 16.10 sehen, dass der catch-Block eine ungültige Eingabe »abfängt« und der Befehl somit nur funktioniert, wenn ein gültiger Ganzzahlen-Wert eingegeben wird. Diese Technik kannst du immer dann nutzen, wenn du eine Exception erwartest und bewusst auf sie reagieren willst. Du solltest allerdings vermeiden, grundlos Code in einen try-Block zu schreiben, nur für den Fall, dass ein Fehler aufgetreten ist. Immerhin hat jeder Fehler einen Auslöser, den du zuerst unter die Lupe nehmen solltest!

```
calc Hallo
[15:53:55 INFO]: Ungueltige Zahl!
calc 35
[15:53:59 INFO]: 35 * 100 = 3500
```

Abbildung 16.10 Der Befehl funktioniert nur bei der Eingabe einer korrekten Zahl als Argument.

16.4 Exkurs: Interfaces am Beispiel von »ConfigurationSerializable«

In aller Kürze wollen wir uns dem Thema des *Interfaces* widmen: Dabei handelt es sich um eine Möglichkeit, eine Klasse anzuweisen, welche Methoden sie enthalten muss. Wir schauen uns zunächst an, wie ein Interface verwendet wird, das du bisher nicht kennst: Dabei geht es um `ConfigurationSerializable`, das uns erlaubt, eigene Klassen in der Config zu speichern und wieder aus der Config zu laden. Erstellen wir zunächst eine Beispielklasse, die wir mit dem Interface verwenden wollen: Ich nenne sie `ConfigHuman`, da sie einen Menschen mit je einer Variable für den Namen und das Alter darstellt. Außerdem enthält sie eine Methode, mit der wir die Daten der Klasse über einen Logger ausgeben können:

```
public class ConfigHuman {
  private String name;
  private int age;

  public ConfigHuman(String name, int age) {
    this.name = name;
    this.age = age;
  }

  public void printInfo(Logger logger) {
    logger.info(name + " (" + age + ")");
  }
}
```

Um ein Interface in der Klasse zu verwenden (man spricht auch davon, das Interface zu *implementieren*), wird das Schlüsselwort *implements* mit dem Namen des Interfaces verwendet. Das sollte dir bereits von Befehlen und Listenern bekannt vorkommen, denn dort haben wir die Interfaces `BasicCommand` und `Listener` verwendet. Im Falle unserer Beispielklasse verwenden wir das Interface `ConfigurationSerializable`:

```
public class ConfigHuman implements ConfigurationSerializable {
```

Verwendung mehrerer Interfaces

Während eine Klasse nur von einer anderen Klasse erben kann, kann sie beliebig viele Interfaces implementieren. Dabei werden die Interface-Namen mit Komma voneinander getrennt:

```
public class MyClass implements BasicCommand, Listener {
```

Es ist außerdem möglich, dass eine Klasse gleichzeitig erbt und Interfaces implementiert wie folgt:

```
public class MyPlugin extends JavaPlugin implements BasicCommand {
```

Mit der Implementierung des Interface zeigt IntelliJ wie in Abbildung 16.11 einen Fehler, denn das Interface verlangt, dass eine Methode `serialize` in der Klasse enthalten ist. Diese Methode kannst du mit einem Klick auf IMPLEMENT METHODS automatisch generieren lassen, damit das Interface glücklich ist.

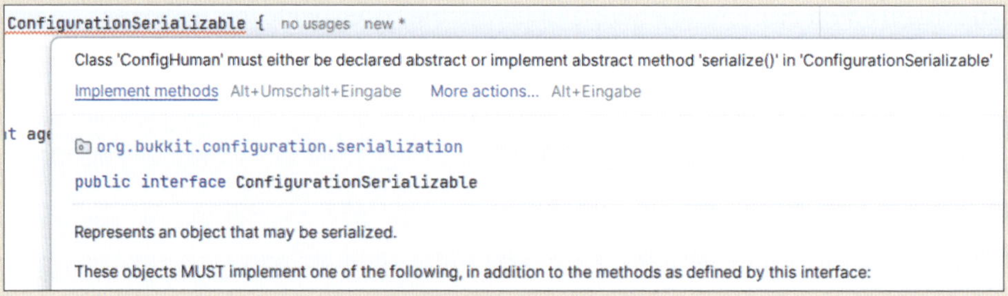

Abbildung 16.11 IntelliJ zeigt, dass für das Interface Methoden fehlen.

Menü für die Implementierung von Methoden

Alle Methoden, die von Interfaces verlangt werden, kannst du in IntelliJ über die Tastenkombination [Strg]+[I] anzeigen lassen.

Im Kontext von `ConfigurationSerializable` gibt diese Methode an, wie das Objekt in eine speicherbare Form gebracht wird. Dabei wird eine `Map` zurückgegeben, die jeweils einen `String`-Schlüssel und den zugehörigen Wert enthalten muss. Diese Map generieren wir uns über Map.of, wobei wir die Variablen name und age über einen gleichnamigen Schlüssel hinterlegen:

```
@Override
public @NotNull Map<String, Object> serialize() {
  return Map.of(
    "name", name,
    "age", age
  );
}
```

In onEnable innerhalb der Hauptklasse wollen wir nun testen, ob eine neue Instanz in der Config gespeichert werden kann. Dafür ist zunächst wichtig, dass du mithilfe der Methode ConfigurationSerialization.registerClass die Klasse über ConfigHuman.class registrierst. Diese Registrierung nehme ich in der Methode *onLoad* vor, die noch vor onEnable ausgeführt wird, was für diese Registrierung passend ist, damit die Config in onEnable genutzt werden kann:

```
@Override
public void onLoad() {
  ConfigurationSerialization.registerClass(ConfigHuman.class);
}
```

Anschließend setze ich in onEnable eine neue Instanz innerhalb der Standard-Config und speichere sie unter dem Key »human« ab:

```
ConfigHuman human = new ConfigHuman("Isabell", 27);
getConfig().set("human", human);
saveConfig();
```

Nach dem Ausführen dieses Codes beim Neustart des Servers findest du den folgenden neuen Eintrag in der *config.yml*-Datei:

```
human:
  ==: dev.schlosser.bookplugin.examples.oop.ConfigHuman
  age: 27
  name: Isabell
```

Der Schlüssel == speichert dabei den Klassentyp, wobei die Referenz auf das Package (bei mir dev.schlosser.bookplugin.examples.oop) und der Klassenname hinterlegt sind. Nun müssen wir der Klasse allerdings noch »beibringen«, wie sie die Daten aus der Config wieder ausliest. Ein Weg dafür ist, einen weiteren Konstruktor anzulegen, der als Parameter eine `Map<String, Object>` erwartet. Aus dieser Map werden die Werte für den Namen und das Alter explizit gecastet:

```
public ConfigHuman(Map<String, Object> map) {
  this.name = (String) map.get("name");
  this.age = (int) map.get("age");
}
```

Der fertige Quellcode für die Klasse, die nun nicht nur in die Config geschrieben, sondern auch wieder ausgelesen werden kann, ist in Listing 16.9 zu sehen.

```
package dev.schlosser.bookplugin.examples.oop;

import org.bukkit.configuration.serialization.ConfigurationSerializable;
import org.jetbrains.annotations.NotNull;

import java.util.Map;
import java.util.logging.Logger;

public class ConfigHuman implements ConfigurationSerializable {
  private String name;
  private int age;

  public ConfigHuman(Map<String, Object> map) {
    this.name = (String) map.get("name");
    this.age = (int) map.get("age");
  }

  public ConfigHuman(String name, int age) {
    this.name = name;
    this.age = age;
  }

  public void printInfo(Logger logger) {
    logger.info(name + " (" + age + ")");
  }

  @Override
  public @NotNull Map<String, Object> serialize() {
    return Map.of(
      "name", name,
```

```
      "age", age
    );
  }
}
```

Listing 16.9 Quellcode für die »ConfigHuman«-Klasse

Nun kannst du mithilfe der Methode `get` den Menschen wieder aus der Config laden und explizit in einen `ConfigHuman` casten. Anschließend rufe ich zum Testen meine Methode `printInfo` auf:

```
ConfigHuman loadedHuman = (ConfigHuman) getConfig().get("human");
loadedHuman.printInfo(getLogger()); // Ausgabe: Isabell (27)
```

Dieser Code erzeugt bei mir die Ausgabe `Isabell (27)`, die Instanz konnte also perfekt aus der Config wiederhergestellt werden.

Eigene Interfaces anlegen

Auch wenn wir es im Buch nicht näher verwenden, möchte ich dir zeigen, wie du ein eigenes Interface anlegst. Wenn du eine Klasse erstellst, kannst du in IntelliJ direkt als Vorlage INTERFACE auswählen. Um vorzugeben, welche Methoden bei der Implementierung enthalten sein müssen, gibst du den Kopf der Methode (bestehend aus Rückgabewert, Namen und Parametern) an und beendest ihn mit einem Semikolon. Ein Beispiel für ein Interface, das eine Methode ohne Rückgabewert und mit `String`-Parameter erwartet, sieht so aus:

```
public interface MyInterface {
  void myMethod(String string);
}
```

Das Interface könntest du nun in einer Klasse implementieren, wobei die Klasse nur dann gültig ist, wenn sie `myMethod` enthält:

```
public class MyClass implements MyInterface {
```

Interfaces unterstützen außerdem eine Schnellschreibweise, die als *Functional Interface* bezeichnet wird. Statt eine eigene Klasse anzulegen, die das Interface implementiert, überschreiben wir wie bei einem Lambdaausdruck die notwendige(n) Methode(n) . Am Beispiel eines Befehls, der normalerweise das Interface `BasicCommand` nutzt, sieht das für eine einfache Ausgabe an den Absender so aus:

```
commands.registrar().register("interface", (stack, args) -> {
  stack.getSender().sendPlainMessage("Hallo vom Interface!");
});
```

16.5 Static

Alle Instanzvariablen und Methoden, die du bisher programmiert hast, haben zu einer Instanz gehört. Doch was ist, wenn eine bestimmte Variable oder Methode für die gesamte Klasse gleich sein soll und nicht an eine bestimmte Instanz gebunden? Die Lösung dafür liegt in der Verwendung *statischer Variablen und Methoden* (auch *static* genannt). In diesem letzten Abschnitt lernst du kurz den Unterschied zwischen statischen und nichtstatischen Klassenbestandteilen kennen und siehst ein paar Anwendungsfälle für statische Bestandteile.

Als Beispiel erstelle ich in Listing 16.10 eine Klasse, die eine statische Variable (auch *Klassenvariable* genannt) und eine normale Instanzvariable nutzt. Eine Variable oder Methode wird als statisch deklariert, indem vor dem Namen das Schlüsselwort `static` eingesetzt wird. Über den Konstruktor weise ich beiden Variablen denselben Wert zu, der als Parameter übergeben wird. Außerdem nutze ich eine Methode zur Ausgabe, wobei ich die Klassen- und Instanzvariable ausgebe. Beachte, dass der Zugriff auf eine Klassenvariable erfolgt, indem der Klassenname vorangestellt wird. Innerhalb der Klasse ist diese Schreibweise optional, außerhalb der Klasse funktioniert er nur so.

```
import java.util.logging.Logger;

public class StaticTest {
  public static String staticString;
  private String notStaticString;

  public StaticTest(String string) {
    notStaticString = string;
    staticString = string;
  }

  public void printInfo(Logger logger) {
    logger.info(StaticTest.staticString + " - " + notStaticString);
  }
}
```

Listing 16.10 Quellcode für die Testklasse für statische Klassenbestandteile

Wenn du die Klasse nun einmal instanziierst, siehst du in der Ausgabe, dass beide Variablen den gleichen Wert aufweisen:

```
StaticTest first = new StaticTest("A");
first.printInfo(getLogger()); // Ausgabe A - A
```

Das gleiche Ergebnis zeigt sich, wenn du eine weitere Instanz ins Leben rufst:

```
StaticTest second = new StaticTest("B");
second.printInfo(getLogger()); // Ausgabe: B - B
```

Spannend wird es nun, wenn du noch einmal zur ersten Instanz zurückkehrst und die Methode `printInfo` nutzt: Die Ausgabe zeigt, dass die statische Variable den neuen Wert `B` angenommen hat, während die Instanzvariable nach wie vor den ursprünglichen Wert, `A`, trägt:

```
first.printInfo(getLogger()); // Ausgabe: B - A
```

Du kannst die statische Variable, da sie `public` ist, auch direkt auslesen. Hier wird erneut kenntlich, dass der Wert für die gesamte Klasse gilt, nicht für eine Instanz. Der Abruf funktioniert dabei wie in der Klasse selbst über den Klassennamen in Verbindung mit der Variable:

```
getLogger().info(StaticTest.staticString); // Ausgabe: B
```

Statische Methoden werden häufig für sogenannte Hilfsfunktionen eingesetzt. Das ist sehr sinnvoll, immerhin sollen solche Methoden meist nicht von der Instanz einer Klasse abhängig, sondern jederzeit von außen aufrufbereit sein. Beispiele für statische Hilfsmethoden, die du im Laufe des Buches verwendet hast, sind `ItemStack.of` für die Generierung von Items, `String.join` zum Verketten mehrerer Strings oder in diesem Kapitel `ConfigurationSerialization.registerClass`. Ein Beispiel für den Einsatz einer statischen Variable wäre das Anlegen eines `NamespacedKey`, damit alle anderen Klassen ohne Dependency Injection direkt auf diesen zugreifen können.

Statische Variablen werden wiederum häufig für *Konstanten* eingesetzt, also Werte, die sich niemals ändern, aber im Code abrufbar sein sollen. Konstanten werden normalerweise im sogenannten *SCREAMING_SNAKE_CASE* benannt, also vollkommen in Großbuchstaben, wobei einzelne Wörter durch Unterstriche getrennt sind. Beispiele für Konstanten, die Java anbietet, sind `Math.PI` für die Kreiszahl Pi oder `Integer.MAX_VALUE` für den größtmöglichen Wert, den du in einem `int` ablegen kannst.

Konstanten selbst anlegen

Konstantenvariablen werden mit dem Modifikator *final* versehen, der angibt, dass die Variable nach der Initialisierung nicht mehr verändert werden kann. Ein Beispiel für eine Zahlenkonstante sieht dann so aus:

```
public static final int BEST_NUMBER = 69;
```

Beachte, dass die »statische Welt« geradezu ein Paralleluniversum zu Variablen und Methoden, die an eine Instanz gebunden sind, darstellt. Beispielsweise kann eine statische Methode niemals auf Instanzvariablen zugreifen: Immerhin sind diese für jede Instanz individuell, während die statische Methode für die gesamte Klasse gilt! Diese Einschränkung ist sehr wichtig. Besonders Programmieranfänger tendieren dazu, viele Variablen und Methoden statisch zu deklarieren, was zu unvorhergesehenen Problemen mit nichtstatischen Klassenbestandteilen führt, sodass irgendwann der gesamte Code statisch wird. Das wiederum kann zu neuen Problemen führen, weswegen ich dir für den Beginn rate, `static` nur dann einzusetzen, wenn es sich tatsächlich anbietet (beispielsweise für Konstanten oder Hilfsmethoden).

16.6 Musterlösungen für die Übungen

16.6.1 Übung 16.01: Würfelhusten

```
public class Cube {
  public float edgeLength;

  public float calculateVolume() {
    return edgeLength * edgeLength * edgeLength;
  }
}
```

Listing 16.11 Musterlösung für Übung 16.01

16.6.2 Übung 16.02: Kopfgeldjäger

```
package dev.schlosser.bookplugin.commands;

import io.papermc.paper.command.brigadier.BasicCommand;
import io.papermc.paper.command.brigadier.CommandSourceStack;
import net.kyori.adventure.text.Component;
import org.bukkit.Server;
import org.bukkit.entity.Player;

import java.util.HashSet;
import java.util.UUID;

public class HeadHuntCommand implements BasicCommand {
  private HashSet<UUID> headHuntedPlayers = new HashSet<>();
```

```
  @Override
  public void execute(CommandSourceStack stack, String[] args) {
    if (args.length != 1) {
      stack.getSender().sendPlainMessage("Nutzung: /headhunt <Name>");
      return;
    }

    Server server = stack.getSender().getServer();
    Player player = server.getPlayer(args[0]);
    if (player == null) {
      stack.getSender().sendPlainMessage(
        "Spieler " + args[0] + " nicht gefunden!");
      return;
    }

    if (headHuntedPlayers.add(player.getUniqueId())) {
      server.broadcast(Component.text(
        "Kopfgeldjagd auf " + player.getName() + " eröffnet!"));
    } else {
      stack.getSender().sendPlainMessage(
        "Auf diesen Spieler läuft bereits eine Kopfgeldjagd.");
    }
  }

  public boolean stopHeadHunt(UUID player) {
    return headHuntedPlayers.remove(player);
  }
}
```

Listing 16.12 Musterlösung für den HeadHunt-Befehl aus Übung 16.02

```
package dev.schlosser.bookplugin.listeners;

import dev.schlosser.bookplugin.commands.HeadHuntCommand;
import net.kyori.adventure.text.Component;
import org.bukkit.entity.Player;
import org.bukkit.event.EventHandler;
import org.bukkit.event.Listener;
import org.bukkit.event.entity.PlayerDeathEvent;

public class HeadHuntListener implements Listener {
  private HeadHuntCommand command;
```

```
  public HeadHuntListener(HeadHuntCommand command) {
    this.command = command;
  }

  @EventHandler
  public void onPlayerDeath(PlayerDeathEvent event) {
    Player player = event.getPlayer();
    if (player.getKiller() == null) {
      return;
    }

    if (command.stopHeadHunt(player.getKiller().getUniqueId())) {
      player.getServer().broadcast(Component.text(
        "Die Kopfgeldjagd auf " + player.getName() + " ist beendet."));
    }
  }
}
```

Listing 16.13 Musterlösung für den HeadHunt-Listener aus Übung 16.02

Die Registrierung in `onEnable` läuft nach dem folgenden Muster ab:

```
HeadHuntCommand headHuntCommand =  new HeadHuntCommand();
commands.registrar().register("headhunt", headHuntCommand);
pluginManager.registerEvents(new HeadHuntListener(headHuntCommand), this);
```

16.6.3 Übung 16.03: Kriegen wir einen Krieger?

```
import java.util.logging.Logger;

public class Warrior extends Fighter {
  private float swordLength;

  public Warrior(int powerPoints, float swordLength) {
    super(powerPoints);
    this.swordLength = swordLength;
  }

  public void sharpenSword(Logger logger) {
    logger.info("Ich schärfe mein Schwert mit der Länge " + swordLength);
  }
}
```

Listing 16.14 Musterlösung für Übung 16.03

Kapitel 17
Komplexbeispiele 2

Fast wie daheim

Nun kannst du noch einmal all dein Wissen anwenden, um ein paar richtig komplexe Ideen umzusetzen. Wie eingangs erwähnt, findest du aufgrund des Umfangs die Lösungen für die Beispiele aus diesem Kapitel nicht abgedruckt, sondern lediglich online bei den Materialien zum Buch unter *https://www.rheinwerk-verlag.de/6140*. In Abschnitt 17.6 gebe ich dir außerdem Anregungen für noch umfangreichere Ideen, die du komplett selbstständig umsetzen solltest. Wie wäre es außerdem, wenn du deine eigenen kreativen Ideen einfließen lässt, um alle Beispiele nach deinen Vorstellungen zu gestalten? Tob dich aus – Übung macht den Meister!

17.1 Komplexbeispiel 17.01: Ein passabler Parkour

Entwickle den Befehl `/parkour`, mit dem der Absender einen persönlichen Parkour aufgebaut bekommt. Dieser besteht aus 50 Wolleblöcken, wobei jeder Block die folgenden Regeln erfüllen muss:

- Der erste Block ist auf der Höhe des Spielers, alle weiteren liegen genau 1 Block höher als der vorherige.
- Jeder neue Block ist insgesamt 3 Blöcke vom vorherigen entfernt (Beispiel: 2 nach rechts und 1 nach vorn, oder 0 nach rechts und 3 nach vorn). Es wird immer mindestens 1 Block nach vorn gesetzt.
- Kein Block darf über einem anderen Block platziert werden (keine gleiche X/Z-Position), und der Block direkt darüber muss frei sein.
- Es wird höchstens 20-mal probiert, bis ein passender Platz gefunden ist, sonst bricht der Vorgang ab. Der Parkour kann nur dann gestartet werden, wenn mindestens fünf gültige Blöcke enthalten sind.

Während der Spieler am Parkour teilnimmt, verwandelt sich jeder Block, auf den er erfolgreich springt, in einen Lapislazuliblock, und der Parkour-Teilnehmer sieht den Fortschritt in einem Scoreboard. Wenn der Spieler herunterfällt oder alternativ das Ziel erreicht, verschwinden alle Blöcke wieder, und es erscheint eine entsprechende Meldung im Chat.

17.2 Komplexbeispiel 17.02: Die Schlimmstein-Bombe

Ab sofort soll rote Wolle auf deinem Server als sogenannter »Schlimmstein« gelten. Wenn ein Spieler darauf steht, bekommt er im Rhythmus von je einer Sekunde zwei Herzen abgezogen. Entwickle den Befehl `/worststone`, der im Abstand von 10 × 10 Blöcken jeden gefundenen Block (außer Luft) in rote Wolle verwandelt. Gib die Anzahl umgewandelter Blöcke im Chat aus.

Schlimmstein kann nur mit einer Schere abgebaut werden, in jedem anderen Fall verschwindet der Block. Neun Schlimmstein können zu einer Schlimmstein-Bombe verbaut werden. Wenn diese platziert wird, explodiert sie nach 3,5 Sekunden zu einer gewaltigen Zerstörung und hinterlässt am Ort der Explosion ein 3×3-Raster aus neuen Schlimmstein-Blöcken.

17.3 Komplexbeispiel 17.03: Hokuspokus

Füge mithilfe neuer Crafting-Rezepte die Möglichkeit ein, unterschiedliche Zauberstäbe zu bauen. Ein normaler Zauberstab wird aus zwei Stöcken und einem Diamanten gebaut und schießt standardmäßig einen Pfeil. Durch die Kombination mit besonderen Materialien beim Craften kann der Effekt allerdings verändert werden:

- **Mit Schneebällen umranden**: Gegner, die vom Pfeil getroffen werden, werden für fünf Sekunden verlangsamt.
- **Mit Magmacreme umranden**: Pfeile explodieren beim Aufprall, und jede Entity in fünf Blöcken Umkreis wird für fünf Sekunden angezündet.
- **Mit Redstone umranden**: Es wird kein Pfeil geschossen, aber der Stab stößt Gegner in zehn Blöcken Umkreis weg und fügt ihnen zwei Herzen Schaden zu.

Nach jedem Schuss muss der Zauberstab für zwei Sekunden nachladen.

Achtung: Meine Musterlösung verträgt sich nicht mit dem `CraftNameListener`, den ich in Abschnitt 9.1.3 entwickelt habe. Die Registrierung dieses Listeners habe ich zum Testen dieses Beispiels also aus meinem Plugin entfernt.

17.4 Komplexbeispiel 17.04: Schönheit liegt im Auge ...

Als Anreiz für die kreativsten Spieler auf deinem Server soll es die Möglichkeit geben, ein Bauwerk für die Bewertung durch andere Spieler bereitzustellen. Bewertbare Gebäude sowie alle Bewertungen sollen in der Config abgespeichert werden. Dabei gibt es den Befehl `/rate`, der folgende Argumente unterstützt:

- **`/rate start`** teleportiert dich nacheinander zu zufälligen Gebäuden, die du bewerten kannst. Dabei siehst du für genau 10 Sekunden das Gebäude, danach öffnet sich ein Inventar, in dem du einen bis fünf Sterne vergeben oder die Bewertung abbrechen kannst. Jedes Gebäude darf nur einmal bewertet werden, wobei dir beim Ausführen des Befehls nur Gebäude gezeigt werden, die du bisher noch nicht bewertet hast. Nach dem Beenden der Bewertung gelangst du zu deiner vorherigen Position.
- **`/rate set`** legt deine aktuelle Position für dein Bauwerk fest. Ist bereits ein Bauwerk für dich hinterlegt, wird es mitsamt allen Bewertungen gelöscht.
- **`/rate <Name>`** zeigt die Bewertungsstatistiken für den angegebenen Spieler. Dabei werden die durchschnittliche Bewertung sowie die Anzahl aller abgegebenen Bewertungen angezeigt.

17.5 Komplexbeispiel 17.05: Waffenspiel der Wahrheit

Programmiere eine Minivariante des bekannten Spiels »Gungame«: Mit jedem Spieler, den du tötest, gewinnst du ein Level und bekommst bessere Ausrüstung. Du startest mit einem schlichten Holzschwert ohne Rüstung. Pro Level kommt zunächst ein Rüstungsteil Lederrüstung dazu, danach folgt ein Steinschwert, und mit jedem weiteren Level wird die Lederrüstung nach und nach durch Kettenrüstung ersetzt. Dieses Muster geht mit Eisenschwert und Eisenrüstung weiter, bevor Diamantschwert und -rüstung folgen und das Maximallevel durch Netherite-Ausrüstung erreicht wird. Wenn man im Gungame stirbt, wird das aktuelle Level halbiert. Man gelangt dann wieder zum Spawn, wobei in einem Umkreis von 10 Blöcken um den Spawn keine Angriffe erfolgen können.

Der Admin soll mit `/gungame setspawn` einen Ort für eine Arena in der Config setzen, zu dem Spieler teleportiert werden, wenn sie das Spiel starten. Dem Spiel tritt man mit `/gungame play` bei, mit `/gungame stop` beendet man den Spielmodus. Dabei sollen das Inventar und die Rüstung, die man vor dem Spielen hatte, gespeichert werden und wiederhergestellt werden, wenn man das Gungame beendet (schließlich wäre es gemein, wenn man alles verliert, nur weil man diesen Spielmodus genießen will!).

17.6 Weitere Ideen zum Selbst-Umsetzen

Du brauchst noch mehr Übung? Dann kannst du dich an den folgenden Ideen ausprobieren, wobei ich für diese keine Musterlösung bereitstelle. Hier sind dein volles Können und viel Kreativität gefragt!

- **Survival Games**

  In diesem Klassiker kämpfen viele Spieler ums Überleben gegen andere. Dabei starten alle in einer abgeschlossenen Karte, auf der zahlreiche Truhen versteckt sind. Diese generieren zufällige Items, die im Kampf nützlich sein könnten. Leben nur noch vier (oder weniger) Kontrahenten, so startet nach einem Countdown das »Deathmatch«. Dabei werden die verbleibenden Spieler in eine kleinere Arena teleportiert, in der sie so lange kämpfen, bis der Gewinner feststeht. Für diesen Modus kannst du außerdem Statistiken (beispielsweise alle gesammelten Tötungen und Tode) für jeden Spieler speichern und so eine Rangliste der besten Kämpfer aufstellen.

- **Citybuild**

  Baue ein System, in dem sich jeder Spieler ein eigenes Grundstück kaufen kann, auf dem nur er und freigegebene andere Spieler bauen dürfen. Stelle dazu eine »Farmwelt« zur Verfügung, in der man Materialien, die sich in regelmäßigen Abständen neu generieren, für sein Grundstück sammeln kann. Ergänze Befehle, mit denen du dich zu anderen Grundstücken teleportieren kannst, und setze an die Grundstücksgrenze automatisch ein Schild, wer der Eigentümer ist.

- **Dein ganz persönliches Rollenspiel**

  Du könntest ein mittelalterliches Rollenspiel programmieren, bei dem es auf deinem Server beispielsweise von kuriosen Monstern, die besondere Verhaltensweisen zeigen und einzigartige Materialien für neue Crafting-Rezepte fallen lassen, wimmelt. Entwickle verschiedene Berufe, aus denen man wählen kann, um Geld zu verdienen (beispielsweise Holzfäller beim Abholzen von Bäumen oder Jäger für das Erjagen von Tieren). Ein Marktplatz, auf dem Spieler ihre Items verkaufen können, bietet ein gutes Wirtschaftssystem. Mithilfe eines Monster-Levelsystems finden deine Server-Mitglieder immer weitere Anreize, für noch stärkere Monster bessere Ausrüstung zu schmieden. Besonders Mutige können sich an Boss-Monster mit mehreren Kampfphasen herantrauen.

Kapitel 18
Wie geht es weiter?

Der Anfang

Du bist am Ende des Buches angekommen. Doch, wie schon der zitierte Minecraft-Erfolg sagt: **Das ist erst der Anfang**. Wenn du dich in den letzten Kapiteln ausprobiert hast, haben dir die Komplexbeispiele und Übungen vielleicht gezeigt, wie viel es in der Welt der Entwicklung zu lernen gibt. Vielleicht musstest du viel im Buch zurückblättern, im Internet recherchieren, andere um Hilfe bitten oder einfach mal eine Pause machen, weil dir die Ideen ausgegangen waren. All das ist normal, und gleichzeitig kann ich diese Gedanken für die große Frage, wie es denn von hier an weitergehen kann, nutzen.

Der wohl wichtigste Tipp, wie du noch mehr lernen und besser in der Entwicklung deiner eigenen Fantasien wirst, ist, neue Ideen in die Wirklichkeit umzusetzen. Versuche, dir realistische Ziele zu setzen. Das könnte ein kleiner Spielmodus oder eine Erweiterung eines Beispiels aus dem Buch sein. In jedem Fall wirst du etwas Neues lernen oder die Schritte, die für die Programmierung eines Plugins wichtig sind, wiederholen. Ich finde es dabei besonders wichtig, dass du dich nicht sofort übernimmst: Starte lieber mit vielen kleineren Ideen, bevor du dich an richtig große Plugins herantraust. Behalte dabei immer eine gesunde Neugier bei, mit der du beispielsweise nach Ansätzen, die du noch nicht kennst, recherchierst. Dokumentationen, Foren, Videos oder Communities sind dabei nur eine Anlaufstelle, um Inspiration für deinen ganz eigenen Stil zu finden. Gleichzeitig möchte ich dich motivieren, deine eigenen Ideen in die Welt zu setzen. Du kannst Plugins beispielsweise mit der Discord-Community zum Buch teilen oder im Internet veröffentlichen. Dazu bietet sich die Plattform *Hangar* an (*https://hangar.papermc.io/*), die direkt von Paper für die Veröffentlichung von Plugins unterstützt wird. Vielleicht hast du sogar Lust bekommen, deinen eigenen Server zu eröffnen, auf dem andere deine Plugins testen können?

In jedem Fall hoffe ich, dass dir das Lesen viel Freude bereitet hat und du nicht nur einen guten Einblick in die Welt der Programmierung gewonnen hast, sondern gleichzeitig viel Motivation und Wissen für die Umsetzung deiner eigenen Plugin-Ideen. Mit deinen Java-Skills kannst du dich außerdem an neue Themengebiete herantrauen. Egal, ob Apps, Spiele, Websites oder Anwendungen: Die breite Welt des Codens steht dir offen, und ich würde mich freuen, von deinen nächsten Projekten zu hören.

Abbildung 18.1 Bis bald in der Welt von Minecraft!

Index

E

F

G

H

I

Q

R

S

T

U

V

W

Z

Minecraften für Profis

Mit dem Kreativ-Modus hebst du vom Boden ab!

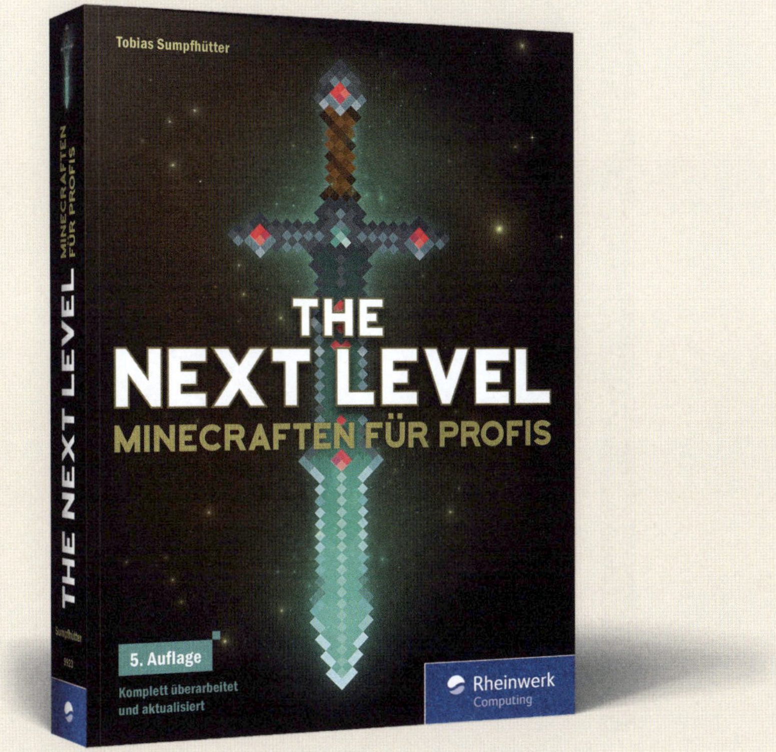

Der Survival-Modus ist keine Herausforderung mehr? Du hast bereits ausgiebig gebaut, die Welt erforscht und die stärksten Monster besiegt – was soll da noch kommen? Erlebe ein neues Gefühl mit Ressourcenpaketen, Mods und völlig neuen Welten. Hebe ab in den Kreativ-Modus, importiere Bauwerke und gestalte eigene Welten.

471 Seiten, broschiert, in Farbe, 24,90 Euro, ISBN 978-3-8362-9923-7
www.rheinwerk-verlag.de/5829